ARGENTINIEN

Mehr wissen – besser reisen

☐ **Tipp** Die persönlichen Tipps der National Geographic-Experten laden zum Entdecken ein

☐ **Wissen** Hintergründe und Fakten zu Geschichte, Kultur, Gesellschaft, um das Land besser zu verstehen

☐ **Erlebnis** Erlebnisse und Aktivitäten, die Sie sich nicht entgehen lassen sollten

ARGENTINIEN

INHALT

Rücksichtsvoll reisen	8
Über die Autoren	9
Top 10 Tipps	10
Top 5 Foto-Tipps	14
Die Reise planen	18

Geschichte und Kultur — 23
Argentinien heute	24
Essen und Trinken	32
Natur und Landschaft	36
Flora und Fauna	40
Argentinien damals	44
Kunst und Literatur	54

Buenos Aires und das Delta — 65
Buenos Aires	68
Das Delta	108

Seite 2–3: Argentinien verzaubert mit unendlichen Weiten, hier mit Blick auf den Lago Viedma und die dahinter liegenden Berge.
‹ Ein Wanderer genießt die Aussicht auf den Cerro Fitz Roy in Patagonien.

Die Iguazú-Wasserfälle - eine Topattraktion

Die Pampa	113
La Plata	116
Pampa Gaucha und Pampa Gringa	122
Córdoba und Umgebung	135
Mar del Plata	143
Rund um Mar del Plata	146
Mesopotamien und der Chaco	151
Entre Ríos und Corrientes	154
Misiones	164
Der Chaco	174
Der Andine Nordwesten	179
Salta	182
Rund um Salta	190
Quebrada de Humahuaca und Umgebung	198
Tucumán	207
Rund um Tucumán	211
Cuyo	219
Mendoza (Stadt) und Umgebung	222
Provinz Mendoza	233
Der Norden	246
Patagonien	261
Bariloche und Umgebung	264
Die südlichen Seen	272
Provinz Neuquén	283
Patagoniens Küste	292
Die südlichen Anden	304
Ruta 40	312

Feuerland 321
Ushuaia 324
Rund um Ushuaia 327
Der Norden Feuerlands 333

Reiseinformationen 337
Reiseplanung 338
Hotels und Restaurants 348
Einkaufen 382
Unterhaltung 385
Aktivitäten 388

Register 392

Bildnachweis 398

Impressum 399

Skyline von Buenos Aires

RÜCKSICHTSVOLL REISEN

Umsichtige Urlauber brechen voller Neugierde auf und kehren reich an Erfahrungen nach Hause zurück. Wer dabei rücksichtsvoll reist, kann seinen Teil zum Schutz der Tierwelt, zur Bewahrung historischer Stätten und zur Bereicherung der Kultur vor Ort beitragen. Und er wird selbst reich beschenkt mit unvergesslichen Erlebnissen.
Möchten nicht auch Sie verantwortungsbewusst und rücksichtsvoll reisen? Dann sollten Sie folgende Hinweise beachten:

- Vergessen Sie nie, dass Ihre Anwesenheit einen Einfluss auf die Orte ausübt, die Sie besuchen.
- Verwenden Sie Ihre Zeit und Ihr Geld nur auf eine Weise, die dazu beiträgt, den ursprünglichen Charakter eines Ortes zu bewahren. (Auf diesem Weg lernen Sie ein Land auch sehr viel besser kennen.)
- Entwickeln Sie ein Gespür für die ganz besondere Natur und das kulturelle Erbe Ihres Urlaubslandes.
- Respektieren Sie die heimischen Bräuche und Traditionen.
- Zeigen Sie den Einheimischen ruhig, wie sehr Sie das, was den besonderen Reiz ihres Landes ausmacht, zu schätzen wissen: die Natur und die Landschaft, Musik, typische Gerichte, historische Dörfer oder Bauwerke.
- Scheuen Sie sich nicht, mit Ihrem Geldbeutel Einfluss zu nehmen: Unterstützen Sie möglichst solche Einrichtungen oder Personen, die sich um die Bewahrung des Typischen und Althergebrachten bemühen. Entscheiden Sie sich für Läden, Restaurants, Gaststätten oder Reiseanbieter, denen offensichtlich an der Bewahrung ihrer Heimat gelegen ist. Und meiden Sie Geschäfte, die den Charakter eines Ortes stören.
- Wer auf diese Weise reist, hat mehr von seinem Urlaub, und er kann sicher sein, dass er seinen Teil zum Erhalt und zur Verbesserung eines Ortes oder einer Landschaft beigetragen hat.

Diese Art des Reisens gilt als zeitgemäße Form eines sanften, auf Nachhaltigkeit bedachten Tourismus; NATIONAL GEOGRAPHIC verwendet dafür auch den Begriff des »Geo-Tourismus«. Gemeint ist damit ein Tourismus, der den Charakter eines Ortes – seine Umwelt, seine Kultur, seine natürliche Schönheit und das Wohlergehen seiner Bewohner – nicht aus den Augen verliert. Weitere Informationen zum Thema gibt es bei *www.nationalgeographic.com/maps/geotourism/about* und im NATIONAL GEOGRAPHIC's Center for Sustainable Destinations unter *www.nationalgeographic.com/travel/sustainable-destinations-photos*.

ÜBER DIE AUTOREN

Autor **Wayne Bernhardson** reiste 1979 zum ersten Mal nach Argentinien. Mittlerweile ist mit einer Argentinierin verheiratet und hat eine Wohnung in Buenos Aires. Nicht zuletzt deshalb verbringt er alljährlich vier bis fünf Monate in Südamerika. In Argentinien hat er sämtliche Provinzen bereist und dabei schon mehr als 160 000 Kilometer zurückgelegt – auf Schnellstraßen ebenso wie auf Schotterwegen, vom subtropischen Jujuy bis in die Subantarktis auf Feuerland.

Der Fotograf **Eliseo Miciu** wurde in Uruguay geboren, wuchs aber in Argentinien auf. Schon mit 18 war Miciu als Fotograf für argentinische Zeitschriften und Bildagenturen unterwegs. Seither hat er viel in Europa und in den Vereinigten Staaten gearbeitet, ist daneben aber weiterhin in Argentinien als freiberuflicher Fotograf tätig. Er hat bereits mehrere Bücher über Argentinien veröffentlicht und etliche Ausstellungen veranstaltet.

Diese Ausgabe wurde von **Meik Unterkötter** aktualisiert. Er ist Autor diverser Reiseführer über Chile, Peru, Argentinien und Buenos Aires. Besonders fasziniert ihn Argentinien mit seinen beeindruckenden Landschaften und der kosmopolitischen Gesellschaft. Er lebt in Hamburg und Buenos Aires, wo man unter *www.buenosaires-insider.org* private Stadtführungen mit ihm buchen kann.

Eine Touristenattraktion in Buenos Aires: die farbenfrohen Häuser am Caminito im Stadtteil La Boca

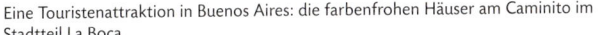

TIPPS DER NATIONAL GEOGRAPHIC-REISEEXPERTEN
ZEHN SPOTS, DIE SIE NICHT VERPASSEN DÜRFEN

Buenos Aires – Die Stadt, die alles hat

Der Erstkontakt mit Buenos Aires ist überwältigend. Diese Stadt erzeugt große Gefühle. In jedem. Es scheint, als wäre ständig alles in Bewegung. So viel Leben, so viel Energie – alles ist lauter und lebhafter als irgendwo in Europa. Aber Buenos Aires ist auch voller Nostalgie und Romantik, voller Dramen und Melancholie. Es verwundert nicht, dass der Tango hier seine Heimat fand. Heute findet man neben traditionellen *milongas* und über hundert Jahre alten Cafés vor allem überbordende Kreativität.

Im Delta des Río Paraná

Kaum zu glauben, aber wenn die Stadtgrenze von Buenos Aires endlich erreicht ist, beginnt eine andere Welt: Das Delta des Río Paraná ist ein Labyrinth aus Wasserstraßen und das Ferienparadies der *porteños*, der Bewohner von Buenos Aires. Hier gibt es keine Straßen. Nicht eine. Boote fungieren als Busse und 170 schwimmende Minimärkte versorgen die Bewohner der Inseln, die *isleños*. Viel größer kann der Kontrast der verschiedenen Lebensräume kaum sein.

Mit dem Boot unter die Wasserfälle von Iguazú

Als wäre die üppige Vegetation des Regenwaldes im Parque Nacional Iguazú an der Grenze zu Brasilien und ihre exotische Tierwelt nicht schon spektakulär genug: Mitten im Dschungel gibt es nicht nur unzählige bunte Papageien und Jaguare, hier bricht auch die Ruhe des trägen Río Iguazú plötzlich ab und die Natur zeigt ihr wildestes Schauspiel. Die Cataratas von Iguazú gehören ohne Zweifel zu den beeindruckendsten Naturwundern unserer Erde.

Staunen in der Quebrada de Humahuaca

Am Farb- und Formenreichtum der Quebrada de Humahuaca, einer 130 Kilometer langen Talenge entlang des Río Grande in den östlichen Kordilleren, kann man sich kaum satt sehen. In den Dörfern der »Schlucht der Farben« mit ihrer 10 000 Jahre alten Kulturgeschichte sind noch viele traditionelle Bräuche lebendig. 2003 zeichnete die UNESCO sie mit dem Titel Weltkulturerbe aus. Eine Fahrt ins Andendörfchen Iruya bleibt in Erinnerung.

Salta und seine Umgebung

»La Linda«, die Hübsche, trägt ihren Beinamen zu Recht. Saltas Kolonialarchitektur ist besonders gelungen: Ob Rathaus (*cabildo*), Kathedrale oder die Kirche San Francisco – sie gehören zu den schönsten Bauwerken des Landes. Lohnend ist eine Fahrt mit der Seilbahn auf den Cerro San Bernardo, Saltas Hausberg. Nebenan, in der Quebrada de San Lorenzo, erlebt man dicht bewachsene Regenwälder und in Cafayate die höchsten Weinbaugebiete der Erde.

6
Tierbeobachtung in der Esteros del Iberá

Die Sümpfe der Esteros del Iberá gelten als das zweitgrößte Feuchtgebiet der Erde. Man sagt, ihre Tierwelt, zu der auch 350 verschiedene Vogelarten zählen, lasse sich besser beobachten als die im brasilianischen Pantanal. In dem System aus Lagunen und schwimmenden Inseln, das man mit kleinen Booten durchfährt, leben *yacarés* (Kaimane), endemische *carpinchos* (Wasserschweine) und der *ciervo de los pantanos* (Sumpfhirsch).

7
Genießen in den Sierras de Córdoba

Die fast 3000 Meter hohen Bergketten der Sierras de Córdoba sind einfach zu erreichen und dennoch kaum von internationalen Touristen besucht. Millionen Jahre alte Gebirgsformationen, kristallklare Seen und Flüsse sowie freundliche Menschen prägen die Landschaft. Jeder der kleinen Orte in den Sierras hat seinen eigenen Charakter, darunter die beiden Dörfer im alpenländischen Stil: Villa General Belgrano und La Cumbrecita.

8
Das Tierparadies der Península Valdés

Wer schon immer einmal südatlantische Meeresfauna sehen wollte, für den lohnt ein Besuch der Península Valdés. Das UNESCO-Weltnaturerbe bietet u. a. Wale, Delfine und Pinguine. Auch die Dreiecksflossen der schwarzweißen Orkas pflügen das ganze Jahr über durch die Gewässer. Besser auf Distanz

bleibt man zu den Südlichen See-Elefanten, die als größte Robbenart der Welt gelten. Die Männchen können bis zu 7 Meter lang werden.

9
Das Wanderparadies El Chaltén

Argentiniens Trekkinghauptstadt liegt in der windigen patagonischen Steppe und wurde 1985 gegründet. Am Zusammenfluss von Río Fitz Roy und Río de las Vueltas, etwa 90 Kilometer westlich der Panamericana, treffen sich Wanderlustige und Extrembergsteiger aus aller Welt. Ihr Ziel: Ein Blick auf das faszinierende Massiv von Cerro Fitz Roy und Cerro Torre. Zahlreiche Trekkingrouten weisen den Weg entlang von magellanischen Scheinbuchenwäldern.

10
Der Perito-Moreno-Gletscher

Der Parque Nacional Los Glaciares beherbergt eine der größten Attraktionen Argentiniens: den majestätischen Gletscher Perito Moreno. Dabei ist er nur ein Teil des Hielo Continental Sur, einem 13 000 Quadratkilometer großen Eisfeld, das sich an der Grenze zwischen Argentinien und Chile erstreckt. Immer wieder brechen gigantische Eisbrocken aus seiner bis zu 60 Meter hohen Eiswand und stürzen spektakulär in den Lago Argentino.

14 TOP 5 FOTO-TIPPS

Die NATIONAL GEOGRAPHIC **Your** Shot Community, 2006 gegründet, hat mehr als eine halbe Million Mitglieder aus 196 Ländern. Sie steht allen Interessierten offen, ob Hobbyfotograf oder Profi. Dieses Reisehandbuch präsentiert Ihnen die fünf schönsten Fotos zum Thema Argentinien – als Inspiration oder zum Nachfotografieren.

1

Eine Wand aus Eis

Um die Dimensionen des Perito Moreno-Gletschers in der Provinz Santa Cruz, Patagonien, zu erfassen, sollte man beim Fotografieren Elemente mit aufs Bild nehmen. Haim Rozenfeld nutzte die Eisblumen, die rund um den Gletscher wachsen, und zeigt so die Farbintensität des tiefen Hellblaus der Eismassen.

Brennweite: 95 mm – Belichtungszeit: 1/1250 sec – Blende: f/7.1 – ISO 500

Tango zum Mitfühlen

Tango tanzende Pärchen sind auf den Straßen von Buenos Aires nichts Besonderes. Da viele aber nur noch tanzen, um das Publikum zu unterhalten, freute sich Kevin High umso mehr über die authentische Liebe zum Tango, die er am Sonntagnachmittag einfangen konnte.

Brennweite: 120 mm – Belichtungszeit: 1/640 sec – Blende: f/4.8 – ISO 640

Wolke aus Schmetterlingen

Die Wucht der Wasserfälle im Parque Nacional Iguazú zieht normalerweise alle Aufmerksamkeit auf sich. Raymond Cannon ließ sich davon nicht blenden, hielt die Augen offen für die Kleinigkeiten im Regenwald und fand dieses gelb-grün schillerernde Wunder der Natur.

Brennweite: 230 mm – Belichtungszeit: 2/1000 sec – Blende: f/5.6 – ISO 220

④

Wunder der Natur

Unzählige Male wurden die Wasserfälle von Iguazú schon fotografiert. Inge Johnsson stand aber früher auf als die meisten anderen und erwischte den perfekten Moment für den Sonnenaufgang über den Cataratas.

Brennweite: 17 mm –
Blende: f/22 – ISO 100

Fest im Sattel

Recado heißt die typische Reitausstattung der Gauchos. Juan Manuel Moreno fand den argentinischen Volkssattel auf einer *estancia* im Pampa-Städtchen Azul mitten in der Provinz Buenos Aires.

Brennweite: 35 mm – Belichtungszeit: 1/50 sec – Blende: f/3.2 – ISO 320

Sie wollen mit Ihren Fotos Teil der Your Shot Community werden? Nähere Infos finden Sie unter *yourshot.nationalgeographic.com*

DIE REISE PLANEN

Argentinien bietet jedem das, wonach er sucht – von der modernen Metropole Buenos Aires bis hin zu den einsamen Weiten Patagoniens. In Argentinien findet man einige der größten Flusssysteme der Erde und die größten Wasserfälle, die höchste Bergkette und eine der längsten Küsten mit reicher Fauna. Das achtgrößte Land der Erde umfasst subtropische Wälder, Felswüsten mit tiefen Schluchten, unzählige Bergseen, Steppen bis zum Horizont und mächtige Gletscher.

Argentinien hat aber auch eine reiche Geschichte und eine lebendige Kultur vorzuweisen. Buenos Aires ist eine vitale Weltstadt, doch die Pampas rundherum sind noch immer das Revier der Gauchos. Der Nordwesten ist eng mit Peru und Bolivien verbunden; vieles erinnert dort an die Ureinwohner der Anden, aber auch an die Kolonialzeit. Cuyo im Westen mit seinen Bergen ist bekannt für seine guten Weine. Patagonien weckt Erinnerungen an die Zeiten der großen Forschungsreisen, und das legendäre Feuerland gilt als entlegenster Teil der Erde.

UNTERWEGS

Da Argentinien riesig groß ist, reist man am besten mit dem Flugzeug. Der Haken dabei ist nur, dass fast alle Maschinen in Buenos Aires starten; will man also von einer Provinz in die Nachbarprovinz fliegen, muss man dafür in der Regel zunächst nach Buenos Aires zurück. Die meisten Flüge bietet Aerolineas Argentinas *(www.aerolineas.com.ar)* an, LATAM *(www.latam.com)* gilt allerdings als verlässlicher. Busse sind eine praktische Alternative, besonders die Übernachtbusse mit Liegewagen *(coche cama)*. Am zentralen Busbahnhof von Buenos Aires steht man zunächst vor einem unüberschaubaren Angebot verschiedener Busunternehmer. Es gilt: Bei teureren Anbietern ist die Leistung oft besser. Man kann auch einen Mietwagen nehmen,

Wissen

REISEZEIT

Die meisten Sehenswürdigkeiten von Buenos Aires sind das ganze Jahr über zugänglich, einige Museen schließen allerdings im Sommer *(Jan./Feb.)*. Das subtropische Mesopotamien – dazu zählt auch Iguazú – lohnt ganzjährig den Besuch, genau wie die Canyons im Nordwesten. In der winterlichen Trockenzeit *(Juli/Aug.)* sind die Straßenverhältnisse dort allerdings am besten. Nach Cuyo reist man zur Zeit der Weinlese *(März/April)*, wohingegen Patagonienbesucher unbedingt den Sommer *(Dez.–Feb.)* bevorzugen sollten (Skifahrer und Walbeobachter allerdings eher den Winter). In der Nebensaison *(März/April und Nov./Dez.)* ist der Urlaub überall im Land etwas preiswerter.

Wissen

WÄHRUNG
Die argentinische Währung ist der Peso (AR$), ein Peso ist in 100 Centavos unterteilt. Im Umlauf sind Banknoten zu 2, 5, 10, 20, 50 und 100 Peso; auf den Scheinen sind Persönlichkeiten aus der Landesgeschichte abgebildet. Münzen gibt es zu 1, 5, 10, 25 und 50 Centavos, zudem gibt es eine 1-Peso-Münze. Anfang 2018 war 1 € etwa 24,25 AR$ wert, der Kurs unterliegt aber starken Schwankungen.

---

aber der eignet sich besser für kürzere Strecken als für endlose Fahrten durch die Pampas.

NUR EINE WOCHE
Argentinien bietet drei Topattraktionen, die man beim ersten Besuch des Landes unbedingt gesehen haben sollte. Dazu zählen die unbestritten kosmopolitische Hauptstadt Buenos Aires, die Iguazú-Fälle im Nordosten und die Eismassen des Perito-Moreno-Gletschers im Süden. Man kann alle drei in einer Woche sehen, aber das ist eine echte Herausforderung: Von Buenos Aires aus fliegt man 1127 Kilometer bis nach Iguazú an der brasilianischen Grenze, dann zurück in die Hauptstadt und von dort noch einmal 2092 Kilometer bis nach El Calafate im Süden. Hier empfiehlt sich eine organisierte Pauschalreise. Wer eine Woche ohne allzu großen Reisestress bevorzugt, könnte die Restaurantszene und das Nachtleben von Buenos Aires genießen und dann per Auto oder per Bus die 113 Kilometer bis zur Gaucho-Hauptstadt San Antonio de Areco im Westen fahren. In dieser Kunsthandwerkerstadt ist das ländliche Argentinien noch präsent. Oder man konzentriert sich auch auf das Canyonland im andinen Nordwesten und dort auf die hübsche Kolonialstadt Salta – anderthalb Flugstunden von Buenos Aires entfernt. Bunt schillernde Felsen und Inka-Ruinen verleihen der Region ihren Reiz, und die Weine sind hervorragend. Man kann man die Strecke von Salta über Cafayate nach Cachi selbst bewältigen – mit dem Auto, aber auch mit dem Motorrad.

In den Anden im Nordwesten des Landes sind Lamas ein vertrauter Anblick.

Durchaus lohnend ist es aber auch, sich ganz auf Patagonien zu konzentrieren. Wegen der Entfernung sollte man von Buenos Aires zunächst dorthin fliegen, kann dann aber gut mit Fernbussen oder auch mit dem Mietwagen weiterreisen. Lohnende Ziele: Península Valdés, vor allem wegen der Wale, die dort von April bis Dezember vorbeiziehen, El Calafate am Lago Argentino und schließlich der Perito-Moreno-Gletscher.

Weinkenner zieht es in die Provinz Cuyo, wo 90 Prozent aller argentinischen Weine gekeltert werden, darunter auch der bekannte Malbec. Ein idealer Standort ist Mendoza, anderthalb Flugstunden von Buenos Aires entfernt: ideal zum Weinkosten, Radfahren und für Wanderungen in der herrlichen Landschaft zu Füßen der schneebedeckten Andengipfel.

MEHR ZEIT ZUM REISEN

Wer zumindest etwas mehr als nur eine Woche Zeit mitbringt, bekommt natürlich auch viel mehr zu sehen. Vor allem Autoreisen sind hier faszinierend. Wer beispielsweise südlich von Trelew an der patagonischen Küste entlangfährt, kommt nach Camarones, Puerto Deseado und Puerto San Julián – mit Naturschutzgebieten oder Nationalparks direkt in der Nähe. Unterwegs entdeckt man mit Sicherheit Pinguine, Seeelefanten und Seelöwen, aber auch Delfine und zahlreiche Wasservögel. Allerdings misst man Entfernungen hier eher in Hunderten oder gar Tausenden von Kilometern. Auch eine Fahrt auf der legendären Ruta 40 entlang der Anden kann Wochen in Anspruch nehmen; zwei sollte man als Minimum einplanen. Auf dem südlichsten Teilstück dieser Strecke sieht man kaum noch Städte, dafür aber unzählige Guanakos und Nandus.

STRASSENSPERREN AUSWEICHEN

Angesichts des oft ineffizienten politischen Systems verlagern sich viele Debatten vom Parlament auf die Straße: Es kommt immer wieder zu Großdemonstrationen, und in Buenos Aires gibt es eine Art Wettstreit darum, möglichst viele Menschen auf die Plaza de Mayo zu bringen.

In den letzten Jahren hat diese Form des Protests auch auf die Schnellstraßen übergegriffen. So haben Demonstranten in Gualeguaychú eine internationale Brücke in der Nähe einer geplanten Papiermühle am Río Uruguay blockiert, und Bauern errichteten Barrikaden auf Autobahnen, um gegen Steuern auf Sojaexporte zu protestieren. Lkw-Fahrer haben dann ebenfalls Straßen blockiert, um Bauern und Regierung zum Einlenken zu bewegen.

Wer als Autofahrer in eine solche Straßensperre gerät, sollte die Streikposten nicht unnötig provozieren. Echte Auseinandersetzungen sind zwar selten, aber Zurückhaltung ist allemal angebracht.

DIE REISE PLANEN

NACH HAUSE TELEFONIEREN

Am günstigsten sind Online-Telefonanbieter wie Skype. Die meisten Internetverbindungen im Land sind schnell genug für eine angenehme Gesprächsqualität. Internet-Cafés gibt es nicht mehr viele, sodass man im Notfall in einer Hotellobby nach der Nutzung des WLAN (in Argentinien: WiFi) fragt.
Für Anrufe ins Ausland wählt man die internationale Vorwahl, die mit 00 beginnt. Von Deutschland aus hat Argentinien die Landesvorwahl 00 54.

Es besteht aber auch die Möglichkeit, eine Urlaubsreise mit speziellen Aktivitäten zu kombinieren oder sogar die Reise ausschließlich dafür zu reservieren. So kommen viele Leute beispielsweise nur deshalb nach Buenos Aires, um dort Tango zu tanzen: Tanzschulen bieten dort Tages-, Wochen-, ja sogar Monatskurse an. In der Hauptstadt und auf *estancias* im Umland können Pferdeliebhaber reiten – im Gauchostil, aber auch konventionell. Auf *estancias* reitet man stundenweise aus, in den Anden im Nordwesten, bei Mendoza oder in Patagonien sind auch mehrtägige Reitertouren buchbar. Mehrtägige Trekking-Touren sind in Argentinien sehr beliebt, vor allem im Fitz-Roy-Massiv in Südpatagonien, unweit von El Chaltén. Am ruhigsten ist es dort im November und im März. In der Gegend um Mendoza können Gipfelstürmer sich zunächst in einem Vorbereitungscamp auf die Besteigung des Aconcagua vorbereiten. Andere verbringen Tage und Wochen beim Angeln in den Seen und Flüssen Patagoniens, vor allem beim Fliegenfischen von November bis April. ∎

In den Valles Calchaquíes im Nordwesten wachsen die Weinreben noch in ungewöhnlich hohen Lagen.

Geschichte und Kultur

Argentinien heute	24–31
Essen und Trinken	32–35
Natur und Landschaft	36–39
Flora und Fauna	40–43
Argentinien damals	44–53
Kunst und Literatur	54–63

‹ Ein Junge in kompletter Gaucho-Kleidung tanzt bei der Feria de Mataderos in Buenos Aires den *malambo*.

ARGENTINIEN HEUTE

Argentinien hält spektakuläre Attraktionen bereit: die kosmopolitische Hauptstadt Buenos Aires, die Wasserfälle von Iguazú oder den Perito-Moreno-Gletscher in Patagonien. Und damit noch nicht genug: Argentiniens Küche ist so exzellent wie die Weine des Landes oder wie die Kultur. Ein Tanz ging von hier aus um die Welt: der Tango.

Durch Argentinien fließt einer der längsten Flüsse der Welt, der Río Paraná. Viele Berge zählen zu den höchsten auf Erden, darunter der Aconcagua, der höchste Berg des amerikanischen Kontinents. Und die Felswüsten können es leicht mit denen im Südwesten der USA aufnehmen. Nimmt man dann noch Millionen von Pinguinen und Tausende von Walen an den patagonischen Küsten hinzu, die Gebirgsseen in den Anden oder die Guanakoherden im Grasland, dann hat man schon mehr als genug Anregungen für Wochen und Monate voller unvergesslicher Reiseerlebnisse. Laut Statistik sind die Argentinier Stadtbewohner. Das Land ist fast so groß wie Indien, hat aber nur ca. 43 Millionen Einwohner, von denen rund ein Drittel im Großraum Buenos Aires zu Hause sind. Fast 90 Prozent der Argentinier leben in Städten, der größte Teil des Landes ist also extrem dünn besiedelt. Obwohl die Argentinier Stadtmenschen sind, hängen sie an einem roman-

Der Obelisk in Buenos Aires wurde 1936 errichtet.

tisch verklärten Idealbild vom Gaucho, dem legendären Reiter der Pampas, der als höflich, großzügig und unabhängig gilt. Kein ländliches Volksfest, bei dem nicht ein Gaucho zugegen wäre. Selbst in die Sprache hat er Einzug gehalten: *gauchada* nennt man einen Gefallen, den man jemandem erweist,

> **Obwohl die Argentinier Stadtmenschen sind, hängen sie an einem romantisch verklärten Idealbild vom Gaucho, dem legendären Reiter der Pampas.**

ohne auf eine Gegenleistung zu hoffen, und genau deshalb kümmern sich sogar gestresste *porteños* (die Bewohner von Buenos Aires) oft mit ausgesuchter Höflichkeit um Besucher.

NATIONALE IDENTITÄT

Eigentlich gilt als ausgemacht, dass Argentinien unter allen südamerikanischen Ländern am stärksten europäisch wirkt. Und die vielen spanischen, italienischen, baskischen und sonstigen europäischen Nachnamen scheinen diesen Eindruck zu bestätigen. Tatsächlich haben sich argentinische Intellektuelle, vor allem Schriftsteller und Künstler, gern an europäischen Vorbildern orientiert, doch im Zeichen des Gauchokults blüht daneben gleichzeitig ein überzeugter Nationalismus. Wo sonst findet man schon den Landesnamen – Argentino – als Vornamen, wie beim Präsidenten Julio Argentino Roca (1843–1914)? Beide Positionen bilden freilich nur ihren Teil der Wahrheit ab. Die Bevölkerung besteht nun einmal aus Einwanderern – darunter Afro-Argentinier, Anglo-Argentinier, Iren, Waliser, Franzosen, Deutsche, Italiener, Skandinavier, Juden und Zuwanderer aus dem Nahen Osten: ein buntes Mosaik, typisch für die Neue Welt. Und so wie Mexikaner und Mittelamerikaner in die Vereinigten Staaten strömen, zieht es viele Bewohner der Nachbarländer Bolivien und Paraguay, aber auch Chinesen aus Hongkong, Taiwanesen und Koreaner nach Argentinien. DNS-Analysen aus jüngster Zeit legen allerdings nahe, dass die Argentinier sich über ihre Wurzeln noch klarer werden müssten: Bei immerhin 56 Prozent von ihnen fließt auch ein wenig Blut der präkolumbischen Ureinwohner durch die Adern, obwohl diese nur noch 5 Prozent der Bevölkerung stellen. Die übrigen 44 Prozent der Argentinier – und somit die Minderheit – haben rein europäische Wurzeln.

RELIGION

Historisch gesehen ist Argentinien ein römisch-katholisches Land, die Kirche vertritt hier allerdings eine sehr konservative Position. So verteidigte Kardinal Antonio Quarracino (1923–98) beispielsweise den Schmutzigen

Krieg während der Diktatur (1976–83) und kämpfte vehement gegen eine rechtliche Gleichstellung von Homosexuellen. 2005 forderte der Militärbischof Antonio Baseotto, der Gesundheitsminister Ginés González García gehöre »mit einem Mühlstein um den Hals ins Meer geworfen«, weil er sich für die freie Verteilung von Kondomen und eine Entkriminalisierung der Abtreibung ausgesprochen hatte. Andererseits gingen Kleriker wie der Jesuit Carlos Mugica (1930–74) aber auch in die Slums und kämpften mutig für die Menschenrechte – oft unter Lebensgefahr. Mugica wurde von Terroristen ermordet, vermutlich von Killern der rechtsextremen Alianza Anticomunista Argentina. Mittlerweile hat die Kirche aber an Einfluss verloren. Seit der Verfassungsreform von 1994 muss der Präsident nicht zwangsläufig römisch-katholisch sein, und die Regierung unter Néstor Kirchner hatte den Vatikan sogar offen herausgefordert, als diese den Dissidenten Baseotto aus dem Amt entließ. Sehr unsicher ist sich die Amtskirche auch im Umgang mit einer oft fragwürdigen Volksfrömmigkeit. Die katholische Kirche hat »inoffizielle« Heilige wie den Gaucho Antonio Gil aus Corrientes oder die sogenannte Difunta Correa (eine Mitte des 19. Jahrhunderts verstorbene Frau) nie anerkannt, aber Hunderttausende

Wissen

DIE UREINWOHNER ARGENTINIENS

Als die Spanier den amerikanischen Doppelkontinent erkundeten, stießen sie vor allem in Mexiko, in Mittelamerika und im Hochland der Anden auf hoch entwickelte und bevölkerungsreiche Zivilisationen.

Auch Teile des heutigen Argentiniens waren Teil dieser Hochkulturen, die sich der spanischen Eroberung widersetzt haben. Im Nordwesten Argentiniens zählten die bevölkerungsmäßig nicht sehr zahlreichen Ureinwohner der Pampa, die Querandí, zu den Hochkulturen der Anden.

Amtlichen Statistiken zufolge leben auch heute noch mindestens 70 500 Kolla auf der Hochebene der Puna, wo sie Kartoffeln auf Bergterrassen anbauen oder Lamaherden halten. In den Provinzen Mesopotamiens und im Gran Chaco leben heute rund 40 000 Guaraní, 48 000 Toba und kleinere Minderheiten der Wichi, Mocoví etc.

Die zahlenmäßig größte Gruppe der *indigenes* bilden die Mapuche (ca. 114 000). Ihnen war es zu verdanken, dass der patagonische Süden bis gegen Ende des 19. Jh. für Spanier und Argentinier ein recht gefährlicher Ort blieb. Ähnlich wie die Indianer der nordamerikanischen Steppen erlernten die Mapuche sehr schnell das Reiten – dank vieler verwilderter spanischer Pferde waren die Reittiere bald in ausreichender Zahl vorhanden. Pferde und die Viehherden waren übrigens die Voraussetzung für die Entstehung der Gauchokultur, an der viele Mapuche wesentlichen Anteil hatten.

Ein Mapuche-Farmer mit seinem Ochsenkarren bei San Martín de los Andes

pilgern immer noch zu ihren Gedenkstätten, ohne sich um kirchliche Vorbehalte zu kümmern.

Während die katholische Kirche sich mit solchen eher unbedeutenden Häresien oder aufkommendem Aberglauben plagt, hat sie gleichzeitig viele Gläubige an den evangelikalen Protestantismus verloren, der hier wie in ganz Lateinamerika aufblüht. Anglikaner und Lutheraner spielen dagegen nur eine untergeordnete Rolle. Neben den christlichen Konfessionen findet man in Argentinien eine der größten jüdischen Gemeinschaften außerhalb Israels. Ihre Synagogen sind in Buenos Aires unübersehbar – zwei davon wurden Anfang der 1990er-Jahre bei Bombenanschlägen zerstört. Zwar stammen eine halbe Million Argentinier aus dem Nahen Osten, die Anzahl der praktizierenden Muslime ist allerdings deutlich geringer. Immerhin brachte es ein Muslim syrischer Herkunft einmal bis zum Präsidenten: Carlos Menem aus La Rioja, der dafür in den 1960er-Jahren allerdings noch zum Katholizismus übertreten musste. Wer nur auf die großen Religionen der Alten Welt schaut, übersieht dabei die traditionellen Religionen der Andenvölker im Nordwesten, etwa bei den Toba und Wichi im Gran Chaco und bei den Mapuche in Patagonien. Dazu kommen noch Kulte wie der Siloismus, entwickelt vom selbst ernannten Guru und Gründer der »Humanistischen Bewegung« Mario Luis Rodríguez Cobos (1938–2010).

LEBENSSTANDARD

Argentinien war immer eines der reichsten Länder Lateinamerikas, doch die Wirtschaftskrise der Jahre 2001/02 stürzte das Land in ein Desaster, wie man es seit den 1930er-Jahren nicht mehr erlebt hatte. Mit Wachs-

Fußballfans feuern ihre Mannschaft im Estadio Monumental an, hier beim Länderspiel zwischen Argentinien und Uruguay.

tumsraten von acht Prozent hat sich das Land zwar mittlerweile eindrucksvoll aus der Misere herausgearbeitet, doch eine Studie von 2008 hat aufgezeigt, dass mehr als 30 Prozent der Argentinier trotzdem noch in Armut leben; ein Drittel davon zählt zu den Ureinwohnern. Argentinien war eigentlich immer ein Land mit einer starken Mittelschicht, doch seit diese zerbröckelt, hat sich die Kluft zwischen Arm und Reich erheblich geweitet. Wohlstand war hier immer an Landbesitz gebunden; die Reichen lebten auf ihren riesigen *estancias* und züchteten dort Rinder oder bauten Weizen an. Ihnen gegenüber stand das verarmte ländliche Proletariat. Daneben gibt es aber auch eine städtische Arbeiterschaft, die erheblich unter der Krise von 2002 gelitten hat. Die Arbeitslosenquote lag damals bei über 25 Prozent. Inzwischen ist sie auf unter zehn Prozent gesunken, die Wachstumsraten waren zeitweise fast zweistellig, doch viele Leute sind seither nur noch im Niedriglohnsektor beschäftigt.

Allerdings gibt es erhebliche regionale Unterschiede. Die Hauptstadt Buenos Aires und die gleichnamige Provinz sind am wohlhabendsten, ländlich geprägte Provinzen wie Misiones, Santiago del Estero, Jujuy und Tucumán im Norden und Nordwesten kommen dagegen auf keinen grünen Zweig. Besser geht es der Provinz Mendoza mit ihrem Weinanbau und dem florierenden Tourismus, doch der Rest von Cuyo bleibt weit dahinter zurück. Dank des Tourismus und einer energieintensiven Wirtschaft geht es den meisten Provinzen in Patagonien relativ gut, einige Enklaven spüren aber noch nichts von diesem Wohlstand.

REGIERUNG UND POLITIK

Nach der Verfassung von 1853 hat Argentinien ein föderalistisches System mit einer Gewaltenteilung, das an das System der Vereinigten Staaten erinnert. Der Präsident ist Chef der Exekutive und wird vom Volk gewählt; die Amtszeit beträgt jeweils vier Jahre. Die Legislative besteht aus zwei Kammern, dem Senat und der Abgeordnetenkammer. Es gibt einen Obersten Gerichtshof mit neun Mitgliedern. Argentinien ist eine Bundesrepublik und besteht aus 23 Provinzen mit eigenen Regierungen; hinzu kommt die autonome Hauptstadtregion. Der Präsident hat relativ weitgehende Befugnisse und kann sich in die Angelegenheiten der Provinzen einmischen. Das Parlament hat sich normalerweise dem Präsidenten zu beugen. Der Oberste Gerichtshof ist eigentlich unabhängig, spürt aber mitunter politischen Druck – beispielsweise, als Präsident Carlos Menem (geb. 1930) in den 1990er-Jahren vier Mitglieder für dieses Gremium durchsetzte.

Sämtliche Provinzen sind ähnlich strukturiert. In einigen stehen mächtige *caudillos* – »Provinzfürsten« – an der Spitze, die den Staat als ihr ererbtes Privateigentum betrachten. So konnten in Santiago del Estero nur das Militär und die Zentralregierung die Herrschaft des fünfmaligen Gouverneurs Carlos Juárez (1916–2010) beenden – die Amtsgeschäfte übernahm dann seine Frau Mercedes Aragonés. Sie ernannte ihren Gatten zum Justizminister der Provinz, damit er nicht wegen Menschenrechtsverletzungen angeklagt werden konnte, dann waren auch ihre Tage gezählt. Den argentinischen Peronismus verkörperte von 2007–2015 die Mitte-Links-Regierung von Cristina Fernández de Kirchner (geb. 1953). Ihr verstorbener Ehemann, der ehemalige Präsident Néstor Kirchner (1950–2010), zog auch lange nach seiner Amtszeit die Fäden innerhalb seiner Partei.

> **Von Peronismus zu Cambiemos – radikale Kurswechsel prägen die Politik in Argentinien.**

Beide zeigten sich gegenüber abweichenden Ansichten immer wieder uneinsichtig und agierten gelegentlich außerhalb des Verfassungsrahmens.

Politische Parteien und Persönlichkeiten: Die politische Landschaft ist stark zersplittert. Eine lange Tradition haben die *caudillos* in den Provinzen, wo Persönlichkeit oft wichtiger ist als Parteizugehörigkeit. Seit über 60 Jahren ist die Partido Justicialista (Gerechtigkeitspartei) eine Konstante in der argentinischen Politik; geprägt wurde sie von Präsident Juan Perón (1895–1974) und seiner Frau Eva Duarte (Evita, 1919–52). Die populistische Partei sieht sich immer wieder Korruptionsvorwürfen ausgesetzt. Die zweitwichtigste Partei ist die 1891 gegründete Unión Cívica Radical (UCR;

Radikale Bürgerunion). Seit der glücklose Fernando de la Rúa (geb. 1937) das Land in die Wirtschaftskrise von 2001 geführt hat, zerfällt die Bewegung allerdings. Zwar taten sich zwei Exmitglieder, der gemäßigte Rechte Ricardo López Murphy (geb. 1951) und die eher linke Elisa Carrió (geb. 1956), als Oppositionelle hervor, allerdings unter den Flaggen der Allianz Propuesta Republicana (PRO) und der Coalición Cívica. Der Unternehmer Mauricio Macri (geb. 1959), viele Jahre lang Präsident der Boca Juniors und Bürgermeister von Buenos Aires, ist seit Dezember 2015 Präsident. Sein neoliberaler Kurs brachte frische Investitionen ins Land, aber die galoppierende Inflation konnte er nicht stoppen. Lange Zeit, vor allem nach dem Sturz von Präsident Hipólito Yrigoyen (1852–1933) in den 1930er-Jahren, hat das Militär in Argentinien eine fragwürdige Rolle gespielt. Nach der Diktatur von 1976 bis 1983 und dem Desaster des Falkland-Krieges scheint sich die Armee allerdings mit der zivilen Führung arrangiert zu haben.

GEOGRAFIE UND KLIMA

Mit seinen 2,8 Millionen Quadratkilometern ist Argentinien das achtgrößte Land der Erde. Von Nord nach Süd misst es rund 3700 Kilometer – und reicht von den Subtropen bis zum Rand der Antarktis. Von Ost nach West erstreckt es sich vom Atlantik bis zu den Anden an der Grenze zu Chile. Nicht nur die Fläche macht Argentinien aus, sondern auch die große Viel-

Vendimia, das Fest der Weinlese, im Teatro Griego Frank Romero Day, Mendoza

GESCHICHTE UND KULTUR

☐ Erlebnis

ARGENTINISCHES SPANISCH LERNEN

In Argentinien kann man an vielen Orten Spanisch lernen. Wer schon ein wenig Spanisch spricht, wird sich allerdings über viele argentinische Eigenarten wundern, und wer sein Spanisch nur in Buenos Aires und Umgebung lernt, gewöhnt sich womöglich vieles an, was ihm andernorts wenig weiterhilft. Die Aussprache ist hier nämlich sehr italienisch geprägt, sicherlich wegen der vielen Einwanderer aus Italien.

Auffällig ist auch das *voseo:* Das Pronomen *vos* (2. Person) erfordert Formen des Verbs, die von denen abweichen, die beim spanischen *tú* gebräuchlich sind. In Argentinien sagt man zum Beispiel *vos hablás* statt *tú hablas* (du redest) oder *vos decís* statt *tú dices* (du sagst). Der Wortschatz umfasst Eigentümlichkeiten und Slangausdrücke, die man anderswo nicht versteht; teils harmlos (*laburar* statt *trabajar*, arbeiten), manchmal aber auch heikel (*quilombo*, Unordnung, wörtlich: Hurenhaus). Im Argentinischen finden sich überdies viele Lehnwörter aus anderen Sprachen, darunter aus dem Englischen: *pub, delivery* und *sale.* Zu den Anbietern von Sprachkursen in Buenos Aires zählen: **Centro Universitario de Idiomas** *(Junín 222, Call-Center 011/53 52 80 00, www.cui. edu.ar),* **Coined** *(Suipache 90, 2. Stock, Tel. 011/43 31 24 18, www.coined.com.ar)* und das Vermittlungsinstitut für die spanische Sprache **Instituto de Lengua Española para Extranjeros** *(www.argentinailee.com).*

---

falt an Landschaftsformen. Da gibt es die schier grenzenlose Weite der Pampas westlich von Buenos Aires, die nur von wenigen kleinen Gebirgszügen unterbrochen wird. Der große Río Paraná und seine Nebenflüsse versorgen Mesopotamien und weite Teile des Gran Chaco mit Wasser. Die Canyons in den nordwestlichen Provinzen erinnern an den amerikanischen Südwesten, am Fuße der höchsten Andengipfel erstrecken sich die Weingärten von Cuyo. Im Süden grenzt das endlose Patagonien mit seiner Küste, den Steppen, Seen und Gletschern an Feuerland.

Auf der Südhalbkugel sind die Jahreszeiten gegenüber denen der Nordhalbkugel genau umgekehrt. In Buenos Aires und der Pampa ist es das ganze Jahr mild bis warm und feucht. Ganzjährig feucht ist es auch in Mesopotamien, allerdings mit Hitze im Sommer und mildem Klima im Winter. Im Nordwesten sind die Sommer heiß und regnerisch, die Winter mild und trocken; eine Ausnahme bilden die Hochlagen. Das argentinische Patagonien östlich der Anden ist grundsätzlich eher trocken, doch die Täler lassen so viele Westwinde durch, dass Seen, Flüsse und sogar Gletscher entstehen konnten. In der Nordhälfte sind die Sommer mild, im Süden sind sie kühler; im Winter ist es in ganz Patagonien kalt. Typisch für den Landstrich ist der unablässig wehende Wind, der nur im Winter ein wenig nachlässt. ■

ESSEN UND TRINKEN

Dass in der argentinischen Küche vorwiegend Fleisch verwendet wird, ist eine gängige Annahme. Schon Charles Darwin, der 1830 durch die Pampas ritt, notierte, seine Gauchoführer äßen »nichts anderes als Rindfleisch. ... Vielleicht ist das der Grund dafür, dass diese Gauchos, ähnlich wie fleischfressende Tiere, lange Zeit ohne Nahrung auskommen können. ... Einige Soldaten verfolgten eine Schar Indianer drei Tage lang, ohne zu essen oder zu trinken.«

Das Klischee, dass Argentinier erst sehr spät (kurz vor Mitternacht) zum Abendessen gehen, ist überholt. Aber vor 20 Uhr machen die meisten Restaurants nicht auf.

Tatsächlich lieben die Argentinier das Grillen *(asado)*, und die wenigsten würden ein saftiges Steak vom Grill verschmähen. Die Wiesen und Felder des Landes sorgen aber auch für eine enorme Fülle an pflanzlichen Nahrungsmitteln, und da hier viele Küchentraditionen und Trends zusammenfließen, kommt jeder auf seine Kosten. In Buenos Aires und anderen Großstädten lassen sich problemlos internationale Gerichte bestellen, und in manchen Provinzhauptstädten findet sich Überraschendes: So ist im andinen Nordwesten die Küche des Orients weit verbreitet.

Man kann in Argentinien sogar als Vegetarier überleben, aber der soziale Druck ist so groß, dass schon viele Vegetarier zu traditionellen Fleischgerichten zurückgefunden haben. Hartnäckige Vegetarier sollten übrigens ein Missverständnis meiden: *Carne* bedeutet in Argentinien Rindfleisch, nicht Fleisch generell; wer *carne* ablehnt, bekommt stattdessen Hähnchen oder Schinken serviert.

Was die Uhrzeiten zum Essen angeht, dürften Frühstück und Mittagessen den ausländischen Gästen noch recht vertraut vorkommen. Das Abendessen wird so spät wie in Italien oder Spanien serviert. Falls Sie Ihr Abendessen vor 21 Uhr bestellen, wundern Sie sich nicht über die ungläubigen Blicke der Kellner. Viele Einheimische essen sogar noch später zu Abend.

FLEISCH UND GEFLÜGEL

Das Lieblingsgericht der Argentinier ist die *parrillada*, eine Art Grillteller, der alles Mögliche enthalten kann – von *achuras* (Innereien) bis zu *Chorizo*-Würsten, außerdem *vacio* (ein Steak), *costillas* (Rippchen) und sonstige Fleischsorten. Zubereitet wird dies alles oft in einer milden *chimichurri*-Marinade auf Knoblauchbasis; dazu gereicht werden manchmal auch Hühnchen- oder Schweinefleisch oder Paprika vom Grill. In Patagonien legt man hauptsächlich saftiges Lammfleisch am Spieß auf den Grill oder

GESCHICHTE UND KULTUR 33

bisweilen aufs offene Feuer; in manchen Gegenden bevorzugt man sogar Ziege. Die meisten Argentinier lieben ihr Steak gut durchgebraten *(bien cocido)*, andere bevorzugen es medium *(punto)* oder blutig *(jugoso)*. Als Hausmannskost, die man auch an mobilen Imbissständen erhält, gilt *choripán*, eine Grillwurst mit Senf, oder *chimichurri* in einem knusprigen Brötchen. *Milanesa* ist ein paniertes Schnitzel. Auch in Buenos Aires steht Wild auf den Speisekarten: *venado* (Reh), *jabalí* (Wildschwein), *ñandú* (Nandu) und Guanako, meistens aus Patagonien.

FISCH UND MEERESFRÜCHTE

Es gilt zwar als ausgemacht, dass Argentinier nicht allzu viel von Meeresprodukten halten, doch der Archäologe Daniel Schávelzon konnte belegen, dass die Einwohner von Buenos Aires anfangs erhebliche Mengen an Fisch verspeisten. Und in Gerichten wie *abadejo al arriero* (Seelachs-Kasserole), *gambas al ajillo* (Knoblauch-Shrimps) oder *rabas* (Tintenfischringe) sind die spanischen Wurzeln noch deutlich zu erkennen. *Merluza* (Seehecht) gilt als bester Meeresfisch, unter den Krustentieren zählt die *centolla* (Königskrabbe) zu den hoch gelobten Spezialitäten.

Überall im Land schätzt man die *trucha* (Forelle) aus Patagonien; aus Mesopotamien stammen begehrte Fische wie *boga*, *pacú* (ein Verwandter der Piranhas) und *surubí* (ein Wels). In großen Städten wie Buenos Aires erfreut sich heutzutage auch Sushi wachsender Beliebtheit.

»COMIDA CRIOLLA«

Viele argentinische Speisen sowie Snacks und Desserts fallen in keine vorhandene kulinarische Kategorie. *Puchero* beispielsweise ist ein Eintopf aus

Rindfleisch vom Grill ist Argentiniens Nationalgericht.

gekochtem Rindfleisch, gepökeltem Schinken, Kartoffeln und Gemüse. *Carbonada* besteht aus ähnlichen Zutaten, dann kommen aber noch Maiskolben, Rosinen und je nach Region wechselnde Zutaten hinzu. Ungewöhnlich für ein Land, das scharfe Gewürze nicht schätzt, ist *locro*, ein Eintopf aus Maisbrei mit diversen Fleisch- und Wursteinlagen und Gemüse, gewürzt mit Kreuzkümmel, Paprika und Peperoni. Ebenfalls aus

Mate-Tee trinkt man mit einem Strohhalm *(bombilla)* aus der Kalebasse.

dem Nordwesten stammen *humitas,* die den mexikanischen *tamales* (gefüllte Maisteigtaschen) ähneln. *Pastel de papa* ist ein Hackfleischauflauf in der Art des englischen *Shepherd's Pie.* Die argentinische *empanada*, eine Teigtasche mit einer Füllung aus Rinderhack, Hähnchen, Schinken und Käse oder aus Lamm mit Gemüse, Eiern, Oliven, Rosinen und Gewürzen, ist eine köstliche Vorspeise oder ein kleiner Imbiss zwischendurch.

PASTA UND PIZZA

Dank der mächtigen Einwanderungswelle aus Italien im Lauf des 20. Jahrhunderts sind hochwertige italo-argentinische Gerichte selbst im entlegensten Truck-Stop im Gran Chaco zu haben. Zu den weitverbreiteten Standardgerichten zählen Lasagne, Polenta, Ravioli und Risotto. Ungewöhnlich und typisch argentinisch sind die beliebten und preiswerten *ñoquis* (Gnocchi), die am 29. Tag eines jeden Monats auf den Tisch kommen, wenn das Haushaltsgeld zur Neige geht. Der Name wurde als Slangbezeichnung auf Angestellte in Behörden übertragen, die praktisch nicht arbeiten, sondern nur am Ende des Monats im Amt auftauchen, um ihren Gehaltsscheck abzuholen. Die Pizza ist in Argentinien im Allgemeinen knusprig und dünn, belegt wird sie mit Mozzarella, Schinken und Peperoni. Verbreitet ist auch die *fugazza* mit Zwiebeln und ohne Soße oder die *fugazzetta* mit Zwiebeln und Mozzarella. In jüngster Zeit haben Pizzabäcker ihr Repertoire aber ein wenig erweitert, als Belag wird nun oft Gemüse vom Grill verwendet.

OBST UND DESSERTS

In Argentinien wachsen sämtliche für die mittleren Breitengrade typischen Früchte, also Äpfel, Trauben, Pfirsiche, Birnen, Pflaumen, Orangen und vieles mehr. Daraus lässt sich ein köstlicher Obstsalat *(ensalada de frutas,* auch *macedonia)* bereiten. Sehr beliebt ist auch *flan,* eine Eiercreme mit Karamell

oder Schlagsahne. Außerdem übergießen Argentinier jede Art von Dessert gern mit gewaltigen Mengen von *dulce de leche,* einer Creme aus Milch und viel Zucker, die auch pur genascht wird.
Entsprechend dem italienischen Erbe ist die Eiscreme *(helado)* in Argentinien von hervorragender Qualität. Am besten sind übrigens kleine Eiscafés *(heladerías),* die täglich Eis in kleinen Mengen frisch herstellen.

WEIN, BIER UND SPIRITUOSEN

Argentiniens Weine gelangen erst seit einigen Jahrzehnten in den Export, doch schnell stieg das Land zum fünftgrößten Produzenten der Welt auf. Auch wenn es im vergangenen Jahr auf den neunten Platz abgerutscht ist, sind Weinbars *(vinotecas)* in Buenos Aires und vielen kleineren Städten mittlerweile fester Bestandteil des gastronomischen Angebots – oft mit erstklassigem Essen. Die meisten Weingüter liegen in Mendoza und dort vor allem rund um die gleichnamige Provinzhauptstadt, Winzer findet man auch in San Juan und Salta sowie in der patagonischen Provinz Río Negro. Auch Bier wird wird reichlich konsumiert; es stammt vor allem aus Großbrauereien wie Quilmes. ■

Erlebnis

DAS MATE-RITUAL

Argentinier können ganze Nachmittage bei Kaffee und Croissants in einer *confitería* zubringen, doch wenn sie sich mit Freunden oder Angehörigen zu Hause treffen, wird vor allem Mate getrunken. Diesen Tee, der aus den fein gemahlenen Blättern des Mate-Strauches *Ilex paraguayensis* gewonnen wird (übrigens ein Verwandter der Stechpalme), trinkt man nicht einfach so nebenher – dieser Tee ist Teil des sozialen Lebens.

Das Rohmaterial heißt *yerba maté;* die Pflanze wächst im subtropischen Nordosten, der Tee ist aber auch im Ausland erhältlich. Viele Touristen nehmen die Ausrüstung auch mit nach Hause – eine beschnitzte Kalebasse (ebenfalls Mate genannt) und die *bombilla,* ein Trinkröhrchen aus Metall.

Das zugehörige Ritual ist nicht so leicht zu exportieren. Wer das Getränk zubereitet, füllt die Kürbisflasche zunächst mit trockener *yerba* und gibt heißes, aber nicht kochendes Wasser hinzu. Den ersten Aufguss schüttet man in der Regel weg – er ist zu bitter und zu heiß. Nach dem zweiten Aufguss wird die Kalebasse dann im Kreis herumgereicht; jeder trinkt aus dem gleichen Halm, bis der Letzte mit einem *Gracias* verzichtet.

Da Mate in den großen Städten eher zu Hause und weniger in der Öffentlichkeit getrunken wird, werden die meisten Besucher davon vermutlich nie etwas mitbekommen. Wer aber dazu eingeladen wird, sollte das Angebot nicht ausschlagen – der bittere Geschmack mag gewöhnungsbedürftig sein, aber das Gemeinschaftserlebnis bleibt unvergesslich.

NATUR UND LANDSCHAFT

Zu Argentiniens außergewöhnlicher Landschaft zählen lange Küsten, mächtige Ströme, weite Ebenen, ausgedehnte Steppen, heiße Wüsten und hohe Berge. Die Naturlandschaften reichen von unwirtlichen Trockengebieten bis zu subtropischen Regenwäldern sowie Gletschern. Von der bolivianischen Grenze bei La Quiaca bis zum Beagle-Kanal in Feuerland lässt sich der Wechsel der Breitengrade mit jener von der Hudson Bay bis Mittelmexiko vergleichen.

DIE PAMPA

Das Kernland Argentiniens erstreckt sich westlich von Buenos Aires, das auf mittlerer Breite liegt. Das wogende Gras war Grünfutter für die Herden, die ein Symbol für Qualitätsrindfleisch wurden. Bei ergiebigem Regenfall und optimalen Temperaturen diente der reiche Lössboden als Basis für Weizenexporte ins Europa des frühen 20. Jahrhunderts. Heute ist Soja die Hauptanbaufrucht. In Richtung Süden und Westen wird das Klima trockener, Landwirtschaft ohne künstliche Bewässerung schwierig, und *estancias* mit Viehhaltung dominieren. Heiße Vorberge säumen die Sierra de Tandil, Sierra de la Ventana, Sierra de La Pampa und die bis zu 2790 Meter hohen Sierras de Córdoba. Es gibt einige Nationalparks: in der Provinz La Pampa den Parque Nacional Lihué Calel mit Inselbergkuppen aus Granit und in der Provinz Córdoba den Parque Nacional Quebrada del Condorito mit dem östlichsten Vorkommen des Kondors innerhalb Südamerikas.

Ein *gaucho* treibt auf der Estancia Sol de Mayo seine Schafe zusammen; Paso Roballos, Provinz Santa Cruz.

Eine geschwungene Küstenlinie, aus der markante Landspitzen hervorragen, macht den Süden der Provinz Buenos Aires zum Magnet für Strandbesucher. In Teilen ist die Küste stark verbaut, besonders um den Urlaubsort Mar del Plata.

MESOPOTAMIA

Von seinem Quellgebiet in Brasilien fließt der Río Paraná fast 4000 Kilometer, bevor er mit dem Río Uruguay den Mündungstrichter des Río de la Plata (Silberfluss) bildet. Zwischen diesen schiffbaren Strömen liegen die Provinzen Entre Ríos, Corrientes und Misiones – die Region Mesopotamien. Ein Hügelland mit Galeriewäldern, das im äußersten Nordosten etwas gebirgiger wird. Es regnet viel und Überschwemmungen sind häufig. Ein bemerkenswertes Feuchtgebiet in Corrientes sind die Esteros del Iberá mit ihrer interessanten Fauna. Die flachen Sümpfe sind im Prinzip eine Art träger Zufluss des Paraná. Auf ihrem Grund sind Pflanzengemeinschaften verankert, die mit ihren langen Wurzeln eine Art schwimmende Insel formen. Das entlegene Gebiet wird noch wenig besucht.

Die Pampa ist das Kernland Argentiniens, der mineralienreiche Boden ist die Grundlage der erfolgreichen Viehwirtschaft.

In Misiones an der brasilianischen Grenze tosen die eindrucksvollen Iguazú-Fälle am gleichnamigen Nebenfluss des Paraná. Sie sind Teil des Parque Nacional Iguazú, der 676 Quadratkilometer subtropischen Regenwaldes mit reicher Natur schützt. Das Klima ist im Sommer heiß und feucht und etwas milder im übrigen Jahr, einmal abgesehen von gelegentlichen Kaltlufteinbrüchen aus dem Süden.

GRAN CHACO

Von Corrientes aus gesehen erstreckt sich jenseits des Paraná die Schwemmebene des Gran Chaco. Die Provinzen Chaco and Formosa liegen zur Gänze darin, außerdem Teile von Santiago del Estero, Salta und Jujuy. Die östlichsten Teile sind heiß, feucht und und so dicht bewaldet, dass man von El Impenetrable spricht, dem undurchdringlichen Wald. Das Land steigt kaum zum Westen hin an, wo es noch trockener und heißer wird. In den Grenzregionen zu Bolivien besteht von Oktober bis Mai ein geringes Malariarisiko. Die Winter sind meist trocken.

DER ANDINE NORDWESTEN

In Nordwest-Argentinien setzen sich die bolivianischen Hochanden gen Süden fort. Trotz der Lage in tropischen und subtropischen Breiten bestimmt überwiegend die Höhe das Klima, die Witterung und das Wetter. In der Westecke, entlang der Grenze zu Chile, herrscht die Hochsteppe des Altiplano oder der *puna* vor. Beides sind trockene Grasländer mit eingestreuten Salzpfannen oder Salzseen in Höhen von 4000 Metern. Gipfel können 5800 Meter und mehr erreichen. Cerro Ojos del Salado, an der chilenischen Grenze in der Provinz Catamarca, ist mit 6893 Metern der zweithöchste Berg des Doppelkontinents. Im Osten zernagen Flüsse das Land zu

Lago Cholila in der Provinz Chubut

Schluchten. Die Quebrada de Humahuaca in der Provinz Jujuy besitzt eine Terrassenkultur. Im Sommer können Regengüsse das Fortkommen durch Überflutungen und Muren behindern. Die bessere Reisezeit sind die Wintermonate mit warmen Tagen und kühlen Nächten. Trotz der Trockenheit erzeugen die südliche Provinz Salta und Teile von La Rioja gute Weine in Hochlagen bis zu 3000 Meter. Am Osthang der Anden befinden sich Nationalparks in einem Längsband feuchter Nebelwälder, am bekanntesten sind Calilegua und El Rey. In der Provinz Tucumán sorgt der Regen für gute Anbaubedingungen für Zuckerrohr.

CUYO

Die Landschaft von Cuyo ist eine Fortsetzung des Nordwestens. Wasser aus den Anden versorgt die Gärten der Winzer in der Provinz Mendoza. Mendoza ist auch die Anlaufstelle für Gipfelstürmer zum 6960 Meter hohen Cerro Aconcagua, dem »Dach Amerikas«. In den Halbwüsten des Nordens und Westens sind die Sommer extrem heiß. In den Erosionslandschaften finden sich wichtige Fundstätten zur Erdgeschichte. Die Welterbestätten Parque Provincial Ischigualasto in San Juan und Parque Nacional Talampaya in La Rioja stecken voller Überreste aus der Trias – argentinische Dinosaurierjäger schürfen hier nach den Fossilien.

PATAGONIEN

Keine Region Argentiniens steht bei Reisenden höher auf der Wunschliste als Patagonien. Es liegt im Regenschatten – nur wenige der Pazifikstürme, die Chiles Küste heimsuchen, schaffen es, durch Lücken in den Anden nach Argentinien vorzudringen. Dennoch bleibt genug, um das Seengebiet bei

San Carlos de Bariloche mit Niederschlägen zu versorgen. Mehrere Nationalparks wie der Parque Nacional Nahuel Huapi ziehen sich Hunderte von Kilometern entlang der Grenze zu Chile. Fantastischer Pulverschnee bildet die Grundlage für den Wintersport. Weiter im Süden birgt der Parque Nacional Los Glaciares den Moreno-Gletscher und das traumhafte Wanderland rund um das Massiv des Monte Fitz Roy. Im Osten reicht eine Trockensteppe bis zum Horizont, nur durch Grasbüschel aufgelockert. Mehrere Ströme fließen durch die Grasebene zur Atlantikküste. Südlich vom Río Negro wechselt die Küste zwischen malerischen Landspitzen und Sandstränden. Für die wenigen Hafenstädte stellen große Gezeitenunterschiede ein Problem dar, gleichzeitig bieten sie die Voraussetzung für ein reiches Meeresleben und Nahrung für Seevögel, die auf der Península Valdés brüten. Die Halbinsel zählt zu den Welterbestätten. Obwohl Patagonien im Ruf einer turbulenten Witterung steht, mildert der Einfluss des Meeres doch zu jeder Jahreszeit die Extreme.

TIERRA DEL FUEGO
Tierra del Fuego oder Feuerland bildet in seiner nördlichen Hälfte die Verlängerung der patagonischen Steppen und Küsten. Die Südhälfte ist Bergland mit Südbuchenwäldern, eiszeitlichen Erhebungen und einer aufgewühlten See. ■

ARGENTINIENS LANDWIRTSCHAFT IM WANDEL
So eindrucksvoll Argentiniens wogendes Grasland und die üppigen Wälder auch sein mögen, man sollte daran denken, dass nur sehr wenige Landesteile ursprünglich sind. Über Jahrtausende hinweg, und besonders seit der Ankunft der Europäer, hat die Anwesenheit von Menschen diese Naturlandschaften verändert.
Um das offensichtlichste Beispiel zu nennen: Vor der Ankunft der Spanier waren die grünen Pampas die Heimat wilder Guanakoherden, die von den Querandí-Indianern bejagt wurden. Nachdem die ersten Siedler Buenos Aires verlassen hatten – es waren Opfer einer Hungersnot und Querandí-Krieger – gediehen europäische Rinder und Pferde in riesigen halbwilden Herden und verdrängten Guanakos und anderes Wild. Allerdings verarmte die Pampa durch den Weidedruck, und der intensive Getreideanbau zu Beginn des 20. Jh. veränderte die Landschaft durch Eisenbahnen und Verstädterung noch mehr. Farmen zur Viehhaltung taten ein Übriges. Unter dem weiten Himmel Patagoniens kam die Neuzeit in Form riesiger Schafpferche, in denen Wolle und Fleisch für die Ausfuhr erzeugt wurden. Auch dort, wo es nur wenige Siedlungen gibt, sollte niemand glauben, die Natur sei unverdorben.

FLORA UND FAUNA

In einem überwiegend tropischen Erdteil, der sich vom Urkontinent Gondwana vor etwa 110 Millionen Jahren löste, entwickelten sich Argentiniens Landbewohner in weitgehender Abgeschiedenheit. In den Tropen herrscht hohe Artenvielfalt bei geringer Individuenzahl, während höhere Breitengrade weniger Arten, dafür eine höhere Individuendichte haben.

FLORA

Argentinien ist berühmt für das wogende Grasland der Pampa, die seit dem frühen 20. Jahrhundert die Welt mit Rindfleisch und Getreide versorgt haben, aber die Flora ist weit vielfältiger. Die Pflanzendecke reicht von subtropischer Sumpfvegetation, Galerie- und Nebelwäldern bis hin zu Wüstenpflanzen, dichten Nadel- und Laubwäldern, weiten Steppen und sogar Anklängen an die Tundra.

Grasland: Argentiniens östlichste Pampa ist eine gut bewässerte Ebene, auf der halbwilde spanische Rinder und Pferde die einheimischen Gräser abweiden. Die trockeneren südlichen und westlichen Teile bestehen aus einer Mixtur aus Gräsern und Gestrüpp, die als *monte* bekannt ist. Im subtropischen Chaco schiebt sich waldartiger Dornbusch in die Grassavanne.

Galeriewälder und Feuchtgebiete: Der Paraná und andere Flüsse aus dem Norden münden in ein grünes Delta nördlich von Buenos Aires, dichte Wälder ziehen sich Hunderte von Kilometern am Ufer entlang. Zu den Kernarten gehören der *guayabo colorado,* ein Myrtengewächs, und der *cei-*

Ein Kolibri besucht eine Blüte – nichts Besonderes in Argentinien.

bo, dessen Blüte als Nationalblume Argentiniens gilt. Seit 1992 wurden 22 Feuchtgebiete von internationaler Bedeutung nach dem Ramsar-Abkommen ausgewiesen, insgesamt mehr als 4000 Quadratkilometer. Das eindrucksvollste sind die Esteros del Iberá, wo schwimmende Inseln amphibischer Pflanzen unzähligen Vögeln und anderen Tieren einen Lebensraum bieten.

Subtropische Wälder: Die subtropische *selva* ist im Großteil der Provinz Misiones die natürliche Vegetationsform. Im Parque Nacional Iguazú wachsen mehr als 90 verschiedene Baumarten, darunter der *ceibo* und der leuchtend rosa blühende *lapacho.* Quer durchs Land ziehen sich die *yungas* der Provinzen Jujuy, Salta und Tucumán, ein schmaler Streifen von Nebelwäldern an den östlichsten Ausläufern der Anden. Ein Großteil des unwegsamen Gran Chaco ist von Dornwald bedeckt, ein typischer Baum ist der als Nutzholz gesuchte *quebracho* (wörtlich »Axtbrecher«).

Puna: Im nordwestlichsten Hochland wachsen *tola*-Büsche und Grassockel wie der *ichu.* Sie bedecken den felsigen Boden lückenhaft. Die Steine sind mit Flechten und Polsterpflanzen besiedelt. An wenigen wasserreichen Stellen wächst Gras in dicken Rasen. In den Trockenschluchten der Vorberge wächst der Kandelaberkaktus *(cardón).*

Laub- und Nadelwälder: Im Seengebiet Patagoniens, entlang der Grenze zu Chile, wachsen mehrere Arten von Südbuchen *(Nothofagus).* Nadelgehölze finden sich spärlicher, in erster Linie die Araukarie, die bei uns als Zimmertanne bekannt ist. *Araucaria araucana* heißt auf Spanisch nach ihrer Schirmform *paraguas.* Die an einen Mammutbaum erinnernde *alerce (Fitzroya cupressoides)* trägt ihren Gattungsnamen nach dem Kapitän der H.M.S. »Beagle«.

Patagonische Steppe: Wie die Puna besteht auch die patagonische Steppe aus lückenhaftem Grasland mit eingestreuten Dornbüschen wie dem *calafate,* einem Verwandten der Berberitze mit essbaren Beeren. In den Flusstälern breitet sich ein Grasteppich aus, auf dem Magellangänse und Hausschafe weiden.

FAUNA

Im Konzert der großartigen Landschaften spielt Argentiniens Fauna bei den Besuchern manchmal nur die zweite Geige, aber für jene, die von der Nordhalbkugel kommen, wird fast alles neu sein. Die Vogelwelt zeigt sich sehr vielgestaltig, besonders im subtropischen Mesopotamien, und überreich in Patagonien, wo sich Pinguine zu Zehntausenden versammeln. Andernorts können gute Beobachter Guanakos, Nandus und den König der Lüfte, den Kondor, ausmachen.

Vögel: Argentinien ist ein Paradies für Ornithologen. Allein das Sumpfgebiet Esteros del Iberá beheimatet rund 350 Arten, darunter Kormorane, Reiher, Störche und den eigentümlichen Hornwehrvogel, der Flügelsporne und (als einziger Vogel) eine Antenne trägt. Tropenvögel, darunter Tukane, sind bis in die Provinz Misiones verbreitet. Die Pampas und Galeriewälder sind voller Kleinvögel, am auffälligsten verhalten sich der *tero* (Bronzekiebitz) und der *bandurria* (Weißhalsibis). An den verstreuten Gewässern in der Puna, etwa der Laguna de los Pozuelos, kommen drei Flamingoarten vor. Kondore sind in den patagonischen Anden nichts Ungewöhnliches. Ein kleiner Vetter des Nandus, der *choike* oder *ñandú petiso* (Darwinnandu), eilt im Laufschritt über die Steppen des Nordwestens und Patagoniens. Schwarzbrauenalbatrosse, Riesensturmvögel und Felsenkormorane fliegen an der Küste. Was die Besucher am meisten anzieht, sind Kolonien von Magellanpinguinen in den Provinzen Chubut und Santa Cruz.

Säugetiere: In Argentinien leben nur wenige auffällige Landsäuger, unter den Meeressäugern finden sich hingegen große, ja riesige Arten. Ein Sym-

Wissen

DIE NEUWELTKAMELE

Überall in den Pampas und anderen Teilen Argentiniens trifft man auf Verkehrsschilder, die auf Viehwechsel hinweisen – in der nordwestargentinischen Quebrada de Cafayate und in den Hochlagen der Puna tragen die Tiere auf dem Warnzeichen einen langen Lamahals.
Das Lama ist nur eines von vier höckerlosen Kamelen in Argentinien, zwei werden als Haustiere gehalten, zwei leben wild. Lamas sieht man am häufigsten in den Provinzen Salta und Jujuy. Das Lama *(llama)* dient traditionell als Tragtier, auf argentinischen Speisekarten steht neuerdings aber auch Lamafleisch. Das ebenfalls domestizierte Alpaka ist in Argentinien viel seltener, da es feuchte Weiden bevorzugt. Feine Alpakawolle wird zu hohen Preisen verkauft.
Das Vikunja *(vicuña)*, eine bedrohte Tierart, trägt noch feinere Wolle. In Argentinien zeigt es sich selten, jedoch werden kleine halbwilde Herden im Nordwesten gehalten.
Am verbreitetsten aus diesem Quartett ist das robuste Guanako. Es bewohnt alle höheren Lagen der Anden, kommt aber auch in Patagonien und, seltener, in den Pampas vor. Über Zäune, die Schafe zurückhalten sollen, springt es einfach hinweg. Seine Herden sind ein Wahrzeichen Patagoniens.

Kleinfleckkatze *(gato montés)* auf der Pirsch; Esteros del Iberá, Povinz Corrientes

boltier für das Land ist das weitverbreitete Guanako, ein wildlebender Verwandter des Lamas, das im nordwestlichen Altiplano und in ganz Patagonien häufig anzutreffen ist. Zwei Hirsche bewohnen die Bergregionen: der *humuel* und der *pudú,* der nur dackelgroß ist. Argentiniens verbreitetste Großraubkatze ist der Puma, der elegante *yaguareté* (Jaguar) kommt nur in den Waldgebieten der Subtropen vor. Auch der Tapir bewohnt den subtropischen Norden. Weitere bemerkenswerte Tiere Nordargentiniens sind der Kapuzineraffe, der stimmgewaltige Brüllaffe und das Capybara oder Wasserschwein. An Sandstränden und auf Felsinseln der langen patagonischen Küste haben Südliche Seelöwen, Südliche See-Elefanten und Seebären ihre Wurfplätze. Im Südwinter suchen Glattwale (Südkaper) die flachen Gewässer vor der Península Valdés auf, um ihre Jungen zur Welt zu bringen. Es gibt auch Orcas, Buckelwale, Finnwale, Seiwale und Delfine.

Reptilien und Amphibien: In den nordöstlichen Feuchtgebieten kommen zwei Krokodilarten (Kaimane) vor; sie werden zwei bis drei Meter lang. Drei Giftschlangenarten laufen unter der Bezeichnung *yarará;* in den Subtropen sind sie verbreitet, aber selten an ihrer patagonischen Lebensraumgrenze.

Meerestiere: Hochseefische wie *merluza* (Seehecht) und *corvina* (Brassen) tauchen oft in der Küche auf. Dasselbe gilt für Meeresfrüchte wie *mejillones* (Muscheln), *calamares* (kleine Tintenfische) und *centolla* (Südliche Königskrabbe). Im Paraná und anderen nördlichen Flüssen gehen *boga, dorado* und *surubí* (Paranáwels) an die Angel. Die Fließgewässer Patagoniens sind bei Anglern beliebt wegen Forellen, Lachsen und Barschen. ∎

ARGENTINIEN DAMALS

Argentinien ist ein in viele Parteien gespaltenes Land, und so bietet die Geschichte immer reichlich Stoff für Querelen und Polemiken. Trotz allem aber stehen Persönlichkeiten wie José de San Martín oder Juan Domingo Perón über dem Alltagszwist.

FRÜHGESCHICHTE UND PRÄKOLUMBISCHE ZEIT

Siedler gelangten von Asien aus auf den amerikanischen Kontinent; sie nutzten eine vor rund 12 500 Jahren vorhandene Landbrücke über die Beringstraße. Vor etwa 10 000 Jahren lag diese Verbindung wieder unter dem Meeresspiegel, die Einwanderung lässt sich also recht genau datieren. Beim Untergang der Landverbindung hatten Sammler und Jäger schon beinahe den gesamten Doppelkontinent in Besitz genommen.

Die Sammler und Jäger lebten von Wild und anderen Naturprodukten. Als ihre Anzahl aber weiter wuchs, begannen einige Gruppen, Pflanzen zu sammeln und zu kultivieren. Im heutigen Hochland von Peru entwickelten bemerkenswerte Hochkulturen echte Formen des Ackerbaus; diese Entwicklung gipfelte im Reich der Inka. Einige dieser Landwirtschaftstechniken erreichten den Nordwesten von Argentinien, wo die Diaguita auf künstlichen Terrassen einen intensiven Ackerbau betrieben. Von einem wirklichen Einfluss der Inka bis in diese Region kann allerdings keine Rede sein. Die meisten indigenen Gemeinschaften blieben bei ihrer nomadischen Lebensweise als Sammler und Jäger oder waren Halbnomaden. So widersetzten sich die Araukaner an den südlichen Ausläufern der Anden der Einflussnahme der Inka, ähnlich die Guaraní in Mesopotamien und Nomaden wie die Tehuelche im fernen Patagonien.

> Die zweite Besiedlungswelle in Südamerika begann mit Kolumbus im Zeitalter der Entdeckungen.

DIE INVASION DER EUROPÄER

Die zweite Besiedlungswelle in Südamerika begann mit Kolumbus im Zeitalter der Entdeckungen. Amerigo Vespucci (1454–1512) erblickte auf seiner Expedition 1501 als erster Europäer das Mündungsdelta des Río de la Plata. Und Juan Díaz de Solís (1470–1516) betrat 1516 als Erster den Boden des heutigen Argentinien. Auch Ferdinand Magellan (1480–1521) und Sebastian Cabot (1484–1557) gelangten zu jener Flussmündung (1519 und 1527). Cabot kehrte mit einigen Proben von peruanischem Silber zurück, dem der Río de la Plata (»Silberfluss«) seinen Namen verdankt. Angestachelt durch Gerüchte von sagenhaften Reichtümern in Cusco, wagte Pedro de Mendoza (1487–1537) eine Expedition; unterwegs gründete er 1536

Präkolumbische Handabdrücke in der Cueva de las manos in der Provinz Santa Cruz

Buenos Aires. Im gleichen Jahr zog Diego de Almagro bei seiner Chile-Expedition auch durch den Nordwesten Argentiniens. Nachdem Hunger viele von Mendozas Leuten dahingerafft hatte, vertrieben Querandí-Indianer den Rest. Einige flohen weiter nach Norden und gründeten Asunción (Paraguay), denn die dortigen Guaraní waren friedfertiger.

KOLONIALZEIT IN ARGENTINIEN

In den folgenden Jahren unterwarfen die Spanier einen Großteil der Bewohner des südamerikanischen Hochlandes. Da die Hochlandbewohner bereits über eine effektive Verwaltung verfügten, hatten die Invasoren mit ihnen viel weniger Mühe als mit den kleineren und weitverstreuten Völkern der Pampas. Im Zuge dieser Aneignung entwickelten die Spanier ein System der Zwangsarbeit, das als Repartimiento und Encomienda bekannt wurde; eine Form der Ausbeutung, die freilich hinfällig wurde, als europäische Krankheiten die Ureinwohner dahinrafften. Windpocken, Masern und Typhus gab es vor dem Eintreffen der Europäer nicht, und so waren die Menschen auch nicht immun gegen diese Erreger. In manchen Landstrichen kamen über 90 Prozent der Urbevölkerung ums Leben!
Vom Vizekönigreich Peru aus drangen die spanischen Siedler weiter nach Süden vor.

Santiago del Estero (1553) war die erste Stadtgründung auf argentinischem Boden; es folgten San Miguel de Tucumán (1565) und Córdoba (1573). Mendoza (1561) und San Juan (1562) wurden von Chile aus gegründet. Das zwischenzeitlich verlassene Buenos Aires wurde erst 1580 von Asunción aus wieder in Besitz genommen; dann folgten Salta (1582), La Rioja (1591) und San Salvador de Jujuy (1593).

Trotz seines Atlantikzugangs durfte Buenos Aires keinen eigenständigen Handel mit Europa betreiben, nur auf (Um-)Wegen über Peru. Daran sollte sich die nächsten 200 Jahre nichts ändern, die Wirtschaft musste sich mit einem bescheidenen Rindfleisch- und Fellhandel zufriedengeben.

Die Kaufleute von Buenos Aires trieben heimlich ihren Handel – mit portugiesischen und britischen Schmugglern im Delta des Río Paraná. Diesem Treiben standen die spanischen Behörden relativ machtlos gegenüber. Schließlich beugte Spanien sich der Realität und gründete 1776 ein Vizekönigreich am Río Plata, das weitgehend mit dem modernen Argentinien identisch war. Der Hafen von Buenos Aires konnte nun ganz legal dem Import und Export von Gütern dienen. Damals zählte die Stadt schon 24 000 Einwohner, bis zum Ende des Jahrhunderts verdoppelte sich diese Zahl dank der Pökelhäuser, in denen für Spanien bestimmtes Rindfleisch haltbar gemacht wurde. Die langjährige Schmuggelwirtschaft hatte aber schon damals Formen von Korruption hervorgebracht, die in der argentinischen Geschichte seither eine unheilvolle Rolle gespielt haben. Hinzu kam, dass Kreolen (in Amerika geborene Spanier), Mestizen, Ureinwohner und lokale Machthaber dem Herrschaftsanspruch des fernen Spaniens immer weniger abgewinnen konnten.

ZEIT DER UNABHÄNGIGKEIT UND CAUDILLISMO

Anfang des 19. Jahrhunderts hatte Spanien zusehends Mühe mit der Verwaltung seines Kolonialreiches, zumal das Land sich auf den eigenen Konflikt mit Napoleon konzentrieren musste;

José de San Martín auf einem Reiterstandbild auf der Plaza San Martín in Retiro, Buenos Aires

 Wissen

DER ALLGEGENWÄRTIGE SAN MARTÍN

Im Pantheon argentinischer Heroen steht José de San Martín (1778–1850) auf einem ähnlichen Podest wie George Washington in den USA. Standbilder des argentinischen Befreiers findet man fast überall, und es gibt kaum eine Stadt, in der nicht der Hauptplatz oder eine Hauptstraße seinen Namen trägt. Auch Reiterstandbilder sieht man im ganzen Land – so auf der Plaza San Martín in Buenos Aires –, und selbstverständlich ziert Martíns Konterfei Banknoten, ganz gleich, ob die Währung sich wieder einmal ändert. Die ihm gewidmeten Straßennamen klingen mitunter etwas sperrig – so wie in El Calafate in Patagonien die Avenida del Libertador General José de San Martín. Ironischerweise gilt all diese Ehre einem Mann, den die Ereignisse nach der Befreiung eher abschreckten, der deshalb 1824 nach Europa zog und den Rest seines Lebens dort verbrachte. Er kehrte erst 30 Jahre nach seinem Tod heim, als seine sterblichen Überreste nach Buenos Aires überführt wurden.

die Kreolen waren damals *de facto* schon längst autonom. Der Ruf nach echter Unabhängigkeit erscholl zuerst an entlegenen Orten wie Buenos Aires: Dessen Einwohner fühlten sich mehr als Argentinier denn als Spanier. Ein wichtiger Schritt wurde 1806 und 1807 getan, als britische Truppen Buenos Aires besetzten und vom Widerstand der Bevölkerung zum Rückzug gezwungen wurden. Da der Vizekönig bereits die Flucht ergriffen hatte, wählten die Einwohner der Stadt den französischen Marineoffizier Santiago de Liniers (1753–1810) zu seinem Nachfolger. Liniers blieb überzeugter Royalist und strebte nicht nach Autonomie, doch der erfolgreiche Widerstand stärkte das Selbstvertrauen der Menschen und festigte das eigene Nationalgefühl. 1810 rebellierten dann Kreolen offen gegen die Spanier, ihr Anführer war José de San Martín (1778–1850) aus Corrientes, der eine Militärschule in Europa besucht hatte. Im Juli 1816 erklärte eine Delegiertenversammlung in Tucumán die Provincias Unidas del Río de la Plata für unabhängig. Einer Allianz aus weltläufigen Städtern und rücksichtslosen Kriegsherren aus der Provinz gelang es schließlich, die Spanier zu vertreiben, doch die Konflikte zwischen den »Zentralisten« aus Buenos Aires und den »Föderalisten« aus den Provinzen traten schon bald offen zutage – und wurden bis heute nicht gelöst.

ARGENTINIEN WIRD REPUBLIK

Statt zu einer zentral regierten Republik entwickelten die Vereinigten Provinzen sich zu einem Flickenteppich aus selbstständigen Gebieten in der Hand lokaler *caudillos*. Am größten war die Provinz Buenos Aires; ihr

In der Zeit militärischer Auseinandersetzungen in den 1870er-Jahren war das Land einem ständigen Wandel unterworfen.

caudillo Juan Manuel de Rosas (1793–1877) gilt als mächtigste Persönlichkeit vor Juan Perón. Mit einer kurzen Unterbrechung regierte Rosas von 1829 bis 1852; er wurde gefürchtet, konnte sich aber auf seine loyalen Gauchos verlassen. Er war aber auch für Gräueltaten verantwortlich, die seine politische Polizei, die *mazorca,* verübte. Sein Rivale Domingo F. Sarmiento (1811–1888) musste mehrmals vor Rosas' Schergen ins chilenische Exil fliehen und wurde später der siebte Präsident von Argentinien.

In anderen Provinzen sah es nicht viel besser aus. Dort gab es Gestalten wie den charismatischen Bauern und Soldaten Facundo Quiroga, der die Regierung der Provinz San Juan stürzte, weil diese mit dem alten Buenos Aires kooperierte. Rosas betrieb seinen Föderalismus aus purem Eigennutz, und ironischerweise stärkte seine autoritäre Politik gleichzeitig auch die Hafenstadt Buenos Aires, die ja nicht einmal Landeshauptstadt war. 1852 wandte sich schließlich Justo José de Urquiza (1801–70), ein ehemaliger Verbündeter, gegen Rosas und besiegte ihn in der Schlacht bei Caseros. Rosas floh ins britische Exil. Unter Urquiza trat schließlich die Verfassung von 1853 in Kraft, die bis heute gültig ist. Weniger gut schnitt Urquiza gegen die Armee des Zentralisten Bartolomé Mitre (1821–1906) ab. Dieser talentierte Politiker und Soldat kämpfte für die Idee eines starken zentralistischen Staates. Nachdem Mitre sich in Argentinien durchgesetzt hatte, schloss er sich Uruguay und Brasilien an, die den Diktator Francisco Solano López (1826–70) aus Paraguay vertreiben wollten; Argentinien nahm somit am Tripel-Allianz-Krieg (1865–70) teil. Dabei erweiterte Mitre das argentinische Staatsgebiet um die heutigen Provinzen Formosa und Misiones. Anderen Politikern gelang es später, das riesige Patagonien unter Kontrolle zu bringen, zunächst durch Zugeständnisse an die walisischen Siedler in Chubut. General Argentina Roca (1843–1914) führte einen Feldzug gegen die Araukaner – die Conquista del Desierto, die »Wüsteneroberung«, war in Wahrheit allerdings ein Völkermord.

Roca wurde 1880 Präsident; er machte Buenos Aires zu einem eigenen Verwaltungsbezirk – und riskierte damit fast einen Bürgerkrieg, denn die Machthaber der Provinzen reagierten verärgert und drohten, die Hauptstadt nach La Plata zu verlegen. Trotzdem stärkte dieser Schritt den Staat Argentinien – Buenos Aires symbolisiert bis heute die Einheit des Landes.

EINWANDERUNG UND MODERNISIERUNG

Nach und nach entwickelten sich der Außenhandel, ausländische Investitionen und Einwanderungen zu wichtigen Garanten eines neuen Wohlstands. Ein erstes wertvolles Handelsgut war die Wolle der Schafe auf den Pampas für die Spinnereien in England; später lief Getreide der Wolle den Rang ab. Britisches Kapital half beim Ausbau eines Eisenbahnnetzes, von dem vor allem die großen Landgüter *(latifundios)* profitierten.

Eine tief greifende Veränderung im Land bewirkte die enorme Einwanderungswelle, die Buenos Aires, die Pampas und selbst Provinzen im Landesinneren überspülte. Millionen von Spaniern, Italienern, Briten, Russen, Ukrainern, Skandinaviern und Angehörige vieler weiterer Nationen strömten ins Land. Die auf Rindfleisch- und Getreideexporte spezialisierte Landwirtschaft warf gute Gewinne ab, doch die Kluft zwischen Arm und Reich wurde immer größer. Korruption und Vetternwirtschaft prägten das Leben in den Stadtvierteln, in denen die Immigranten in ihren Mietwohnungen nur mit Mühe über die Runden kamen. Anarchisten provozierten Polizei und Militär, Gewalt war an der Tagesordnung. Präsident Hipólito Yrigoyen (1852–1933) fand keinen Weg aus der Krise und setzte sogar die Armee

Wissen

EIN LAND DER CAUDILLOS

Im unabhängigen Argentinien stritten noch ein halbes Jahrhundert lang die kosmopolitischen Zentralisten aus Buenos Aires gegen die »föderalistischen« Caudillos in den Provinzen; diese waren sich zu allem Überfluss auch noch untereinander vollkommen uneinig. Domingo F. Sarmiento aus San Juan ging ins Exil und schrieb dort über den blutigen Siegeszug des Facundo Quiroga (1788–1835); darin spiegele sich der Kampf »zwischen Zivilisation und Barbarei«. Im Grunde zielte Sarmientos Polemik aber vor allem auf Juan Manuel de Rosas, den Machthaber von Buenos Aires, auch »Caligula vom Río Plata« genannt. Im Jahr 1852 wurde der Gewaltherrscher schließlich von seinem Rivalen Justo José de Urquiza vertrieben. Urquiza leitete Reformen ein, den Caudillismo konnte er jedoch auch nicht ausrotten.

Persönliches Charisma und Loyalität waren die Machtbasis der Caudillos, und daran hat sich nie etwas geändert in einem Land, dessen Führung stets dem Motto folgt: »Wer nicht für mich ist, ist gegen mich.« Noch Carlos Menem (geb. 1930), Präsident von 1989 bis 1999, sicherte sich seine Basis in den 1970er-Jahren als Gouverneur von La Rioja und agierte dort im Stil der berüchtigten »starken Männer«.

Wissen

PERÓNS ERBE

In einem Zeitungsinterview gestand der argentinische Historiker Tulio Halperín einmal: »Ich habe mich damit abgefunden, dass Argentinien ein peronistisches Land ist, und ich muss gestehen, dass mir das mittlerweile leider ziemlich gleichgültig ist.«

Der Peronismus geht auf zwei charismatische Persönlichkeiten zurück, General Juan Domingo Perón und seine Frau Eva Duarte (Evita). Träger der politischen Ideologie ist die peronistische Partei, die Partido Justicialista (der Name kombiniert die spanischen Wörter für »Gerechtigkeit« und »sozial«). Entstanden ist die Partei letztlich als Reaktion auf die traditionelle Allianz zwischen Militär und einer Oligarchie aus Großgrundbesitzern und Industriellen, denen eine große, aber machtlose Arbeiterschaft gegenüberstand.

Der Peronismus stützte sich teilweise auf Ideen Mussolinis. Dazu zählten das Schüren sozialer Spannungen und die anschließende Verstaatlichung oder strenge Regulierung von Privatunternehmen; hinzu kamen enge Allianzen mit den Gewerkschaften – oder gleich deren Übernahme. Viele halten diese Tradition für eine der Wurzeln aller wirtschaftlichen und politischen Krisen des Landes, und diese sind noch lange nicht überwunden: 2008 verleibte sich z. B. die peronistische Regierung unter Präsidentin Cristina Fernández de Kirchner unter Hinweis auf die globale Finanzkrise eine private Pensionskasse ein. Nach zwei Amtszeiten durfte sie zur Wahl 2015 nicht mehr antreten.

---

gegen Streikende ein. Seine zweite Amtszeit endete 1930 mit dem ersten Militärputsch in der Geschichte des Landes. Ein halbes Jahrhundert lang mischte sich das Militär fortan regelmäßig in die Politik ein.

PERÓN UND DER PERONISMUS

Niemand hat dem heutigen Argentinien so sehr seinen Stempel aufgedrückt wie der charismatische Juan Domingo Perón (1895–1974), der es vom Sohn eines Viehzüchters bis zum Offizier und schließlich ins höchste Staatsamt als regierender Präsident brachte. Aus einem unbedeutenden Einsatz nach einem Erdbeben in der Provinzhauptstadt San Juan schlug er so viel politisches Kapital, dass er eine eigene Partei gründen konnte, die Partido Justicialista, die aber allgemein unter dem Namen Peronista firmiert. Während seiner militärischen Laufbahn hatte Perón viel von Argentinien gesehen und war auch im Ausland gewesen, und so erkannte er rasch das Problem der sozialen und wirtschaftlichen Ungleichheit. Und er machte sich die verbreiteten Ressentiments gegenüber den wohlhabenden Landbesitzern zunutze. In seiner relativ untergeordneten Position in der Arbeitsverwaltung des Militärregimes schmiedete Perón eine ungewöhn-

GESCHICHTE UND KULTUR

Porträts der beiden Peróns
im Museo Evita, Buenos Aires

liche Koalition aus Gewerkschaftsbossen und -mitgliedern, linken Intellektuellen und nationalistischen Ausländerfeinden. Als Präsident baute er mit Steuergeldern einen gewaltigen bürokratischen Apparat auf, der bei aller Ineffektivität Arbeitsplätze schuf. Sein Netz aus Sozialsystemen schuf Sicherheit, die Rentenansprüche stiegen, und die Arbeitsbedingungen besserten sich. Perón hätte all dies kaum ohne seine ebenso charismatische zweite Ehefrau erreicht – die Schauspielerin Eva Duarte, besser bekannt als Evita. Sie verabscheute die ländliche Oligarchie und sprach mit dieser Haltung den verarmten *descamisados* (Hemdlose) aus der Seele. Sie waren die treuesten Wähler Peróns. Als sie 1952 einem Krebsleiden erlag, zogen Millionen trauernd durch die Straßen. Allerdings unterschätzte Perón die Folge seiner Ausgabenpolitik, den dramatischen Anstieg der Inflation, und er unterschätzte seine Gegner in der Armee und in der katholischen Kirche. 1955 wurde er schließlich bei einem Staatsstreich ins Exil getrieben

CHAOS UND SCHMUTZIGER KRIEG

Perón ließ sich in Spanien nieder, hoffte aber weiterhin auf seine Rückkehr an die Regierungsspitze. Die Militärjunta verbot die Partei der Peronisten, doch unter der Oberfläche nahmen die politischen, wirtschaftlichen und sozialen Spannungen weiter zu. In den weltweiten revolutionären Unruhen gegen Ende der 1960er-Jahre löste sich die Ordnung in Argentinien praktisch auf; die Strukturen wurden brüchig, die Inflationsrate schoss in die Höhe, Streiks und Guerillakriege bestimmten den Alltag. Entführungen und Morde waren praktisch an der Tagesordnung. In dieser Lage hoben die Militärs das Verbot der Peronistischen Partei auf, nach dem Wahlsieg von Héctor Cámpora bei der Präsidentschaftswahl von 1973 kehrte der *caudillo* an einem Winterabend nach Argentinien zurück. Millionen bereiteten ihm am internationalen Flughafen von Buenos Aires einen begeisterten Empfang. Anfangs kam es zu blutigen Ausschreitungen zwischen verfeindeten Gruppierungen innerhalb des peronistischen Lagers; dann trat Cámpora vom Amt zurück, und Perón wurde zum dritten Mal zum Präsidenten gewählt. Trotz einer kurzen Euphorie im Lande bekam der gealterte Perón die Probleme einer zersplitterten Gesellschaft nicht mehr in den Griff, er

Die Inhaftierung von Milagro Sala, Sprecherin von Túpac Amaru, weckte Erinnerungen an die Verbrechen während der argentinischen Diktatur und führte zu Protesten.

starb nach weniger als einem Jahr im Amt. Zur Nachfolgerin wählte man seine Vizepräsidentin und dritte Ehefrau María Estela Martínez, besser bekannt als Isabelita, eine ehemalige Nachtclub-Tänzerin, die er auf seinen Reisen kennengelernt hatte. Gestützt wurde die wenig qualifizierte Präsidentin von dem zwielichtigen José López Rega (1916–89), der die rechtsextremen Todesschwadrone der Alianza Anticomunista Argentina (AAA) befehligte und als Sozialminister die Kontrolle über ein enormes Budget ausübte. Die Probleme wuchsen allerdings weiter. Dazu zählten Stadtguerillas wie die Montoneros (eine linke Abspaltung von den Peronisten, die u. a. den einstigen De-facto-Präsidenten General Pedro Aramburu entführt und ermordet hatten), aber auch von Che Guevara inspirierte Revolutionäre wie die Ejército Revolucionario del Pueblo (ERP; Revolutionäre Volksarmee) in Tucumán. Diese Gruppen finanzierten sich vor allem durch Banküberfälle und Entführungen. Am 24. März 1976 erklärte schließlich eine Militärjunta unter Führung des Armeegenerals Jorge Rafael Videla (1925–2013) Isabelita für abgesetzt. Der Putsch verlief unblutig, doch anschließend folgten sieben Jahre einer staatlich angeordneten Terrorherrschaft, wie es sie in der argentinischen Geschichte nie zuvor gegeben hatte. Zehntausende verschwanden einfach, wurden gefoltert und ermordet, ohne dass die Militärs sich auch nur um den Anschein von rechtsstaatlichen Verfahren bemühten. Bei der Fußballweltmeisterschaft von 1978 wollte das Regime ein neues Argentinien präsentieren, doch die Schlagzeilen beherrschten die Madres de Plaza de Mayo – tapfere Mütter, die sich jeden Donnerstag auf dem Hauptplatz von Buenos Aires versammelten und die Rückkehr ihrer verschleppten Kinder einforderten. Manche dieser Kinder hatte man bei lebendigem Leibe aus Flugzeugen oder Hubschraubern ins offene Meer geworfen. Obwohl viele vermeintlich »subversive Elemente« diesem schmutzigen Krieg zum Opfer gefallen waren, bekam das Militär weder die Korruption noch die Inflation in den Griff; 1982 bekam die Junta es mit heftigen Protesten zu tun. Im April suchten die Militärführer daher nach einer Art Ventil und besetzten die von Großbritannien regierten Falkland-Inseln, die Argentinien schon lange für sich beanspruchte. Die Briten reagierten wider Erwarten mit einem Militäreinsatz. Dem hatte Argentinien nichts entgegenzusetzen, und mit der Vertreibung von den Falkland-Inseln war auch das Regime am Ende. Argentinien kehrte allmählich zur verfassungsmäßigen Ordnung zurück, Videla und seine Mitverschwörer wurden wegen Menschenrechtsverletzungen verurteilt. Alle verbrachten einige Jahre im Gefängnis, wurden aber später begnadigt. Videla wurde zu einer lebenslangen Gefängnisstrafe verurteilt und starb 2013.

DEMOKRATIE UND UNZUFRIEDENHEIT

Raúl Alfonsin war der erste zivile Präsident nach dem Ende der Militärdiktatur. Von der Verhaftung der verbrecherischen Militärs einmal abgesehen, blieb seine sechsjährige Amtszeit ohne weitere Verdienest. Schon Monate vor Ende seiner Amtszeit übergab er die Geschäfte seinem gewählten Nachfolger Carlos Menem (geb. 1930). Menem übernahm ein Land mit einer Inflationsrate von bis zu 50 Prozent pro Monat. Sein Wirtschaftsminister Domingo Cavallo (geb. 1946) bekam das Problem in den Griff, indem er den Peso im Verhältnis von 1:1 fest an den Dollar band, die Geldmenge kontrollierte und ineffiziente Staatsbetriebe privatisierte. Cavallos Maßnahmen wirkten zwar gut genug, um Menem die Wiederwahl zu ermöglichen, doch in seiner zweiten Amtszeit erwies sich die Bindung des Peso an den Dollar als Hemmnis: Die Arbeits- und Produktionskosten stiegen, die übertuerten argentinischen Exportgüter fanden keinen Markt mehr und die Arbeitslosenzahlen schnellten in die Höhe. Menems Nachfolger Fernando de la Rúa (geb. 1937) von der UCR erbte 1999 eine desolate Wirtschaft, die Argentinien Ende 2001 in den Staatsbankrott trieb. De la Rúa trat zurück, ihm folgten in wenigen Tagen mehrere Übergangspräsidenten, die dem Niedergang der Wirtschaft nur noch zusehen konnten. Der Kongress setzte schließlich den Peronisten Eduardo Duhalde (geb. 1941) ins Präsidentenamt ein; Duhalde wertete sofort den Peso ab. Für 2003 beraumte er vorgezogene Neuwahlen an, die der Peronist Néstor Kirchner (1950–2010) gewann. 2007 folgte ihm seine Ehefrau Cristina Fernández de Kirchner ins Amt, die 2011 wiedergewählt wurde und zeitweise Dollar und Euro verbot, um den heimischen Peso zu stärken. Seit 2015 ist der neoliberale Mauricio Macri Präsident und verfolgt eine gänzliche andere Politik als die Kirchners. Durchbrechende Erfolge ließen auch Anfang 2018 noch auf sich warten. Armut, Arbeitslosigkeit und Inflation steigen nach wie vor, was vielen Argentiniern das Leben schwer macht. ∎

KUNST UND LITERATUR

Wirtschaftlich und politisch hat Argentinien so manche Höhen und Tiefen durchlebt, doch Kunst und Literatur, Musik, Tanz, Theater und Film waren davon kaum beeinträchtigt. Der Schriftsteller und Kulturkritiker Tomás Eloy Martínez (1934–2010) triumphierte in der Wirtschaftskrise von 2002: »Argentiniens Reichtum ... liegt im hohen Rang und in der Führungsrolle unserer Kultur.« Zumindest darin sei man anderen ebenbürtig.

MALEREI UND BILDHAUEREI

In der Geschichte des Landes war die bildende Kunst vorwiegend unselbstständig und wenig originell, insbesondere im Vergleich zur Kunst der Ureinwohner im Hochland von Peru und Bolivien. Kunst im öffentlichen Raum neigte zum pompösen Nationalismus: So viele Reiterstandbilder für Militärs wie in Argentinien findet man sonst nirgendwo auf der Welt. Erst in jüngster Zeit haben innovative Künstler aus Argentinien weltweit Beachtung gefunden; viele ihrer Arbeiten treffen klare politische oder soziale Aussagen.

Einer der wichtigsten argentinischen Künstler war Cándido López (1840–1902). Als junger Mann malte er General Bartolomé Mitre. Dieser sollte den Lebensweg des Künstlers nachhaltig beeinflussen: Unter seiner Präsi-

Eduardo Catalanos *Floralis Generica* in Buenos Aires öffnet sich morgens und schließt sich nachts wie eine Blüte.

GESCHICHTE UND KULTUR 55

dentschaft führte das Land nämlich Krieg gegen Francisco Solano López, den Diktator von Paraguay. López nahm als Leutnant am Feldzug teil und verlor dort seinen rechten Arm. Er resignierte jedoch nicht, sondern lernte, mit der Linken zu malen. So schuf er eine Reihe bemerkenswerter Aquarelle, die den Krieg zum Gegenstand haben. Seine Bilder, die auch vom Alltagsleben handeln, wurden damals wenig beachtet, gelten heute aber als bemerkenswerte Kunstwerke und wichtige Zeitdokumente.
Als Gegenentwurf zum vulgären Nationalismus in der Kunst schuf Rogelio Yrurtia (1879–1950) überlebensgroße Skulpturen zu Ehren der arbeitenden Menschen. Ein Beispiel ist die Skulptur *Canto al Trabajo* (Ode an die Arbeit) auf einem Platz in San Telmo (Buenos Aires), die an die vielen namenlosen Arbeiter erinnert, die den Wohlstand des Landes geschaffen haben.
Der als Waise aufgewachsene Benito Quinquela Martín (1890–1977) hielt auf seinen Ölgemälden die Arbeitswelt der Hafen- und Fabrikarbeiter in seinem Viertel La Boca in Buenos Aires fest. Sein Atelier mit

> **Als Gegenentwurf zum vulgären Nationalismus in der Kunst schuf Rogelio Yrurtia (1879–1950) überlebensgroße Skulpturen zu Ehren der arbeitenden Menschen.**

vielen seiner Bilder hat er der Stadt als Museum vermacht. Der Aquarellmaler Alejandro Schulz Solari (1887–1963), besser bekannt unter dem Namen Xul Solar, war mit Jorge Luis Borges befreundet, hielt aber auch Kontakt zum »Magier« Aleister Crowley. Seine Bilder zeugen von seinem Faible für Astrologie und Esoterik.
Gut betuchte Sammler bezahlen heute Millionen für die Bilder von Antonio Berni (1905–81), der Figuren am Rande der Gesellschaft gemalt hat, darunter die Prostituierte Ramona Montiel oder den Slumbewohner Juanito Laguna. Der Künstler starb zwar schon vor über 40 Jahren, doch seine Bilder aus der Welt der Verarmten wirken so eindrucksvoll, dass man meinen möchte, ein Werk wie *Juanito Laguna bañándose sobre latas* (Juanito Laguna badet auf der Müllhalde) sei erst während der Wirtschaftskrise 2002 entstanden. León Ferrari (1920–2013) provozierte die konservativen Institutionen des Landes, als er Mitte der 1960er-Jahre ein Bild vorstellte, auf dem Christus statt ans Kreuz an ein Kampfflugzeug geschlagen war: *La Civilización Occidental y Cristiana* (Westliche und christliche Zivilisation).
Ähnlich wie Yrurtia widersetzte sich auch der Bildhauer Alberto Heredia (1924–2000) den Konventionen des öffentlichen Denkmalstils. Er ging allerdings einen Schritt weiter und überzog auch die Mittelschicht mit Parodien und satirischem Spott. Kurz vor dem Militärputsch von 1976 stellte

er *El Caballero de la Máscara* (Der maskierte Reiter) fertig – einen kopflosen Reiter als Symbol für den argentinischen Militarismus und die verbreitete Autoritätshörigkeit. Juan Carlos Distéfano (geb. 1933) teilt diese Ansichten; als Kritiker des Schmutzigen Krieges war er zur Flucht ins Exil gezwungen. Seine Skulptur eines gefolterten Mannes, der mit hinter dem Kopf verschränkten Händen aus einer Toilettenschüssel blickt (*El Mudo*, Der Stumme), gilt als zeitlos.

Einer ganz anderen Generation gehört der Maler Guillermo Kuitca (geb. 1961) an. Seine abstrakten, collageartigen Bilder greifen Elemente der Architektur, Kartografie, aber auch Theater, Oper und volkstümliche Musik auf. Inzwischen hat Kuitca sich auch kubistische Maltechniken angeeignet, bisweilen macht er Anleihen beim Surrealismus.

LITERATUR

Argentinien gehört zu den lateinamerikanischen Ländern mit der lebendigsten Literaturszene. Erzähler und Lyriker werden als große Intellektuelle verehrt, in Buenos Aires findet alljährlich im April eine wichtige internationale Buchmesse statt. In mancher Hinsicht gilt das Epos *Martín Fierro* (1872) von José Hernández (1834–86), in dem der *gaucho* zum Archetypen des Argentiniers stilisiert wird, als eines der grundlegenden Werke der argentinischen Literatur. Auch in den Städten wird es gern gelesen, und ein ganzes Genre namens *gauchesco* geht darauf zurück. Zu Hernández' Erben zählt Ricardo Güiraldes (1886–1927), Sohn eines reichen Gutsbesitzers. In seinem autobiografischen Roman *Don Segundo Sombra* (1926; *Das Buch vom Gaucho Sombra*) erscheint die raue Wirklichkeit auf dem Land in einem verklärten Licht. Ähnlich wie Hernández' Epos wurde er in viele Sprachen übersetzt. Der siebte Präsident des Landes, Domingo F. Sarmiento (1811–88), war ebenfalls Schriftsteller, doch obwohl er aus der Provinz stammte, vertrat er eher das urbane Argentinien. In seinem Buch *Life in the Argentine Republic in the Days of the Tyrants* (1845) beschrieb er den Gaucho nüchtern als Werkzeug in den Händen diverser Kriegsherren.

Den höchsten Rang im Lande nimmt allerdings die Literatur der *porteños* (der Einwohner von Buenos Aires) ein. Viele von ihnen fanden ihren Weg erst dank der Unterstützung durch den Essayisten Victoria Ocampo

> **In mancher Hinsicht gilt das Epos *Martín Fierro* (1872) von José Hernández (1834–86), in dem der *gaucho* zum Archetypen des Argentiniers stilisiert wird, als eines der grundlegenden Werke der argentinischen Literatur.**

GESCHICHTE UND KULTUR   57

☐ Wissen

JORGE LUIS BORGES (1899-1986)

Argentiniens berühmtester Schriftsteller, Jorge Luis Borges, verbrachte einen großen Teil seines Lebens im Ausland und erklärte, eigentlich sei die ganze Welt sein Heimatland. Der mehrsprachige Borges war ein Kenner der Weltliteratur, und doch hing er sehr an Buenos Aires – einer Stadt »für die Ewigkeit, wie Luft und Wasser«. Vor seiner Erblindung spazierte er oft nächtelang durch die Straßen der Hauptstadt.

Der Sohn einer Familie, die ihre Wurzeln bis auf die Gründerjahre zurückverfolgen konnte, misstraute den Massen, und er verabscheute den Populismus eines Perón; dennoch schrieb Jorge Luis Borges mühelos über das Leben in den Städten oder über Gauchos. Als junger Mann gesundheitlich angeschlagen und kurzsichtig, eroberte er sich dank seiner umfassenden Bildung die Welt. Kritiker hielten ihm jedoch vor, er habe den Bezug zur argentinischen Wirklichkeit verloren, sein Weltbürgertum verärgerte die Nationalisten. Da er das Chaos der 1970er-Jahre verabscheute, begrüßte er den Militärputsch von 1976 und den Sturz von Isabelita. Durch einen offiziellen Chile-Besuch erkannte er sogar die dortige Pinochet-Diktatur an – ein Schritt, der ihn möglicherweise den Nobelpreis kostete.

Gelegentlich äußerte Borges aber auch ganz freimütig seine Kritik. Als Argentinien und Großbritannien 1982 wegen der Falkland-Inseln Krieg führten, erinnerte ihn das an »zwei Glatzköpfe, die sich um einen Kamm streiten«.

(1890–1979), der die Literaturzeitschrift *Sur* herausgab und einen literarischen Zirkel ins Leben rief. Der prominenteste unter ihnen war ohne Zweifel Jorge Luis Borges (1899–1986). Der mehrsprachige Sohn einer alteingesessenen Familie ließ das rein Argentinische bald hinter sich und wurde ein international renommierter Schriftsteller und Intellektueller, der über nordische Sagen ebenso mühelos schreiben konnte wie über Trickbetrüger oder Messerduelle unter Gauchos. Der für seine Sammlungen von Kurzgeschichten wie *Im Labyrinth* (1962) bekannte Autor hat außerdem zahllose Gedichte veröffentlicht, aber keinen einzigen Roman.

Romane hat dafür Borges' Freund Adolfo Bioy Casares (1914–99) verfasst, zum Beispiel den surrealistischen Roman *Morels Erfindung* oder sein *Tagebuch des Schweinekriegs* (1969), das den Spannungen und Konflikten nachgeht, die schließlich zum Schmutzigen Krieg führten. Julio Cortázar (1914–84) lebte als Gegner des Peronismus lange im Exil in Paris. Von ihm stammen faszinierende Romane wie *Fayuela – Himmel und Hölle* mit einer ungewöhnlichen, experimentellen Struktur und eine Art Fortsetzung unter dem Titel *62: A Model Kit*. Ernesto Sábato (1911–2011) war ein Physiker, der sich von der Wissenschaft verabschiedete, um Schriftsteller zu werden.

Sein erkennbar in Buenos Aires spielender psychologischer Roman *Über Helden und Gräber* handelt von der dunklen Seite des Konflikts zwischen Tradition und Moderne, dargestellt am Beispiel der Spannungen zwischen Landadel und weltoffener Kapitale. Manuel Puig (1932–90) hat Anleihen bei der modernen Populärkultur nicht gescheut, etwa in Romanen wie *Verraten von Rita Hayworth* (1968) oder *Der Kuss der Spinnenfrau* (1976). Von Puig stammt aber auch das Buch *Verdammt, wer diese Zeilen liest* über ein Opfer des Schmutzigen Krieges, das sein Gedächtnis verloren hat. Der eingangs zitierte Tomás Eloy Martínez war ein vielseitiger Autor, bei dem Journalismus und Fiktion einander durchdrangen. So verarbeitete er seine Interviews mit Juan Perón auch in einem Roman, den die *New York Times* zu einem »brillanten Abbild einer nationalen Psychose« erklärte. *Santa Evita* (1995) beschreibt eine makabre Odyssee – die Reise der sterblichen Überreste von Eva Perón von Buenos Aires in ein namenloses Grab in Italien und dann zum Exil-Wohnsitz ihres Mannes in Spanien. Federico Andahazi (geb. 1963) gilt heute als »Bad Boy« der argentinischen Literaturszene. Der ehemalige Psychoanalytiker ist mit *Im Land der Venus* (1997) schlagartig berühmt geworden.

> Das Wort Tango kann vieles bedeuten: ein Lied, ein Stück für Orchester, einen Tanz – oder alles zusammen.

MUSIK UND TANZ

Musik aus Argentinien hat die Welt bereichert – und zwar Musik aus diversen Genres: Virtuosen der Klassik und des Tangos, Vertreter des Folk und Rockmusiker haben im Land selbst und vielfach auch international Erfolge gefeiert. Die Ursprünge des Tangos lassen sich zumindest teilweise auf die Afro-Argentinier zurückverfolgen; unter dem Einfluss der europäischen Traditionen, die die vielen Einwanderer mitbrachten, entstand daraus eine Musikrichtung, die eine gewisse Ähnlichkeit mit dem nordamerikanischen Blues aufweist.

Dank einer treuen Hörerschaft hat sich das Teatro Colón in Buenos Aires längst unter den großen Opernhäusern der Welt etabliert, etliche talentierte Musiker, Dirigenten und Tänzer aus Argentinien haben international Karriere gemacht. Daniel Barenboim (geb. 1942) zum Beispiel ist heute Generalmusikdirektor der Staatsoper Unter den Linden in Berlin; er besitzt zwar auch einen spanischen, einen israelischen und einen palästinensischen Pass, der in Amerika und Europa renommierte Musiker tritt aber immer noch regelmäßig in seiner Heimat auf. Die argentinische Pianistin Martha Argerich (geb. 1941) lebt mittlerweile in Brüssel; sie hat zwei Grammys für

Einspielungen von Klavierkonzerten und einen für Kammermusik gewonnen. Der Tänzer Julio Bocca (geb. 1967) tritt zwar nicht mehr selbst auf, mit seiner eigenen Tanzkompanie hat er sich aber um den klassischen und modernen Tanz sehr verdient gemacht. Auch der in Boston ansässige Komponist Osvaldo Golijov (geb. 1960) hat schon zwei Grammys gewonnen. Von ihm stammt die Musik zu Francis Ford Coppolas Film *Jugend ohne Jugend* (2007).

Popmusik: Das Wort *tango* kann vieles bedeuten: ein Lied, ein Stück für Orchester, einen Tanz – oder alles zusammen. Der unumstritten beliebteste Tangosänger ist Carlos Gardel (ca. 1887–1935), der dem Tango fast im Alleingang zu weltweiter Anerkennung verhalf. Seine eigene ungewisse Herkunft – sein

Tangotänzer in den Straßen von Buenos Aires, hier im Viertel La Boca

Geburtsort (Frankreich? Uruguay?) und -jahr blieben unbekannt – passten zur schwermütigen Stimmung der Heimatlosigkeit, die den Tango mit dem amerikanischen Blues verbindet. Seit seinem frühen Tod bei einem Flugzeugabsturz in Kolumbien ist er endgültig ins Reich der Legenden eingegangen. Auf Rang zwei nach Gardel steht Julio Sosa (1926–64) aus Uruguay, der allerdings einer etwas traditionelleren Richtung des Tangos folgt. Roberto Goyeneche (1926–94) ist mit legendären Musikern wie Aníbal Troilo und Astor Piazzolla aufgetreten und hat mit ihnen gemeinsame Platten aufgenommen. Als erste Frau im bisher von Männern dominierten Tango-Genre hat sich Susana Rinaldi (geb. 1935) einen Namen gemacht. Troilo (1914–75) brillierte als Virtuose auf dem akkordeonartigen *bandoneón*, das dem Tango einen besonders wehmütigen Charakter verleiht. Piazzolla (1921–92) trat gemeinsam mit Troilo auf, lebte aber auch in New York; er war innovativer und wob Elemente des Jazz in seine Melodien. Der Rockmusiker und Produzent Gustavo Santaolalla (geb. 1951) bereicherte in seinem Projekt »Bajofondo Tango Club« die traditionelle Form um Anleihen aus der elektronischen Musik.

Folklore in der Casona del Molino in Salta

Der argentinische Folk geht auf die *payadores* in den Pampas zurück – Gauchos, die musikalische Wettkämpfe austrugen. Andere Wurzeln liegen bei den Indios der nordwestlichen Anden und in den Einwandererviertel des nördlichen Mesopotamiens, wo die Melodien der Akkordeonspieler vom Tex-Mex-Stil beeinflusst sind. Star der Folk-Szene war Atahualpa Yupanqui (1908–92; eigentlich Héctor Roberto Chavero Aramburo), ein Sänger und Gitarrist, der die Musik der Gauchos und die der Ureinwohner miteinander verwob.

Mercedes Sosa (1935–2009) hat immer wieder die musikalische Zusammenarbeit mit internationalen Stars wie Joan Baez, Sting oder Milton Nascimento gesucht, aber auch mit ihrem Landsmann Charly García, einem Rockmusiker. Ihre Nachfolgerin ist Soledad Pastorutti (geb. 1980), die zwar auch vor echtem Gaucho-Kitsch nicht zurückschreckt, aber dem Genre immerhin neues Leben eingehaucht hat. León Gieco (geb. 1951) ähnelt ein wenig Bob Dylan – auch bei ihm verschwimmt die Grenze zwischen Folk und Rock. Sein Album *De Ushuaia a La Quiaca* ist ein musikalischer Streifzug durchs Land – von den Subtropen bis zur Subantarktis. Auch er ist schon zusammen mit internationalen Stars aufgetreten, darunter Pete Seeger und David Byrne.

Die alles beherrschende Gestalt in der argentinischen Rockmusik ist der brillante Charly García (geb. 1951), der wegen einer respektlosen Version der Nationalhymne beinahe schon einmal im Gefängnis gelandet wäre. Die Besetzung seiner Band wechselt ständig; aus ihr sind viele der besten Nachwuchskünstler des Landes hervorgegangen.

Buenos Aires besitzt durchaus eine lebendige Jazzkultur, die bekanntesten Künstler der Stadt leben allerdings mittlerweile im Ausland und sind oft als Filmkomponisten tätig. Der Saxophonist Gato Barbieri (1932–2016) zum Beispiel lebt in New York; von ihm stammt die Musik für *Der letzte Tango in Paris*.

Der Pianist Lalo Schifrin (geb. 1932) hat lange Zeit für Hollywood gearbeitet und an Filmen wie *Bullitt* mit Steve McQueen oder *Der Unbeugsame* mitgewirkt.

FILM

Schon immer zählte die argentinische Filmindustrie zu den innovativsten Zweigen dieser Branche in ganz Lateinamerika, und man erfährt viel über das Land, wenn man es im Spiegel seiner Filme betrachtet. Auch ausländische Produzenten und Regisseure haben das längst erkannt; so hat Francis Ford Coppola eine Zweigstelle seiner Produktionsgesellschaft Zoetrope im Viertel Palermo in Buenos Aires angesiedelt. Im argentinischen Film sind Charaktere oft wichtiger als die Handlung, aber dennoch fanden argentinische Beiträge auch in Hollywood Anerkennung. Sergio Renáns *Der Waffenstillstand* (1974) und María Luisa Bembergs *Camila* (1984) wurden immerhin für Oscars nominiert.

> **Der produktivste Regisseur Argentiniens war Leopoldo Torre Nilsson (1924–1978), er war auch der erste, dessen Arbeiten selbst außerhalb des Landes aufmerksam verfolgt wurden. Viele seiner Filme kreisen um den argentinischen Nationalismus.**

1985 schließlich gewann *Die Verschwundenen* von Luis Puenzo einen Oscar für die aufwühlende Geschichte, in der es um Adoptionen in Zeiten des Schmutzigen Krieges ging: Viele Soldaten hatten die Kinder von Eltern, die sie zuvor gefoltert und ermordet hatten, später adoptiert. Weitere Oscar-Nominierungen erhielten Eliseo Subiela für *Rantes – Der Mann, der nach Süden schaut*, Carlos Saura für *Tango* und Juan José Campanella für *Der Sohn der Braut* (2001). Saura ist zwar Spanier, im Film geht es aber um Argentinien. Der produktivste Regisseur Argentiniens war Leopoldo Torre Nilsson (1924–78), er war der erste, dessen Arbeiten auch außerhalb des Landes aufmerksam verfolgt wurden. Viele seiner Filme kreisen um den argentinischen Nationalismus – etwa um das Epos *Martín Fierro* oder um das Leben des José de San Martín. Von Nilsson stammt aber auch eine Filmfassung von Manuel Puigs Roman *Boquitas Pintadas* (*Der schönste Tango der Welt*). Bemberg (1922–95) hat nicht nur *Camila* verfilmt, eine Romanze aus der Zeit Rosas' im 19. Jahrhundert, sondern auch *Die Leidenschaft der Miss Mary* (1986): Darin schildert sie das Leben des Landadels in der vorperonistischen Zeit aus der Sicht einer englischen Gouvernante (Julie Christie). In *De eso no se habla* (1993), ihrem letzten Film, gerät Marcello Mastroianni als Verliebter in eine Provinzstadt und wird mit den dortigen Konventionen und Tabus konfrontiert. Nachdem er einen Oscar gewonnen hatte, arbeitete Puenzo (geb. 1946) mit Gregory Peck und Jane Fonda an *Old Gringo* (1989). Der Film handelt vom Schicksal des Satirikers Ambrose Bierce während der mexikanischen Revolution. In Buenos Aires drehte Puenzo 1992 einen Film nach Camus' Roman *Die Pest*, und zwar mit US-amerikanischen Schauspielern.

Eine der wohl größten Tragödien für das argentinische Kino war der unerwartete Tod von Fabián Bielinsky (1959–2006), der nur zwei Filme fertigstellen konnte. *Nine Queens* (2000) spielt gewissermaßen am Vorabend der letzten schweren Wirtschaftskrise des Landes. Der Film handelt von Vertrauen und Verrat und zeigt ein Buenos Aires, das in die Hände von Betrügern gefallen ist. *The Aura* (2005) ist der Tradition des *film noir* beinahe noch stärker verpflichtet. Darin geht es um einen Jagdunfall und einen Casino-Raub unter falscher Identität.

Der uruguayisch-argentinische Regisseur Adrián Caetano (geb. 1969) hat sich den Gestalten am Rande der Gesellschaft zugewandt. *Pizza, Birra y Faso* (1998) handelt von Jugendlichen, die mit einem Taxifahrer in Buenos Aires zusammenarbeiten, um dessen Kunden auszurauben; als Co-Regisseur hat Bruno Stagnaro (geb. 1973) mitgewirkt.

Wissen

FILMEMACHER UNTERWEGS

In Anbetracht der Größe dieses Landes verwundert es nicht, dass die großen Fernstraßen schon seit den Tagen der Gauchos von enormer Bedeutung sind. Argentinische Regisseure verlassen die Hauptstadt zwar nicht sehr oft, aber immerhin gibt es durchaus Filme, die das Erlebnis der Ferne und Weite thematisieren.

In den Pampas entstand der Film *A Shadow You Soon Will Be* (1994) von Héctor Olivera nach dem surrealistischen Roman von Osvaldo Soriano. Darin geht es um einen skurrilen Programmierer, der einen verunglückten Zug verlässt und andere merkwürdige Gestalten kennenlernt.

In der Gaunerkomödie *Wild Horses* (1995) von Marcelo Piñeyro fliehen ein Bankmanager und ein anarchistischer Robin Hood mit Schwarzgeld nach Patagonien. Von Piñeyro stammt auch *Kamtschatka* (2002), ein Film über eine Familie, die vor den Schergen der Militärdiktatur nach Patagonien flieht.

Regisseur Walter Salles stammt zwar aus Brasilien, aber sein preisgekrönter Film über das Leben des Revolutionärs Che Guevara – *Die Reise des jungen Che* – bringt auch die patagonischen Winter ins Bild.

Heiterer ist *Familia rodante – Reisen auf Argentinisch* (2004) von Pablo Trapero, eine Komödie, die dem Weg einer Chaosfamilie in ihrem Wohnmobil quer durch Mesopotamien folgt.

Dreharbeiten für Walter Salles' Film »Die Reise des jungen Che« über den jungen Che Guevara

In Caetanos Film *Bolivia* (2001) steht das Schicksal illegaler Einwanderer im Mittelpunkt einer Tragödie, in denen Angestellte eines bolivianischen Restaurants die üble Seite des argentinischen Nationalismus am eigenen Leib zu spüren bekommen. Für große Aufmerksamkeit sorgte im Jahr 2015 der Kriminalfilm *El Clan*, der auf dem authentischen Fall einer Familie aus Buenos Aires basiert, die in der Übergangszeit zwischen Militärdiktatur und Demokratie in den 1980er-Jahren ihr Geld mit Entführungen verdiente.

THEATER

Buenos Aires ist eine sehr bedeutende Theatermetropole. Die Zahl der Bühnen dürfte sogar über denen in New York oder Paris liegen. Städtische Subventionen erhält heute das Teatro San Martín, ein Komplex mit fünf Bühnen, in denen Klassiker regelmäßig auf dem Programm stehen. La Plata, die Hauptstadt der Provinz Buenos Aires, lohnt ebenfalls wegen ihrer Theater einen Besuch.

Bemerkenswerte avantgardistische Inszenierungen finden häufig in den kleinen unabhängigen Theatern statt. Im Gegensatz dazu steht die *revista porteña*, eine Art Potpourri aus derben Späßen und Darbietungen leicht bekleideter Tänzerinnen. Zu einer eigenen Kategorie gehören Stadtteiltheater wie das Teatro Catalinas Sur (siehe S. 77) im Arbeiterviertel La Boca von Buenos Aires. Dort arbeitet ein Regisseur mit Laienschauspielern zusammen; das Theater steht politisch eher links. Beliebt sind aber auch Bühnen für Kinder. Da Argentinien nicht gerade mit einem riesigen Publikum aufwarten kann, arbeiten viele Theaterleute gleichzeitig auch für Film und Fernsehen. So hat der Dramatiker Juan Carlos Gené (1929–2012) beispielsweise Theaterstücke über García Lorca geschrieben, aber auch Drehbücher, und als Schauspieler ist er auf der Leinwand ebenso zu sehen wie auf der Mattscheibe. ∎

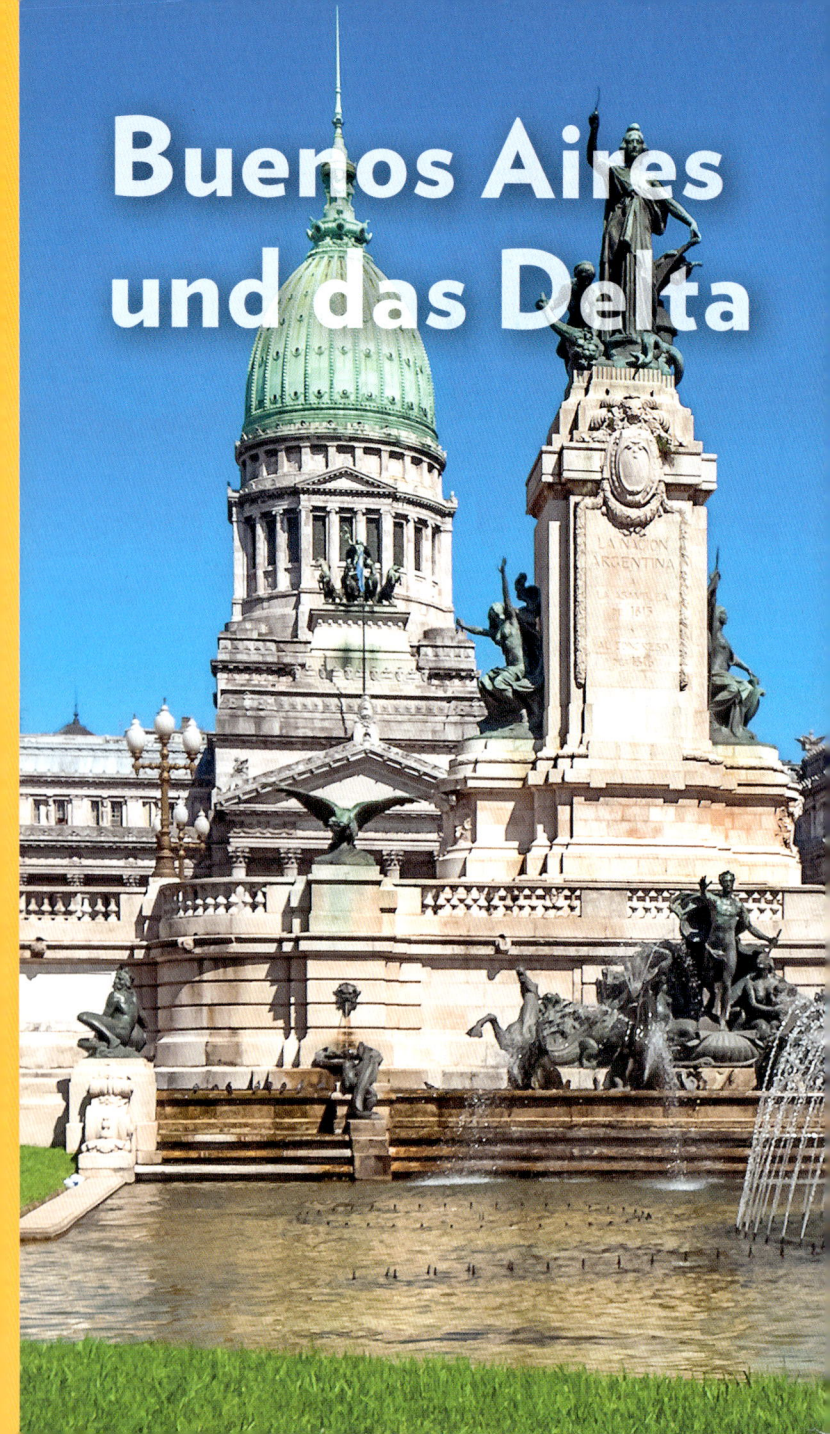

Buenos Aires und das Delta

Erster Überblick	66–67
Buenos Aires	68–107
Special: Der erste Tango in Buenos Aires	78–79
Special: Zu Fuß durch Puerto Madero und die Avenida de Mayo	86–87
Special: Kunst und Design	92
Special: Buenos Aires im Sattel	96
Das Delta	108–111
Hotels und Restaurants	350–355

‹ Die Plaza del Congreso im Herzen von Buenos Aires

BUENOS AIRES UND DAS DELTA

Buenos Aires ist eine Millionenmetropole, die gleichzeitig viele beschauliche Viertel bietet. Architektonisch gilt die Stadt als »Paris Lateinamerikas«, gesellschaftlich ist der Vergleich mit New York naheliegender, denn hier wie dort haben sich Unmengen Einwanderer aus Europa niedergelassen. Entsprechend vielfältig präsentiert sich die Stadt.

Als größte und bedeutendste Stadt Argentiniens wird Buenos Aires von Leuten aus der Provinz gern mit Ablehnung und Verachtung bedacht. Und das, obwohl einige *barrios* (Stadtviertel) durchaus noch etwas vom Flair eines »großen Dorfes« aus dem 19. Jahrhundert haben, wie es bis zum Ersten Weltkrieg existierte, als Einwanderer aus Europa hierher strömten.

DAMALS

1536, als Pedro de Mendoza Buenos Aires am Rand der Pampas gründete, gab es an dieser Stelle ein paar Lager der Querandí, die Guanakos und Nandus jagten und ihre Nahrung in der Natur sammelten. Nachdem Juan de Garay den Ort 1580 wiederbelebt hatte, blieb Buenos Aires 200 Jahre lang ein koloniales Provinznest, bis Spanien am Rio de la Plata ein Vizekönigtum schuf – der erste Schritt zu einer der größten Hafenstädte der Welt. Seit der Unabhängigkeit 1816 hat sich das koloniale Herz der Stadt bis auf die andere Seite des Flusses und in die Pampas ausgebreitet. Es entstand ein Ballungsgebiet, in dem heute fast ein Drittel der Bevölkerung Argentiniens zu Hause ist. Im Großraum Buenos Aires leben zwischen 14 und 15 Millionen Menschen, davon aber nur knapp drei Millionen im autonomen Hauptstadtgebiet der Capital Federal.

DIE EINZELNEN STADTVIERTEL

Buenos Aires hat 48 *barrios,* die meisten Sehenswürdigkeiten konzentrieren sich jedoch auf wenige Viertel. An der Plaza de Mayo residiert der Präsident, auch viele Ministerien finden sich in der Nähe. Weiter in Richtung Norden stellt das sogenannte Microcentro von San Nicolás das Handels- und Finanzzentrum dar. Unmittelbar östlich erstreckt sich Puerto Madero mit seinen schicken Hafenanlagen. Südlich von Monserrat präsentieren sich die Straßen des Wohngebiets San Telmo mit kolonialem Kopfsteinpflaster, wobei die Tradition des Tangos und des sonntäglichen Flohmarktes weiterhin gepflegt wird. Weiter südlich ist La Boca bis heute ein Arbeiterviertel. Es lockt mit seinen bunten Häusern in der Fußgängerzone Caminito und dem spektakulären Stadion von Argentiniens beliebtestem Fußballverein, den Boca Juniors. Nördlich vom Microcentro errichteten an der Plaza San Martín in Retiro einflussreiche Argentinier einst Herrschaftshäuser. Dieser Trend breitete sich gen Norden nach Recoleta und ins Wohnviertel Barrio Norte aus. Once ist das jüdische Viertel und zugleich das internationalste, Palermo gilt als Inbegriff argentinischer Gastronomie-Kreativität, argentinischen Designs und Nachtlebens, während das Diplomatenviertel Belgrano beeindruckende Museen bietet. Weiter nördlich präsentiert sich Tigre als hübscher Erholungsort am Fluss, der sich für Ausflüge ins Delta des Paraná und zur Insel Martín García anbietet. ■

BUENOS AIRES

Diese Stadt erzeugt große Gefühle. Kalt lässt Buenos Aires niemanden. Zu schnell, zu hektisch und zu lebhaft ist die Metropole am Río de la Plata rund um die Uhr. Doch sie hat sich auch ihre charmanten Ruhezonen bewahrt.

Blick vom Palacio Barolo auf die Avenida de Mayo, die den Präsidentenpalast mit dem Kongress verbindet, und die Plaza del Congreso. Im Hintergrund der Kongresspalast

PLAZA DE MAYO UND UMGEBUNG

In Monserrat, dem ältesten Viertel, gründete Juan de Garay Buenos Aires zum zweiten Mal – rund 40 Jahre, nachdem Pedro de Mendozas halb verhungerte und dem Kannibalismus nahe Siedler die Stadt 1541 verlassen hatten. Garays Ansiedlung bildet nun das Zentrum des öffentlichen Lebens von Argentinien: Alle Institutionen befinden sich an oder unweit der Plaza de Mayo. Bekannt ist die Plaza de Mayo, weil dort 1977 die Madres de Plaza de Mayo zum ersten Mal gegen die Militärjunta protestierten, die viele ihrer Kinder entführt und ermordet hatte. Die Mütter haben sich seitdem in Splittergruppen gespalten, treffen sich jedoch weiterhin donnerstags um 15.30 Uhr zu ihrem schweigenden Protestmarsch. Dreh- und Angelpunkt der Plaza ist die pinkfarbene **Casa Rosada,** die Residenz des Staatspräsidenten. Vom Balkon dieses Gebäudes hielt Perón flammende Reden an seine Anhänger. In dem Palast mit Ziegelsäulen, der am Wochenende im Rahmen von Führungen besichtigt werden kann *(Sa, So und Fei. 10–18 Uhr,* geführte Touren (Engl.) Sa, So und Fei. 12.30 und 14.30 Uhr, www.visitas. casarosada.gob.ar), befand sich zur Kolonialzeit eine Festung mit dem Zollamt im Keller. Heute hat dort das **Museo del Bicentario** seine Heimat gefunden. Es wurde 2011 anlässlich des 200-jährigen Jubiläums der Rebellion gegen die Spanier eröffnet und erinnert in seinen multimedialen Ausstellungen (*nur spanisch*) an die argentinische Geschichte. Zu sehen sind neben Karikaturen, Kutschen, Gemälden und Skulpturen auch persönliche Gegenstände wichtiger Persönlichkeiten, etwa des Ehepaars Perón. Gegenüber vom Museum legen die verschrammten Marmormauern des **Ministerio de Economía y Finanzas Públicas** Zeugnis von der Geschichte der Plaza ab. Die Schrammen stammen von Kugeln, die 1955 bei einem Putschversuch von Flugzeugen der Luftwaffe auf die Casa Rosada abgeschossen wurden. An der Nordseite der Plaza präsentiert sich die **Catedral Metropolitana** mit einer neoklassizistischen Fas-

Tipp

Wer authentisch argentinisch essen möchte, streicht das überteuerte Palermo und probiert eine der *parrillas* rund um den Kongresspalast oder in San Telmo.

MICHAEL LUONGO
NATIONAL GEOGRAPHIC-AUTOR

BUENOS AIRES
Karte S. 67
Besucherinformation
Ministerio de Turismo
✉ Av. Santa Fe 883
☎ 011/43 12 22 32
   oder gratis 08 00/555 00 16
🕐 Mo–Fr 9–17 Uhr
Flughafen Internacional Ministro Pistarini Ezeiza
☎ 011/44 80 02 24
Flughafen Aeroparque Jorge Newbery
außerhalb der Ankunftshalle
☎ 011/47 71 01 04
🕐 Tgl. 9–18 Uhr
Busbahnhof Retiro
✉ Local 83
🕐 Tgl. 7–16 Uhr
Zentrum
✉ Florida 50
🕐 Tgl. 9–18 Uhr
Retiro
✉ Florida Ecke Marcelo T. de Alvear
☎ 011/43 12 22 32
🕐 Mo–Fr 10–17, Sa–So 9–18 Uhr
Recoleta
✉ Avenida Quintana 596
☎ 011/48 06 09 04
🕐 Tgl. 9–18 Uhr
Puerto Madero
✉ Juana Manuela Gorriti 200
☎ 011/43 15 01 51
🕐 Tgl. 9–18 Uhr
www.turismo.buenosaires.gob.ar

MUSEO DEL BICENTENARIO
✉ Paseo Colón 100,
   U Plaza de Mayo
☎ 011/43 44 38 04
🕐 Mi–So 10–18 Uhr
🚇 U-Bahn: A, B, D, E

CATEDRAL METROPOLITANA
✉ San Martín 27, U Catedral
☎ 011/43 31 28 45
🕐 Mo–Fr 7.30–18.30,
   Sa–So 9–18.45 Uhr
www.catedralbuenosaires.org.ar

Wissen

MIT DEM TAXI UNTERWEGS

Die zahlreichen schwarz-gelben Taxis in Buenos Aires sind billig; etwas Vorsicht ist allerdings angebracht. Aus Gründen der Sicherheit ziehen es viele vor, ein Funktaxi zu rufen und nicht einfach das nächstbeste Taxi auf der Straße anzuhalten. Wer es dennoch tut, sollte darauf achten, dass auf dem Auto deutlich »Radio Taxi« geschrieben steht.

Alternativ kann man sich auch ein *remis* ohne Taxameter kommen lassen, sie werden zu einem vorher ausgemachten Preis bezahlt. Bei Nacht empfiehlt es sich, die Türen zu verriegeln – als Vorsichtsmaßnahme vor Raubüberfällen.

Vor dem Einsteigen sollte man abklären, ob der Fahrpreis in Dollar oder Pesos berechnet wird. Es ist nicht erforderlich, Trinkgeld zu geben. Die Fahrer runden den Betrag oft sogar ab, um nicht herausgeben zu müssen. Um Missverständnisse zu vermeiden, sollte man den Wert des Geldscheins nennen, mit dem man bezahlt.

---

sade, obwohl es sich um eine Kirche aus der späten Kolonialzeit handelt. Das **Mausoleo del General José de San Martín** bedeckt die argentinische Flagge. Der Held im Kampf für die Unabhängigkeit ruht in einer eigenen Kapelle.

An der Westseite befindet sich das einzige erhaltene Kolonialgebäude der Plaza, der **Cabildo de Buenos Aires** (Rathaus). Im 19. Jahrhundert ließ Bürgermeister Torcuato de Alvear einen Großteil des Bauwerks abreißen, um die Avenida de Mayo anzulegen. Das Bauwerk ist dennoch interessanter als das **Museo Histórico Nacional del Cabildo y de la Revolución de Mayo** mit seinen eher dürftigen Sammlungen an Landkarten, Gemälden, Porträts und Fotografien. Alvears Projekt machte die schmalen Kolonial-

MUSEO HISTÓRICO NACIONAL DEL CABILDO Y DE LA REVOLUCIÓN DE MAYO
- Bolívar 65
- 011/43 34 17 82
- Di, Mi, Fr 10.30–17, Do 10.30–20, Sa/So 10.30–18 Uhr. Anmeldung für geführte Touren auf Englisch: cabildoextension educativa@gmail.com. Rollstuhltauglicher Eingang über H. Yrigoyen 511
- Gratis
- U-Bahn: A, D, E
- **cabildonacional.cultura.gob.ar**

MANZANA DE LAS LUCES
- Karte S. 67
- Perú 272
- 011/43 43 32 60
- Führungen Mo–Fr 15, Sa–So 15, 16.30, 18 Uhr
- Ab 12 AR$
- U-Bahn: A, D, E
- **Facebook: manzanadelasluces**

IGLESIA DE SAN IGNACIO DE LOYOLA
- Karte S. 67
- Bolívar 225
- 011/43 31 24 58
- **www.sanignaciodeloyola.org.ar**

An der Plaza de Mayo strahlt die Casa Rosada, Argentiniens Präsidentenpalast, in leuchtenden Farben.

straßen dem Erdboden gleich, um Platz für einen Boulevard zu schaffen, der nun gen Westen zum **Congreso de la Nación** führt. Unterwegs geht es an Wahrzeichen der Stadt vorbei wie dem **Café Tortoni** (*Avenida de Mayo 825, Tel. 011/ 43 42 43 28, www.cafetortoni.com.ar*), seit 1858 eine Institution von Buenos Aires, dem **Teatro Avenida** (*Avenida de Mayo 1222, Tel. 011/43 81 06 62, www.balirica.org.ar/teatro-avenida.php*), das während der Restaurierungsarbeiten am Teatro Colón als Ersatzbühne diente, und dem **Palacio Barolo** (*Avenida de Mayo 1370, Tel. 011/43 81 18 85, Touren bei Tag: Mo, Mi, Do und Fr 10, 12, 14, 16, 17, 18 und 19 Uhr, Sa stdl. 10–19 Uhr, Preise: 245–255 AR$ pro Person. Nachttouren: Mo, Mi und Do 20 Uhr, Fr und Sa 20 und 22 Uhr, jeweils mit Tangoshow, Weinprobe, Cello- oder Violinenkonzert, Preise: 415–600 AR$, www.palaciobarolotours.com.ar*), einem Bürogebäude, das wie Dantes »Göttliche Komödie« aufgebaut ist. Vor dem Congreso sind auf der **Plaza del Congreso** die beiden Monumente zu Ehren der zwei vergangenen Kongresse und ein Monolith zu sehen.

MONSERRAT

Zwei Blocks südlich der Plaza de Mayo finden sich in Monserrat, das sich bis nach San Telmo erstreckt, weitere Sehenswürdigkeiten aus der Kolonialzeit. Am bekanntesten ist die **Manzana de las Luces** (Block der Erleuchtung), in der die Jesuiten den Grundstein für das intellektuelle Leben der Stadt legten, bis sie 1767 aus Nord- und Südamerika vertrieben wurden. An der Bolívar ragt die älteste Kirche der Stadt auf, die **Iglesia de San Ignacio de Loyola** (1722): Sie ist Il Gesú in Rom aus dem 16. Jahrhundert nachempfunden. Das benachbarte **Colegio Nacional de Buenos Aires** ist eine elitäre Privatschule. Die Jesuiten schätzten Bildung und Gelehrsamkeit, doch lässt ihre angrenzende **Procuraduría de las Misiones** (Lager-

Der Palacia Barolo war bei seiner Fertigstellung 1923 das höchste Gebäude Südamerikas.

haus) an der Alsina ahnen, dass sie auch den Peso zu schätzen wussten. Ihr Geschäftssinn und die Produkte von ihren Missionsfarmen machten sie zum reichsten und einflussreichsten Orden des spanischen Imperiums. Die Verteidigungstunnel des Gebäudes – später von Schmugglern genutzt – und die übrigen jesuitischen Einrichtungen können im Rahmen einer Führung besichtigt werden.

Ein Block in Richtung Osten beeindruckt die **Farmacia de la Estrella** *(Defensa 201, Tel. 011/43 43 40 40, Mo-Fr 8-20, Sa 8-13 Uhr www.farmaciadela estrella.com)* mit ihrem gefliesten Boden und der Innenausstattung aus Holz. Zu den Dekorationselementen zählt das Deckenfresko *El Triunfo de la Farmacopea ante la Enfermedad* (Der Triumph der Pharmazie über die Krankheit) des italienischen Malers Carlos Barberis.

Über der Apotheke begeht das **Museo de la Ciudad** nicht den Fehler, die Stadtgeschichte nur in chronologischer Reihenfolge zu präsentieren. Die themenorientierten Ausstellungen zu Objekten des täglichen Bedarfs wechseln häufig. Zu bestaunen sind Türen, Kacheln, Möbel oder auch eine

MUSEO DE LA CIUDAD
✉ Defensa 223
☎ 011/43 43 21 23
💲 Gratis
🚇 U-Bahn: A, D, E
www.buenosaires.gob.ar/museo delaciudad

MUSEO ETNOGRÁFICO JUAN B. AMBROSETTI
✉ Moreno 350
☎ 011/52 87 30 50
🕐 Di-Fr 13-19, Sa-So 15-19 Uhr
💲 Solidaritätsbeitrag 30 AR$
🚇 U-Bahn: A, D, E
www.museoetnografico.filo.uba.ar

BASILICA DEL SANTÍSIMO ROSARIO Y CONVENTO DE SANTO DOMINGO
✉ Defensa 422
☎ 011/43 31 59 30
www.op.org.ar

Badezimmerausstattung. Im Erdgeschoss bietet sich eine Besonderheit: Die Fenster der Apotheke werden als Ausstellungsraum genutzt, sodass sogar, wenn das Museum geschlossen ist, noch etwas zu sehen ist. Gegenüber ragt die von Jesuiten entworfene **Basílica de San Francisco** *(Defensa und Alsina, Tel. 011/43 31 06 25)* von 1726 auf, die den Franziskanern gehörte. Im Kirchenraum mit dekorativen

> **Tipp**
>
> **Monserrat und San Telmo sind voller historischer Cafés. Genießen Sie zum Beispiel das Café La Poesía an der Ecke der Av. Chile und der Calle Bolívar.**
>
> MIKE UNTERKÖTTER
> NATIONAL GEOGRAPHIC-AUTOR

Bodenfliesen und einer Kuppel in der Mitte hat sich der Kolonialstil erhalten, dennoch ging 1955 nach dem Putschversuch gegen Perón ein Großteil der Ornamentik durch Brandstiftung verloren. Der Architekt Ernesto Sackmann gestaltete die Fassade 1911 dann im bayerischen Barockstil mit Zwillingstürmen um.

Einen Block weiter südlich präsentiert das **Museo Etnográfico Juan B. Ambrosetti** Exponate der Kolla in den nordwestlichen Anden, der Mapuche aus Patagonien sowie der spannenden Kulturen der Ureinwohner Feuerlands, Tierra del Fuego. Im Museum finden häufig Vorträge statt.

Einen Block weiter südlich spielte die **Basílica del Santísimo Rosario y Convento de Santo Domingo** aus dem späten 18. Jahrhundert eine bedeutende Rolle bei der britischen Invasion von 1806 und 1807. Leider wurden fast alle Kunstwerke und Dokumente der Kolonialzeit ein Raub der Flammen, als peronistischer Pöbel die Kirche 1955 in Brand steckte. Im Kirchhof befindet sich das **Mausoleo de Belgrano**. Ein Ewiges Licht erleuchtet die

Wissen

FILETE UND PIROPO

Piropos – witzige Bemerkungen beim Flirt – tauchen oft im Kontext von traditionellen gemalten Schildern auf, der *filete*-Malerei. In seinem Essay *Las Inscripciones de los Carros* lobte Jorge Luis Borges die schlichte Eloquenz dieser Epigramme, die im 20. Jahrhundert die Kutschen zierten. Solche *piropos* waren arrogant (*¿Qué mira, envidioso?* – Was schaust du, Eigersüchtiger?), rätselhaft (*El perdido nunca llora.* – Der Verlorene weint nie.) und vieles mehr. Die verschnörkelten *filete*-Verzierungen schmückten bis in die 1970er-Jahre diverse Stadthäuser. Von den Bussen wurde diese Kunstrichtung verbannt, erlebte in den letzten Jahren jedoch ein Comeback durch Künstler wie Martiniano Arce und Jorge Muscia.

DER SCHMUTZIGE KRIEG UND SEINE MONUMENTE

Den sogenannten Schmutzigen Krieg von 1976 bis 1983, bei dem Zehntausende Argentinier durch die brutale Militärdiktatur ums Leben kamen oder »verschwanden«, würden viele Bürger am liebsten einfach vergessen. Dennoch haben sie geschworen: »Nie wieder« – um den Titel von Ernesto Sabatos zusammenfassendem Bericht über diese Epoche zu verwenden.

Aus diesem Grund ließen die verschiedenen Regierungen bei den ehemals geheimen Internierungszentren in der ganzen Stadt Mahnmale errichten. Unter der Autopista 25 de Mayo in San Telmo, an der Schnellstraße zum internationalen Flughafen und an beiden Seiten der Avenida Paseo Colón stehen nun also Denkmäler, die an den Club Atlético erinnern, ein Lagerhaus, das vom Militär schließlich zerstört wurde, um Beweise von Folter und Mord zu vernichten. Der Club Atlético war jedoch nicht die schlimmste Einrichtung. Dies kommt der Escuela de Mecánica de la Armada (ESMA, Technikschule der Marine) in der Avenida del Libertador im Norden der Stadt zu. Der ehemalige Präsident Carlos Menem – während des Schmutzigen Krieges selbst inhaftiert – sorgte für viel Aufruhr durch seinen Vorschlag, das Gebäude einreißen zu lassen und dafür ein Monument der nationalen Einheit zu errichten. Er musste sich jedoch dem enormen Widerstand der Öffentlichkeit beugen. Das Gebäude wurde inzwischen zum Espacio para la Memoria – Raum der Erinnerung – umgestaltet *(Av. del Libertador 8151, Tel. 011/47 02 99 20, gratis (nicht für Kinder unter 12 Jahren geeignet). Geführte Touren mit Anmeldung: visitasguiadas@espaciomemoria.ar, www.espaciomemoria.ar).*

---

letzte Ruhestätte von General Manuel Belgrano, dem Freiheitskämpfer, der auch die argentinische Flagge entworfen hat.

SAN TELMO

Genau genommen beginnt San Telmo sechs Blocks südlich der Plaza de Mayo, aber das Flair dieses Bohèmeviertels hat sich gen Norden über die Avenida Belgrano bis zu den südlichen Blocks von Monserrat ausgebreitet. In dem mancherorts recht heruntergekommenen Stadtteil führen neues Geld, altes Geld und wenig oder kein Geld eine friedliche Koexistenz – in Form von traditionellen *propiedades horizontales* (schmale, tiefe einstöckige Häuser), umfunktionierten Lofts, Boutique-Hotels, Tangosalons, hippen Restaurants, Weinbars und verfallenen *conventillos* (alte Mietshäuser in der Hand von Hausbesetzern).

Herz des Viertels ist die **Plaza Coronel Dorrego**, ein Platz mit Kopfsteinpflaster, auf dem jeden Sonntag ein Antiquitäten-Flohmarkt stattfindet. Die **Feria de San Telmo** gilt bei Argentiniern wie auch Touristen als eine der Topattraktionen. Der Flohmarkt ist so beliebt, dass mittlerweile die ganze Defensa für den Verkehr gesperrt wird, um mehr Platz für die vielen Händler, Tänzer, Schauspieler, Musiker, Sänger und Scharen von Neugierigen zu schaffen. Die ursprüngliche Besiedlung unter Pedro de Mendoza soll an der Stelle des heutigen **Parque Lezama** vonstattengegangen sein, also vier Blocks weiter südlich, jedenfalls steht in der Nordwestecke des Parks eine Bronzestatue von Mendoza auf einem Marmorsockel; das Basrelief zeigt einen Querandí-Indianer. Sonntags sind die mit Palmen gesäumten Wege voller Stände eines Künstlermarkts, der sich über die Defensa gen Norden bis zur Plaza Dorrego erstreckt. Von besagtem Denkmal aus lohnt ein Blick auf die andere Straßenseite der Defensa, wo sich in der Mitte des Blocks die mit *filete* bemalte Fassade des **Centro Cultural Torquato Tasso** befindet. Trotz der schlichten Innenausstattung zählt dieses Kulturzentrum zu den Topadressen in Sachen authentische Tangoshows und Tangomusik. Etwas weiter südlich im Park liegt das **Museo Histórico Nacional** (Nationales Geschichtsmuseum). Es wurde anlässlich der Zweihundertjahrfeier der Revolution renoviert und präsentiert sich nun mit neuen Einrichtungen und neuem Konzept. So fanden sich vor noch nicht allzu langer Zeit in dem attraktiven Gebäude im italienisierenden Stil kaum Exponate zum präkolumbischen Argentinien. Der Großteil der Ausstellung konzentrierte sich auf San Martín und andere Nationalhelden, und das jüngste Präsidentenporträt zeigte Hipólito Yrigoyen, der 1930 vom Militär gestürzt wurde. Inzwischen legt das Museum einen größeren Schwerpunkt auf die Sozialgeschichte, darunter Argentiniens indigene Vergangenheit, die diversen Einwanderer und die Massenbewegungen.

> **Tipp**
>
> **Gehen Sie erst zum Abend auf die Feria de San Telmo, wenn die Massen fort sind und ab 20 Uhr die Milonga del Indio auf der Plaza Dorrego beginnt.**
>
> MIKE UNTERKÖTTER
> NATIONAL GEOGRAPHIC-AUTOR

CENTRO CULTURAL TORQUATO TASSO
- ✉ Defensa 1575
- ☎ 011/43 07 65 06
- 🕒 Mi–So: Shows; *Milonga* (Tangoball): 1.–15. Jan. geschl., Di und Mi geschl.
- www.torquatotasso.com.ar

MUSEO HISTÓRICO NACIONAL
- 🗺 Karte S. 67
- ✉ Defensa 1600
- ☎ 011/43 07 11 82
- 🕒 Mi–So 11–18 Uhr, Mo, Di., 1. Jan. und 25. Dez. geschl., geführte Touren auf Englisch: Do–Fr 12 Uhr
- 💲 Gratis
- museohistoriconacional.cultura.gob.ar

Die durch die verschiedenen Einwanderer bedingte religiöse Vielfalt Argentiniens wird gleich in der Nähe nachvollziehbar. Die **Catedral Ortodoxa Rusa de la Santísima Trinidad** *(Brasil 315)*, eine russisch-orthodoxe Kirche am Park an der Avenida Brasil, präsentiert sich mit Erkerfenstern und türkisen Zwiebelkuppeln, die aus St. Petersburg importiert wurden. Zwei Blocks weiter östlich finden in der **Svenska Kyrkan** *(Azopardo 1428*, protestantische Schwedische Kirche) Gottesdienste auf Spanisch und Schwedisch statt – und obendrein noch Tangounterricht!

Drei Blocks nördlich vom Park wurde das **Museo de Arte Moderno de Buenos Aires** (Museum für moderne Kunst) für die Zweihundertjahrfeier Argentiniens renoviert. Das Kunstmuseum, eine umfunktionierte Tabakfabrik, sollte eigentlich mit dem ehemals direkt um die Ecke gelegenen **Museo del Cine Pablo Ducrós Hicken** (Filmmuseum) fusionieren. Das Projekt zerschlug sich, das Filmmuseum ist heute in La Boca untergekommen (siehe S. 82).

Selbst unter der Woche, wenn es an der Plaza Dorrego ruhig zugeht, locken die Antiquitätenläden und Galerien an der Defensa und Balcarce (einen Block östlich) Besucher an. Unter einem seit über hundert Jahren unverändertem schmiedeeisernem Dach präsentiert sich der **Mercado de San Telmo** aus dem Jahr 1897 einen Block weiter nördlich eher als Antiquitätenmarkt denn als Obst- und Gemüsemarkt; an vielen Ständen werden echte Raritäten verkauft – zu teils horrenden Preisen. Zwei Blocks gen Osten stellt die **Dansk Kirke** *(Carlos Calvo 257, Tel. 011/43 62 91 54, www.iglesiadanesa.com.ar,* protestantische Dänische Kirche) eine weitere skandinavische Enklave dar. Freitags und samstags treffen sich hier dänische Volkstanzgruppen.

San Telmo gilt als das traditionelle Tangoviertel; mehrere Clubs befinden sich an der verwinkelten Balcarce, die nach Monserrat führt. An der Ecke Avenida Independencia gibt es eine interessante Wandmalerei: ein Paar, das neben einem gigantischen Bandoneon eng umschlungen klassischen

MUSEO DE ARTE MODERNO DE BUENOS AIRES (MAMBA)
✉ Avenida San Juan 350
☎ 011/43 61 69 19
🕐 Di–Fr 11–19, Sa–So 11–20 Uhr
💲 30 AR$, Di gratis
www.buenosaires.gob.ar/museoartemoderno

MUSEO DEL CINE PABLO DUCRÓS HICKEN
✉ Agustín R. Caffarena 51
☎ 011/43 07 19 69
🕐 Mo 11–18, Di geschl., Mi–Do 11–18, Fr–Sa 10–19 Uhr
www.museodelcineba.org

MERCADO DE SAN TELMO
✉ Carlos Calvo 495
☎ 011/31 81 51 88
🕐 Tgl. 8–20 Uhr
facebook.com/MercadoSanTelmoOficial

Erlebnis

ABSEITS DER CORRIENTES IM TEATRO CATALINAS SUR

Die Avenida Corrientes ist das traditionelle Theaterviertel von Buenos Aires. In den letzten Jahren erlebte diese Gegend einen Aufschwung. Zu verdanken ist das der Stadtverwaltung, die die Gehsteige verbreitern ließ, um diese Kulturmeile noch attraktiver zu gestalten – sozusagen zum Broadway von Buenos Aires. Dauerbrenner ist die Revista porteña, ein Musikvarieté mit spärlich bekleideten Tänzerinnen und derben Scherzen mit viel Lokalkolorit, die sich Auswärtigen allerdings nur schwer erschließen.

Dies gilt nicht für das **Teatro Catalinas Sur** *(Benito Perez Galdós 93, Tel. 011/ 43 00 57 07, www.catalinasur.com.ar)* in einer renovierten Lagerhalle in La Boca. Die Bühne hat zwar einen Profi-Direktor, Adhemar Bianchi, arbeitet aber mit Laienschauspielern, -sängern und -musikern aus dem Viertel. *Venimos de Muy Lejos* (Wir kamen von weit her), setzt sich mit den Einwanderern in Argentinien auseinander; *El Fulgor Argentino* (Der Glanz Argentiniens) nimmt ironisch die Landesgeschichte aus der Perspektive eines Bürgertreffs auf die Schippe. Im Gegensatz zum konventionellen Theater wird im Catalinas Sur das Publikum mit ins Geschehen eingebunden, wenn die Platzanweiser – ebenfalls Schauspieler – die Texte auf Spanisch und Englisch verteilen. So geht es weiter bis zum Ende. Dann warten die Schauspieler am Ausgang, um sich beim Publikum zu bedanken.

---

argentinischen Tango tanzt. Direkt im Osten führt eine Durchgangsstraße, die Avenida Paseo Colón, um die **Plazoleta Coronel Manuel de Olazábal**. Die monumentale Bronze des Bildhauers Rogelio Yrurtia – »Canto al Trabajo« – gilt als Vorbild für alle Reiterstandbilder der Stadt. Mit dieser Statue ehrt Yrurtia die harte körperliche Arbeit der Pioniere in den Pampas. Auf der anderen Straßenseite nahm die **Facultad de Ingeniería** (Fakultät für Ingenieurswesen der Universität Buenos Aires) ihren Anfang als Fundación Eva Perón; dort sagte die legendäre First Lady den Anhängern ihres Mannes aus der Arbeiterschicht jede Unterstützung zu. Sicher ist es kein Zufall, dass die Confederación General del Trabajo, die peronistische Gewerkschaft, ihre Zentrale unmittelbar hinter diesem Gebäude einrichtete und es mit einem Porträt von Evita in der Blüte ihrer Jahre schmückte. Nach ihrem Tod wurde dort sogar drei Jahre lang ihre mumifizierte Leiche aufbewahrt, bis Perón durch einen Militärputsch gestürzt und die sterblichen Reste Evitas 1955 zunächst nach Italien überführt wurden.

Im Norden des Viertels befinden sich die Gassen **Pasaje Giuffra** und **Pasaje San Lorenzo**. Sie waren einst die grünen Ufer eines zu Überschwemmungen neigenden Baches, der gen Osten zum Fluss verlief, in den 1830er-Jahren jedoch von der Stadt zugepflastert wurde. Bis heute werden die

DER ERSTE TANGO IN BUENOS AIRES

Bei Nichtargentiniern weckt der Tango Bilder von lasziven Tänzern und Tänzerinnen in schwülem Ambiente. Das ist nicht unzutreffend, aber ein Klischee. Die Shows in Monserrat, San Telmo und Barracas berufen sich zwar auf die Ursprünge des Tangos in der Unterschicht, präsentieren sich jedoch meist als gehobene Version einer Musik und eines Tanzes, die in den Bordellen und Varietés in den *arrabales* (Vororten) der Stadt begannen.

Professionelle Tangotänzer in der Esquina Carlos Gardel im Viertel Abasto

Die Ursprünge des Tangos reichen in eine Zeit zurück, als in den *barrios* viele Afro-Argentinier lebten; das Wort selbst stammt vermutlich aus Schwarzafrika. Die afro-argentinische Bevölkerung von Buenos Aires ist noch nicht völlig verschwunden, hat sich jedoch in der Flut von Einwanderern aus Europa, die Ende des 19. Jahrhunderts einsetzte, weitgehend verloren. Anfangs verursachten die Scharen von männlichen Einwanderern ein sexuelles Ungleichgewicht, zumindest in den ärmeren Vierteln, wo sie sich meist in Mietskasernen (*conventillos*) ballten. Die Männer gingen ins Bordell und übten, während sie auf die nächste freie Prostituierte warteten, miteinander oft die Tangoschritte, mit denen sie dann die paar Frauen in ihrem Wohnblock beeindrucken wollten. Wie die britische Autorin und Tangolehrerin Christine Denniston erklärt, kamen die Männer aus der Mittel- und Oberschicht erst bei ihren Bordellbesuchen in Kontakt mit dem Tango, dessen Sinnlichkeit und gesellschaftliche Anspielungen die *gente decente* (anständige Leute) abstieß. Aus diesem Grund konnte der Tango in respektableren Lokalitäten der Stadt nicht Fuß fassen und wurde erst anerkannt, nachdem er jenseits des Atlantiks in Paris Furore gemacht hatte.

DER EINFLUSS VON CARLOS GARDEL

Wieder in Buenos Aires hatten die *gente decente* noch immer ihre Zweifel, doch mit dem charismatischen Carlos Gardel avancierte die *tango canción*, der gesungene Tango, dann zu einem nationalen Phänomen. Gardel, ein Einwanderer – die Streitfrage, ob er nun in Uruguay oder Frankreich geboren wurde, wird wohl nie geklärt werden – und Mann mit Ambitionen wurde zum »Elvis« seiner Epoche.

Gardel wuchs im Viertel Abasto auf. Damals fingen die Neueinwanderer in ihren Gemeinden gerade an, sich zu artikulieren, und Gardel verlieh ihrem Heimweh, ihren Nöten und Zukunftsängsten eine Stimme. Lieder wie *Mi Buenos Aires querido* (Mein geliebtes Buenos Aires), *Volver* (Zurückkehren), und *El día que me quieras* (Der Tag, an dem du mich liebst) thematisierten das Heimweh nach vergangenen Zeiten, die Sorge um Familie und Freunde und eine Sehnsucht nach Liebe. Cardel starb 1935 bei einem Flugzeugunglück in Medellín, Kolumbien, aber seine Fans lieben ihn immer noch: *Cada día canta mejor* (Jeden Tag singt er besser).

Der Tango erlebte in der Zeit Peróns als Ausdruck von Nationalismus eine Blütezeit, stagnierte, als nach dem Sturz Juan Peróns 1955 fast drei Jahrzehnte autoritärer Konservatismus und Diktatur herrschten. Seit der Rückkehr zur Demokratie 1983 hat sich seine Rolle in der Kultur Argentiniens konsolidiert. Die zunehmende Beliebtheit des Tangos hat in den letzten Jahren den Tanz nicht nur neu belebt, sondern um einige avantgardistische Elemente wie den artistischen Tango Nuevo bereichert.

Erlebnis

TANGO – EIN LEBENSGEFÜHL

Zu den größten Events, die jedes Jahr in Buenos Aires stattfinden, gehört das Festival »Tango Buenos Aires«, ein erlesenes Programm mit Tanz und Musikdarbietungen, die obendrein fast alle kostenlos sind. Das Festival fand traditionell immer im März nach dem brasilianischen Karneval statt, wurde 2008 dann aber in den August verlegt – direkt vor den alljährlichen Campeonato Mundial de Baile de Tango (Tango-Weltmeisterschaften).

Das Tangofestival ist ein Potpourri von Vorführungen in intimerem Rahmen, die Bühnen sind kleine Theater und Parks in der ganzen Stadt. Die Zuschauer können die Darbietungen also aus nächster Nähe bewundern. Viele Touristen lassen sich zu kunstvollen, teuren Shows animieren, die leidenschaftlichen *porteños*, bekommen ihre Dosis Tango jedoch bei den *milongas* (Tangobällen), die allabendlich und auch nachmittags in der ganzen Stadt stattfinden. Die stellen unter Beweis, was Tango jenseits der Glamourfassade sein kann.

Auf manchen *milongas* treten Profimusiker live auf – mit fast schon hautengem Publikumskontakt. In den Pausen demonstrieren unglaublich talentierte Tänzer mit Vorführungen ihr Können – zu einem Bruchteil des Eintrittspreises, der für eine offizielle Show zu berappen ist. Eine gute Informationsquelle ist die mehrsprachige Website www.hoymilonga.com.

Das Tangofestival wurde zum ersten Mal an einem 11. Dezember abgehalten, dem Geburtstag der Tangolegende Carlos Gardel. An diesem Tag wird ein Großteil der breiten Straße unweit des Centro Cultural San Martín für den Verkehr gesperrt, denn es findet zu seinen Ehren die Milonga de Calle Corrientes statt, ein Tangoball unter freiem Himmel.

Erlebnis

FUSSBALL MIT KICK
Neben dem Tango ist der Fußball die Leidenschaft der Argentinier, der zweimalige Weltmeister findet sich fast immer unter den zehn besten Teams der FIFA-Rangliste. Buenos Aires kann mit mehr als einem Dutzend Mannschaften in der ersten Liga aufwarten – samt Fans, die ihr Team geradezu vergöttern. In jedem Fall ist es ein Erlebnis, sich ein Spiel anzuschauen; allerdings ist das nicht ganz risikolos. Daher sollte man sich Sitzplätze gönnen.
Club Atlético Boca Juniors *(Brandsen 805, Tel. 011/57 77 12 00, www.boca juniors.com.ar);* **Club Atlético River Plate** *(Avenida Presidente Figueroa Alcorta 7597, Tel. 011/47 89 12 00, www.cariverplate.com.ar)*

beiden Gassen von gut erhaltener Kolonialarchitektur gesäumt. Es lohnt ein Blick auf die **Casa Mínima** in der Pasaje San Lorenzo 380, ein einstöckiges Gebäude mit Balkon, das zwischen zwei Häusern jüngeren Datums im italienisierenden Stil eingekeilt ist.

Die Casa Mínima war wegen Einsturzgefahr lange nicht zugänglich. Mittlerweile untersteht das Haus **El Zanjón de Granados,** einem Veranstaltungszentrum. Bei den Bauarbeiten wurden koloniale Tunnel freigelegt, die sich im zugeschütteten Bach erhalten hatten. Der Archäologe Daniel Schávelzon half mit, die Zisternen, Brunnen und Wohnhäuser zu restaurieren und rettete Jahrhunderte alte Haushaltsgegenstände, um sie später in Ausstellungen zu präsentieren. Der Geschäftsmann Jorge Eckstein (er finanzierte die Restaurierungsarbeiten) erwarb die Casa Mínima. Sie zählt heute zu den Programmpunkten auf jeder Stadtführung.

LA BOCA

Direkt gegenüber vom Parque Lezama an der Avenida Paseo Colón markiert ein extravagantes Wandgemälde mit dreidimensionalen Karikaturen von Omar Gasparini den Eingang zu La Boca, dem bunten Arbeiterviertel, das trotz seiner Armut auch eine der Künstlerkolonien der Stadt ist. Gasparini, Bildhauer und Kulissendesigner der nicht minder extravaganten Theatertruppe Catalinas Sur, schuf die Mural **Escenográfico,** um die Geschichte der Einwanderer in diesem Viertel darzustellen. Aus den Mietskasernen gerettete Materialien wurden zur Gestaltung der über einen ganzen Block reichenden Fassade verwendet, auf der nun Kultfiguren wie der Komponist Juan de Dios Filiberto (1885–1964) oder die Fußballlegende Diego Maradona (geb. 1960) zu bewundern sind. Das Kunstwerk würdigt auch die Feuerwehrleute, Hafenarbeiter, Prostituierten und viele andere, die die Identität dieses Viertels prägen. Filiberto schrieb die Musik zu dem Tango über den **Caminito** – einstmals Bahngleise und heute ein gepflas-

terter Weg, an dem die Ausflugsbusse halten, damit die Besucher aus aller Welt die bunt gestrichenen, metallverkleideten *conventillos* (Mietshäuser) sowie Unmengen Statuen, Büsten und Maler mit ihren Staffeleien fotografieren können. Der Maler B. Q. M. prägte das Viertel

Die Straßen in La Boca sind bunt und voller Lebensfreude.

entscheidend und trug mit seinen einfühlsamen Porträts von Fischern und Hafenarbeitern dazu bei, dass La Boca zu einer Künstlerkolonie avancierte. Diesem Mann ist es auch zu verdanken, dass aus einem mit Unkraut überwucherten Grundstück der Caminito wurde. Der Caminito beginnt an der **Vuelta de Rocha,** einer Flussbiegung, an der vor noch nicht allzu langer Zeit dieselben Schiffe, die Quinquela Martín gemalt hatte, als Wracks im Riachuelo lagen. Sie sind mittlerweile entfernt, doch die **Puente Transbordador Nicolás Avellaneda,** eine Eisenbrücke, die über den Fluss in die Provinz Buenos Aires La Boca hinüberführt, ist ein Symbol von Boca geblieben.

Einen halben Block in Richtung Osten befindet sich das ehemalige Atelier von Quinquela Martín. Er hat es der Stadt gestiftet, und so macht es nun als **Museo de Bellas Artes de La Boca Benito Quinquela Martín** von sich reden. Neben seinen Werken sind bunte Bugspriete und Gemälde anderer argentinischer Künstler zu bewundern, darunter Antonio Berni, dessen einfühlsame Darstellung der Unterschicht Quinquela Martíns sozialem Realismus entspricht.

EL ZANJÓN DE GRANADOS
- Defensa 755
- 011/4361 3002
- Geführte Touren auf Englisch: Mo–Fr 12, 14 und 15 Uhr (60 Min.), 250 AR$. So 11–17.30 jede halbe Stunde (40 Min.), 200 AR$.

www.elzanjon.com.ar

MUSEO DE BELLAS ARTES DE LA BOCA BENITO QUINQUELA MARTÍN
- Karte S. 67
- Avenida Pedro de Mendoza 1835
- 011/4301 1080
- Di–Fr 10–18, Sa–So 11.15–18 Uhr
- Gratis. Erbetener Solidaritätsbeitrag 40 AR$

www.buenosaires.gob.ar/museoquinquelamartin

Quinquela Martíns Erbe ist einer der Gründe, weshalb die **Fundación Proa,** ein Museum für zeitgenössische Kunst, ihre Zentrale gegenüber der Vuelta de Rocha einrichten konnte.

Für viele andere bedeutet La Boca weder Caminito noch Quinquela Martín, sondern vielmehr die legendäre Fußballmannschaft, die Boca Juniors, samt dem nicht minder legendären Fußballstadion **La Bombonera** (»Die Pralinenschachtel«, offiziell: **Estadio Alberto J. Armando**). Ihr ehemaliger Stürmer, Diego Armando Maradona, gilt als einer der besten Fußballspieler aller Zeiten. Am Stadion (Seite Brandsen Straße) sind moderne realistische Wandmalereien zu bewundern, die dem Vermächtnis Quinquela Martíns alle Ehre machen: Hafenarbeiter, Tangotänzer und ein improvisiertes Fußballspiel. Das **Museo de la Pasión Boquense** im Erdgeschoss feiert nicht nur den Fußball, sondern thematisiert auch die Bedeutung des Stadtteils für den Verein. 2011 ist auch das Museo del Cine Pablo Ducrós Hicken (Filmmuseum) von San Telmo nach Boca umgezogen. Gezeigt werden Sammlungen rund um das argentinische Zelluloid, von der Produktion bis hin zu Kostümen. Außerdem gibt es ein kleines Kino, in dem regelmäßig Filme laufen.

DAS MICROCENTRO UND UMGEBUNG

Nördlich der Plaza de Mayo wird unter dem Begriff »Microcentro« das Finanz- und Handelszentrum der Stadt im Viertel San Nicolás zusammengefasst. Mit dem restlichen San Nicolás gilt das Microcentro als Amüsierviertel und Standort diverser Museen und Denkmäler.

Die Hauptachse des Microcentro ist die **Calle Florida**, eine Fußgängerzone, die sich elf Blocks nach Norden bis zum Viertel Retiro erstreckt. Weitere

Erlebnis

MIT DEM RAD IN DER COSTANERA

Trotz des starken Verkehrs in Buenos Aires finden sich fahrradfreundliche Gegenden. Am schönsten ist ein Areal mit aufgeschüttetem Land, das Pflanzen und Tiere zurückerobert haben: die heutige **Reserva Ecológica Costanera Sur** *(Ave. Tristán Achával Rodríguez 1150, Tel. 011/48 93 18 53, Mo geschl.)* in Puerto Madero. In dem über 348 Hektar großen Naturschutzgebiet vergnügen sich auf den Wegen am Flussufer Radfahrer, Jogger und Wanderer – sogar eine Geschwindigkeitsbegrenzung gibt es! Unter der Woche haben Sie das Naturschutzgebiet fast für sich alleine, vor allem morgens. Besucher können viele Vögel aus den Pampas beobachten. Fahrräder können gratis bei Eco-Bici geliehen werden *(www.buenosaires.gob.ar/ecobici)* Bei schweren Regenfällen sperrt die Parkverwaltung manchmal die Wege.

wichtige Straßen sind die von Ost nach West verlaufende Avenida Corrientes, das Herz des Theaterviertels, sowie die von Norden nach Süden reichende Avenida 9 de Julio, eine 14-spurige Straße, die das Microcentro vom übrigen San Nicolás trennt.

Die Parallelstraßen der Florida, die von der Plaza de Mayo nach Norden zur Corrientes verlaufen, bilden das Bankenviertel. Dort nimmt Alejandro Bustillos neoklassizistische **Banco de la Nación Argentina** (Staatsbank) einen ganzen Block gegenüber der Casa Rosada ein. Alleine die Kuppel hat 50 Meter Durchmesser.

Man kann es sich kaum vorstellen, aber während der politischen und wirtschaftlichen Unruhen 2002 mussten die Banken und Wechselstuben in diesem Viertel ihre Fassaden mit Wellblech und Sperrholz sichern, um sich vor dem Zorn der Anleger zu schützen, als diese feststellten, dass ihre Guthaben eingefroren und ihre Gelder entwertet waren. Graffitis entstellten sogar das Renaissancegebäude der spanischen **Standard Bank** *(Florida 99)*. Kein Bauwerk jedoch verkörpert das argentinische Paradoxon besser als die **Banco Central de la República Argentina**, ein Gebäude im italienisierenden Stil des englischen Architekten Henry Hunt. Auffallend sind die zwei identischen Fassaden in der San Martín und in der Reconquis-

> **Tipp**
>
> **Die meisten Restaurants öffnen erst ab 20 Uhr. Damit Sie so lange durchhalten, empfiehlt sich der Besuch eines Cafés zu einer *merienda* – einem Imbiss am Nachmittag mit Kaffee und *medialunas*, kleinen süßen Croissants.**
>
> MEI-LING HOPGOOD
> NATIONAL GEOGRAPHIC-AUTORIN

FUNDACIÓN PROA
- Karte S. 67
- Avenida Pedro de Mendoza 1929
- 011 / 41 04 10 00
- Di–So 11–19 Uhr
- $$
- www.proa.org

MUSEO DE LA PASIÓN BOQUENSE
- Brandsen 805
- 011 / 43 62 11 00
- Tgl. 10–18 Uhr, letzter Einlass 17.25 Uhr
- Eintritt 180–240 AR$
- www.museoboquense.com

BANCO DE LA NACIÓN ARGENTINA
- Avenida Rivadavia 205
- 011 / 43 47 60 00
- www.bna.com.ar

BANCO CENTRAL DE LA REPÚBLICA ARGENTINA
- Karte S. 67
- Reconquista 266, Eingang San Martín 275
- 011 / 43 48 35 00

>  **Tipp**
>
> **Wer Lederwaren sucht, sollte der Calle Murillo im Stadtteil Villa Crespo einen Besuch abstatten und nicht in die Fußgängerzone in der Calle Florida gehen.**
>
> MEI-LING HOPGOOD
> NATIONAL GEOGRAPHIC-AUTORIN

ta. Die solide Architektur der argentinischen Zentralbank steht in krassem Widerspruch zum wirtschaftlichen Auf und Ab. Das der Bank angeschlossene **Museo Histórico y Numismático Dr. Jose Evaristo Uriburu** auf der anderen Straßenseite stellt die chaotische Finanzsituation des Landes eindrucksvoll dar. Die unberechenbare Finanzpolitik hat Investitionen in Argentinien zu einem Vabanquespiel werden lassen, aber irgendwie ist es Institutionen wie der **Bolsa de Comercio de Buenos Aires** (Sarmiento 299), der frankophilen Börse, dann doch gelungen zu überleben. Das gigantische Gebäude einen Block weiter östlich in Richtung Puerto Madero ist die ehemalige Hauptpost Correo Central, die Cristina Kirchner kurz vor Ende ihrer Amtszeit zur Erinnerung an ihren verstorbenen Mann zum größten Kulturzentrum Lateinamerikas umbauen ließ, dem **Centro Cultural Kirchner (CCK)**.

Die Calle Florida zählt heute nicht mehr zu den noblen Einkaufsstraßen. Ein berühmter Name macht eine Ausnahme: Am Nordrand des Viertels nehmen die **Galerías Pacífico** aus den 1890er-Jahren fast einen ganzen Block ein. Sie durchliefen diverse Phasen – unter anderem als italienisch

MUSEO HISTÓRICO Y NUMISMÁTICO DR. JOSE EVARISTO URIBURU
- San Martín 216
- 011/43 48 38 82
- Mo–Fr 10–16 Uhr
- U-Bahn: A, B, D, E

GALERÍAS PACÍFICO
- Karte S. 67
- Florida 750
- 011/55 55 51 10
- Tgl. 10–21 Uhr
- www.galeriaspacifico.com.ar

CENTRO CULTURAL KIRCHNER (CCK)
- Sarmiento 151
- Di–So 12–19 Uhr. Geführte Touren Sa–So 14–15.30 Uhr (mit vorheriger Anmeldung, Ausweispapier nicht vergessen)
- Gratis
- www.cck.gob.ar

CENTRO CULTURAL BORGES
- Viamonte und San Martín
- 011/55 55 54 49
- Mo–Sa 10–21, So 12–21 Uhr
- Gratis, inkl. div. Ausstellungen: 60 AR$
- U-Bahn: B, C
- www.ccborges.org.ar

TEATRO OPERA CITI
- Avenida Corrientes 860
- kein Telefon
- Ticketverkauf: Mo–Sa 10–20, So 12–19 Uhr
- U-Bahn: B, C, D
- www.operaorbiseguros.com

angehauchte Einkaufsgalerie, Privatbüros und Ämter der staatlichen Eisenbahn –, bis sie dann 1992 als elegante Shopping Mall ihre Auferstehung feierten.

Die Galerias lohnen wegen der 450 Quadratmeter umfassenden Fresken, die die Kuppel in der Mitte schmücken, einen Besuch. Als der berühmte mexikanische Muralist David Alfaro Siqueiros Buenos Aires 1933 einen Besuch abstattete, hatte er Antonio Berni (1907–81), Juan Carlos Castagnino (1908–72) und Lino Spilimbergo (1896–1964) im Schlepptau. Die Künstler taten sich später mit Demetrio Urruchúa (1902–78) und dem Galicier Manuel Colmeiro (1901–99) zusammen, um 1945 Wandmalereien im Stil des Nuevo Realismo (Neuer Realismus) zu schaffen.

Shopping wie noch nie – die Galerías Pacífico im Zentrum von Buenos Aires

Die Wandmalereien auf der konkaven Oberfläche anzubringen, stellte für die Künstler eine Herausforderung dar. Es dauerte über ein Jahr, bis Bernis *El Amor* (Liebe), Urruchúas *La Fraternidad* (Brüderlichkeit) und andere Fresken vollendet waren. Einen Teil der Galerías Pacífico nimmt nun das **Centro Cultural Borges** ein, das an den berühmtesten argentinischen Schriftsteller erinnert und nicht nur zahlreiche Ausstellungssäle bietet, sondern auch einen exklusiven Blick von oben in das prächtige Gebäude. Die Amüsiermeile ist die **Avenida Corrientes,** an der 1936 zur Erinnerung an den 400. Jahrestag der Anlandung Pedro de Mendozas der 67 Meter hohe **Obelisco** errichtet wurde, der nun an der Kreuzung mit der Avenida 9 de Julio in den Himmel ragt. Der weiße Monolith ist auch von der Plaza de Mayo aus zu sehen. Am unteren Ende der Corrientes präsentiert sich **Luna Park** (*Avenida Corrientes und Bourchard*) als überdachtes Stadion, in dem unter anderem Konzerte, Basketballspiele und Boxkämpfe stattfinden. Hier lernte Präsident Perón seine Frau Evita auf einer Wohltätigkeitsveranstaltung kennen. Auf beiden Straßenseiten der Corrientes finden sich renommierte Theater wie das **Teatro Opera Citi,** das 1937 eröffnete **Teatro Gran Rex** und das **Teatro General San Martín,** aber auch Musikbühnen und Kleinkunst – der Broadway von Buenos Aires.

ZU FUSS DURCH PUERTO MADERO UND DIE AVENIDA DE MAYO

Heute reisen Besucher mit dem Flugzeug an, und somit lässt sich nur schwer nachvollziehen, wie es war, als Anfang des 20. Jahrhunderts zur Blütezeit Argentiniens die Einwanderer mit dem Schiff ankamen. Dieser Spaziergang folgt den Einwanderern nach ihrer Ankunft Schritt für Schritt durch das Stadtzentrum und zeigt die Veränderungen auf.

Ausgangspunkt ist das **Hotel de Inmigrantes** ❶ *(Avenida Antártida Argentina 1355;* siehe S. 89), in dem die Neuankömmlinge einige Tage verbringen durften, während sie sich um Unterkunft und eine Arbeitsstelle bemühten; das Hotel ist heute ein Museum.

Wer die laute Straße nach Süden spaziert, kommt an der **Dársena Norte** vorbei, aus der die Schiffe nach Uruguay verkehren. Dann ist **Puerto Madero** erreicht mit seinen vier *diques* (Hafenbecken). Zwei Segelschiffe liegen hier vor Anker, die **Corbeta** *Uruguay* und die **Fragata** *Presidente Sarmiento,* beide sind heute historische Museen (siehe S. 90).

Puerto Madero zählt inzwischen zu den schicksten Vierteln der Stadt. In den restaurierten Lagerhallen finden sich Lofts, Restaurants und Büros; eines der Hafenbecken dient als Jachthafen, und die Fußgängerbrücke **Puente de la Mujer** ❷ des Architekten Santiago Calatrava spannt sich eindrucksvoll übers Wasser. Die Szenerie hat etwas von einem Film – und so drehte Fabián Bielinsky auch einen Teil von *Neun Königinnen* an der Uferpromenade sowie im **Hilton Buenos Aires**, einem der vielen Luxushotels hier in der Gegend.

Vor dem Hilton geht es gen Westen über die Straße Macacha Güemes und über die Bahngleise zur Perón. Dann folgt man der kurzen Avenida Rosales bis zur **Plaza de Mayo** ❸ (siehe S. 58 ff.), dem Dreh- und Angelpunkt der modernen Geschichte Argentiniens, wo sich die **Casa Rosada** (Präsidentenpalast), die **Catedral Metropolitana,** der koloniale **Cabildo** und weitere Institutionen befinden. Auf dem Platz findet wohl eine der bekanntesten Protestaktion überhaupt statt, die Schweigemärsche der Madres de Plaza de Mayo, die auf ihre verschwundenen Kinder aus der Zeit der Militärdiktatur aufmerksam machen.

Auf der Avenida de Mayo geht es drei Blocks in Richtung Westen zum **Café Tortoni** ❹ *(Avenida de Mayo 825),* dem Vorzeigecafé der Stadt seit seiner Eröffnung 1858. Das Café, in dem sich Einheimische und Touristen ein Stelldichein geben, bietet sich zu jeder Tageszeit für eine Kaffeepause an. Am Wochenende kann es aber schon mal zu Wartezeiten kommen, bis man Einlass erhält. Tipp: Schauen Sie links und rechts vom Eingang in die Vitrinen, in denen Fotos der Geschichte des Cafés und seiner prominenten Besucher ausgestellt sind. Kaum einen Block weiter westlich brauchen die meisten Fußgänger zwei Ampelphasen, um die 14-spurige **Avenida 9 de**

BUENOS AIRES UND DAS DELTA

Julio mit ihrem Verkehrsgewühle zu überqueren. Zum Glück hat die Stadtverwaltung die Verkehrsinseln ausgebaut.

Das geschmückte **Teatro Avenida** ❺ *(Avenida de Mayo 1222)* aus dem frühen 20. Jahrhundert diente der Stadt während der Renovierung des berühmten Teatro Colón als Ersatzbühne. Einen Block weiter westlich liegt mit der Hausnummer 1370 eines der architektonischen Schmuckstücke der Stadt, der **Palacio Barolo**. Das Bürogebäude ist thematisch Dantes *Göttlicher Komödie* nachempfunden. Zwei Blocks westlich liegt die **Plaza del Congreso** ❻ mit monumentalen Skulpturen wie Rodins *El Pensador* (*Der Denker*) und Brunnen. Sie werden von den neoklassizistischen Säulen und der Kupferkuppel des **Congreso de la Nación** ❼ begrenzt.

- Siehe auch Karte S. 67
- Hotel de Inmigrantes
- 2–3 Std.
- 5 km

Keine der Bühnen kann jedoch dem **Teatro Colón** das Wasser reichen, dem renommierten Opernhaus zwei Blocks nördlich des Obelisco. Anlässlich seines hundertjährigen Bestehens am 25. Mai 2008 hätten die Restaurierungsarbeiten vollendet sein sollen – es hat etwas länger gedauert. Die Oper in der Mitte der Plaza Lavalle bietet 2500 Sitz- und 500 Stehplätze. Das Haus im Stil eines italienischen Renaissancetheaters verfügt über ein eigenes, 120 Musiker starkes Orchester, eine hervorragende Akustik und beeindruckende Kulissen. Man versteht es hier seit jeher, talentierte Prominente aus aller Welt anzulocken – von Igor Stravinsky bis Leonard Bernstein, von Enrico Caruso bis Plácido Domingo.

Auf der anderen Seite der Plaza ist nun der dritte Pfeiler der Regierung Argentiniens zu Hause: Im **Palacio de los Tribunales** (offiziell: Palacio de Justicia), dem Gerichtsgebäude, tritt der Corte Suprema de Justicia (Oberstes Gericht) zusammen. Nördlich vom Colón steht der **Templo de la Congregación Israelita de la República Argentina,** eine konservative Synagoge und das beeindruckendste jüdische Bauwerk der Stadt. Hier befindet sich auch das **Museo Judío de Buenos Aires Dr. Salvador Kibrick,** das sich mit der Rolle der jüdischen Einwanderer unter der Obhut von Baron Maurice Hirsch beschäftigt: Er ermöglichte russischen Juden in den 1890er-Jahren die Flucht vor den Pogromen im zaristischen Russland. Das Museum präsentiert jüdische und argentinisch-jüdische Kunst, außerdem Dokumente und Fotografien.

TEATRO GRAN REX
- Avenida Corrientes 857
- kein Telefon
- Ticketverkauf Mo–Sa 10–20, So 12–19 Uhr
- U-Bahn: B, C, D

teatro-granrex.com.ar

TEATRO GENERAL SAN MARTÍN
- Avenida Corrientes 1530
- 0800/33 35 25 41

www.complejoteatral.gob.ar

TEATRO COLÓN
- Karte S. 67
- Tucumán 1171
- Ticketverkauf: 011/52 54 91 00
  Allgemeine Anfragen:
  011/43 78 71 48, -71 09, -71 07
- Mo–Sa 10–20, So 10–17 Uhr.
  26.–31. Dez. 10–16 Uhr

www.teatrocolon.org.ar

MUSEO JUDÍO DE BUENOS AIRES DR. SALVADOR KIBRICK
- Libertad 769
- 011/41 23 08 32
- Di–Do 11–17, Fr 11–16 Uhr.
- Eintritt: 150 AR$
  (Ausweisdokument mitnehmen)
- U-Bahn: B, C

www.museojudio.org.ar

MUSEO NACIONAL DE LA INMIGRACIÓN
- Karte S. 67
- Av. Antártida 1355, Eingang über Apostadero Naval
- 011/48 93 03 22
- Di–So 11–19 Uhr.
  Geführte Touren Di–Fr 16,
  Sa–So 14 und 16 Uhr

www.untref.edu.ar/muntref/ museo-de-la-inmigracion

BUENOS AIRES UND DAS DELTA

An Bord eines Segelschiffs im wiederbelebten Puerto Madero

PUERTO MADERO

Am Fluss, an dem mittellose europäische Einwanderer zum ersten Mal ihren Fuß auf argentinischen Boden setzten, avanciert das neue Viertel Puerto Madero zur nobelsten Wohngegend der Stadt mit Luxushotels und Museen. Puerto Madero bestand in der Kolonialzeit aus morastigen Flussufern, die später aufgeschüttet wurden. Mit dem Boom in der Landwirtschaft nahm auch der Hafen seinen Aufschwung. Nach dem Zweiten Weltkrieg, als die fetten Jahre vorbei waren, standen die Lagerhallen leer und die Kräne still. Als Argentinien stagnierte, schüttete die Militärdiktatur weiteres Land für ihre geplante Satellitenstadt auf. Der Krieg gegen Großbritannien wegen der Falkland-Inseln brachte dann das Regime und das Projekt zu Fall.

Zehn Jahre später hatten Pflanzen und Tiere einen Großteil des Areals für sich in Besitz genommen, die bürgerliche Regierung schuf ein neues Stadtviertel, und Investoren funktionierten die historischen Gebäude in Lofts, Hotels, Wohntürme und Restaurants um. Die veränderte Situation brachte große öffentliche Flächen. Von 1911 bis 1953 konnten am nördlichen Ende von Puerto Madero im **Hotel de Inmigrantes** Einwanderer, die gerade mit dem Schiff angekommen waren, fünf Tage kostenlos logieren, um ihren Aufbruch nach Buenos Aires und Umgebung zu organisieren. Das zum Teil restaurierte Gebäude beherbergt heute das **Museo Nacional de la Inmigración**. Familien suchen in einer Datenbank mit Millionen Einwanderern, die zwischen 1882 und 1929 nach Argentinien kamen, nach ihren Vorfahren. Südlich des Museums legen an der **Dársena Norte** die Schnellboote nach Uruguay ab – in die Hauptstadt Montevideo und nach Colonia del Sacramento, das wegen seiner Ko-

> **Tipp**
>
> **Genießen Sie den Sonnenuntergang vor der Skyline von Buenos Aires im Hafen von Puerto Madero. Mit dem Las Lilas finden Sie dort auch eines der besten Steakrestaurants der Welt.**
>
> MIKE UNTERKÖTTER
> NATIONAL GEOGRAPHIC-AUTOR

lonialarchitektur von der UNESCO zum Weltkulturerbe erklärt wurde. Weiter südlich fungierten die vier rechteckigen Hafenbecken einst als Umschlagplatz für Rindfleisch und Korn aus den Lagerhäusern an den Docks – heute sind sie eine der feinsten Adressen der Stadt. In den Hafenanlagen befinden sich auch der Jachthafen, zwei Schifffahrtsmuseen sowie die **Puente de la Mujer,** eine Hängebrücke für Fußgänger, die der spanische Stararchitekt Santiago Calatrava (geb. 1951) entworfen hat.

Im nördlichen Dique, auch als Dique Nr. 4 bekannt, liegt das von den Briten gebaute **Buque Museo Corbeta A.R.A. Uruguay,** die Corvette, die den schwedischen Forscher Otto Nordenskjöld 1903 auf seiner Expedition in die Antarktis rettete. Wer am Wasser Appetit bekommt: Das Schiff liegt direkt vor dem Restaurant Las Lilas, einem der besten Steakhäuser der Welt. Mittags und abends sollte man aber reservieren. Ein Hafenbecken weiter südlich, im Dique Nr. 3, liegt das auch von den Briten gebaute **Buque Museo Fragata A.R.A. Presidente Sarmiento.** Das Segelschiff verdankt seinen Namen dem argentinischen Präsidenten, der die Escuela Naval (Marineschule) ins Leben rief. Sein Bugspriet lässt La Libertad Argenti-

Wissen

CHACARITA, DER FRIEDHOF FÜR ALLE

Für Kenner berühmter Friedhöfe rangiert Recoleta in einer Reihe mit Père Lachaise in Paris und Highgate in London, doch der Cementerio de la Chacarita *(Tgl. 7–17.30 Uhr, Guzmán 680, Tel. 0800/444 23 63)* drängt sich immer mehr ins Bild. Nur wenige Argentinier, die nicht wirklich reich und gesellschaftlich hoch angesehen sind, finden in Recoleta die ewige Ruhe, aber so ziemlich jeder kann in Chacarita das Jenseits mit Persönlichkeiten aus der Welt der Volkskunst und des Entertainment teilen. Dieser Friedhof mit schachbrettartig angelegten Wegen samt Diagonalen bietet monumentale Grabmale und Grüfte auf mehreren Ebenen, die zu erkunden Tage in Anspruch nimmt.

Viele der Menschen, die in Chacarita ihre letzte Ruhestätte gefunden haben, sind berühmte Persönlichkeiten, mit denen die Argentinier sich nur zu gern identifizieren – allen voran die Tangolegende Carlos Gardel. Auf seinem Grab und auch auf dem der Heilerin Madre María Salomé sowie des Komödianten Luis Sandrini liegen immer frische Blumen; auf Gardels Grab liegt zusätzlich eine brennende Zigarette. Benito Quinquela Martín ist der bedeutendste Künstler auf diesem Friedhof.

Die bekannteste Persönlichkeit von Chacarita befindet sich mittlerweile allerdings nicht mehr hier. Der große *caudillo* Juan Domingo Perón wurde – nachdem ihm 1987 posthum die Hände amputiert und geraubt wurden – 2006 auf seinem ehemaligen Landsitz in San Vicente (Provinz Buenos Aires) beigesetzt.

na (die Freiheit Argentiniens) sehen – das Pendant zur Freiheitsstatue der USA. Jenseits der Hafenbecken prägen Luxushotels und Wohntürme die Skyline. In der ehemaligen Brauerei Múnich (München) residiert heute der Humor, in dem zauberhaften Ambiente finden aber auch *milongas* statt. Es ist eine Ironie des Schicksals, dass die derzeit größte Attraktion des Viertels, die **Reserva Ecológica Costanera Sur** (siehe S. 82), ein Erbe der Diktatur ist, die das gesamte Areal von Puerto Madero abriegelte und das Land mit ihrer politischen und wirtschaftlichen Unfähigkeit in den Bankrott trieb. Nach dem Sturz des Regimes erklärte die neue bürgerliche Regierung das Gelände zu einem Naturpark – er ist nun eine der größten Grünflächen der Stadt. Die Eingänge des Naturschutzgebietes befinden sich gegenüber von Dique Nr. 4 und Dique Nr. 1. Am Wochenende ist es voll, doch unter der Woche – am besten morgens – haben Sie es praktisch für sich allein. Zu Vollmond finden nächtliche Touren statt.

RETIRO

Direkt nördlich des Microcentro beginnt der wohlhabende Stadtteil Retiro mit vielen prächtigen Bürgerhäusern der Belle Epoque. So konnte sich hier der Zeitungsverleger José C. Paz seinen vom Louvre inspirierten **Palacio Paz** *(Geführte Touren Mi–Fr 11, Di–Fr 15 Uhr, auf Englisch Do 15.30 Uhr. Av. Santa Fe 750, Tel. 011/43 11 10 71, www.palaciopaz.com.ar)* bauen. Paz, seine Frau und seine drei Kinder besaßen damals ein 12 000 Quadratmeter großes Haus. 1938 verkaufte er den Palast an das Militär.

Die **Plaza San Martín** ist der schönste Park im Zentrum. Sie erstreckt sich auf den *barrancas,* dem natürlichen Damm des Río de la Plata. Am Westrand steht das angeblich älteste Reiterstandbild Argentiniens, ein Monument des französischen Bildhauers Louis-Joseph Daumas zu Ehren von General San Martín y a los Ejércitos de la Independencia (1862). Der Park liegt jetzt weit vom Fluss entfernt.

Traditionelle Luxushotels wie das Plaza Hotel, das älteste Luxushotel Argentiniens, befinden sich in der Nähe, dazu das **Edificio Kavanagh** im rationalistischen Stil, das in den 1930er-Jahren zu den ersten Wolkenkratzern der Stadt zählte.

BUQUE MUSEO CORBETA A.R.A. URUGUAY
- Dique No. 4, Av. Alicia Moreau de Justo 500
- 011/43 14 10 90
- tgl. 10–19 Uhr
- Gratis
- U-Bahn: B

BUQUE MUSEO FRAGATA A.R.A. PRESIDENTE SARMIENTO
- Dique No. 3, Av. Alicia Moreau de Justo 900
- 011/43 34 93 86
- tgl. 10–19 Uhr
- Gratis
- www.ara.mil.ar/pag.asp?idItem=112

KUNST UND DESIGN

Hinsichtlich Kunst, Architektur und zeitgenössischem Design hat Buenos Aires Beeindruckendes zu bieten. Der Mangel an materiellen Ressourcen bewirkt so viel kreative Energie, dass die UNESCO Buenos Aires 2005 zur ersten »World Capital of Design« ernannte.

Die Puente de la Mujer in Puerto Madero

Eines der Aushängeschilder der Stadt ist das Museo de Arte Latinoamericano de Buenos Aires (MALBA, siehe S. 103), das Museum der Constantini-Stiftung im Stadtteil Palermo. Es wurde von den Architekten Gastón Atelman, Martín Fourcade und Alfredo Tapia aus Córdoba entworfen. Das Gebäude ragt an einem Boulevard auf hat eine Reihe dreieckiger Prismen, die mit naturfarbenem Kalkstein verblendet sind. Im Inneren wechseln sich öffentliche Bereiche und Ausstellungssäle ab, in denen Lateinamerikas Avantgardekunst zu bewundern ist.

Vor noch nicht allzu langer Zeit zählten die Docks von Puerto Madero zu den heruntergekommensten Gegenden der Stadt. Heute spannt sich die moderne Fußgängerbrücke des spanischen Architekten Santiago Calatrava – die Hängebrücke Puente de la Mujer – über das Hafenbecken, um die restaurierten Lagerhallen mit der anderen Uferseite zu verbinden.

Zu den neuen Bauwerken gehört auch das Faena Hotel & Universe (siehe S. 352), ein ehemaliger Kornspeicher, den der Architekt Philippe Starck zu einem Boutique-Hotel umgestaltet hat. Der argentinische Besitzer Alan Faena sieht dieses Hotel als den Fixpunkt des neuen Faena-Kunstviertels, zu dem weitere restaurierte Gebäude gehören.

Wie die Hotels, so wurden auch die Restaurants von Buenos Aires einer Generalüberholung unterzogen. In Palermo Soho und Palermo Hollywood haben sich kreative Küchenchefs und ein aufregendes Nachtleben etabliert. Innovative Designer machen sogar im frankophilen Recoleta von sich reden.

Das Buenos Aires Design Shopping Center, bietet eine Fülle von interessanten Möbeln und Haushaltsgegenständen. Palermo ist und bleibt aber das Zentrum der Innovation, dort wird die Kreativität der Argentinier deutlich. Das Angebot in der Tiendamalba (Museumsladen im MALBA; siehe S. 103) – Schmuck, Accessoires, Lederwaren, Spielsachen und Textilien – eignet sich gut zur ersten Orientierung.

An den Hängen der Barrancas gedenkt an der Avenida del Libertador das **Monumento a los Caídos en Malvinas** der argentinischen Soldaten, die 1982 im Falkland-Krieg gegen Großbritannien fielen. Es steht – welch Ironie! – gegenüber der **Torre Monumental** *(Avenida del Libertador 49)*, einem Glockenturm, der einst Torre de los Ingleses genannt wurde. Auf der anderen Seite der Avenida Ramos Mejía kommen heute die Pendler aus den Vorstädten in der **Estación Retiro** an. Zur ihrer Blütezeit transportierte die im 20. Jahrhundert von den Briten erbaute Eisenbahn ihre Fahrgäste in die Provinzen im Norden und Westen. Der Palacio Paz mag seinerzeit durchaus das größte Bürgerhaus in Retiro gewesen sein, am elegantesten ist aber sicher der **Palacio San Martín**, ein Komplex mit drei Jugendstilgebäuden, die für die einflussreiche Familie Anchorena errichtet wurden. Das Anwesen wurde in den 1930er-Jahren an das Außenministerium verkauft und wird heute nur noch für Staatsempfänge genutzt. Wer an einer Führung teilnimmt, lernt auch die Kunstsammlung mit präkolumbischen Objekten sowie Arbeiten von Avantgarde-Künstlern kennen, darunter von Berni, dem Uruguayer Pedro Figari und dem Chilenen Roberto Matta.

Die Schönen Künste sind aus diesem Viertel nicht wegzudenken. Galerien mit zeitgenössischer Kunst finden sich zuhauf in den Straßen rund um die Plaza. Am bemerkenswertesten ist wohl das **Museo de Arte Hispanoamericano Isaac Fernández Blanco**. Das Museum in einem spanischen neokolonialen Gebäude aus den 1920er-Jahren präsentiert spanisch-amerikanische und portugiesisch-amerikanische sakrale Malerei und Bildhauerei der Kolonialzeit. In den angrenzenden Büroräumen war der Dichter

> **Tipp**
>
> **Das Alvear Palace Hotel in Recoleta ist der reinste Traum. Auch wer nicht hier logiert, sollte in der in edlem Holz gehaltenen Lobbybar einen Drink nehmen.**
>
> MICHAEL LUONGO
> NATIONAL GEOGRAPHIC-AUTOR

PALACIO SAN MARTÍN
- Karte S. 67
- Arenales 761
- 011 / 48 19 72 97
- Geführte Touren (engl./span.) Di und Do 15 Uhr
- U-Bahn: C

www.mrecic.gov.ar/es/
palacio-san-martin

MUSEO DE ARTE HISPANO-AMERICANO ISAAC FERNÁNDEZ BLANCO
- Suipacha 1422
- 011 / 43 27 02 28
- Di–Fr 13–19, Sa–So 11–19 Uhr
- 10 AR$, Mi gratis
- U-Bahn: C

www.museofernandezblanco.
buenosaires.gov.ar

> ### Tipp
>
> **Auf keinen Fall entgehen lassen sollten Sie sich in Recoleta das Palais de Glace im Belle-Époque-Stil. Es war ursprünglich ein Eislaufstadion und zu Anfang des 20. Jahrhunderts einer der bedeutendsten Tangosalons der Stadt – heute ist es ein Ausstellungszentrum.**
>
> ROB LAFRANCO
> NATIONAL GEOGRAPHIC-AUTOR

Oliverio Girondo (1891–1967) zu Hause, ein romantischer Rivale von Jorge Luis Borges.

Wie in anderen Vierteln, so finden sich auch in Retiro diverse Bauwerke der jüdischen Gemeinde. Noch vor dem Attentat 1994 auf das AMIA-Gebäude zerstörte 1992 eine Autobombe die israelische Botschaft an der heutigen **Plaza Embajada de Israel** *(Arroyo und Suipacha)*. Die Konturen der Botschaft haben sich am angrenzenden Gebäude auf bewegende Weise erhalten. 22 in zwei Reihen parallel gepflanzte Linden stehen symbolisch für die Diplomaten und Passanten, die bei dem nie restlos aufgeklärten Terroranschlag ums Leben kamen.

RECOLETA UND UMGEBUNG

Im Stadtbezirk Recoleta stellen die Dauerausstellungen des **Museo del Holocausto** Bezüge zwischen den Ereignissen in Argentinien und in Europa her. Zudem werden Fotoporträts von argentinischen Holocaust-Überlebenden gezeigt und Gemälde, die die Flucht über Palästina nach Argentinien in den 1930er-Jahren zum Inhalt haben.

Im trendigen Norden der Hauptstadt leistet das elegante klassizistische **Alvear Palace Hotel** einen Beitrag, diese Gegend zur europäischsten der Stadt zu küren. Von den wirtschaftlichen Malaisen unbehelligt, tummeln sich die betuchten Gäste in diesem Fünf-Sterne-Tempel des Luxus, um dann in die **Avenida Alvear** zu strömen, wo sie extravaganten Einkaufsabenteuern frönen. Recoleta grenzt an das Barrio Norte; dort stehen die Wohnhäuser gedrängter, und die Freiflächen sind nicht so großzügig bemessen. Die Immobilienpreise sind aber auch hier astronomisch.

Cementerio de la Recoleta: Die Grünflächen auf beiden Seiten der Avenida del Libertador sind die »Lungen« der Stadt, doch Recoletas Mittelpunkt ist der Cementerio de la Recoleta, der berühmte Friedhof. In den frühen Tagen der Unabhängigkeit hinterließen die Recoleta-Mönche ihren Namen dem Friedhof. Er zieht sich an der kolonialen **Basilica Nuestra Señora del Pilar** entlang, einer Kirche aus dem 18. Jahrhundert mit einem herrlichen Barockaltar aus Silber. Vom Eingang mit dorischen Säulen an der

Das Grabmal von Eva Perón auf dem Cementerio de la Recoleta

Junín einmal abgesehen, ist der gesamte Friedhof mit einer Ziegelmauer eingefasst. Innerhalb dieser Mauern reihen sich prachtvolle Mausoleen ordentlich an einigen breiten, von Bäumen gesäumten »Boulevards« und unzähligen schmaleren »Straßen« auf, gelegentlich gekreuzt von diagonalen Wegen. Die elitäre Totenstadt nimmt über 46 000 Quadratmeter ein und war einst das Lieblingsprojekt von Bürgermeister Torcuato de Alvear (1822–90), der selbst nicht weit vom Eingangsportikus seine letzte Ruhestätte fand.

Fast alle Verstorbenen in Recoleta waren wohlhabend, aber sie hatten auch einen Namen, der ihnen einen Platz in den höheren Sphären der argentinischen Gesellschaft garantierte. Zu ihnen zählten Präsidenten (Bartolomé Mitre, Domingo F. Sarmiento, Hipólito Yrigoyen), Militärs (Guillermo

MUSEO DEL HOLOCAUSTO
- Karte S. 67
- Montevideo 919
- 011/48 11 35 88
- Mo–Do 9–19, Fr 9–17, So 14–18.30 Uhr. Geführte Touren Di 14–18.30, Mi 14–17, Do (engl.) 14–17.30 Uhr
- 100 AR$
- U-Bahn: D

www.museodelholocausto.org.ar

ALVEAR PALACE HOTEL
- Karte S. 67
- Avenida Alvear 1891
- 011/48 04 77 77

www.alvearpalace.com

CEMENTERIO DE LA RECOLETA
- Karte S. 67
- Junín 1760
- 015/56 14 88 69
- Tgl. 7–17.30 Uhr
- Gratis

www.cementeriorecoleta.com.ar

PALAIS DE GLACE
- Posadas 1725
- 011/48 04 11 63
- Di–So 12–20 Uhr (bis ca. Mitte 2019 wegen Renovierung geschlossen)
- Gratis

www.palaisdeglace.gob.ar

BUENOS AIRES IM SATTEL

Argentinien ist berühmt für seine *gauchos*, die urwüchsigen Cowboys vom Land, die wilde Hengste zähmen. Aber sogar die Argentinier aus der Stadt haben ein Faible für Pferde und Ponys, und zwar sowohl passiv als Zuschauer wie auch aktiv hoch zu Ross. Zwischen Bürotürmen und Wohnhäusern finden sich in Buenos Aires weitläufige Grünflächen, wo Reitsport aller Art gepflegt wird.

Wer gern wettet, kann auf Galopper im **Hipódromo** *(Avenida del Libertador 4101, Tel. 011/47 78 28 00, www.palermo.com.ar)* von Palermo setzen. Das Hauptgebäude stammt aus dem Jahr 1908.
Im November und Dezember können Zuschauer im **Campo Argentino de Polo** die besten Polo-Spieler der Welt bewundern. Seit 1893 werden die Nationalen Polo-Meisterschaften – der Campeonato Argentino Abierto de Polo– in Palermo ausgetragen.
Reiter, denen es der Gaucho-Stil angetan hat, sollten besser eine der *estancias* in der Nähe von San Antonio de Areco (siehe S. 126) besuchen, wo auch der englische Reitstil angeboten wird – und Polo-Ponys ebenfalls.
In der Stadt wird nirgendwo Polo unterrichtet, dafür aber auf mehreren *estancias* in der Provinz Buenos Aires – manchmal unter der Aufsicht von weltberühmten Polo-Spielern. *Gauchos* lassen sich in der Hauptstadt vor allem im Viertel Mataderos (siehe S. 101) sehen.
Auf dem Markt am Wochenende sind die Straßen im Besitz der Reiter, die bei hohem Tempo versuchen, den herabhängenden Ring – *sortija* – zu packen. Ein Nervenkitzel für Reiter wie auch für die Zuschauer! Die *Gaucho*-Variante von Polo heißt *pato*. Bei dieser brutalen Sportart versuchten die Reiter, eine lebendige Ente in einem Ledersack in einen Korb zu schleudern. Die alljährlich ausgetragenen Pato-Meisterschaften finden auf den noblen Spielfeldern von Palermo statt. Infos: **Club Alemán de Equitación** *(Avenida Dorrego 4045, Palermo, Tel. 011/47 72 62 89, www.clubalemandeequitacion.com);* **Club Hípico Argentino** *(Avenida Figueroa Alcorta 7285, Belgrano, Tel. 011/47 87 10 03, www.clubhipicoargentino.org.ar),* **Federación Argentina de Pato** *(Rivadavia 717, 7. Stock, Tel. 011/15 69 85 82 18, www.pato.org.ar).*

Bei der Feria de Mataderos fasst ein *gaucho* nach dem Ring.

BUENOS AIRES UND DAS DELTA

☐ Erlebnis

WOHNUNG ZU VERMIETEN

Buenos Aires bietet schöne Hotels, wer jedoch wie ein echter *porteño* wohnen möchte, sollte sich vorübergehend eine Wohnung mieten. Vom Ein-Zimmer-Apartment bis zum Luxus-Penthouse mit spektakulärem Blick über die Stadt ist alles möglich – für Einzelreisende, Familien und Gruppen. Im Preis inbegriffen sind in der Regel ein regelmäßiger Reinigungsdienst, Telefon (Ortsgespräche), Kabel-TV, Internetzugang und andere Annehmlichkeiten. Der eigentliche Vorteil besteht jedoch in der Möglichkeit, auch über einen längeren Zeitraum in Vierteln wie San Telmo, Palermo oder dem Barrio Norte wohnen zu können. Im Internet finden sich viele Makler. Für den Anfang helfen bei der Suche: **Aloj argentina** *(Tel. 011/49 61 93 85, www.alojargentina.com.ar)*, **B y T Argentina** *(Tel. 011/45 51 18 91, www.bytargentina.com)* und **BA House** *(Tel. 011/58 11 38 32, www.bahouse.com.ar).*

Brown, Julio Argentino Roca) sowie Künstler (José Hernández, Cándido López, Adolfo Bioy Casares, Victoria Ocampo). Einige Ausnahmen sind deshalb besonders bemerkenswert. Der Boxer Luis Ángel Firpo (1894–1960), der »wilde Bulle aus der Pampa«, hatte in der Person des betuchten Félix Bunge einen einflussreichen Mäzen. Am berühmtesten ist aber Eva Duarte, besser bekannt als Evita, die uneheliche Tochter des Landwirts Juan Duarte, mit dem sie nun die Gruft teilt. Dass sie hier begraben liegt, kommt einem ständigen Tadel gleich. Eva Perón bemühte sich nicht einmal, ihre Abneigung gegenüber der Oberschicht zu verbergen, sondern trug sie stolz zur Schau. Evitas mit einer schlichten Plakette gekennzeichnete Grabstätte lockt mehr Besucher an als jede andere Berühmtheit hier. Sie ist gut an den immer frischen Blumen zu erkennen. Meist drängt sich eine Heerschar Touristen davor. Direkt vor dem Friedhof findet auf der **Plaza Intendente Alvear** am Wochenende ein schöner Kunsthandwerksmarkt statt. Anwohner und Touristen schlürfen im **La Biela**, dem ältesten Café von ganz Buenos Aires aus dem Jahr 1852, ihren Expresso und essen *medialunas;* am schönsten natürlich im weitläufigen Außenbereich unter dem gigantischen Gomero, einem der größten und ältesten Gummibäume der Stadt.

Weitere Sehenswürdigkeiten in Recoleta: Das Viertel hat eine Fülle von guten Galerien und Kunsthandlungen zu bieten. Neben Friedhof und

CENTRO CULTURAL RECOLETA
- Karte S. 67
- Junín 1930
- 011/48 03 10 40

- Di–Fr 13.30–22, Sa–So 11.30–22 Uhr
- Gratis
- www.centroculturalrecoleta.org

Basilika finden im **Centro Cultural Recoleta** hypermoderne Kunstausstellungen und zahlreiche Events statt. Auf der anderen Straßenseite der Plaza Francia gilt das **Museo Nacional de Bellas Artes** als Institution in Sachen Kunst schlechthin. Das Gebäude aus dem 19. Jahrhundert diente ursprünglich als Pumpenhaus für die Wasserversorgung der Stadt. In den 1930er-Jahren wertete Bustillo die unscheinbare Fassade durch einen neoklassizistischen Portikus auf. Die umgestalteten Räumlichkeiten samt dem neuen Pavillon eignen sich mittlerweile vortrefflich, um in Dauerausstellungen das nationale Kulturgut zu präsentieren. Der »nationale« Aspekt des Museums ist dabei eigentlich irreführend, denn Werke zeitgenössischer Künstler aus Argentinien wie Berni, Ferrari und Quinquela Martín sind natürlich präsent, stehen jedoch nicht im Mittelpunkt der Sammlung. Das Museum ist vielmehr die umfassendste Kunstausstellung im ganzen Land.

> **Tipp**
>
> **Bei den Argentinischen Polo-Meisterschaften im Dezember sind die weltbesten Spieler zu sehen – und auch die Schönen und Reichen.**
>
> KARIN SIMONCINI
> NATIONAL GEOGRAPHIC CHANNELS INTERNATIONAL

In der Dauerausstellung finden sich Exponate aus den präkolumbischen Anden bis hin zu französischen Impressionisten. Im Obergeschoss sind in einem Skulpturen-Patio Arbeiten argentinischer Künstler zu bewundern. Die beeindruckendste Skulptur dieses Viertels befindet sich jedoch auf der **Plaza Naciones Unidas,** nicht weit vom Museum auf der anderen Seite der Avenida Figueroa Alcorta. In der Mitte eines runden Brunnens präsentiert sich Eduardo Catalanos *Floralis Generica* als Edelstahlblume, deren »Blüten« sich im Sonnenlicht öffnen und bei Sonnenuntergang schließen. Die 23 Meter hohe Skulptur ist zum Symbol des Viertels avanciert.

Evitas sterbliche Reste mögen in Recoleta ruhen, doch einer Legende zufolge spukt ihr Geist noch durch die **Biblioteca Nacional.** Das Gebäude ist ein Entwurf des Architekten Clorindo Testa (1923–2013) und sollte den Präsidentenpalast ersetzen, nachdem das Militär Perón 1955 gestürzt hatte. So mancher Bibliothekar schwört, dass er schon Evitas Parfüm gerochen habe, doch die einzige bestätigte Präsenz ist ein Exponat zu Ehren ihres 50. Todestags im Jahr 2002.

In einem Viertel, das sich so bewusst von europäischen Traditionen ableitet, stellt das **Museo Casa de Ricardo Rojas** eine Ausnahme von dem Klischee dar, dass die Argentinier ihr südamerikanisches Erbe unterschätzen. Der in der Provinzhauptstadt Tucumán geborene Schriftsteller und Päda-

BUENOS AIRES UND DAS DELTA

🟨 Wissen

CHINATOWN

Im internationalen Vergleich ist das Barrio Chino von Belgrano, das auch von spanischen Muttersprachlern Chinatown genannt wird, eher klein, aber dennoch beeindruckend. Die Ursprünge reichen bis in die 1980er-Jahre zurück, als Einwanderer aus Taiwan sich am Fuß der Barrancas de Belgrano an der Mitre-Eisenbahnlinie ansiedelten. Heute präsentiert sich Chinatown als lebendiges Viertel mit Supermärkten, Friseuren, Pflanzenkundlern, Souvenirverkäufern, Videoclubs, einem buddhistischen Tempel und sogar Feng-Shui-Beratern. Und obendrein haben die taiwanesischen Peronisten hier ihre Zentrale.

Größtes Ereignis ist das Chinesische Neujahrsfest. Dann bevölkern Besucher aus dem ganzen Land die Calle Arribeños.

---

goge Rojas (1882–1957) wies seinen Architekten an, präkolumbische Elemente in sein Haus im Kolonialstil zu integrieren – es erinnert an das Gebäude, in dem ursprünglich die Unabhängigkeit Argentiniens verkündet wurde. Rojas schlug in seinem euro-indigenen Konzept vor, »europäische Technik mit lateinamerikanischer Emotion« zu verschmelzen. An Details wie dem kolonialen Basrelief mit spanischen und Inka-Elementen wird sein Engagement deutlich.

Nur ein paar Minuten zu Fuß sind es zum nonkonformistischen **Museo Xul Solar**. Borges' guter Freund, der exzentrische Maler Alejandro Schulz Solari (Pseudonym: Xul Solar) verbrachte hier die meiste Zeit seines Lebens. Nach seinem Tod funktionierte seine Witwe das Haus in ein Museum um, in dem nun seine esoterischen und oft surrealen Gemälde ausgestellt sind;

MUSEO NACIONAL DE BELLAS ARTES
- Karte S. 67
- Avenida del Libertador 1473
- 011/52 88 99 00
- Di–Fr 11–20, Sa–So 10–22 Uhr
- Gratis
- www.bellasartes.gob.ar

BIBLIOTECA NACIONAL
- Karte S. 67
- Agüero 2502
- 011/48 08 600
- Mo–Fr 7–24, Sa–So 12–19 Uhr
- www.bn.gov.ar

MUSEO CASA DE RICARDO ROJAS
- Karte S. 67
- Charcas 2837
- 011/48 24 40 39
- Di–Sa 11–19 Uhr, geführte Touren Mi 15 Uhr.
- Gratis
- U-Bahn: D
- museorojas.cultura.gob.ar

MUSEO XUL SOLAR
- Karte S. 67
- Laprida 1212
- 011/48 24 33 02
- Di–Fr 12–20, Sa 12–19 Uhr, geführte Touren Di und Do 16, Sa 15.30 Uhr.
- 60 AR$
- U-Bahn: D
- www.xulsolar.org.ar

In Palermo schießen immer wieder neue Bars und Boutiquen aus dem Boden.

der Einfluss von Picasso lässt sich nicht leugnen. Viele von Xuls »Gemälden« sind dreidimensional und doch keine Skulpturen.

PALERMO

Nördlich von Recoleta ist Palermo das größte, flippigste und trotz allen Wandels in den vergangenen Jahren eines der gesellschaftlich abwechslungsreichsten Viertel von Buenos Aires geblieben. In dem Bezirk mit den größten Parkanlagen der Stadt und mit modernsten Restaurants leben auch heute noch Arbeiterfamilien hinter einer Karosseriewerkstätte, die zwei Luxus-Lofts flankieren. Die Anzahl an Botschaften im Barrio Parque (auch: Palermo Chico) ist selbst für den Standard von Recoleta immens, dennoch liegen die bescheidenen Wohnungen der Mittelschicht nur ein paar Gehminuten entfernt.

Witzigerweise verdankt Palermo seine Freiflächen dem Diktator Juan Manuel de Rosas, dessen Privatbesitz nach seiner Flucht aus Buenos Aires 1852 der öffentlichen Hand unterstellt wurde. Die schlimmste Demütigung war aber wohl, dass der neue Parque Tres de Febrero nach der Niederlage in der Schlacht von Caseros im gleichen Jahr benannt wurde. Trotz seiner vielen Freiflächen ist Palermo – vom Barrio Parque abgesehen – vor allem eine dicht bebaute Wohngegend mit Apartmenthäusern und traditionellen *propiedades horizontales*.

Palermo Viejo: Im Viertel Palermo Viejo mit seiner innovativen Gastronomie, einem bunten Nachtleben und zahllosen Einkaufsmöglichkeiten sind die Wohnungen in der Regel kleiner. Als Jorge Luis Borges hier lebte, war Palermo Viejo ein bedeutungsloses Viertel mit kleinen Ganoven und Messerstechern. Heute ist diese Gegend absolut hip und teilt sich in **Palermo**

Wissen

FERIA DE MATADEROS

Die *porteños* – und die meisten anderen Argentinier – sind eher Stadtmenschen, haben aber dennoch ein romantisches Faible für das Landleben und die *gauchos*. Am südwestlichen Stadtrand sorgt die Feria de Mataderos *(A. Lisandro de la Torre und Av. de los Corrales, Tel. 011/46 87 56 02, www.feriademataderos. com.ar)* dafür, dass die Hauptstadt den Kontakt zu ihrem Hinterland nicht verliert.

Von April bis Dezember strömen die Besucher sonntags ab 11 Uhr, im Januar und Februar samstags ab 18 Uhr, in die Avenida de los Corrales und die Lisandro de la Torre, um sich inmitten von auf dem Grill brutzelnden *chorizos* ihren Weg durch die Verkaufsstände zu bahnen. An Kunsthandwerk warten gewebte Ponchos oder *Gaucho*-Messer mit gebogenem Griff *(facón)* auf Käufer, zudem sorgen frische Lebensmittel für kulinarische Genüsse – Käse, *empanadas* und Süßigkeiten. Ständig wird irgendwelche Live-Musik gespielt, und die Besucher können an Gitarren-, Web- und anderen Workshops teilnehmen.

Wenn es in den Straßen leerer wird, ist es Zeit, zur traditionellen *chamamé* oder *chacarera* das Tanzbein zu schwingen oder auch die eher rauen Darbietungen hoch zu Ross zu bestaunen, zum Beispiel die *sortija*, ein Rennen, bei dem ein Gaucho im Galopp einen kleinen herabhängenden Ring packt. Normale Pferderennen und *doma*, eine Art Rodeo, finden auch noch statt.

SoHo (das Restaurantviertel) und **Palermo Hollywood** auf, wo Radio-, Fernseh- und Filmproduktionen zu Hause sind. Das Herz von Palermo Viejo schlägt an der **Plaza Serrano**. Hier werden sämtliche Straßen von den hipsten Restaurants, Bars, Mode- und Designläden ganz Südamerikas gesäumt. Dazwischen sind die **Pasajes Russel** und **Santa Rosa** kaum so breit, dass ein Auto durchkommt. Hier wohnte früher die Arbeiterschicht, doch der argentinische Normalverdiener kann sich dieses Szeneviertel heute längst nicht mehr leisten. Das Wochenende beginnt hier spätestens am Donnerstag und dauert bis zum Montag – oft ist auf den Straßen in der Früh um 3 Uhr mehr los als um 15 Uhr nachmittags.

Parque Tres de Febrero: Der Park gegenüber der Avenida del Libertador bietet eine Fülle von Unterhaltungsmöglichkeiten – vom gepflegten **Jardín Japonés** (Japanischer Garten) oder dem prächtigen **Rosedal** (Rosengarten) bis zu Radwegen (Mieträder vorhanden) rund um die künstlich angelegten **Lagos de Palermo**. Da einige der kurvenreichen Straßen für Autos gesperrt sind, steht die Gegend bei Joggern, Fußballspielern und Fitnessfreaks hoch im Kurs. Man kann im **Hipódromo Argentino de Palermo** wetten oder im **Club Alemán de Equitación** reiten. Einige der besten Polo-Ponys und Reiter zeigen ihre Künste im **Campo Argentino de Polo** gegenüber vom Hipódromo. Der Zoo von Buenos Aires wurde auf Druck von Tierschützern 2016 geschlossen. Nur die Tiere, die nicht in die Freiheit entlassen werden konnten, befinden sich noch auf dem Gelände, auf dem sich seither ein **Ecoparque** befindet. So präsentiert sich beispielsweise das Elefantenhaus im hinduistischen Stil. Der **Jardín Botánico** gleich nebenan mit vielen exotischen Pflanzenarten geht auf eine Initiative von Carlos Thays zurück, einem der bedeutendsten Landschaftsarchitekten in der Geschichte Argentiniens.

Barrio Parque: Im **Museo de Arte Popular José Hernández** *(Avenida del Libertador 2373, Tel. 011/48 03 23 84, Di–Fr 13–19, Sa–So 10–20 Uhr, Eintritt: 10 AR$, Mi gratis, www.buenosaires.gob.ar/museojosehernandez)* kommt das Landleben in die Stadt. Das Museum ist zwar nach dem Gaucho und Poe-

JARDÍN JAPONÉS
- Karte S. 67
- Av. Casares 2966
- 011/48 04 49 22
- Tgl. 10–18 Uhr
- 95 AR$
- www.jardinjapones.org.ar

HIPÓDROMO ARGENTINO DE PALERMO
- Karte S. 67
- Avenida del Libertador 4101
- 011/47 78 28 00
- Di–Do geschl.
- www.palermo.com.ar/en

CAMPO ARGENTINO DE POLO
- Karte S. 67
- Avs. del Libertador und Dorrego
- 011/47 77 64 44
- Wichtigstes Turnier Nov./Dez.
- www.aapolo.com

ECOPARQUE
- Karte S. 67
- Aves. Las Heras und Sarmiento
- 011/40 11 99 00
- Mo und 1. Jan. und 24., 25., 31. Dez. geschl.
- 245 AR$
- U-Bahn: D
- www.buenosaires.gob.ar/ecoparque

JARDÍN BOTÁNICO CARLOS THAYS
- Avenida Santa Fe 3951
- 011/48 31 45 27
- Sommer (22. Sept.–21. April) Di–Fr 8–18.45, Sa–So 9.30–18.45 Uhr. Winter (22. April–21. Sept.) 8–17.45, Sa–So 9.30–17.45 Uhr; aus Sicherheitsgründen bei Unwetter und Starkregen geschlossen.
- U-Bahn: D

MUSEO NACIONAL DE ARTE DECORATIVO
- Karte S. 67
- Avenida del Libertador 1902
- 011/48 01 82 48
- Di–So 14–19 Uhr
- Gratis, erbetener Solibeitrag: 25 AR$
- www.mnad.org.ar

MUSEO DE ARTE LATINO-AMERICANO DE BUENOS AIRES (MALBA)
- Karte S. 67
- Avenida Figueroa Alcorta 3415
- 011/48 08 65 00
- Do–Mo 12–20, Mi 12–21 Uhr; geführte Touren Mi 16, Do, Fr 17, So 16 und 17 Uhr
- 100 AR$, Mi 50 AR$
- www.malba.org.ar

Saturnalia, eine Skulptur von Ernesto Biondi aus dem Jahr 1909 im Jardín Botánico

ten benannt, der *Martín Fierro* schrieb, doch das Gebäude im französisch-italienisierenden Stil mit Marmortreppen wurde von Félix Bunge (1894–1935) erbaut. Heute wird hier alles vermarktet, was irgendwie mit Gauchos zu tun hat, allerdings auch der materielle Aspekt, der für Familien wie die Bunges so typisch war: Sie hatten Bedienstete, die ihnen den Mate in versilberten Gefäßen zubereiteten.

Jedenfalls hätte sich Bunge mit Sicherheit an einem Ort wie dem **Palacio Errázuriz** zu Hause gefühlt, einem Einfamilienhaus im Beaux-Arts-Stil, in dem heute das **Museo Nacional de Arte Decorativo** untergebracht ist. Und bestimmt hätte er sich bei den Gastgebern wohlgefühlt – dem chilenischen Diplomaten Matías Errázuriz Ortúzar und Josefina de Alvear, seiner argentinischen Ehefrau. Nach ihrem Tod fiel das Haus wie auch die Sammlung asiatischer und europäischer Kunst an den Staat.

Die Statuen, die in imposanten Barocksalons mit hohen Decken präsentiert werden, stammen aus der Römerzeit; flämische Teppiche schmücken die Wände. Das Schlafzimmer des Sohnes hingegen ist – wenig passend – im Art-déco-Stil gehalten. Im Museum finden auch Konzerte, Lesungen und Sonderausstellungen statt.

In Palermo Chicos **Museo de Arte Latinoamericano de Buenos Aires (MALBA)** hätte sich Bunge mit seinem europäischem Geschmack und seinen Gaucho-Allüren allerdings nicht sonderlich wohlgefühlt. Die kosmopolitische Institution präsentiert Argentinien im Kontext der regionalen Avantgarde. Das MALBA befindet sich in einem attraktiven Gebäude aus Beton, Stahl und Glas und ist der Entwurf eines Architektenteams aus Córdoba. Zu sehen ist die Privatsammlung des Geschäftsmanns Eduardo Constantini, darunter Gemälde, Skulpturen, Skizzen, Stiche, Collagen und Fotos. Zu den hier vertretenen Künstlern gehören Frida Kahlo und Diego Rivera aus Mexiko, Fernando Botero aus Kolumbien, Roberto Matta aus Chile, Joaquín Torres-García und Pedro Figari aus Uruguay sowie die

> **Tipp**
>
> In Belgrano ist das wenig bekannte Barrio Chino einen Besuch wert. Wer während des Chinesischen Neujahrsfestes hier ist, sollte sich den Drachenumzug nicht entgehen lassen.
>
> MICHAEL LUONGO
> NATIONAL GEOGRAPHIC-AUTOR

Argentinier Antonio Berni, Jorge de la Vega, León Ferrari und Guillermo Kuitca. Das MALBA besticht vor allem durch seine Sonderausstellungen, sein Kino mit internationaler Filmkunst sowie durch seine literarischen Lesungen und Seminare. Das **Museo Evita**, einige Blocks entfernt vom Zoo, ist ein Anwesen im Stil der italienischen Renaissance inmitten von Wohnungen der Mittelschicht. Ende der 1940er-Jahre erzürnte Evita die Nachbarn der Oberschicht, indem sie das Haus in den »Hogar de Tránsito No. 2« umfunktionierte, einem Zufluchtsort für alleinstehende Mütter aus den Provinzen. Nach dem Putsch 1955 wurde das Gebäude geschlossen, 2002 jedoch zum 50. Todestag Evitas wiedereröffnet – als Museum zu ihren Ehren. Das Museum ist nicht gerade interaktiv konzipiert; die Besucher werden eingangs in einem 3D-Filmkabinett mitten in die peronistische Propaganda katapultiert, sodass der an Fanatismus grenzende Enthusiasmus, den die Peróns auslösten, nachvollziehbar wird. Davon abgesehen spürt das Museum chronologisch Evitas Jugend, ihrer Karriere als Schauspielerin, ihren Jahren mit Perón sowie ihrem Tod und Vermächtnis nach.

BELGRANO

Wo die U-Bahn aufhört und die Vorstädte im Norden beginnen, liegt Belgrano, ein Viertel mit interessanter Geschichte, denn Ende des 19. Jahrhunderts fungierte es kurzzeitig als Hauptstadt der Republik. Damals war Belgrano noch eine Stadt für sich, doch als Buenos Aires größer wurde, gingen beide Orte irgendwann ineinander über. Heute ist Belgrano vor allem ein Wohnviertel, aber die Museen und andere Sehenswürdigkeiten sind einen Abstecher wert.

Das Viertel ist groß, die Sehenswürdigkeiten befinden sich alle an der Avenida Juramento zwischen der **Plaza Manuel Belgrano**, dem Hauptplatz, und dem leicht abschüssigen Stadtpark **Barrancas de Belgrano**. Jenseits der Bahngleise in Richtung Fluss erstreckt sich **Chinatown** – es ist überwiegend in taiwanesischer Hand. Gegenüber der Plaza, an der am Wochenende ein großer Kunsthandwerkermarkt stattfindet, ragt die **Iglesia de la Inmaculada Concepción** auf, sie wird wegen ihrer kreisrunden Form La Redonda genannt. Auf der anderen Seite der Plaza ehrt das **Museo Histórico Sarmiento** Argentiniens Präsidenten des 19. Jahrhunderts. Das

Gebäude diente auch als Regierungssitz, als es 1880 fast zu einem Bürgerkrieg kam. Im Museum sind persönliche Gegenstände von Sarmiento sowie ein Nachbau seines Geburtshauses in der Provinz San Juan ausgestellt. An der Nordseite der Plaza befindet sich in einem andalusischen Garten mit Bäumen und Wasserläufen das **Museo de Arte Español Enrique Larreta,** das ehemalige Domizil des Schriftstellers Enrique Larreta (1875–1961). Er füllte das Gebäude mit Kunst von der Iberischen Halbinsel, während er nostalgische Romane, Gedichte und Essays über Spanien schrieb. Somit ist Larreta weit von Argentiniens literarischem Mainstream entfernt, der zwischen vehementem Nationalismus und vornehmem Kosmopolitismus schwankt. Larreta hinterließ das Haus samt seinem Inhalt, darunter vielen religiösen Bildwerken, der Stadt. Kurios ist, dass auch die Garderobe mit Regionaltrachten dazugehört, die Evita 1947 bei ihrer Tournee durch das Spanien Francos erworben hatte (die meisten Argentinier in Larretas Kreisen verabscheuten die Peróns). Im Sommer finden im Garten Musik- und Theateraufführungen statt.

Das Abasto-Shopping-Center – hier war früher der Obst- und Gemüsegroßmarkt.

Die anderen Kunstmuseen in Belgrano sind weniger konventionell. An den Barrancas präsentiert das **Museo Líbero Badií** das Werk des in Italien geborenen Künstlers, dessen *arte siniestro* Xul Solar nahekommt, sich jedoch

MUSEO EVITA
- Karte S. 67
- Lafinur 2988
- 011 / 48 07 03 06
- Di–So 11–19 Uhr; geführte Touren Fr und So 16 Uhr.
- Gratis
www.museoevita.org.ar

MUSEO HISTÓRICO SARMIENTO
- Avenida Juramento 2180
- 011 / 47 82 23 54
- $, Do frei
- U-Bahn: D
www.museosarmiento.gov.ar

MUSEO DE ARTE ESPAÑOL ENRIQUE LARRETA
- Avenida Juramento 2291
- 011 / 47 83 26 40
- $, Do frei
- U-Bahn: D
www.museos.buenosaires.gov.ar/ larreta.htm

Statue von Carlos Gardel, der Tangolegende Argentiniens, vor dem ehemaligen Mercado de Abasto

weniger esoterisch gibt. Badií (1916–2001) schuf Keramiken, Collagen und Stiche; seine Plastiken sind eine Mischform aus Farben, Formen und beweglichen Elementen.

RUND UM DIE »ARRABALES«

Vor der massiven Einwanderungswelle Ende des 19. Jahrhunderts war Buenos Aires noch eine *gran aldea* – ein großes Dorf. Die meisten Vororte waren *arrabales* (Elendsviertel vor den Toren der Stadt), in denen kleine Ganoven das Sagen hatten. Heute ist alles anders, und einige weniger touristische Viertel können mit Sehenswürdigkeiten aufwarten, die durchaus einen Abstecher wert sind.

Abasto: Noch immer bekannt für den großen Markt, der hier einst war, ist Abasto im Viertel Balvanera, westlich von San Nicolás. Der riesige **Mercado del Abasto** war bis in die 1970er-Jahre ein Großmarkt für Händler, die hier ihre Waren einkauften. In den 1980er-Jahren stand das Gebäude überwiegend leer, der Abasto-Markt wurde 1984 endgültig zum Mercado Central außerhalb der Stadt verlegt. Die Hallen waren dem Verfall preisgegeben, bis der amerikanische Investor George Soros sie Mitte der 1990er-Jahre innen und außen komplett restaurierte und in ein Einkaufszentrum auf vier Etagen umfunktionierte. Es wurde 1999 eröffnet und verlieh in der Folgezeit dem ganzen Viertel neuen Auftrieb.

Abasto ist auch deshalb erwähnenswert, weil von hier die Tangolegende Carlos Gardel stammt; sein bescheidenes Haus ist heute das **Museo Casa Carlos Gardel** – und zeigt viele Erinnerungsstücke des Weltstars, dessen

Originalaufnahmen seit 2003 zum UNESCO Weltdokumentenerbe zählen. Das Haus, in dem das Museum untergebracht ist, gehört zu einem Block mit herausragenden *filete*-Malereien an einigen Häuserfassaden. Und der Tango erlebt hier wie überall in der Stadt ein Comeback, ob in *milongas*, Nachtclubs oder mittlerweile sogar Tango-Themenhotels, in denen jedes Zimmer einem anderen Tango-Thema gewidmet ist.

Caballito, Barracas und Bodeo: Caballito im Westen war früher die *quinta* (Landhaus) des Zeitungsverlegers von *La Nación*, Ambrosio Lezica – der **Parque Rivadavia** ist alles, was davon geblieben ist. Wie in Belgrano, gehen auch hier Stadt und Vorort ineinander über. Bemerkenswert ist der **Parque Centenario** mit seiner ovalen Form. Das **Museo Argentino de Ciencias Naturales Bernardino Rivadavia** (Museum der Naturwissenschaften) darin ist das älteste Museum Argentiniens und verfügt über eine renommierte Paläontologieabteilung. Das Gebäude selbst besticht durch seine Details wie die skulptierten Eulen an den oberen Fenstern – ein Symbol der Weisheit. Zahlreiche Basreliefs — Kondore, Flamingos, Tapire, Seelöwen, Pumas, Lamas und Vicuñas — stellen die einheimische Fauna dar. Zur Dauerausstellung gehören die Säle zur Geologie (interessant sind die Meteoriten aus der Provinz Santiago del Estero), Paläontologie, zu Pflanzen, Meeresbiologie, Amphibien und Reptilien sowie zu zeitgenössischen und quartären Säugetieren und zur vergleichenden Osteologie (Lehre von den Knochen bzw. vom Skelettsystem).

Die Stadtviertel im Süden wie **Barracas** (mit alten, meist geschlossenen Fabriken), **Boedo** (mit seiner militanten literarischen Linken) und **Parque Patricios** vermitteln den Besuchern etwas vom Flair des authentischen Buenos Aires der Arbeiterklasse. Die meisten sind allerdings nicht so ungewöhnlich wie die **Pasaje Lanín** in Barracas, wo der Maler Marino Santa María und seine Nachbarn drei Häuserblocks mit einem nahezu zusammenhängenden abstrakten Wandgemälde versehen haben. ∎

MUSEO LIBERO BADIÍ
- 11 de Septiembre 1990
- 011/47 84 86 50
- Sa/So geschl.

MUSEO CASA CARLOS GARDEL
- Jean Jaurés 735
- 011/49 64 20 15
- Mo, Mi–Fr 11–18, Sa–So 10–19 Uhr; geführte Touren Mo, Mi–Fr 12, 15, und 17 Uhr, Sa–So 11, 15, 17 Uhr
- 10 AR$, Mi gratis

U-Bahn: B
www.buenosaires.gob.ar/museocasacarlosgardel

MUSEO ARGENTINO DE CIENCIAS NATURALES BERNARDINO RIVADAVIA
- Avenida Angel Gallardo 490
- 011/49 82 44 94
- Tgl. 14–19 Uhr
- 40 AR$
- U-Bahn: B
- www.macn.secyt.gov.ar

DAS DELTA

Wie die Bayous am Mississippi unter französischer und spanischer Herrschaft, so waren in der Kolonialzeit auch die Kanäle und Inseln im Delta des Paraná die Heimat von Schmugglern und Piraten. Damals war nur der Handel mit Holzkohle aus den Auenwäldern gesetzlich erlaubt, die dann vom Gezeitenhafen Tigre aus verschifft wurde. Heute ist der Hafen ein hübsches und gefahrloses Ziel für einen Tagesausflug.

Von Tigre aus verkehren im Delta des Río Paraná auf festen Routen Busboote, sogenannte *lanchas colectivas*.

TIGRE UND UMGEBUNG

Als 1865 die 28 Kilometer lange Bahnverbindung von Retiro nach Tigre in Betrieb genommen wurde, avancierte der Ort zu einer beliebten Wochenenddestination von betuchten *porteños,* die am Río Luján und anderen Flussläufen extravagante Anwesen und Ruderclubs bauten. Die große Depression der 1930er-Jahre bescherte Tigre dann einen Einbruch, der noch bis vor Kurzem spürbar war. Doch jetzt ist der Aufschwung da. Dank fortschrittlicher Politik und Investitionen leben nun an die 300 000 Menschen hier – eine attraktive Gemeinde für Pendler, die mit der Mitre-Bahn nach Buenos Aires fahren, aber auch für *porteños* aller Schichten, die sich hier einen netten Nachmittag oder ein schönes Wochenende machen möchten. Die Ruderclubs haben überdauert, doch die Besucher schippern auch in Kajaks oder mit ihren Privatbooten über die Kanäle. Passagierschiffe ver-

Erlebnis

PADDELN IM DELTA

Besucher, die sich im Delta des Paraná fortbewegen möchten, nehmen *lanchas colectivas*, Busboote, die Fahrgäste über die Kanäle transportieren und an Restaurants, Hotels, Privatclubs und sogar an dem einen oder anderen Museum haltmachen. Die Boote legen nur kurz an, um die Fahrgäste ein- und aussteigen zu lassen, und verkehren als Gegenstück zu den Bussen in der Stadt auf festgelegten Routen auf den breiten Flussarmen, wo ansonsten nur Privatboote unterwegs sind.

Für diejenigen, denen der Sinn nach kleinen Wasserläufen steht, hat der Paraná Besseres zu bieten. In dem Labyrinth aus seichten Kanälen, die Auwälder säumen, haben die *isleños* (Inselbewohner) ihre Feriendomizile; es gibt jede Menge Fische und andere Tiere. Mit einem Flachbodenschiff oder Kajak, die in Tigre vermietet werden, kommt man am schönsten herum. Als Alternative bieten sich für Leute mit den entsprechenden Fähigkeiten und Kontakten die Skullboote an, mit denen in den Ruderclubs trainiert wird.

Wer sich auf die breiten Kanäle wie den Paraná de las Palmas wagen möchte, sollte wissen, dass große Schiffe für starken Wellengang sorgen und nur wenig Rücksicht nehmen.

---

kehren wie Stadtbusse und bringen die Fahrgäste zu den Anlegestellen ihrer Wochenendhäuser, zu Hotels und Restaurants.

Am Río Tigre, gegenüber vom Bahnhof und gleich oberhalb des Zusammenflusses mit dem Río Luján, stellt die **Estación Fluvial** das Tor zum Delta dar; hier fahren auch die Katamarane zur Isla Martín García und zum Hafenstädtchen Carmelo in Uruguay ab. Eine der interessantesten Sehenswürdigkeiten von Tigre ist der **Puerto de Frutos,** ein kleiner Hafen, an dem die Produkte von den Farmen im Delta ankommen. Hier finden Tagesausflügler auch einen Kunsthandwerkermarkt und mittags gute *parrillas* (Grillrestaurants). Die Straßen an beiden Seiten des Río Tigre bieten sich für Spaziergänge an.

Am rechten Ufer präsentieren sich der **Buenos Aires Rowing Club** im Tudor-Stil (1923) und der **Club Canottieri Italiani** im venezianischen Stil (1921) als Relikte aus der Blütezeit von Tigre im 20. Jahrhundert. Am linken Ufer führt die Lavalle zum **Paseo Victorica,** der Uferpromenade am Río Luján gegenüber des stattlichen **Club de Regatas La Marina** auf der anderen Seite des Flusses.

TIGRE
Besucherinformation
✉ Mitre 305, Estación Fluvial

☎ 011 / 45 12 40 80
🕒 Tgl. 8–18 Uhr
www.vivitigre.gov.ar

Das Ufer des Luján ist zu einem fußgängerfreundlichen Areal mit breiten Gehsteigen avanciert, die zu mehreren Museen und anderen Sehenswürdigkeiten führen. Das **Museo Naval de la Nación** wurde im 19. Jahrhundert als Reparaturwerkstätte für Schiffe ins Leben gerufen. Das Museum ist randvoll mit Schiffsmodellen und Konstruktionsplänen, zudem gibt es hier ein Areal im Freien mit alten Feuerwaffen, Marineflugzeugen und Bergungsgut aus dem Falkland-Krieg 1982.

Weitaus schöner ist das **Museo de Arte Tigre (MAT)**, ein Meisterwerk aus dem frühen 20. Jahrhundert, das eigentlich als Spielcasino neben dem mittlerweile abgerissenen Tigre Hotel konzipiert war. Das einstöckige Gebäude hat an der Fassade dorische Säulen, ein Mansardendach mit einem sechseckigen Turm in der Mitte und halbrunde Türme rechts und links. Im Obergeschoss führt ein Gang zu einem Aussichtspunkt mit Blick über den Fluss. In der Ausstellung sind Landschaften, Porträts und Stillleben, die mit Tigre in Zusammenhang stehen, zu bewundern, aber auch Arbeiten von berühmten argentinischen Künstlern wie Benito Quinquela Martín und Juan Carlos Castagnino.

Nicht alle Sehenswürdigkeiten von Tigre befinden sich in der Innenstadt. Das **Museo Domingo Faustino Sarmiento** war einst das Inseldomizil des ehemaligen Präsidenten Domingo F. Sarmiento, der das Haus aus Obstkisten erbaute. Die Wasserbusse halten hier.

ISLA MARTÍN GARCÍA

Nördlich von Tigre finden sich im Paraná-Delta unzählige Inseln mit beschaulichen Kanälen; auf großzügigen Rasenflächen stehen die Häuser auf Pfählen, um nicht überflutet zu werden.

Im ruhigeren Stauwasser ziehen sich Auwälder an den Wasserläufen entlang. Vögel gibt es zuhauf. Angler fischen nach Prachtexemplaren wie dem *surubí* (Paraná-Wels). Jenseits des Deltas ist der Hauptkanal des Río de la Plata ein offenes Gewässer, in der die Isla Martín García liegt. Die Insel aus präkambrischem Fels gehört noch zu Argentinien, obwohl sie kaum drei Kilometer von der Küste Uruguays entfernt liegt. Von Tigre fährt ein Katamaran zu der historisch wie auch ökologisch interessanten Insel mit üppiger Vegetation und reicher Geschichte, die 1516 begann, als Juan Díaz de Solís das Eiland entdeckte. In der Kolonialzeit stritten sich Spanien und Portugal um die Insel. Seit 1814, als der irische Admiral Guillermo Brown sie für die Republik Argentinien in Besitz nahm, diente sie als Marinestützpunkt, Quarantänezentrum, Gefängnis für normale und politische Gefangene und sogar als Lager für deutsche Kriegsgefangene. Vier Präsidenten von Argentinien waren hier inhaftiert: Hipólito Yrigoyen (1930), Marcelo T. de Alvear (1932, nach seiner Präsidentschaft), Juan Domingo Perón

(1945, vor seiner Präsidentschaft) und Arturo Frondizi (1962). Das »Alcatraz Argentiniens« ist heute ein Rehabilitationszentrum für Gefangene ohne Gewaltpotenzial. Früher lebten bis zu 4500 Einwohner auf der Insel, heute sind es noch 150. Ein Großteil des Eilands ist Naturschutzgebiet mit Ceibo-Wäldern (Kapok) und Akazien. Unter den 250 Vogelarten finden sich Kolibris, Sittiche, Kormorane, Störche und Eulen. Ab und zu kann man an der Küste auch ein Wasserschwein oder ein *yacaré* (Kaiman) erblicken.

Ein Stück bergauf von der Mole, wo die Passagierschiffe anlegen, befindet sich an der **Plaza Guillermo Brown** der Eingang. Zwischen Kanonen und verfallenden Kasernen steht das exotische **Cine-Teatro General Urquiza** mit seiner Fassade aus zwei symmetrischen Kreisen zwischen drei Säulen samt vergoldetem Rokkoko-Zierrat. Das **Museo de la Isla** gleich in der Nähe präsentiert Relikte von Schiffswracks sowie Objekte, die mit den berühmten Häftlingen hier in Zusammenhang stehen – etwa Alvears englisches Porzellanklosett. Am höchsten Punkt der Insel ragt ein verlassener **Leuchtturm** auf, und auf dem kleinen **Friedhof** ruhen die sterblichen Überreste von Rekruten, die während einer Epidemie vor hundert Jahren ums Leben kamen. Die **Panadería Rocío** (1913) ist für ihren Obstkuchen berühmt. Hinter dem Ort in nordwestlicher Richtung lebten früher die Anwohner in mittlerweile verfallenen Holzgebäuden im **Barrio Chino** (Chinatown) unweit von **Puerto Viejo,** dem aufgelassenen Hafen der Insel. Diese Gegend eignet sich am besten, um Tiere zu beobachten! ■

> **Tipp**
>
> **Verpassen Sie nicht den Puerto de Frutos in Tigre – den größte Freiluftmarkt Argentiniens, der täglich von 10–19 Uhr stattfindet.**
>
> KARIN SIMONCINI
> NATIONAL GEOGRAPHIC CHANNELS
> INTERNATIONAL

MUSEO NAVAL DE LA NACIÓN
- Paseo Victorica 602
- 011/47 49 06 08
- Di–Fr 8.30–17.30, Sa–So 10.30–18.30 Uhr
- Solidaritätsbeitrag 20 AR$

MUSEO DE ARTE TIGRE (MAT)
- Paseo Victorica 972
- 011/45 12 45 28
- Mi–Fr 9–19, Sa–So 12–19 Uhr; geführte Touren Mi–Fr 11 und 17, Sa–So 13, 15, 17 und 17.45 Uhr
- 50 AR$
- www.mat.gov.ar

MUSEO DOMINGO FAUSTINO SARMIENTO
- Río Sarmiento und Arroyo Los Reyes
- 011/47 28 05 70
- Mi–So 10–18 Uhr
- Gratis

ISLA MARTÍN GARCÍA
- Karte auf dem rückwärtigen Inneneinband E5
- **Fahrten mit Cacciola Viajes**
- Lavalle 520
- 011/4 74 90 31
- www.cacciolaviajes.com

Die Pampa

Erster Überblick	114–115
La Plata	116–121
Pampa Gaucha und Pampa Gringa	122–134
Special: Die Silberarbeiten aus San Antonio	124–125
Special: Landgüter in der Pampa	127
Córdoba und Umgebung	135–142
Special: Autotour in die Sierras de Córdoba	138–139
Mar del Plata	143–145
Rund um Mar del Plata	146–149
Hotels und Restaurants	355–360

‹ An der Hochgebirgsstraße »Altas Cumbres« in der Provinz Córdoba bieten sich beeindruckende Ausblicke auf die Berglandschaft der Sierras de Córdoba.

DIE PAMPA

Die Pampa ist das Kernland Argentiniens und erstrecken sich von der Atlantikküste bis zum fernen Horizont, wo die Anden wie eine Fata Morgana anmuten. Auf dem flachen, grünen Weideland vermehrten sich einst die Pferde und Rinder der Spanier, hier frönten die Gauchos ihrem freiheitlichen Lebensstil. Er macht bis heute einen Teil des Mythos Argentiniens aus, obwohl die Viehfarmen ihre Weiden längst eingezäunt haben.

Viele Argentinier hatten eine ambivalente Einstellung zur so genannten *pampa gringa* – all den Ländereien, die von den Einwanderern aus Europa *(gringos)* in einen exportorientierten Moloch umfunktioniert wurden, der die *gauchos* schließlich zu abhängigen Arbeitskräften machte. Wie weit genau die Pampa sich ausdehnt, ist strittig. Im Allgemeinen zählt man jedoch die Provinzen Buenos Aires, La Pampa, Santa Fe und Córdoba dazu. Sie alle – vom dünn besiedelten La Pampa einmal abgesehen – trugen zum wirtschaftlichen Boom des Landes bei. Allein in der Provinz Buenos Aires (ohne die Landeshauptstadt) leben heute fast 40 Prozent aller Argentinier. Um den Rang der »zweiten Stadt« ringen die Flusshafenstadt Rosario in der Provinz Santa Fe und Córdoba, die Hauptstadt der gleichnamigen Provinz mit ihrem wunderschönen Umland der fast 3000 Meter hohen Sierras de Córdoba. Beide bieten ein abwechslungsreiches kulturelles Angebot. Die Stadt La Plata, Hauptstadt der Provinz Buenos Aires, ist mit bedeutenden Universitäten, Kunstevents und dem besten naturgeschichtlichen Museum des Landes (Museo de la Plata) ein bedeutendes Kulturzentrum. Nostalgische Hauptstadt der Pampa ist jedoch San Antonio de Areco. Hier geht das Leben in der Stadt und auf den historischen *estancias* noch einen gemächlichen Gang. Nicht ganz so weit von Buenos Aires entfernt präsentiert sich die Stadt Luján als Argentiniens religiöses Zentrum, historisch Interessierte finden hier diverse wichtige Geschichtsmuseen.
Die größte Attraktion in der Pampa ist für die meisten Argentinier jedoch die lange Atlantikküste, und zwar vor allem der Badeort Mar del Plata. Seit die Schönen und Reichen vermehrt in Uruguays Nobelbadeort Punta del Este den Sommer verbringen, ist Mar del Plata allerdings nicht mehr ganz so exklusiv, kann aber dennoch noch mit beeindruckenden Galerien, Museen und Theatern aufwarten.
Der größte Teil der Pampa besteht aus Flachland, trotzdem finden sich in einigen Gegenden vereinzelte Gebirgszüge, denen es zwar an der Erhabenheit der Anden mangelt, die aber dennoch recht reizvoll sind. In der Provinz Buenos Aires präsentieren sich die Sierras de Tandil als eher hügeliger Granitgebirgszug, während die zerklüftete Sierra de la Ventana steil über der Ebene aufragt. Lihué Calel in La Pampa ist ein vulkanischer Archipel in

DIE PAMPA

der Wüste im Westen; in den Sierras de Córdoba ist der Kondor zu Hause. Und am Fuß der Berge verbrachte der berühmte Revolutionär Ernesto »Che« Guevara seine Jugend in Alta Gracia. ■

LA PLATA

Nicht einmal eine Stunde von Buenos Aires entfernt liegt La Plata, die Hauptstadt der Provinz Buenos Aires und eines der Zentren des Landes. Die monumentale Architektur und der Grundriss lassen die Rivalität mit Buenos Aires schon erahnen. Tatsächlich war La Plata als Kapitale geplant. Mit dem Ausbruch des Bürgerkriegs im Jahr 1880 gründete die Provinz die neue Stadt 60 Kilometer südöstlich von Buenos Aires, um Landes- und Provinzhauptstadt zu trennen.

Säbelzahntiger bewachen den Eingang zum Museo de La Plata

Inzwischen leben über eine halbe Million Einwohner in La Plata, dessen kulturelle Einrichtungen – Theater, Konzertsäle, Universitäten, Bibliotheken und Museen – zu den besten des Landes zählen. Die Architektur gibt sich europäisch mit flämischen, französischen und deutschen Elementen; eine Handvoll moderner Gebäude bemüht sich um Integration ins historische Stadtbild. Der Stadtplaner Pedro Benoit (1836–97) sorgte für eine Fülle gut verteilter Plätze und Parks. An Evita Peróns Todestag 1952 wurde die Stadt in Ciudad Eva Perón umgetauft, nach dem Sturz von Juan Perón 1955 nahm man die Umbenennung jedoch zurück.

PLAZA MORENO UND UMGEBUNG

Dreh- und Angelpunkt von La Plata ist die Plaza Mariano Moreno, die sich über vier Blocks erstreckt. Wichtigstes Gebäude ist die **Catedral de la Inmaculada Concepción** (auch: Catedral Metropolitana de La Plata), in deren Untergeschoss sich im **Museo Catedral** das Grab des Gründervaters Dardo Rocha (1838–1921) befindet. Der Provinzgouverneur hatte sich für das Machtzentrum am Fluss Río de la Plata getrennt von Buenos Aires starkgemacht.
Über hundert Jahre dauerte es, um die von Benoit und zwei anderen Architekten entworfene und 1885 begonnene neugotische Kathedrale zu

vollenden. Die Bauarbeiten gingen so langsam voran, dass die ersten Restaurierungsarbeiten 1999, zwei Jahre vor der Fertigstellung der drei Türme, abgeschlossen waren! Mit dem Lift gelangen die Besucher auf 63 Meter Höhe: Von oben bietet sich ein herrlicher Panoramablick über die Plaza Moreno. Auf der anderen Seite der Plaza zieht der **Palacio Municipal** (Rathaus; *Calle 12 zw. 51 und 53*) die Blicke auf sich – er ist ein deutscher Renaissancebau mit einem Glockenturm in der Mitte, Marmortreppen und einer Mischung aus griechischen, römischen, französischen und deutschen Stilelementen. Das Rathaus samt seiner neuen Kunstgalerie kann wochentags im Rahmen einer Führung besichtigt werden.

> **Tipp**
>
> **Lassen Sie sich in der Vieja Estación in La Plata von Jongleuren, Akrobaten, einer Tango- oder Jazz-darbietung unterhalten und trinken Sie in diesem Ambiente aus dem frühen 20. Jahrhundert einen Kaffee.**
>
> SERGIO F. VIZCAINO
> NATIONAL GEOGRAPHIC-FELDFORSCHER

Zwei Blocks nordöstlich war das ursprüngliche **Teatro Argentino de La Plata** die Antwort der Stadt auf das Teatro Colón in Buenos Aires. 1977 brannte es bis auf die Grundmauern nieder. Das Ersatzgebäude wurde während der Diktatur (1976–83) in Auftrag gegeben, jedoch erst 2000 vollendet – es ist ein Betonklotz, der eher den Charme eines Parkhauses besitzt. Der Innenraum präsentiert sich jedoch als würdiger Nachfolger des Originals mit 2000 Sitzplätzen im eigentlichen Theater und weiteren 300 Plätzen in einem kleineren Saal. In einer unterirdischen Galerie werden bei Wechselausstellungen Gemälde und Skulpturen gezeigt. Das Theater unterhält ein eigenes Orchester, einen Chor sowie ein Ballett. Es kann im Rahmen einer Führung besichtigt werden.

Zwei Blocks weiter nordöstlich ist der **Palacio de la Legislatura** *(Plaza San Martín)*, ein weiteres deutsches Renaissancegebäude. Hier sind der

LA PLATA
🅰 115 C2
Besucherinformation
✉ Palacio Campodónico, Diag. 79e/56 und 5
☎ 0221/489 56 02
🕓 Mo–Fr 9–16 Uhr
www.turismo.laplata.gov.ar

MUSEO CATEDRAL
✉ Calle 14 zw. 51 und 53
☎ 0221/423 39 31
🕓 Di–So 11–19 Uhr
💲 60 AR$
www.catedraldelaplata.com

TEATRO ARGENTINO DE LA PLATA
✉ Calle 51 zw. 9 und 10
☎ 0221/429 17 32
🕓 Di–Sa 10–20, So 10–17 Uhr
www.gba.gob.ar/teatroargentino

Die Plaza Moreno ist einer der größten Plätze in ganz Argentinien. Hier das *cabildo*, der ehemalige Sitz der Regierung

MUSEO DE ARTE CONTEMPORÁNEO LATINOAMERICANO
- ✉ Centro Cultural Pasaje Dardo Rocha, Calle 50 zw. 6 und 7
- ☎ 0221/427 18 43
- 🕐 Herbst/Winter: Di–Fr 10–20, Sa–So 14–21 Uhr
  Frühling/Sommer Di–Fr 10–20, Sa–So 16–22 Uhr
- 💲 Gratis

www.macla.com.ar

MUSEO MUNICIPAL DE BELLAS ARTES
- ✉ C. C. Pasaje Dardo Rocha, Avda. 7 esq. 50
- ☎ 0221/423 50 33
- 🕐 Di–Fr 10–20, Sa–So 14–21 Uhr
- 💲 Gratis

www.cultura.laplata.gov.ar/lugar/mumart

CASA CURUTCHET
- ✉ Avenida 53 Nr. 320
- ☎ 0221/482 26 31
- 🕐 Di–Fr 10–17, Sa–So 13–17 Uhr
- 💲 $$$$$

www.casacurutchet.net

JARDÍN ZOOLÓGICO
- ✉ Paseo del Bosque, Avenida Iraola zw. Avenida Centenario und Avenida 52
- ☎ 0221/427 39 25
- 🕐 Di–Fr 10–18, Sa–So 10–19 Uhr
- 💲 15 AR$

www.jardinzoologico.laplata.gov.ar

☐ Erlebnis

POLITISCHES DISNEYLAND
IN DER REPÚBLICA DE LOS NIÑOS

Man würde nicht meinen, dass ein Vergnügungspark für Kinder mit europäischen Burgen, asiatischen Palästen und öffentlichen Institutionen im Miniaturformat ein klares politisches Ziel verfolgt. Dennoch ist es mehr als symbolisch, dass Eva Perón sich höchstpersönlich für die Schaffung der República de los Niños *(Camino General Belgrano und Calle 500, Tel. 0221/484 14 09, www. republica.laplata.gov.ar)* in La Plata eingesetzt hat – ein Vergnügungspark auf dem ehemaligen Golfplatz der Briten.

Wer die República de los Niños verstehen will, sollte sich in die Denkweise von zwei Personen hineinversetzen: Zuerst einmal in Evita Perón, die der argentinischen Elite samt ihren Institutionen nichts als Verachtung entgegenbrachte. Und dann wäre da natürlich noch das unterprivilegierte Kind, das unter der Herrschaft der Peronisten zumindest davon träumen konnte, auf diese Institutionen einmal Einfluss zu nehmen.

Evita verstarb Ende 1951 – kaum ein Jahr nach der Inbetriebnahme des 53 Hektar großen Parks, wobei das Unternehmen nach ihrer Maxime arbeitete, die Elite zugunsten der Unterprivilegierten zu schwächen. Einer Legende zufolge soll Walt Disney den Park kurz nach seiner Eröffnung besucht haben und einige Aspekte des Konzepts im amerikanischen Disneyland umgesetzt haben; Disney-Biograf Dave Smith behauptet hingegen, dass Walt Argentinien nur einen einzigen Besuch abgestattet habe – 1941.

Provinzsenat und die Deputiertenkammer untergebracht; jede der beiden Institutionen hat einen separaten Eingang mit einer neoklassizistischen Fassade. Jenseits der mit Bäumen bestandenen **Plaza San Martín** steht die **Casa de Gobierno,** ein flämisches Renaissancegebäude.

An der Westseite der Plaza war die **Pasaje Dardo Rocha** einst der erste Bahnhof der Stadt, dient heute jedoch als Kulturzentrum mit gleich zwei sehenswerten Museen: dem **Museo de Arte Contemporáneo Latinoamericano** (Museum für zeitgenössische lateinamerikanische Kunst) und dem **Museo Municipal de Bellas Artes,** in dem einheimische Künstler ausstellen. Vier Blocks in Richtung Nordosten steht die **Casa Curutchet** (1954), das einzige Gebäude in ganz Südamerika, das von Le Corbusier errichtet wurde.

PASEO DEL BOSQUE

Größter Stolz von La Plata ist der Paseo del Bosque, ein öffentlicher Park. Er erstreckt sich über gut 60 Hektar und umfasst Gärten, einen künstlichen See samt Tretbooten, einen Zoo, ein Amphitheater, Würstchenbuden und eines der besten Museen des Landes. Vor der Gründung La Platas gehörte

> **Tipp**
>
> **Das Museo de La Plata gehört zu den besten Naturkundemuseen auf der Welt. Lassen Sie es sich nicht entgehen.**
>
> MIKE UNTERKÖTTER
> NATIONAL GEOGRAPHIC-AUTOR

der Grund zur *estancia* der Familie Iraola. Nach der Enteignung beherbergte das Gutshaus nacheinander den Gouverneur, eine Polizeiwache, Gerichtshöfe und ein Telegrafenamt. 1917 wurde das Anwesen abgerissen. Der 1907 gegründete **Jardín Zoológico** (Tierpark) entsprach als Gesamtanlage wie auch hinsichtlich seiner Auswahl an exotischen Tieren den post-viktorianischen Befindlichkeiten. Inzwischen legt man mehr Wert auf einheimische Tierarten, der Zoo ist aber vor allem ein nettes Ausflugsziel für Familien mit Kindern. Der Universidad Nacional de La Plata untersteht das **Observatorio Astronómico de La Plata**. Die Sternwarte veranstaltet verschiedene Führungen.

Absolutes Highlight des Parks ist das **Museo de La Plata**, das Vermächtnis des Patagonienforschers Francisco Pascasio Moreno. Er ist wegen seiner enormen Kenntnisse des argentinischen Südwestens besser bekannt als »Perito« (»Experte«) Moreno. Seine Forschungsarbeiten waren bei der Festlegung der Grenze zwischen Argentinien und Chile ausschlaggebend. Als erster Direktor des Museums spendete er seine kompletten paläontologischen, archäologischen und anthropologischen Sammlungen dem Museum, das dann 1882 seine Tore öffnete. Das Museumsgebäude ist eindrucksvoll und passt zu den anderen öffentlichen Gebäuden der Stadt. An dem von Säbelzahntigern flankierten Eingang tragen sechs neoklassizistische Säulen einen Portikus, dessen Sockel eine allegorische Figur mit Flügeln darstellt: Sie symbolisiert die Wissenschaft, die auf einem dreidimensionalen Globus steht. Das Ambiente im runden Vestibül mit einem Dachfenster aus Buntglas wirkt durch eine Büste des Gründers und diverse Landschaftsgemälde noch feierlicher. Aber das Museum steht und fällt mit seinen Sammlungen, die 21 Säle in zwei Etagen füllen. Einige Exponate sind traditionell in Vitrinen ausgestellt, doch bemüht sich die Universität um einen themenorientierten Zugang zu den Naturwissenschaften, Gesellschaftswissenschaften und zur Anthropologie. Dinosaurierfans kommen hier voll auf ihre Kosten. Die Dauerausstellung vollzieht nach, wie sich die Erde seit ihrer Entstehung in den Bereichen Paläontologie (einschließlich der in Argentinien entdeckten Dinosaurier aus der Zeit der Trias und des Jura), Zoologie, Entomologie und Botanik entwickelt hat. Fast bis zur Decke des Saales reicht die lebensgroße Reproduktion eines *Diplodocus,* der eigentlich im Westen der USA beheimatet war. Der kleinere *Herrerasaurus*

Der See im Paseo del Bosque, dem Stadtpark von La Plata

stammt dagegen aus der Provinz San Juan. Diverse Ausstellungen beschäftigen sich mit der Anthropologie und Ethnographie der indigenen Völker, die zwischen den subtropischen Anden und dem subantarktischen Feuerland leben, außerdem mit den Jesuiten-Missionen im Nordosten des Landes sowie mit der Archäologie in den Nordanden bis hinein nach Bolivien und Peru. Die Ausstellung über das frühe Ägypten (Ramses II.) wirkt – außer im Kontext der viktorianischen Ursprünge des Museums – allerdings etwas fehl am Platz. ■

OBSERVATORIO ASTRONÓMICO DE LA PLATA
- Paseo del Bosque, Avenida Centenario und Avenida Iraola
- 0221/423 65 93
- Do »Noche de telescopios«, Fr Führungen und »Observación astronómica«
- 40 AR$

www.fcaglp.unlp.edu.ar

MUSEO DE LA PLATA
- Paseo del Bosque; Zugang über die Avenida Iraola
- 0221/425 77 44
- Di–So 10–18 Uhr (Einlass bis 17.30 Uhr)
- 40 AR$

www.museo.fcnym.unlp.edu.ar

PAMPA GAUCHA UND PAMPA GRINGA

Westlich von Buenos Aires befindet sich im Herzen der Provinz Buenos Aires die symbolische Heimat der *gauchos*, wenngleich mittlerweile die von Zäunen umgebenen Vieh-*estancias* und Felder mit Weizen und Soja das weite offene Land früherer Tage weitgehend verdrängt haben. Einige historische *estancias* wurden zu Gästefarmen umgebaut – als Reaktion auf die verschiedenen Finanzkrisen, die das Land erschütterten.

LUJÁN UND UMGEBUNG

Kaum eine Stunde von Buenos Aires entfernt lockt Luján Millionen von Pilgern zur heiligsten Stätte Argentiniens. Einer Legende zufolge soll hier im 17. Jahrhundert ein Ochsenkarren so lange im Morast festgesteckt sein, bis sein Eigentümer eine Marienfigur ablud – was als Zeichen gedeutet wurde, dass das Bildnis an Ort und Stelle bleiben sollte. Am Wochenende und an Feiertagen stehen nun Tausende Pilger Schlange, um einen Blick auf die heilige Jungfrau zu werfen, die in den argentinischen Landesfarben hellblau und weiß bemalt ist und sich in einer kleinen Kammer hinter der **Basílica Nacional Nuestra Señora de Luján** befindet. Auf der Plaza von Luján finden Tausende bei den Freilichtmessen Platz. Aber auch weltliche Feierlichkeiten wie das alljährlich veranstaltete Folklorefestival werden hier abgehalten.

Erlebnis

DIE PEREGRINACIÓN DE LA JUVENTUD, EINE PILGERREISE NACH LUJÁN

Für Gläubige in Argentinien gibt es kein tiefgehenderes Erlebnis, als Anfang Oktober an der Jugendpilgerreise nach Luján teilzunehmen, die es erst seit 1975 gibt. Die Teilnahme an dem 59 Kilometer langen Fußmarsch von Buenos Aires nach Luján steht allen offen.

Der Anthropologin María Laura Massolo zufolge entwickelte sich während der Diktatur (1976–83) diese Pilgerreise zu einer neuen kollektiven Ausdrucksmöglichkeit, bei der sich junge Leute einigermaßen sicher fühlen konnten. Als María 1977 selbst mitlief, war sie eine von 300 000 Teilnehmern und konnte bei diesem Marsch, der die ganze Nacht über andauerte und am nächsten Morgen mit einer Frühmesse endete, ganz offen und ohne Angst »für Leben und Hoffnung« eintreten.

Jeder, der an der Pilgerreise nach Luján teilnehmen möchte, kann sich auf einer der vielen Stationen unterwegs den Pilgern anschließen. Die Prozession beginnt im Viertel Liniers, am westlichen Stadtrand von Buenos Aires, an der Avenida Rivadavia und der Avenida General Paz.

Weitere Informationen erteilt **Peregrinación Juvenil a Pie a Luján** *(Cusco 150, Buenos Aires, Tel. 011/15 67 97 43 53, www.peregrinacionlujan.org.ar).*

Ein *gaucho* lässt seinen Blick über die Sierras de Córdoba schweifen.

Fast unmittelbar westlich besteht der **Complejo Museográfico Provincial »Enrique Udaondo«** aus diversen historischen Museen, die Lujáns säkulare Seite im **Cabildo** (Rathaus) aus dem 18. Jahrhundert und der sogenannten **Casa del Virrey** (Haus des Vizekönigs) präsentieren. In der Casa hat allerdings nie ein Vizekönig gelebt. Neben der üblichen Hommage an historische Persönlichkeiten wie Manuel Belgrano und General Bartolomé Mitre beschäftigt sich das **Museo Colonial e Histórico** auch mit den düstereren Kapiteln der argentinischen Geschichte – beispielsweise mit der Ermordung des vom *gaucho* zum Banditenführer und General avancierten *caudillo* Facundo Quiroga. Das **Museo del Transporte** zeigt hingegen anhand der ausgestopften Pferde Gato und Mancha eine verschrobenere Seite der argentinischen Geschichte: Der Schweizer Abenteurer Aimé Félix Tschiffely ritt in den 1920er-Jahren auf den Tieren von Buenos Aires nach Washington, D.C.

LUJÁN
📍 115 C2
Besucherinformation
- ✉ Edificio La Cúpula, Parque Ameghino, San Martín 1
- ☎ 02323/42 70 82 oder 0800/333 10 61
- 🕐 1. Jan., 1. Mai und 25. Dez. geschl., Mo–Fr 9–17, Sa–So 10–18 Uhr

www.turismolujan.com.ar

BASÍLICA NACIONAL NUESTRA SEÑORA DE LUJÁN
- ✉ San Martín 51
- ☎ 02323/42 00 58
- 🕐 Messen: Mo–Sa 8, 10, 11, 15, 17 und 19 Uhr, So 8, 9, 10, 11, 12.30, 15.30, 17 und 19 Uhr

www.basilicadelujan.org.ar

COMPLEJO MUSEOGRÁFICO PROVINCIAL ENRIQUE UDAONDO
- ✉ Lezica und Torrezuri zw. San Martín und 25 de Mayo
- ☎ 02323/42 02 45
- 🕐 Mi 12.30–17, Do–Fr 11.30–17, Sa–So 10.30–18 Uhr.

Museo del Transporte
- 🕐 Mo–Fr 11.30–16.30, Sa–So 10.30–17.30 Uhr.

Museo Colonial e Histórico
- 🕐 Mi–Fr 11.30–16.30, Sa–So 10.30–17.30 Uhr.
- 💲 Jeweils 20 AR$

www.museo-udaondo.tumblr.com

DIE SILBERARBEITEN AUS SAN ANTONIO

Dem verstorbenen Juan José Draghi (einem Silberschmied aus San Antonio de Areco) zufolge bedeutet »Silberschmied sein und Argentinier sein, etymologisch dieselben Wurzeln aufzuweisen«. In einem Land, das dem Río de la Plata – dem »Silberfluss« – seinen Namen verliehen hat, stellt die Pampa-Stadt San Antonio de Areco den Mittelpunkt der Welt der argentinischen *plateros* (Silberschmiede) dar.

Ein Silberschmied verziert ein Stück im Primer Museo y Taller Abierto de Platería Criolla.

Draghi mag der bekannteste Silberschmied aus San Antonio gewesen sein, aber der einzige war er sicherlich nicht. In keiner anderen Stadt dieser Größe leben so viele seiner Zunft; zahlreiche Schützlinge Draghis, aber auch seine Konkurrenten, haben ihre Handwerkskunst im ganzen Land bekannt gemacht. Draghis Werk wurde eine Retrospektive im Museo de Arte Popular José Hernández von Palermo gewidmet.

Die meisten Silberschmiede sind auch *orfebreros*. Unter *orfebrería* versteht man die Kunst, aus Edelmetall (also auch Gold) Gegenstände des täglichen Gebrauchs zu fertigen. Draghi und andere Silberschmiede aus San Antonio zeichneten sich durch ihre künstlerisch herausragenden Objekte aus, die dennoch der Tradition der *gauchos* verpflichtet waren. So stellten sie tragbare Varianten des *gaucho-rastra* (ein Ledergürtel, der u. a. mit Silbermünzen verziert war) her, aber auch den *facón,* einen Dolch mit regional unterschiedlichen Ornamenten, *estribos* (Steigbügel) und *espuelas* (Sporen). *Boleadoras,* Kugeln an Lederriemen, die ursprünglich zum Erlegen von Wild

Erlebnis

KÜNSTLERN ÜBER DIE SCHULTER GESCHAUT

Viele Silberschmiede verkaufen ihre Waren in San Antonio, am besten bei der Arbeit zuschauen kann man ihnen jedoch im **Primer Museo y Taller Abierto de Platería Criolla** (*Lavalle 387, Tel. 023 26/45 42 19, www.draghiplaterosorfebres.com*) des verstorbenen Juan José Draghi. Es wird von Draghis Erben betrieben und ist ein Geschäft mit hochkarätigen Silberarbeiten im Gauchostil. Trotz der Fülle von Artefakten ist das Museum samt seinem Atelier ein bodenständiges Geschäft, in dem die Besucher die Künstler aus nächster Nähe sehen, sie fotografieren und ihnen Fragen zu ihrer Handwerkskunst stellen können.

---

verwendet wurden, stammen aus präkolumbischer Zeit; die *gauchos* benutzten sie zum Einfangen von Vieh in der Pampa. Wie die *boleadoras*, so waren auch die *rebenques,* die kurzen Peitschen der *gauchos*, mit Zierrat aus Silber versehen. Als der *gaucho* zum abhängigen Lohnarbeiter auf den *estancias* wurde, bekamen die Silberschmiede auch die Aufgabe, Luxusgüter für reiche *estancieros* zu fertigen, deren Viehherden auf den nun eingezäunten Weiden umherstreiften. Als Polo zum Freizeitvergnügen der Elite auf dem Land avancierte, fertigten die Silberschmiede auch die Pokale für die Wettkämpfe.

SILBER IM HAUSHALT

Das Faible für Silber machte auch vor Haushaltsartikeln nicht Halt. Die *gauchos* bereiteten sich ihren Mate-Tee zu und tranken ihn aus ausgehöhlten Flaschenkürbissen (*mate*). Die höheren Kreise, die sich bisweilen Bedienstete leisteten, die ausschließlich dazu da waren, Argentiniens Nationalgetränk zuzubereiten, bestanden darauf, ihre Trinkgefäße in kunstvoll bearbeitetes Silber oder auch Keramik zu hüllen – oft samt passendem Gestell. Dazu benötigten sie dann auch eine adäquate *bombilla* (Trinkhalm aus Silber), um ihren Tee aus dem Gefäß zu saugen.

Mate-Gefäße für einen besonderen Anlass ›

SAN ANTONIO DE ARECO UND UMGEBUNG

Dank des Romanciers Ricardo Güiraldes (1886–1927), dem Verfasser der argentinischen Pferdeoper *Don Segundo Sombra,* wird heute alljährlich in San Antonio de Areco die **Fiesta de la Tradición** gefeiert – sie ist eine Hommage an die Gauchokultur. In der Stadt findet sich eine erstaunliche Konzentration an Silberschmieden und anderen Kunsthandwerkern, die *Gaucho*-Ausrüstung und sonstige Volkskunst herstellen. Viele Ziegelgebäude in den engen Kolonialstraßen wurden zu Boutique-Hotels, Frühstückspensionen, Bars und Restaurants umgestaltet. Die von historischen Gebäuden gesäumte **Plaza Ruiz de Arellano** mit vielen Bäumen stellt das traditionelle Stadtzentrum dar. Die meisten Gebäude, etwa die Pfarrkirche **Iglesia Parroquial San Antonio de Padua,** stammen aus der Mitte des 19. Jahrhunderts. Einen halben Block nördlich der Plaza ist das **Centro Cultural Usina Vieja** ein Museum, das sich stärker auf Institutionen in der Nachbarschaft wie den *boliche* (Krämerladen) konzentriert. Zwei Blocks nördlich der Plaza erstreckt sich an beiden Ufern des Río Areco eine Parklandschaft mit weiten Rasenflächen und vereinzelten Bäumen. Die **Puente Vieja,** eine Brücke für Fußgänger, Fahrradfahrer und Reiter, wurde Mitte des 19. Jahrhunderts errichtet und führt über den Fluss zum **Parque Criollo y Museo Gauchesco Ricardo Güiraldes.** Der Park ehrt den Schriftsteller, der gleich in der Nähe auf der Estancia La Porteña lebte. Vortrefflich gelungen ist dem Museum die Restaurierung der **Pulpería La Blanqueada:** *pulperías* sind das Pendant zu den nordamerikanischen Western-Saloons. Hier

Tipp

Wer die schönsten traditionellen Feierlichkeiten des Landes kennenlernen möchte, sollte im November San Antonio de Areco einen Besuch abstatten.

ELISEO MICIU
NATIONAL GEOGRAPHIC-FOTOGRAF

SAN ANTONIO DE ARECO
115 C2/C3
Besucherinformation
✉ Zerboni und Ruiz de Arellano
☎ 02326/45 31 65
www.sanantoniodeareco.com/direccion-de-turismo

**PARQUE CRIOLLO
Y MUSEO GAUCHESCO
RICARDO GÜIRALDES**
✉ Camino Ricardo Güiraldes
☎ 02326/45 58 39
🕐 Tgl. 10–17 Uhr
💲 $
www.museoguiraldes.com.ar

CENTRO CULTURAL USINA VIEJA
✉ Alsina 66
☎ 02326/45 47 22
🕐 Tgl. 11–19 Uhr
💲 $

LANDGÜTER IN DER PAMPA

Vor hundert Jahren, als noch Bedienstete die Mate-Gefäße mit Silberauflage in die Salons der Anwesen brachten, hätten sich die Landbesitzer in der Pampa sicher nicht vorstellen können, ihre *estancias* **einmal einem breiten Publikum zu öffnen – und noch weniger einem, das gesellschaftlich weit unter ihnen stand. Die eigenen Polo-Ponys zu vermieten wäre wohl bereits undenkbar gewesen.**

Die Zeiten haben sich geändert. Nach jahrzehntelangem Wirtschaftschaos beschlossen die argentinischen Landbesitzer, in den Tourismus zu investieren. San Antonio de Areco ist eines der Tourismuszentren auf dem Land – die **Estancia La Cinacina** (*Bv. Zerboni, RP 8, Km 112,5, San Antonio de Areco, Tel. 011/52 52 14 14, www.lacinacina.com.ar*) befindet sich nur ein paar Blocks westlich der Plaza Ruiz de Arellano und ist mit ihrer *Gaucho*-Fiesta vor allem bei Tagesausflüglern beliebt. Bei den Grillfesten samt Volkstänzen und Pferderennen geht es nicht gerade beschaulich zu: Im *quincho* (Grillareal) finden immerhin 400 Personen Platz.

Wer Polo spielt – oder es gern einmal ausprobieren möchte –, findet in der **Estancia El Rosario de Areco** (*RP 41, Km 6, San Antonio de Areco, Tel. 02326/ 45 10 00, www.rosariodeareco.com.ar*) eine schicke Unterkunft in ehemaligen Stallungen – mit eigenem *quincho* zum Grillen und Tagesausflügen.

Von allen *estancias* in Arceo ist **El Ombú de Areco** (*Ruta 31, Cuartel VI, Villa Lía, San Antonio de Areco, Tel. 011/47 37 04 36, Kreditkarten: American Express, Visa, Mastercard ,www.estanciaelombu.com*) am prächtigsten. Sein *casco* im italienisierenden Stil liegt inmitten von gut drei Hektar Land mit schön angelegten Gärten. Es gehört zu einem größeren Grundstück, auf dem Viehzucht betrieben wird. Die *estancia* wurde 1880 von General Pablo Ricchieri gegründet. Die Zimmer sind mit Stilmöbeln ausgestattet, bieten aber auch moderne Annehmlichkeiten wie Satelliten-TV. Die Gäste können hier reiten, Rad fahren und anderen Aktivitäten im Freien nachgehen.

Dass die **Estancia La Bamba** (*Ruta 31, San Antonio de Areco, Tel. 011/45 19 49 96, www.labambadeareco.com*) wie eine Filmkulisse wirkt, ist kein Wunder: Der für den Oskar nominierte Film *Camila*, ein Drama aus dem 19. Jahrhundert, wurde hier zum Teil gedreht. Die Gebäude tragen zum Reiz dieses lockeren Ambientes bei – so befindet sich eines der Gästezimmer in einem Turm. Zu den typischen Aktivitäten hier gehören Ausritte, Vogelbeobachtungen, Schwimmen und Folkloredarbietungen am Samstag.

Luxusgästehaus auf einer *estancia*

Am Gründonnerstag pilgern Gläubige zum Cerro Calvario, Tandil.

bekamen die *gauchos* alles, was sie für den Alltag brauchten, konnten Karten spielen und sich gegenseitig unter den Tisch trinken.
Die **Casa del Museo** ist die Kopie eines alten *casco* (Haupthaus) aus dem 18. Jahrhundert mit diversen Räumen, die sich Güiraldes und seiner Familie widmen. In anderen Zimmern finden sich *Gaucho*-Literatur, Pferdegeschirr und *Gaucho*-Kunst. Das zum Museum gehörige Areal mit einem Kutschhaus, einer Mühle und einer Kapelle erzählt vom echten Landleben. Sechs Blocks südlich der Plaza, gegenüber der Plaza Gómez, können Besucher bis heute ihre Pferde am **Museo Atelier del Pintor Osvaldo Gasparini** festbinden. Hier bietet der Maler Luis Gasparini Führungen *(nur auf Spanisch)* durch das Atelier seines Vaters an und setzt auch die Tradition fort, jeden Gast mit einem kleinen Andenken zu beglücken – häufig eine Skizze. Die meisten Exponate in diesem gemütlichen Familienmuseum haben mit der *Gaucho*-Thematik zu tun, es finden sich jedoch auch Werke von Künstlern aus der Stadt wie Benito Quinquela Martín.

ROSARIO

Das von Buenos Aires aus gesehen flussaufwärts liegende Rosario dient am rechten Ufer des Paraná als Umschlaghafen für das Korn aus der *pampa gringa*. Historisch gesehen ist die Stadt die *cuna de la bandera* (Wiege der Flagge) – hier wurde die von General Manuel Belgrano entworfene argentinische Flagge zum ersten Mal gehisst. Die Stadt ist aber auch ein Kunstzentrum mit Museen, Theatern und Galerien.
Rosarios Hauptsehenswürdigkeit ist das **Monumento Nacional a la Bandera** *(Santa Fe 581, Tel. 0341/480 22 38, www.monumentoalabandera.gob.ar, $)* auf einer Anhöhe zwischen der Avenida Córdoba und Santa Fe – von dort hat man einen schönen Blick über den Hafen. Das Denkmal der Ar-

MUSEO ATELIER DEL PINTOR OSVALDO GASPARINI
✉ Alvear 521
☎ 02326/45 39 30
🕐 Tgl. 9–20 Uhr
💲 Gratis

ROSARIO
🅰 115 B3
Besucherinformation
✉ Avenida Belgrano
und Buenos Aires
☎ 0341/480 22 30
🕐 1. Jan., 1. Mai und 25. Dez. geschl.
www.rosarioturismo.com

MUSEO DEL PARANÁ Y LAS ISLAS
✉ Avenida Belgrano
und Rioja, Rosario
☎ 0341/440 07 51
🕐 Fr–So 16–19.30 Uhr
💲 $

chitekten Alejandro Bustillo und Angel Guido zu Ehren der Flagge in Form eines Schiffes zeigt einen symbolischen Mast.

Im **Parque Nacional a la Bandera** am Flussufer befindet sich die Estación Fluvial, eine Mole, an der die Ausflüge ins obere Delta starten. Bemerkenswerter ist das **Museo del Paraná y las Islas** mit Werken des einheimischen Muralisten Raúl Domínguez (1918–99), der das Leben am Fluss so lebendig dargestellt hat.

Erste Adresse in Sachen Kunst ist Rosarios **Museo Municipal de Bellas Artes Juan B. Castagnino**. Es hat sich auf moderne Kunst aus Argentinien spezialisiert. Gezeigt werden Werke von Berni (einem Sohn der Stadt) und Benito Quinquela Martín, aber auch von einigen europäischen Meistern, außerdem Landschaftsmalerei aus dem 19. und 20. Jahrhundert. Das **Museo de Arte Contemporáneo de Rosario (MACRO)** mit Schwerpunkt auf zeitgenössischer argentinischer Kunst befindet sich in alten Kornspeichern am Fluss.

Gegenüber des Castagnino-Museums liegt der **Parque Independencia**, ein 126 Hektar großer Park mit Fuß- und Radwegen, Brunnen, Rosengärten, einem Fußballstadion, einer Rennbahn sowie dem **Museo de la Ciudad de Rosario,** das sich mit der Geschichte der Stadt beschäftigt.

SANTA FE

Santa Fe ist die am Fluss gelegene Hauptstadt der gleichnamigen Provinz mit einer kolonialen Altstadt. Vier Blocks westlich vom Fluss steht die mit Palmen und Koniferen bepflanzte koloniale **Plaza 25 de Mayo** gleichermaßen für das bürgerliche wie auch das geistliche Zentrum. Der Cabildo aus der Kolonialzeit wurde zwar zugunsten eines Rathauses im Stil der französischen Renaissance abgerissen, doch die historische Umgebung blieb relativ intakt erhalten.

MUSEO MUNICIPAL DE BELLAS ARTES JUAN B. CASTAGNINO
✉ Avenida Pellegrini 2202, Rosario
☎ 0341/4802542
🕐 Mi–Mo 14–20, So ab 10 Uhr; geführte Touren: Mi–So 16 Uhr.
💲 $
www.museocastagnino.org.ar

MUSEO DE ARTE CONTEMPORÁNEO DE ROSARIO (MACRO)
✉ Lopez Estanislao 2250
☎ 0341/4804981
🕐 Tgl. 14–20, So ab 10 Uhr; geführte Touren Fr–Sa 17 Uhr
💲 Gratis (freiwillig: 10 AR$)
www.rosariocultura.gob.ar/museos/macro

MUSEO DE LA CIUDAD DE ROSARIO
✉ Bulevar Oroño 2300, Rosario
☎ 0341/4808665
🕐 Di–Fr 9–15, Sa 14–19, So 8.30–13.30 Uhr
💲 10 AR$
www.museodelaciudad.gob.ar

> **Tipp**
>
> **Santa Fe ist für sein einzigartiges Rezept für *alfajores* bekannt. Am besten schmecken sie in der Confitería Las Delicias an der Calle San Martín 2898.**
>
> NICOLAS KUGLER
> NATIONAL GEOGRAPHIC-MITARBEITER

Die von den Jesuiten errichtete **Iglesia de la Compañía** (auch: **Santuario de Nuestra Señora de los Milagros**) datiert aus dem späten 17. Jahrhundert, die **Catedral Metropolitana** aus der Mitte des 18. Jahrhunderts.

Nur einen Block weiter südlich finden sich im **Parque General Belgrano** weitere Monumente und Museen aus der Kolonialzeit. Bemerkenswert ist die **Iglesia y Convento de San Francisco** aus dem 17. Jahrhundert mit ihren massiven Adobemauern, einem roten Ziegeldach und Dachbalken, die von Holzdübeln und Lederbändern zusammengehalten werden. Zu den kuriosesten Unglücksfällen gehört sicher das Schicksal von Padre Magallanes, der hier beerdigt wurde, nachdem 1825 ein Jaguar in den Kreuzgang eingedrungen war und ihn getötet hatte. Das **Museo del Convento de San Francisco** im Kreuzgang beschäftigt sich mit religiöser und profaner Geschichte. Ebenfalls im Park nimmt das **Museo Histórico Provincial de Santa Fe Brigadier**

SANTA FE
115 B3
Besucherinformation
- Terminal de Ómnibus, Belgrano 2910
- 0342/457 41 24
- Mo–Fr 7–20, Sa–So 8–20 Uhr
- www.santafeturismo.gov.ar

MUSEO DEL CONVENTO DE SAN FRANCISCO
- San Martín und Amenábar, Santa Fe
- 0342/459 33 03

MUSEO HISTÓRICO PROVINCIAL BRIGADIER GENERAL ESTANISLAO LÓPEZ
- San Martín 1490, Santa Fe
- 0342/457 35 29
- Jan., Feb.: Di–Fr 16–20, Sa, So 17–20 Uhr; März–Sept.: Di–Fr 8–19, Sa, So 15–18 Uhr; Okt.–Dez.: Di–Fr 8–12.30, 16–20, Sa, So 17–20 Uhr

Gratis
www.museobrigadierlopez.gob.ar

MUSEO MUSEO ETNOGRÁFICO Y COLONIAL JUAN DE GARAY
- 25 de Mayo 1470, Santa Fe
- 0342/457 35 50
- 15. Dez.–Feb.: Di–Fr 8.30–12, 15.30–20.30, Sa, So 17.30–20.30 Uhr; März, April: Di–Fr 8.30–12, 14–19 Uhr, Sa, So 16–19 Uhr Mai–Sept.: Di–Fr 8.30–12, 14–19 Uhr; Sa–So 15.30–18.30 Uhr; Okt–15. Dez.: Di–Fr 8.30–12, 14–19 Uhr, Sa, So 16–19 Uhr
- $ (empfohlen)
- www.museojuandegaray.gob.ar

TANDIL
115 C2
Besucherinformation
- Avenida Espora 1120
- 02494/43 20 73
- 1. Mai geschl.
- www.turismo.tandil.gov.ar

Erlebnis

AUF DIE GIPFEL DER PAMPA

Wie Charles Darwin schrieb, hatte wohl kein Auswärtiger je vor ihm diesen Teil der Sierra de la Ventana erklommen – was damals einen Riesenaufwand bedeutete: »Es war sehr anstrengend, diese hohen Felsen zu erklimmen; die Abhänge wiesen solche Einschnitte auf, dass man in einem Augenblick verlor, was man gerade an Strecke geschafft hatte.« Wahrscheinlich wäre Darwin sehr erstaunt gewesen zu hören, dass der Cerro de la Ventana, der wegen seines fensterartigen Felsbogens berühmt wurde, sich nun in 2 Std. (einfach) ohne größere Mühe erwandern lässt. Vielleicht ist er auch deswegen der meistbesuchte Gipfel Argentiniens. Der Weg beginnt beim Rangerhaus an der RP 76, Km 222, westlich von Villa Ventana.

Aus Darwins Perspektive waren die Berge »steil, extrem zerklüftet und bar jeglicher Bäume oder gar Büsche«, sodass er und seine Gauchoführer kaum ein Feuer entzünden konnten. 200 Jahre später wachsen exotische Koniferen an den unteren Hängen des gut markierten Wanderweges auf den Cerro de la Ventana. Unzählige Städter erklimmen alljährlich den Berg und freuen sich über den weiten Panoramablick auf die Pampa.

Für Besucher gelten strenge Regeln: Es ist nicht gestattet, die Wanderung nach zwölf Uhr mittags zu beginnen (auch im Sommer nicht) – der Abstieg im Dunkeln ist einfach zu gefährlich. Hartnäckige können eine Genehmigung erhalten, wenn sie eine Verzichtserklärung im Schadensfall unterschreiben.

General Estanislao López ein ganzes Gebäude aus dem 17. Jahrhundert ein; zu sehen sind Kunstwerke der Kolonial- und Postkolonialzeit sowie Exponate zur Stadtgeschichte. Gleich in der Nähe widmet sich das **Museo Etnográfico y Colonial Juan de Garay** vorrangig den einheimischen Völkern der Provinz sowie der ursprünglichen Stadt bei Cayastá (80 km weiter nordöstlich gelegen).

TANDIL

In einigen Gegenden wird die Monotonie der Pampa durch niedrige Gebirgszüge unterbrochen. Im Fall von Tandil misst der höchste Gipfel gerade einmal 524 Meter. Nur wenige Blocks von der Plaza Independencia entfernt finden sich zahlreiche Wander-, Rad- und Reitwege. Freunde des Klettersports werden durch steile Granitfelsen für die bescheidene Höhe entschädigt.

Für die Argentinier ist Tandil auch unter religiösem Aspekt interessant, vor allem wegen der Ostermessen unter freiem Himmel am Monte Calvario. Der Ort liegt inmitten von Farmen. Die traditionelle Handwerkskunst der *gaucho* ist landesweit berühmt. Die **Plaza Independencia** im Zentrum wird von Straßen mit Kopfsteinpflaster umrahmt.

Nur gut eine Stunde nördlich von Bahía Blanca ragt das Gebirge der Sierra de la Ventana aus der flachen Ebene der Pampa empor.

Im 19. Jahrhundert war der Ort noch eine Grenzfestung in einem Kriegsgebiet. Die unterhaltsamste Sehenswürdigkeit der Stadt ist das **Museo Tradicionalista Fuerte Independencia** mit einer Fülle von unterschiedlichen Exponaten.

Nachdem die Überfälle der indigenen Bevölkerung auf die Stadt in den 1870er-Jahren aufgehört hatten, ermordeten Anhänger des Heilers Tato Dia – allesamt *gauchos* – 1872 insgesamt 35 europäische Siedler. Tata Dia und seine Anhänger trafen sich am ungewöhnlichsten Naturphänomen von Tandil, einem 272 Tonnen schweren Wackelstein namens **La Piedra Movediza.** 40 Jahre nach dem Mordanschlag stürzte er von der Anhöhe. An gleicher Stelle, rund drei Kilometer von der Plaza entfernt, errichtete die Stadtverwaltung 2007 eine Reproduktion des Findlings.

SIERRA DE LA VENTANA UND UMGEBUNG

Als Sierra de la Ventana wird der Gebirgszug bezeichnet, der im Südwesten der Provinz Buenos Aires von Südosten nach Nordwesten verläuft; das Dorf, von dem aus sich das Gebirge am besten erkunden lässt, trägt denselben Namen. Eine der wenigen verbliebenen Bahnstrecken mit Personenbeförderung in Argentinien führt über eine Brücke (Río Sauce Grande) in die Stadt.

Fahrradverleih und Restaurants finden sich westlich vom Fluss rund um die **Villa Tivoli,** Unterkünfte liegen im östlichen Viertel **Villa Arcadia**.

Der Gebirgszug (1134 m) wurde nach dem zerklüfteten **Cerro de la Ventana** benannt, der seinen Namen einer natürlichen Öffnung verdankt: Das »Fenster« (span. *ventana*) ist zwölf Meter hoch. Der Gipfel liegt im **Parque Provincial Ernesto Tornquist**. Der Cerro de la Ventana bietet sich für einen Tagesausflug an; wer den höchsten Gipfel der Kette, den **Cerro**

Tres Picos (1239 m), besteigen möchte, benötigt für diese relativ lange Tour eine Genehmigung *(gegen Gebühr)*. Rund 18 Kilometer nordwestlich der Sierra de la Ventana präsentiert sich das kleine Dorf **Villa Ventana** als malerischer Ort.

SANTA ROSA UND UMGEBUNG

Weiter Richtung Westen ist die Pampa in der dünn besiedelten Provinz La Pampa erheblich trockener. Die Landschaft prägen weite Wälder, kleinere Weideflächen für Milchkühe und Salzseen. Die Provinzhauptstadt Santa Rosa de Toay ist die einzige Stadt in dieser Gegend.

Sie präsentiert sich als gepflegte, moderne Stadt. Gleichzeitig ist sie eine Art Hintertür ins legendäre Patagonien. Das **Museo Provincial de Historia Natural** *(Quintana 116, Tel. 02954/42 26 93, Mo–Fr 8–12, 14–19, Sa–So 18–21 Uhr)* beschäftigt sich mit der Paläontologie der Region; zu sehen sind ein *Hadrosaurus* und ein gewaltiger *Titanosaurus*. Das **Museo Provincial de Artes** zeigt Werke von Künstlern aus dem ganzen Land, unter anderem von Berni und Castagnino. La Pampa steht als Reiseziel vor allem bei Jägern auf dem Programm. Von der Jagd ausgenommen ist die **Reserva Natural Parque Luro** in der Nähe: Das Naturschutzgebiet war das private Jagdrevier des Politikers und Geschäftsmanns Pedro Luro (1860–1927), der seine 23 700 Hektar große Farm mit Wild aus Europa bestückte. Luro erbaute auch eine prächtige Lodge, das **Castillo Luro,** das in das Eigentum der Provinz überging. Das Reservat bietet Wander- und Radwege. Das Castillo Luro kann im Rahmen einer Führung besichtigt werden; im

MUSEO TRADICIONALISTA FUERTE INDEPENDENCIA
- 4 de Abril 845, Tandil
- 02494/43 55 73
- Di–So 14.30–18.30 Uhr
- $

SIERRA DE LA VENTANA
- 115 B1
Besucherinformation
- Avenida del Golf
- 0291/491 53 03
- www.sierradelaventana.org.ar

PARQUE PROVINCIAL ERNESTO TORNQUIST
- RP 76, Km 222
- 0291/491 00 39
- 1. Jan. und 25. Dez. geschl.
- $$

www.tornquist.com.ar/parque-provincial-ernesto-tornquist

LA PAMPA (PROVINZ)
- 115 A2
Besucherinformation
- Avenida Pedro Luro und San Martín, Santa Rosa
- 02954/42 44 04
- www.lapampa.tur.ar/

SANTA ROSA
- 115 A2
Besucherinformation
- Santa Rosa, Busbahnhof
- 02954/43 65 55
- Mo–Fr 7.30–13.30, 16–22, Sa, So 10–13, 17–21 Uhr
- www.lapampa.tur.ar/santa-rosa-1

> **Tipp**
>
> **In der Reserva Natural Parque Luro bekommen Sie viele Tiere der Pampa zu sehen: Wild, Flamingos und Unmengen anderer Vögel.**
>
> ELISEO MICIU
> NATIONAL GEOGRAPHIC-FOTOGRAF

Museo San Huberto stehen Kutschen aus der Blütezeit Luros.

PARQUE NACIONAL LIHUÉ CALEL

Viele Leute suchen in Argentinien die Einsamkeit in der Natur – im entlegenen Lihué Calel werden sie fündig. Die Gebirgskette mit niedrigen Granitgipfeln im trockenen Südwesten von La Pampa ragt über der Wüste auf und überrascht mit einem abwechslungsreichen Mosaik an kleinen Landschaftseinheiten, darunter Grasland, dichter Strauchwald sowie Caldén-Wälder. Hier leben Guanakos, Füchse, Maras und Nandus. Lihué Calel diente den Araukanern während der Guerillakriege gegen die Spanier und Argentinier als Zufluchtsort. Der Park ist auch frühgeschichtlich interessant, denn präkolumbische Jäger und Sammler hinterließen diverse Stätten mit Felszeichnungen.

Der schönste Wanderweg im Lihué Calel führt auf den höchsten Gipfel, den **Cerro de la Sociedad Científica Argentina**. Er ist zwar nur 600 Meter hoch, bietet jedoch einen Panoramablick in alle Himmelsrichtungen, vor allem in Richtung Südwesten, wo die Sumpfgebiete und Salzseen liegen. Ein Wanderpfad, der **Sendero Valle Namuncurá,** beginnt am Zeltplatz; sobald das Gestrüpp durchquert ist, bieten sich mehrere Möglichkeiten, den Gipfel zu besteigen. Aber Achtung: Auf dem Granitgestein besteht bei Feuchtigkeit Rutschgefahr!

Ein kürzerer Naturpfad, der **Sendero El Huitru,** führt unweit vom Zeltplatz zu interessanten Beispielen der Parkvegetation. Vor allem bei Sonnenuntergang lassen sich hier Unmengen Vögel beobachten.

Über eine 21 Kilometer lange Serpentinenstraße, die auch am ehemaligen *casco* der *estancia* vorbeiführt, gelangt man zum **Sendero Valle de las Pinturas,** einem kurzen Wanderweg, der zu vielen prähistorischen Felszeichnungen führt. ∎

MUSEO PROVINCIAL DE ARTES
9 de Julio und Villegas, Santa Rosa
02954/42 73 32

RESERVA NATURAL PARQUE LURO
115 A2
RN 35, Km 292
02954/45 26 00

$
www.parqueluro.tur.ar

PARQUE NACIONAL LIHUÉ CALEL
115 A1
RN 152, Km 220, südwestl. von Santa Rosa
02952/43 65 95
www.lihuecalel.com.ar

CÓRDOBA UND UMGEBUNG

Wo die Pampa ins Hochland übergeht, liegt die Provinzhauptstadt Córdoba. Hier und in den nahen Sierras verbringen die Argentinier gern ihren Urlaub. Zur Kolonialzeit stellte die Stadt sogar Buenos Aires in den Schatten. Heute finden einige Musikfestivals des Landes in den kleineren Städten der wunderschönen Provinz statt.

Das Haus, in dem Ernesto »Che« Guevara in Alta Gracia (Provinz Córdoba) seine Kinderzeit verbrachte, ist heute ein charmantes Museum.

CÓRDOBA

Córdoba war während der Kolonialzeit Argentiniens Verbindung zum Vizekönigtum Peru; dank der Jesuiten und anderer Orden war die Stadt damals auch kulturell sehr bedeutend.

An den Vorstädten lässt sich sofort erkennen, dass in Córdoba heute die Industrie dominiert, dennoch hat sich in der Innenstadt das koloniale Stadtbild noch weitgehend in Form von herausragenden Sehenswürdigkeiten erhalten. Einige Bauwerke gehen auf die Jesuiten zurück, sie wurden zusammen mit weiteren Stätten in der Provinz von der UNESCO zum Weltkulturerbe erklärt. Der größte Teil des Kolonialerbes von Córdoba findet sich an oder rund um die **Plaza San Martín**. Der derzeitige **Cabildo de la Ciudad** im Kolonialstil mit seinem schönen Portikus ersetzte das frühere

CÓRDOBA
🗺 115 A3
Besucherinformation
✉ Cabildo de la Ciudad,

Independencia 30
☎ 0351 / 434 12 00
🕐 Tgl. 8–20 Uhr
www.cordoba.gov.ar/turismo

Wissen

DIE HEIMAT CHE GUEVARAS

Bevor Ernesto Guevara de la Serna zum Inbegriff der Revolution in Kuba avancierte, lebte er als junger, asthmakranker Bursche in Alta Gracia. Er stammte aus einer wohlhabenden Familie. Die Guevaras wie auch die De la Sernas waren prominente argentinische Familien, allerdings war es dem Zweig der Familie, dem der junge Ernesto angehörte, nicht mehr möglich, den alten privilegierten Lebensstil zu pflegen. Aufgrund dieser finanziellen Gegebenheiten lag es nahe, dass Ernesto sich Kindern aus der Arbeiterschicht anschloss. Dennoch ging er seinen Hobbys wie Dichtung und Fotografie nach. Er war auch ein begeisterter Golfspieler – ein Sport, dem er auch nach dem Triumph der kubanischen Revolution weiterhin frönte.

Rathaus. Die **Iglesia Catedral de Nuestra Señora de la Asunción** daneben stammt noch aus dem 17. Jahrhundert, obwohl die Fertigstellung der Kirche fast hundert Jahre in Anspruch nahm.

Die neoklassizistische Fassade der Kathedrale – eine Gemeinschaftsleistung franziskanischer und jesuitischer Baumeister – wird von Türmen flankiert; in der Mitte ragt eine dekorative Kuppel auf. Den prachtvollen Kirchenraum schmücken Altäre und Kanzeln mit Blattgold. Die detailreichen Deckenfresken sind das Werk des Malers Emilio Caraffa (1862–1939). Die Kathedrale ist für ihre Grabmale bekannt, darunter das des Freiheitshelden Gregorio Funes (1749–1829) und das von José María Paz (1791–1854). Kaum einen Block weiter östlich der Plaza befindet sich das **Museo Histórico Provincial Marqués de Sobremonte** in einem Gebäude aus dem

MUSEO MUNICIPAL DE BELLAS ARTES DR. GENARO PÉREZ
- Avenida General Paz 33
- 0351/434 16 46
- Di–So 10–20 Uhr
- Gratis
- www.museogenaroperez.wordpress.com

MANZANA JESUÍTICA UND DAS RECTORADO DE LA UNIVERSIDAD NACIONAL DE CÓRDOBA
- Obispo Trejo 242
- 0351/433 20 75
- Sommer (21. Dez.–21. März): Mo–Sa 9–13, 16–20 Uhr; Winter: Mo–Sa 9–18.30 Uhr, Mi gratis. Geführte Touren im Winter: 10 und 17 Uhr (engl.), 11 und 15 Uhr (span.); Sommer: 10 und 18 Uhr (engl.), 11 und 17 Uhr (span.)
- $$ für Führung
- www.museohistorico.unc.edu.ar

MUSEO HISTÓRICO PROVINCIAL MARQUÉS DE SOBREMONTE
- Rosario de Santa Fe 218
- 0351/433 16 61
- Di–So 10.30–17.30 Uhr
- 15 AR$

CRIPTA JESUÍTICA DEL ANTIGUO NOVICIADO
- Rivera Indarte und Colón
- 0351/434 12 28
- Mo–Fr 9–15 Uhr
- $

18. Jahrhundert. Die Sammlung überzeugt vor allem mit ihrer religiösen Plastik. Sie präsentiert in insgesamt 26 Ausstellungsräumen außerdem Gemälde, Waffen und Möbel.

Córdobas traditionelles Kunstmuseum ist das **Museo Municipal de Bellas Artes Dr. Genaro Pérez**, ebenfalls von Caraffa ausgestaltet. Es befindet sich in einem französisch anmutenden Anwesen aus dem frühen 20. Jahrhundert. Im Mittelpunkt der Sammlung stehen zeitgenössische Künstler aus Argentinien, darunter Berni, Castagnino und Quinquela Martín.

> **Tipp**
>
> **In der Manzana Jesuítica sollten Sie sich in der Universitätsbibliothek unbedingt die alten Handschriften der Jesuiten ansehen.**
>
> VIOLETA HORNE
> ARGENTINISCHES TOURISMUSBÜRO, MIAMI

International ist Córdoba vor allem wegen seiner **Manzana Jesuítica** bekannt: Das koloniale Zentrum der Gelehrsamkeit liegt an der Fußgängerzone zwei Blocks südlich von der Plaza und ist gut erhalten. Córdobas Gegenstück zur Manzana de las Luces (siehe S. 71) in Buenos Aires beherbergt den **Rectorado de la Universidad Nacional de Córdoba** (die zweitälteste Universität Südamerikas) und das **Colegio Nacional de Monserrat**. Der zentrale Innenhof der Universität mit Säulenumgang war früher ein botanischer Garten.

Die schönste erhaltene Sehenswürdigkeit ist jedoch die **Iglesia de la Compañía de Jesús**, eine Jesuitenkirche mit solider Steinfassade, die hier nahezu unverändert seit der Mitte des 17. Jahrhunderts aufragt. Die massive Holztür und die Fenster sind von Ziegelbogen eingerahmt. Innen befinden sich ein Altar mit Blattgold und eine ebenso kunstvoll ausgestaltete Kanzel. Vier Blocks nördlich ermöglicht die **Cripta Jesuítica del Antiguo Noviciado** einen Blick auf das Córdoba der Kolonialzeit. Die unlängst restaurierte Jesuitenkapelle gehörte zu einem Bauprojekt, das abgebrochen wurde.

ALTA GRACIA

Nur eine halbe Stunde von der Provinzhauptstadt entfernt präsentiert sich die koloniale Estancia Alta Gracia heute als nettes Städtchen in den Ausläufern der Berge. Hier finden sich Bauwerke der Jesuiten aus der Kolonialzeit und das Wohnhaus – jedoch nicht der Geburtsort – des jungen Ernesto »Che« Guevara. Die beiden wichtigsten Gebäude der Jesuiten in Alta Gracia stehen direkt nebeneinander an der zentralen **Plaza Manuel Solares**. Die mit einer Kuppel versehene **Iglesia Parroquial Nuestra Señora de la Merced,** ging nach der Vertreibung der Jesuiten 1767 in den

138 AUTOTOUR DURCH DIE SIERRAS DE CÓRDOBA

Im Westen der Provinzhauptstadt findet man gut ausgebaute Schnellstraßen und Schotterpisten, die sich bestens für einen Autoausflug anbieten. Die Überlandfahrt beansprucht einen – langen – Tag oder zwei kurze mit einer Übernachtung in Cosquín oder La Falda.

Ein Besucher beobachtet die Kondore im Parque Nacional Quebrada del Condorito, Provinz Córdoba.

Die Tour beginnt in der Provinzhauptstadt **Córdoba** ❶ (siehe S. 135 ff.), dann geht es über **Alta Gracia** ❷ (siehe S. 137, 140) am Fuß der Berge 36 Kilometer auf der RP 5 in Richtung Südwesten. Alta Gracia ist die Stadt, in der Che Guevara einst seine Kindheit verbrachte, sein ehemaliges Haus ist heute ein Museum. Das Sierras Hotel, in dem sich seine Familie gern amüsierte, ist wegen des kolonialen Erbes der Jesuiten bemerkenswert. Von Alta Gracia führt eine weitere befestigte Straße nach Norden, bevor sie 19 Kilometer weiter die **Estación Astrofísica de Bosque Alegre** ❸ erreicht, wo die Fakultät für Astronomie der Universidad Nacional de Córdoba über ein klassisches Teleskop von 1942 verfügt.

Vom Observatorium schlängelt sich die Straße neun Kilometer bis zur Kreuzung mit der RN 20, die dann 31 Kilometer auf die Hochsteppe des **Parque Nacional Quebrada del Condorito** ❹ (siehe S. 140–142) hinaufführt. Hier kann man über einer spektakulären Schlucht sehen, wie junge Kondore – Condoritos – das Fliegen lernen. Nun geht es zur Kreuzung zurück und dann 24 Kilometer auf der RN 38 nach **Villa Carlos Paz** ❺ (siehe S. 140), wo der **Lago San Roque** die Sommerfrischler anlockt. Nördlich von Carlos Paz führt die RN 38 kontinuierlich 25 Kilometer zum Valle de Pu-

DIE PAMPA

nilla nach **Cosquín** hinauf, wo in der Sierra im Januar das Folklorefestival in Cosquin und im Februar das Cosquín-Rockfestival stattfinden. Unmittelbar östlich der Stadt gelangt man über eine Schotterstraße auf den 1260 Meter hohen **Cerro Pan de Azúcar**; der eigentliche Gipfel ist nach einer halbstündigen Wanderung oder einer kurzen Fahrt mit dem Sessellift erreicht. Nur 19 Kilometer nördlich von Cosquín an der RN 38 war **La Falda** ❻ inmitten von Wäldern und Hügeln in der ersten Hälfte des 20. Jahrhunderts ein Urlaubsort der Betuchten. Im **Hotel Edén** (*Avenida Eden 1400*) logierten schon der Prince of Wales und Albert Einstein. La Falda eignet sich bestens für eine Zwischenübernachtung, allerdings sind La Cumbre, das esoterische Capilla del Monte, in dem bald Außerirdische landen sollen und San Marcos Sierras mit dem ersten Hippie-Museum der Welt charmanter. Die RE 57 führt den Westhang der Sierra Chica hinauf, anschließend geht es wieder bergab bis ins Dorf Salsipuedes, das 37 Kilometer westlich liegt. Hier trifft die Straße auf die befestigte RP E53. Rund sechs Kilometer nördlich erreicht man von der Kreuzung El Manzano aus (10 km Richtung Westen) die ehemalige Jesuiten-Estancia **Candonga** ❼ mit einer einfachen Barockkapelle. Nördlich von El Manzano führt die Straße 17 Kilometer zur Stadt Ascochinga und zur Kreuzung mit der RP E66 nach **Jesús María** ❽ (20 km). Die Estancia Jesuítica de J.M. ist eines der eindrucksvollsten Zeugnisse des ganzen Landes. Das Festival Nacional de Doma y Folklore im Januar mit Gauchos und Volksmusik ist im ganzen Land bekannt.

- Siehe auch Karte S. 115
- ▶ Córdoba
- 1–2 Tage
- 344 km
- ▶ Córdoba

Besitz des Mercedarierordens über. Ihr beeindruckendes Merkmal ist die kunstvolle Barockfassade.

Die **Estancia Jesuítica de Alta Gracia** ist von der Kirche durch einen Innenhof getrennt. Die meisten der 17 Säle sind im Stil des kolonialen und frührepublikanischen Argentiniens ausgestattet; viele bezeichnen diese *estancia* neben der in Jesús María als das größte Schmuckstück aus der Zeit der Jesuiten.

Als Che Guevara hier in der Stadt lebte, mietete seine Familie diverse Häuser in einem Viertel der Mittelschicht. Eines der Domizile, die **Villa Nydia,** ist heute das **Museo Casa de Ernesto Che Guevara**; es vermittelt ein idyllisches Bild von seiner Kindheit. Als die Guevaras hier lebten, stellte das **Sierras Hotel** den Mittelpunkt des gesellschaftlichen Lebens dar; es wurde mittlerweile geschmackvoll restauriert und verfügt nun über ein Casino. Das zweite bemerkenswerte Museum von Alta Gracia ist das **Museo Manuel de Falla**. Hier verbrachte der spanische Komponist vier Jahre seines Exils während der Franco-Diktatur.

VILLA CARLOS PAZ

In der Sierra Chica westlich von Córdoba strömen die Strandwütigen in Scharen an den **Lago San Roque**. Der Süßwasserstausee ist groß genug zum Segeln und Surfen. Der höchste Gipfel, der **Cerro de la Cruz**, ist nur 959 Meter hoch. Aber seit gut 50 Jahren bringt ein Sessellift *(Florencio Sanchez s/n)* die Familien nach oben, die dann den Blick über die Stadt und die Altas Cumbres (dt. hohe Gipfel) im Westen genießen. Auf den Berg führt auch ein Fußweg. Auf dem Gipfel befindet sich eine *confitería*, in der Getränke und kleinere Gerichte verkauft werden; eine offene Einschienenbahn schlängelt sich um den Berg, und Wanderer können sich über einen Naturpfad mit einheimischen Pflanzen und Vögeln freuen.

PARQUE NACIONAL QUEBRADA DEL CONDORITO

Westlich der Sierra Chica erstreckt sich ein höherer Gebirgszug, die Altas Cumbres. In dem an der Straße in die Provinz San Luis gelegenen Parque

Mythos Che Guevara hat auch 50 Jahre nach seinem Tod nichts von seinem Glanz eingebüßt.

ALTA GRACIA
🅜 115 A3
Besucherinformation
✉ Belgrano 15
☎ 03547/42 81 28
www.altagracia.gob.ar/turismo

ESTANCIA JESUÍTICA DE ALTA GRACIA Y CASA DEL VIRREY LINIERS
✉ Avenida Padre Domingo Viera 41, Alta Gracia
☎ 03547/42 13 03
🕓 Di–Fr 9–13, 15–19 Uhr, Sa–So 9.30–12.30, 15.30–18.30 Uhr
Geführte Touren: Di–Fr 10, 11.30, 15.30 und 17 Uhr, Sa–So 10, 11, 16, 17 Uhr
💲 20 AR$
www.museoestanciaaltagracia.org

MUSEO CASA DE ERNESTO CHE GUEVARA
✉ Avellaneda 501, Alta Gracia
☎ 03547/42 85 79
🕓 Di–So 9–18.45
💲 75 AR$

SIERRAS HOTEL
✉ 198 Avenida Velez Sarfiel, Alta Gracia
☎ 03547/43 12 00
www.hojo.com

MUSEO MANUEL DE FALLA
✉ Avenida Pellegrini 1011, Alta Gracia
☎ 03547/42 92 92
🕓 1. Jan., Karfreitag, 1. Mai, 8. Nov. und 25. Dez. geschl. Di–So 9–18.45, Mo 14–18.45 Uhr
💲 20 AR$

VILLA CARLOS PAZ
🅜 115 A3
Besucherinformation
✉ Liniers 50
☎ 03541/42 18 01
oder 0810/888 27 29
🕓 1. Mai geschl.
www.villacarlospaz.gov.ar/turismo

> **Wissen**

FLUGSCHULE FÜR KONDORE

An der Nordseite der Quebrada del Condorito finden sich am Ende des Wanderwegs diverse *balcones* (Aussichtspunkte) mit Blick über die Schlucht bis zur Escuela de Vuelo. In der Flugschule verbringen die Jungvögel bis zu zwei Jahre mit ihren Eltern, obwohl Kondore schon mit sechs Monaten in der Lage sind zu fliegen. Die Sicht über die Schlucht ist gut, dennoch empfiehlt sich wegen der Entfernung ein Fernglas. Ohne Fernglas sieht man sie nur, wenn die Vögel auf der Suche nach Aas gerade in den Aufwinden nach oben gleiten.

In den meisten Gegenden nisten Kondore oberhalb von 3000 Metern, doch hier und ganz im Süden von Patagonien liegen die Nester tiefer. Die Weibchen legen alle zwei Jahre ein oder zwei Eier. Nach ihrer langen Jugendzeit stürzen sich die Vögel förmlich in die Lüfte. Das Bild in Verbindung mit der Schlucht und dem oft reißenden Fluss ist sicher eine der großartigen Kompositionen der Natur.

Nacional Quebrada del Condorito (374 Quadratkilometer) nisten Kondore. Von der Schnellstraße gelangt man an den Ausgangpunkt diverser Wanderwege, die bis in die obersten Lagen des Parks führen. Der Park wurde 1996 eingerichtet und schützt eine reiche andine und patagonische Pflanzen- und Tierwelt.

In dieser hügeligen Landschaft in 2100 Metern Höhe besteht die Vegetation vor allem aus Pfriemgras. In Richtung Osten plätschern Bäche in tiefen Schluchten, deren Wände ideale Nistplätze für die Kondore bieten. Die schönste Exkursion im Park ist ein zehn Kilometer langer Wanderweg von der Schnellstraße zur bis zu 750 Meter tief eingeschnittenen Schlucht **Quebrada del Condorito**, wo die Vögel auf Steinvorsprüngen brüten. Sogar bei Nebel ist die gut ausgeschilderte Feuerwehrzufahrt leicht zu finden. Wer diesen Tagesausflug unternimmt, sollte sich seine Zeit jedoch gut einteilen, denn die Wanderung beginnt hoch oben und führt steil bergab in die Schlucht – der Rückweg dauert also erheblich länger als der Hinweg. Und Achtung: Ab der Besucherinformation, die rund 1,6 Kilometer von der Parkgrenze entfernt liegt, gibt es kein Wasser mehr! Neben den Kondoren und anderen Vögeln leben im Park auch Guanakos, Pumas, Füchse und die *yarará*, eine Giftschlange. ∎

PARQUE NACIONAL QUEBRADA DEL CONDORITO
- 115 A3
- RP 34/Ruta de las Altas Cumbres, zw. Villa Carlos Paz und Mina Clavero
- ☎ 03541/43 33 71
- Besucherzentrum: 8–19 (Okt.–März), 9–18 Uhr (April–Nov.)
- Gratis
- www.parquesnacionales.gob.ar

MAR DEL PLATA

DIE PAMPA

Das Binnenland der Provinz Buenos Aires mag das Land der Gauchos sein, im Süden an der Küste haben hingegen die Sonnenanbeter das Sagen. In der Stadt Mar del Plata mieten sich Urlauber aus ganz Argentinien ein. Im Januar und Februar hat man es nicht leicht, überhaupt ein freies Stück Strand zu finden. Nach Sonnenuntergang steht alles an den Grillrestaurants Schlange, nach Mitternacht wird dann in den Clubs bis zum Morgengrauen gefeiert.

Ein Regenbogen spannt sich über die Playa Bristol von Mar del Plata.

Gleichzeitig ist »Mardel« aber auch eine der Kulturhochburgen Argentiniens. Es hat eine literarische Vergangenheit, die es zum »Bloomsbury des Südens« gemacht hat – dank der Verlegerin Victoria Ocampo und einem prallen Veranstaltungskalender mit Musik, Theater und Film.
Ein Ferienort der Elite ist die Stadt allerdings nicht mehr, seit die, die es sich leisten können, es vorziehen, die schönsten Tages des Jahres in Punta del Este in Uruguay zu verbringen. Die Hotels sorgen in Mar de Plata andererseits für eine gewisse Vielfalt, wie man sie in den exklusiveren Urlaubsorten im Norden und in den Ferienzielen im eher überlaufenen Süden sonst nicht antrifft. Nicht-Argentinier ziehen oft die Zwischensaison im Frühjahr und Herbst vor, wenn es in Mar del Plata weniger hektisch zugeht

MAR DEL PLATA
115 C1
Besucherinformation
Rambla Edificio Casino local 51,
Blvd Marítimo P. Peralta Ramos 2270

☎ 0223/495 17 77
🕐 Tgl. 8–20 Uhr
www.turismomardelplata.gov.ar

und die Preise erschwinglicher sind. Wassersport ist an der **Playa Popular** Standard; dort ragt ein Angelsteg in den Südatlantik, Schwimmer stürzen sich im Sommer gern ins warme Meer.
Bei einem Spaziergang über die restaurierte **Rambla Bristol** können die Besucher das auffällige **Casino Central**, ein Werk des berühmten Architekten Alejandro Bustillo, bewundern.
An der Plaza zwischen dem Casino und seinem Pendant, dem **Hotel Provincial,** macht so ziemlich jeder Argentinier ein paar Schnappschüsse von seiner Familie vor den Seelöwenstatuen, einem der bekanntesten Motive des Landes. Ein kleines Stück weiter südlich locken die Strände am **Cabo Corrientes** eine betuchtere Klientel an, die gern Freizeitbeschäftigungen wie dem Paragliden frönt.
An der Playa La Perla, nördlich der Playa Popular, liegt im **Museo Municipal de Ciencias Naturales Lorenzo Scaglia** das Hauptgewicht auf Exponaten aus dem Bereich der Paläontologie und Zoologie, unter anderem sind Fossilien zu sehen. Heute lebende Tiere wie Nandus werden in Dioramen in ihrem natürlichen Lebensraum gezeigt. Süß- und Meerwassertiere aus und um Mar del Plata bevölkern das Aquarium.
Südlich der Rambla präsentiert sich **Stella Maris** als nobelste Wohngegend Mar del Platas. Auffälligste Sehenswürdigkeit ist die **Torre Tanque,** der 48 Meter hohe Turm des städtischen Wasserwerks. Wer über die Wendeltreppe nach oben steigt oder den Aufzug nimmt, wird mit einem herrlichen Blick belohnt. Das Museo del Mar wurde im September 2012 leider geschlossen – ein echter Verlust, denn mit seinem Gezeitenbecken, einer Muschelsammlung mit rund 30 000 Exemplaren aus aller Welt sowie einer

Kleine Fischerboote stechen in Mar del Plata in See.

Kunstgalerie gehörte es zu den Highlights in Mar del Plata. Südlich von Stella Maris war **Los Troncos** einst das Viertel, in dem sich die Literaten aus Buenos Aires und andere kulturelle Persönlichkeiten aus der ganzen Welt im Domizil von Victoria Ocampo trafen, dem heutigen **Centro Cultural Victoria Ocampo.**

Ocampo (1890–1979) war die Gründerin des Literaturmagazins *Sur,* in dem Beiträge der renommiertesten Literaten Lateinamerikas erschienen. Nach ihrem Tod wurde ihre Gartenvilla zu einem Kulturzentrum umgestaltet, das nun an ihre Leistungen und an ihren elitären Lebensstil erinnert.

Nicht einmal zwei Blocks entfernt liegt das **Archivo Museo Histórico Municipal Don Roberto T. Barili** in der **Villa Mitre**. Die Villa ließen Nachfahren des Generals und Präsidenten Bartolomé Mitre (1821–1906) errichten. Die Exponate zeigen chronologisch auf, wie sich Mar del Plata ab den 1850er-Jahren von einem unscheinbaren Hafen für den Export von Pökelfleisch zu einer interessanten Stadt entwickelt hat. Die Fotos und anderen Exponate vermitteln auch, welche Veränderungen die Stadt vollzog, als sie mit dem Peronismus Strandurlaubern aus der Mittel- und Arbeiterschicht ihre Tore öffnete – die Elite verbrachte ihren Urlaub fortan im mondänen Badeort Punta del Este in Uruguay.

Im Stadtzentrum ist schnell vergessen, dass Mar del Plata bis heute ein bedeutender Fischereihafen ist, denn die **Banquina de Pescadores** mit bunt bemalten Booten und Seelöwen befindet sich mehrere Kilometer weiter südlich. Das **Museo del Hombre del Puerto Cleto Ciocchini** beschäftigt sich historisch und anthropologisch mit der Fischindustrie. ■

MUSEO MUNICIPAL DE CIENCIAS NATURALES LORENZO SCAGLIA
- Avenida Libertad 3099
- 0223/473 87 91
- Mo, Mi–Fr 10–17.30, Sa, So 15–18.30 Uhr
- 20 AR$

MUSEO MUNICIPAL DE ARTE JUAN CARLOS CASTAGNINO
- Avenida Colón 1189
- 0223/486 16 36
- Mo, Mi–Fr 12–18, Sa, So 14–19 Uhr
- 40 AR$

CENTRO CULTURAL VICTORIA OCAMPO
- Matheu 1851
- 0223/494 28 78
- Mi–Mo 12–18 Uhr
- 40 AR$

ARCHIVO MUSEO HISTÓRICO MUNICIPAL DON ROBERTO T. BARILI
- Lamadrid 3870
- 0223/495-12 00
- Mo, Mi–Fr 12–18, Sa 14–18 Uhr, So geschl.
- 10 AR$

MUSEO DEL HOMBRE DEL PUERTO CLETO CIOCCHINI
- Centro Comercial Puerto
- 0223/489 79 01
- Di, Do–Sa 16–19 Uhr
- 40 AR$

146 RUND UM MAR DEL PLATA

Kleinere Urlaubsorte am Meer finden sich an der Küste nördlich und südlich von Mar del Plata, und ab März kann man sie praktisch für sich allein haben.

Ausflug nach Pinamar, nördlich von Mar del Plata

BALCARCE

Rund eine Stunde nordwestlich von Mar del Plata ist Balcarce vor allem als Geburtsstadt der Formel-1-Legende Juan Manuel Fangio (1911–95) bekannt. Zu seinem Gedenken wurde das **Centro Cultural y Tecnológico Museo del Automovilismo »Juan Manuel Fangio«** geschaffen. Das Museum ehrt nicht nur den Rennfahrer, auch die Geschichte des Transportwesens wird hier vermittelt und Fangio damit in einen größeren Kontext gestellt. Die Autoausstellung auf acht Etagen in diesem perfekt restaurierten Gebäude lockt sowohl Neugierige als auch Liebhaber älterer Modelle.

VILLA GESELL

Dass Carlos Idaho Gesell (1891–1979) die Dünenlandschaft nordöstlich von Mar del Plata mit exotischen Akazien und Koniferen bepflanzen ließ, trug sicher dazu bei, dass dieser Ferienort am Meer heute ein Zentrum der Kunst und Musik ist. Gesell entwarf die fußgängerfreundliche Stadt, in der es bis zum heutigen Tag nur eine einzige gepflasterte Straße gibt. Auch wegen der sandigen Straßen lieben Badeurlauber, Radfahrer, Reiter, Fischer und Surfer den Ort. Gesells Geschichte lässt sich im **Parque Cultural Pinar del Norte** *(Di–Sa 10–16, So 14–17 Uhr)* nachvollziehen, sein eigenes, original erhaltenes Anwesen (1931) am Meer ist heute als **Museo y Archivo Histórico Municipal** *(Alameda 201 und Calle 303, Tel. 02255/46 86 24, Mo–Sa 9–16, So 14–17 Uhr)* für die Öffentlichkeit zugänglich. In seinem **Chalet de Don Carlos,** einer kunstvoll ausgestalteten Villa, finden regelmäßig interessante Veranstaltungen statt.

Tipp

Ein kleiner Stausee, 25 Kilometer südwestlich von Balcarce im Parque Idoyaga Molina, garantiert ein echtes Urlaubsvergnügen.

NICOLAS KUGLER
NATIONAL GEOGRAPHIC-MITARBEITER

PINAMAR

Von der Villa Gesell ein Stück weiter die Straße hinauf erinnert Pinamar mit seinem Straßengewirr, den bewaldeten Dünen, langen Sandstränden und Outdoor-Aktivitäten an Balcarce, ist jedoch mehr für sein flippiges Nachtleben berühmt. Der Architekt Jorge Bunge entwarf die Stadt in der ungewöhnlichen Form eines Fächers – und schon ihr Name »Pinien am Meer« lässt ahnen, dass Bunge sich am Beispiel von Villa Gesell orientierte. Pinamar ist exklusiver und teurer als Gesell – nachts aber ähnlich aktiv.

NECOCHEA

Südwestlich von Mar del Plata verändert sich die Landschaft: Die von Sanddünen gesäumten Strände weichen dramatischen Klippen, die gelegentlich unterbrochen sind und dann den Zugang zum Meer freigeben. Der erste erwähnenswerte Ferienort ist **Chapadmalal,** wo Juan und Eva Perón den »sozialen Tourismus« für ihre gewerkschaftlich organisier-

CENTRO CULTURAL Y TECNOLÓGICO MUSEO DEL AUTOMOVILISMO »JUAN MANUEL FANGIO«
✉ Dardo Rocha und Mitre, 70 km nordwestl. von Mar del Plata via RN 226
☎ 02266/42 55 40
🕐 Mo–Fr 10–17, Sa–So 10–18 Uhr
💲 AR$ 180
www.museofangio.com

VILLA GESELL
🅰 115 C2
Besucherinformation
✉ Avenida 3 Nr. 820
☎ 02255/47 80 42
🕐 Tgl. 8–20 Uhr
turismo.gesell.gob.ar

PINAMAR
🅰 115 C2
Besucherinformation
✉ Av. Jorge Bunge 2552
☎ 02254/49 16 80
🕐 Mo–Fr 8–20, Sa, So 10–17 Uhr
pinamar.tur.ar

PARQUE IDOYAGA MOLINA
✉ RP 55, 25 km von Balcarce, San Agustín
☎ 02266/49 10 13

Die Landschaft bei Balcarce in der Provinz Buenos Aires.

ten Anhänger förderten – zum Teil mithilfe von Enteignungen. Auf die am Meer gelegene Mittelschichtstadt **Miramar** mit Casino und Hotelhochhäusern folgt Necochea.

Wie Villa Gesell und Pinamar, so hat auch Necochea am Meer einen Park, den **Parque Miguel Lillo,** wirkt aber viel abwechslungsreicher, wozu auch die dänische Kolonie ihren Teil beiträgt.

BAHÍA BLANCA

Die südlichste Großstadt in der Provinz Buenos Aires ist Bahía Blanca – hier unterhält die argentinische Marine einen Hafen. Die Stadt ist das Tor nach Patagonien und kein Ferienort im klassischen Sinn. Einziger Grund, weshalb ein Zwischenstopp sich hier dennoch lohnt, ist das unkonventionelle **Museo del Puerto de Ingeniero White** *(Guillermo Torres 4180, Mo–Fr 8–12.30, Sa, So 15.30–19.30 Uhr, museodelpuerto.blogspot.de, Tel. 0291/ 457 30 06),* das die Geschichte Argentiniens im 19. Jahrhundert anhand des

Mikrokosmos von Einwandererkolonien und ihrer Einrichtungen in der Vorstadt **Ingeniero White** vermittelt.

Mit der Geschichte geht man hier locker um: Es werden Fischer, Hafenarbeiter und Eisenbahnangestellte und deren Familien in ihrem ganz normalen Alltag porträtiert.

Bis heute fahren von Bahía Blanca noch Züge nach Buenos Aires – (günstig und) nicht schnell, aber sie kommen an. ■

NECOCHEA
115 C1
Besucherinformation
✉ Avenida 2 und Avenida 79
☎ 02262/42 59 83
🕐 Tgl. 9–21 Uhr
www.necochea.tur.ar

BAHÍA BLANCA
115 B1
Besucherinformation
✉ Drago 45
☎ 0291/500 15 64
🕐 Mo–Fr 8–19, Sa 10–13,
  15.30–19 Uhr
turismo.bahiablanca.gov.ar

Mesopotamien und der Chaco

Erster Überblick	152–153
Entre Ríos und Corrientes	154–163
Special: Die Rettung des Iberá: Doug Tompkins' Mission	158–159
Misiones	164–173
Der Chaco	174–177
Hotels und Restaurants	360–362

❬ Die tosenden Wasserfälle der Garganta del Diablo vor der Kulisse des kleineren Salto Bossetti im Parque Nacional Iguazú

MESOPOTAMIEN UND DER CHACO

Zwischen zwei Flüssen, dem Paraná und dem Uruguay, liegen im argentinischen Mesopotamien die tierreichen Provinzen Entre Ríos, Corrientes und Misiones. Dort wurden die ersten spanischen Neuankömmlinge freundlich aufgenommen, nachdem die Indianer der Pampas sie aus Buenos Aires vertrieben hatten. Die große Zahl an indigenen Völkern rief bald die Jesuiten auf den Plan, die dann einer Provinz ihren Namen verliehen und die Tiefländer des Chaco westlich des Paraná erkundeten.

Von den weltberühmten Iguazú-Fällen einmal abgesehen, finden Mesopotamien und der Chaco international eher wenig Beachtung – völlig zu Unrecht. In der ganzen Region hat der Karneval in Städten wie Corrientes, vor allem aber in Gualeguaychú, eine große Renaissance erlebt. An den Flussufern von Entre Ríos finden sich dichte Wälder, eine reiche Tierwelt mit vielen Vögeln, Möglichkeiten zum Angeln und Wanderungen durch die Palmensteppe des Parque Nacional El Palmar.

Die Sehenswürdigkeit in Mesopotamien, die am meisten unterschätzt wird, sind die träge dahin fließenden Esteros del Iberá mit ihren schwimmenden Inseln. Vögel, Säugetiere und Reptilien lassen sich hier leicht beobachten und fotografieren – und sorgen für unvergessliche Eindrücke und Erlebnisse. Da sich in der Nähe kein Flughafen befindet, kämpfen sich alle Naturbegeisterten über die schlechte, aber passierbare Straße, die von der Stadt Mercedes in das Feuchtgebiet führt.
In den hügeligen Bergen von Misiones, wo einst die Guaraní-Indianer Knollengewächse anpflanzten und alljährlich ihre Siedlungen verlegten, schufen jesuitische Missionare einen »Staat im Staat«. Als die Spanier ihre Vormachtstellung gefährdet sahen, vertrieben sie die Jesuiten aus Südamerika – das jesuitische Erbe in Form ihrer Missionen blieb der Nachwelt erhalten. Die Gebäude aus rotem Sandstein sind Meisterwerke der Architektur, doch ebenso eindrucksvoll sind die Arbeiten der Guaraní, die bei den Jesuiten lernten, die Fassaden mit barocker Ornamentik zu versehen. Eines der schönsten Beispiele in Argentinien ist die Mission San Ignacio Miní.

PARQUE NACIONAL IGUAZÚ UND MEHR

Die spektakulären Wasserfälle des Parque Nacional Iguazú zählen zum Weltnaturerbe der UNESCO. Der Nationalpark ist mittlerweile so beliebt,

MESOPOTAMIEN UND DER CHACO

dass sich Menschenmassen über die gepflegten Wege und Stege drängen, die zu den Fällen führen. Im subtropischen Regenwald sind Unmengen an Vögeln zu Hause; alle anderen Tiere sind in den dichten Baumkronen und am Waldboden allerdings nicht so leicht zu entdecken.

Auf der anderen Seite des Paraná, im Gran Chaco, finden sich zwei weitere Feuchtgebiete mit einer reichen Tierwelt. Im Parque Nacional Chaco leben an die 340 Vogelarten in den Sumpfgebieten entlang des trägen Río Negro sowie in den angrenzenden Hartholz- und Strauchwäldern. In der Provinz Formosa hingegen präsentiert sich der entlegene Parque Nacional Río Pilcomayo als eine Landschaft mit flachen subtropischen Lagunen, in denen Kaimane wie Baumstämme treiben. In den Sumpfgebieten sind zahllose Vögel und andere Tiere zu Hause. Beide Nationalparks erinnern an Iberá, allerdings gestaltet sich die Tierbeobachtung nicht ganz so einfach wie dort. ∎

ENTRE RÍOS UND CORRIENTES

In den Provinzen Entre Ríos und Corrientes präsentiert sich die Region zwischen den Flüssen Paraná und Uruguay als hügelige Landschaft, die Ufer werden von Galeriewäldern gesäumt. Topattraktion der Region sind jedoch die Iberá-Sümpfe.

Sonnenaufgang im Parque Nacional El Palmar in der Provinz Entre Ríos

GUALEGUAYCHÚ

Mit seinen Stränden am Flussufer ist Gualeguaychú seit Jahren ein beliebter Ferienort der *porteños*. Wirklich berühmt ist die Stadt allerdings für ihren Carnaval del País. Wer an den umtriebigsten Karnevalsveranstaltungen des ganzen Landes im Sommer teilnehmen möchte, sollte seinen Besuch lange im Voraus planen. Gefeiert wird hier so bunt wie in Brasilien, es geht allerdings doch etwas geordneter zu als im Nachbarland. Die Stimmung im Stadion von Gualeguaychú hat etwas Ansteckendes. Gualeguaychú ist auch wegen seiner vehementen Proteste gegen eine finnische Papiermühle auf dem Staatsgebiet von Uruguay bekannt – und aufgrund der Streikposten, die wegen der Mühle die internationale Brücke immer wieder blockierten.

GUALEGUAYCHÚ
153 D1
Besucherinformation
Tiscornia y Goldaracena/Paseo del Pueto

03446/42 29 00
Sommer: So–Do 8–22, Fr, Sa 8–24 Uhr
Winter: tgl. 8–20 Uhr
www.gualeguaychu.tur.ar

Seitdem flammen regelmäßig Proteste wegen möglicher Verschmutzungen des Uruguay-Flusses auf. Die Stadt hat zwar ein paar sehenswerte Kolonialgebäude zu bieten, allerdings kein erwähnenswertes Museum.
Ein Vergnügen ist der Spaziergang durch die Grünanlagen am Fluss. Topsehenswürdigkeit ist das **Corsódromo,** das Open-Air-Stadion an der Avenida Parque: Wo früher der Bahnhof stand, wird heute Karneval gefeiert. Wer ein Faible für Züge hat, besucht das **Museo Ferroviario** mit Dampfloks und anderen Attraktionen aus der guten alten Zeit.

PARQUE NACIONAL EL PALMAR

Zwischen den Städten Colón und Concordia am Río Uruguay hat der Nationalpark El Palmar und seine Savanne mit kleinen Bächen seinen ganz eigenen Reiz, zumal hier die Yatay-Palme dem Holzeinschlag und der Viehzucht trotzen konnte. Entlang des Flusses ziehen sich Galeriewälder, unterbrochen von Sandstränden, an denen die Urlauber schwimmen, paddeln und Kajak fahren können. Angler ziehen wahre Prachtexemplare von *dorados* (eine Barschart) und *surubís* (Tigerwelse) aus dem Wasser. Im Nationalpark findet sich eine reiche Tierwelt – und nicht nur Vögel. So lebt hier das größte Nagetier der Welt – das Capybara (Wasserschwein).

MUSEO FERROVIARIO
✉ Maestra Picini y Ayacucho
☎ 03446/43 70 34
Zwischen Maipú und Maestra Piccini
🕒 Mo–Fr 8–12, 13–16,
  Sa 8–12, So 14–18 Uhr
www.estacionguaieguaychu.blogspot.de

PARQUE NACIONAL EL PALMAR
🅰 153 D1
✉ RN 14, Km 198, Ubajay
☎ 03447/49 30 49
🕒 Tgl. 7–20 Uhr,
  Besucherzentrum tgl. 7–18 Uhr
💲 250 AR$
www.parqueelpalmar.com.ar

 Erlebnis

KARNEVAL IN GUALEGUAYCHÚ

Jedes Jahr lockt der brasilianische Karneval Millionen Touristen an. Nur wenige wissen, dass auch in Argentinien ähnlich ausgelassen gefeiert wird wie im Nachbarland. Im Gegensatz zu Brasilien handelt es sich allerdings um relativ kleine, aber bunte Spektakel, die sich auf ein Stadtviertel beschränken. Der Karneval hat sich am besten in den Provinzen Mesopotamiens erhalten, Zentrum des ausgelassenen Treibens ist die Stadt Gualeguaychú. Der alljährliche Karneval von Gualeguaychú heißt Carnaval del País *(www.carnavaldelpais.com.ar).* Er findet nicht wie in Brasilien auf der Straße statt, sondern im Corsódromo mit 38 000 Sitzplätzen – wer gut sehen möchte, sollte frühzeitig kommen. Und im Gegensatz zu Brasilien wird nur am Wochenende gefeiert – in Argentinien geht das Leben auch in der närrischen Zeit seinen normalen Gang.

Der Carneval von Gualeguaychú

Eine Schotterstraße führt von der Schnellstraße nach Osten zum Campingplatz am Fluss; etwa auf halber Höhe gelangt man auf einem Pfad Richtung Süden durch die Steppe zum **Mirador La Glorieta**. Von diesem Aussichtspunkt hat man einen tollen Blick auf den Arroyo El Palmar mit den malerischsten Palmen des Parks, die an die 18 Meter hoch und bis zu 200 Jahre alt sind. Im Park lassen sich auch Nandus und große, giftige Pitvipern beobachten. Das Tier, das sich am häufigsten blicken lässt, ist allerdings eine 20 Zentimeter große Kröte. Gleich in der Nähe liegt der **Paseo Arroyo Los Loros** – eine Schotterpiste, die sich am schönsten zu Fuß oder mit dem Rad erkunden lässt, denn dann bekommt man am Fluss die vielen Vögel zu sehen: Caracaras, Kormorane, Reiher, Eisvögel und vor allem Sittiche, nach denen der Weg benannt ist. Die mit wilden Chinchillas verwandte Vizcacha haust ebenfalls auf dem Zeltplatz.

PARANÁ UND UMGEBUNG

Die am östlichen Steilufer des gleichnamigen Flusses gelegene Provinzhauptstadt von Entre Ríos ist die jüngere Zwillingsstadt von Santa Fe, die wiederum Hauptstadt der gleichnamigen Provinz am Westufer ist. Der **Parque Urquiza** zieht sich 1,6 Kilometer am Fluss entlang und gehört zu

 **Wissen**

ARGENTINIENS »SOFTBOL«-HAUPTSTADT

Im fußballbegeisterten Argentinien haben Menschen kaum etwas für Baseball übrig. Doch seit 1970, als Víctor Centurión mit ein paar Freunden Sport für Jugendliche propagierte, ist *softbol* in der Stadt Paraná zur Traditionssportart avanciert. Beliebt sind sowohl *Fast*- als auch *Slowpitch*-Varianten. Die mittelgroße Stadt verfügt über acht Spielfelder – drei haben sogar Flutlicht. Viele junge Leute spielen auch im Erwachsenenalter weiter *softbol*. 1995 fanden die Pan American Games in Paraná statt, und die einheimischen Mannschaften sind schon bis nach New York gereist, um an hochkarätigen Wettkämpfen teilzunehmen.

Wissen

DER FLUSS IN ZAHLEN

Da sich der Paraná mit dem gewaltigen Amazonas den Kontinent teilt, wird ihm relativ wenig Aufmerksamkeit zuteil, obwohl es sich auch bei ihm um eines der größten Flusssysteme der Welt handelt. Die Statistiken weichen voneinander ab, je nachdem, welcher Zufluss als Quelle gilt, unbestritten aber liegt seine Länge zwischen 3945 und 4851 Kilometern.

Dem World Resources Institute zufolge entwässert der Paraná ein Wassereinzugsgebiet von 2 582 672 Quadratkilometern in vier Ländern: Bolivien, Brasilien, Paraguay und Argentinien. An seinem südlichen Ende trifft er auf den Río Uruguay, mit dem er dann den Río de la Plata bildet, einen riesigen Mündungstrichter in den Atlantik. Der Fluss hat 29 lange Dämme – u. a. den gewaltigen Itaipú an der Grenze zu Paraguay; vier weitere sind in Planung.

Nur 3 % des Paraná-Einzugsgebietes stehen unter Naturschutz; in der Region liegen jedoch 14 Feuchtgebiete, die von der internationalen Ramsar-Konvention anerkannt wurden, darunter auch die beeindruckenden Esteros del Iberá sowie der Parque Nacional Río Pilcomayo in Argentinien.

---

der sauberen, von Bäumen beschatteten Parks der Stadt, die auch politisch interessant ist. Nachdem der einheimische Caudillo Justo José de Urquiza 1852 General Rosas gestürzt hatte, fungierte die Stadt kurz als Kapitale Argentiniens. Sogar der Túnel Subfluvial Raúl Uranga-Carlos Sylvestre Begnis, der die Stadt mit Santa Fe auf der anderen Seite des Hauptkanals des Paraná verbindet, ist gewissermaßen eine Provokation gegenüber Buenos Aires: Nachdem die Bundesregierung ihr Veto gegen eine Brücke eingelegt hatte, beschlossen die beiden Provinzen kurzerhand, stattdessen einen 2,4 Kilometer langen Tunnel zu bauen.

Paranás Herz schlägt an der mit Palmen bestandenen **Plaza 10 de Mayo**. Hier scheinen sich sonntags fast sämtliche Einwohner der Stadt zum Spaziergang zu treffen, um die schmale Fußgängerzone in der San Martín hinunterzubummeln. Bauten aus der Kolonialzeit sind keine mehr vorhanden, doch die Gebäude aus dem 19. Jahrhundert an der Plaza, darunter auch die **Catedral Metropolitana** mit klassizistischer Fassade und zwei Glockentürmen, sorgen für eine hübsche Kulisse.

Eine Stunde südlich der Stadt und nicht weit vom Ort Diamante entfernt, trifft man auf den **Parque Nacional Pre-Delta.** Der Park mit Feuchtgebieten und Galeriewäldern sowie vielen Inseln liegt im oberen Delta des Pa-

PARANÁ
153 C1
Besucherinformation

✉ Buenos Aires 132
☎ 0343/423 41 07
www.parana.gob.ar/turismo

DIE RETTUNG DES IBERÁ: DOUG TOMPKINS' MISSION

Seit 1990, als der Mitgründer der Bekleidungsfirma Esprit nach 20 Jahren seine Firma verließ, war Doug Tompkins, einem der bekanntesten Umweltaktivisten und Philanthropen Lateinamerikas avanciert. Als begeisterter Sportler begann Tompkins seine zweite Karriere mit dem Kauf von weitläufigen Waldgebieten in Patagonien (Chile), die er dann in einen Nationalpark überführte.

Der amerikanische Naturschützer Doug Tompkins

Der Schutz der *alerce*, einer Zypressenart, die auch im argentinischen Patagonien vorkommt, war einer der Hauptgründe, weshalb der Parque Pumalín ins Leben gerufen wurde. Trotz öffentlicher Proteste gelang es Tompkins, sein Land legal in ein Naturschutzgebiet umzuwandeln. Das rechte wie auch das linke Lager waren argwöhnisch ob der Tatsache, dass ein Ausländer so viel Land in einem Grenzgebiet erwarb. Tompkins machte das Reservat aber der Öffentlichkeit zugänglich: Die Besucher durften dort wandern, zelten und anderen umweltfreundlichen Freizeitaktivitäten nachgehen. Dann erweiterte er seine Idee auf Argentinien.

Einer seiner Käufe war die Estancia Monte León, eine 62 000 Hektar große Farm in der patagonischen Provinz Santa Cruz. Dort nisten alljährlich an einer über 40 Kilometer langen Küste 70 000 Magellanpinguin-Pärchen. Guanakos und Nandus flitzen über die Steppe.

ESTEROS DEL IBERÁ

Das wahre Juwel unter Tompkins' Käufen waren die gefährdeten Sumpfgebiete rund um die Esteros del Iberá, die zum Teil bereits als Naturreservat der Provinz unterstanden. Iberá – längst nicht so bekannt wie Brasiliens Pantanal – leidet unter massiven Umweltproblemen durch Übergrasung, Abholzung, gigantische hydroelektrische Projekte, den Bau von Entwässerungskanälen für den Reisanbau und Plantagen mit exotischen Bäumen. Erste Erfolge sind vorzuweisen: So konnte der Große Ameisenbär hier wieder heimisch gemacht werden, der dazu beitragen könnte, die alarmierende Zunahme von Termitenhügeln in Gebieten zu reduzieren, die vom Vieh

Kaiman, Esteros del Iberá, Provinz Corrientes

überweidet worden waren. Tompkins ließ auch den in dieser Region eigentlich nicht heimischen Eukalyptuswald in der Hoffnung abholzen, dass eine natürliche Vegetation ihm nachfolgt.

WIDERSTAND

Unterdessen wurde Tompkins mit politischem Widerstand an beiden Enden des Spektrums konfrontiert. Da war zum einen das einflussreiche Holz-Imperium Forestal Andina zu nennen. Der Konzern wird für angeblich illegale Erdarbeiten verantwortlich gemacht, die Teile des Sumpflands haben austrocknen lassen. Die Provinzregierung von Corrientes leitete nur schleppend Maßnahmen gegen sie ein, obwohl die Proteste selbst im fernen Buenos Aires vorgebracht wurden. Das andere Extrem war der fremdenfeindliche Luis D'Elía, der als Minister einmal sogar die Bauern aufstachelte, Tompkins' Zäune einzureißen; außerdem machte er sich für die Enteignung stark. Die Landbesitzer in Corrientes misstrauten Tompkins' Umwelteifer, stellten sich jedoch auf seine Seite, als sie erkannten, dass auch ihr Privatbesitz betroffen war. Gleichzeitig distanzierte sich die damalige Präsidentin Kirchner, die die Einrichtung von Monte León als Nationalpark in ihrer Heimatprovinz begrüßt hatte, rasch von D'Elías Vorgehensweise. Die Ironie an der Sache ist allerdings, dass durch Tompkins' Pläne – darunter die Einrichtung eines Nationalparks nach dem Vorbild von Monte León – ein Großteil des Landes wieder in Besitz des argentinischen Staates kommen würde. Ende 2015 starb Tompkins an den Folgen einer Unterkühlung, die er erlitt, als sein Kajak in Folge von starkem Wind bei einer Fahrt auf dem Lago General Carrera kenterte. Wie sich seine Projekte weiter entwickeln werden, darf mit Spannung beobachtet werden.
Infos unter: www.tompkinsconservation.org

Die Esteros del Iberá in der Provinz Corrientes – ein Traum von einer Wasserlandschaft

raná. Man kann Boote leihen, um damit die Sümpfe und Kanäle zu erkunden. Auf diese Weise lassen sich auch die einheimischen Ceibo- und Timbó-Wälder aus nächster Nähe betrachten. Mit etwas Glück bekommt man Capybaras, Otter, Kaimane, Wasservögel und den legendären Amazonas-Eisvogel zu Gesicht.

YAPEYÚ

Im trägen Corrientes-Dorf Yapeyú steht der moderne **Templete Sanmartiniano** *(Gregoria Mattora und Sargento Cabral)*. Mit hohen Decken und imposanten kathedralenartigen Fenstern schützt er die Wände und Fundamente des einfachen Steinhauses, in dem der Freiheitsheld José de San

PARQUE NACIONAL PRE-DELTA
- 153 C1
- 6 km südlich von Diamante; Verwaltung in Diamante: Calle 3 de Febrero 394
- 0343/498 35 35
- Gratis
- www.parquenacionalpredelta.wordpress.com

YAPEYÚ
- 153 C2
- **Besucherinformation**
- Gregoria Mattora und Sargento Cabral
- 03772/49 31 98
- www.corrientesintensa.com/destino/yapeyu

MUSEO SANMARTINIANO
- Gregoria Matorra y Sargento Cabral
- 03772/49 30 13
- Tgl. 8–20 Uhr

SANTUARIO DEL GAUCHITO GIL
- RP 123, Km 101

Martín geboren wurde, vor Regen, Wind, Sonne und Graffiti. Yapeyú – der einzig lohnende Zwischenstopp am Río Uruguay nördlich von El Palmar bis zur Grenze von Misiones – war zur Kolonialzeit eine Jesuitenmission, von der allerdings nur die Fundamente und ein paar andere Gebäudereste erhalten blieben. Dafür bietet das Freilichtmuseum **Museo de la Cultura Jesuítica R. P. Guillermo Furlong** eine interessante fotografische Rückschau auf die Geschichte des Ortes. Das Granaderos-Regiment der argentinischen Armee unterhält zudem das **Museo Sanmartiniano**.

MERCEDES

Als geographisches Zentrum der Provinz Corrientes ist Mercedes vor allem wegen des *gauchos* Antonio Gil berühmt: Der Rabauke aus dem 19. Jahrhundert agierte im Stil von Robin Hood und brachte es zum Status eines Heiligen. Sein Grabmal, das **Santuario del Gauchito Gil** am Stadtrand, lockt Hunderttausende Pilger an. Wahre Menschenmassen versammeln sich alljährlich am 8. Januar, seinem Todestag. Mercedes ist auch das Eingangstor zu den 120 Kilometer weiter nordöstlich liegenden Esteros del Iberá, einem eindrucksvollen Feuchtgebiet mit abwechslungsreicher Fauna. Wer dem Iberá-Dorf Colonia Carlos Pellegrini einen Besuch abstatten möchte und kein eigenes Auto hat, muss oft in Mercedes übernachten, weil die Busse nach Pellegrini meist zu unchristlicher Zeit am frühen Morgen abfahren, es gibt aber auch spätere Busse.

ESTEROS DEL IBERÁ

Mitten in der Provinz Corrientes liegen die subtropischen Feuchtgebiete der **Reserva Natural Iberá** – mit 13 000 Quadratkilometern sind sie eines der größten Naturschutzgebiete Argentiniens. Lange bevor die Europäer diesen trägen Fluss mit seinen seichten Lagunen und »schwimmenden Inseln« sahen, waren sich die Guaraní schon der Bedeutung dieses Naturwunders bewusst: Der Name *iberá* bedeutet übersetzt »schimmerndes Wasser«. Eine steinige, oft morastige Straße führt von Mercedes ins rund 120 Kilometer nordöstlich gelegene Dorf **Colonia Pellegrini**, dem Tor zur **Laguna Iberá**, einem breiten Streifen an ruhig dahinfließenden, offenen Gewässern. Die Landenge wird dabei von einer Brücke überquert. Die Laguna Iberá bedeckt eine Flä-

> **Tipp**
>
> **Wer gern Capybaras, Boas, Yacarés und viele bunte Vogelarten sehen möchte, sollte im Naturschutzpark Iberá, Provinz Corrientes, ein Boot besteigen. Am Abend macht es Spaß, über den Affenweg zu spazieren.**
>
> SERGIO VIZCAINO
> NATIONAL GEOGRAPHIC-EXPERTE

che von über 5200 Hektar, der See fungiert als Ausgangspunkt für Bootsexkursionen zu den *embalsados*, den schwimmenden Inseln, auf denen die meisten Tiere zu Hause sind. Gegenüber des Besucherzentrums beginnt der **Sendero de los Monos,** ein Rundweg, an dem Wanderer aller Wahrscheinlichkeit nach Brüllaffen im dichten Galeriewald zu hören bekommen. Zwischen den Inseln schwimmen, vom Steilufer aus gut zu sehen, die Capybaras herum, Sumpfhirsche stehen fast bis Schulterhöhe im Schlamm. An ein paar relativ trockenen Stellen können die Besucher das Boot verlassen und an Land gehen. Kaimane lassen sich gern wie verrottende Baumstämme auf dem Wasser treiben oder sie nehmen auf den *embalsados* ein Sonnenbad.

Obwohl die Torferde auf den Inseln nur dünn ist, gedeihen hier überraschend große Bäume wie Ceibos. Sie bieten 300 verschiedenen Vogelarten einen Lebensraum, darunter dem Halsband-Wehrvogel.

Die meisten Exkursionen finden früh morgens oder bei Sonnenuntergang statt, da dann die Tiere am aktivsten sind. Wer die nachtaktiven Tiere sehen will, sollte an einer Mondscheinexkursion teilnehmen, dann lässt sich mit Glück auch der seltene Mähnenwolf sehen.

Das auf der Südseite der Sümpfe gelegene Colonia Pellegrini eignet sich hervorragend als Ausgangspunkt für Touren, denn hier finden sich Unterkünfte für jeden Geldbeutel. Außerhalb der Hotels und Gästehäuser gibt es keine Lokale, aber nach Voranmeldung können meist auch Leute, die nicht in den jeweiligen Unterkünften logieren, in den dortigen Hotelrestaurants essen. Auf der Nordseite der Sümpfe liegt der **Parque Nacional Mburucuyá**, ein kleineres Schutzgebiet.

RESERVA NATURAL IBERÁ
- Calle Yaguareté y Ñangapiry
- 03773/15 45 94 29
- www.coloniapellegrini.gov.ar

PARQUE NACIONAL MBURUCUYÁ
- 153 C2
- RP 86, 12 km östlich von Mburucuyá, Verwaltung: Belgrano 997, Mburucuyá
- 03782/49 89 07
- Tgl. 7.30–20 Uhr, Besucherzentrum Estancia Santa Teresa: tgl. 7.30–20 Uhr
- Gratis

CORRIENTES
- 153 C2
- **Besucherinformation**
- 25 de Mayo 1330
- 0379/442 72 00
- Sa, So und Fei. geschl.
- www.corrientesturismo.gob.ar

MUSEO HISTÓRICO DE LA PROVINCIA DE CORRIENTES
- 9 de Julio 1046
- 03794/47 56 46
- Mo–Fr 8–12, 16–20 Uhr

PASO DE LA PATRIA
- 25 de Mayo 434
- 0379/449 44 42
- Mo–Fr 7–19, Sa, So 8–20 Uhr

CORRIENTES UND UMGEBUNG

Unweit des Zusammenflusses von Paraná und Paraguay liegt die Provinzhauptstadt Corrientes. Sie wurde erstmals von Spaniern besiedelt, die von Asunción weiter nach Süden vorgedrungen waren, und präsentiert sich heute als etwas raue, subtropische Stadt mit gerade so viel Guaraní-Erbe und Kolonialflair, um einen gewissen Einblick ins Leben Mesopotamiens zu ermöglichen. Der Carnaval Correntino erinnert an den ausgelassenen brasilianischen Karneval. Das Schönste an der Stadt ist die **Costanera General San Martín**, eine Flusspromenade mit mächtigen Bäumen, die zu langen Spaziergängen einlädt. Am westlichen Ende stößt man auf die Hängebrücke **Puente General Belgrano**, die über den Fluss nach Resistencia, der Hauptstadt der Provinz Chaco, führt. Unweit vom östlichen Ende ehrt in San Juan der **Paseo Italia** die italienischen Einwanderer; die **Gran Mural** erinnert an das Guaraní-Erbe.

Das beeindruckendste Relikt aus der Kolonialzeit ist der **Convento de San Francisco** aus dem 17. Jahrhundert mit einem Kunstmuseum. Das **Museo Histórico de la Provincia de Corrientes** in einem Gebäude aus dem 20. Jahrhundert im Kolonialstil präsentiert religiöse Kunst der Kolonialzeit, aber auch Zeitgenössisches. Der Paraná ist für seine Prachtexemplare von Fischen bekannt. Die nahe Stadt **Paso de la Patria** gilt als Eldorado für Angler, die einen der *dorados* an Land ziehen wollen (siehe Kasten unten). In Paso de la Patria findet Mitte August die **Fiesta Nacional del Dorado** statt. Wer nicht so gern Fische an Land zieht, kann auch einfach an den feinen Sandstränden des riesigen Flusses oder in dem wirklich außergewöhnlich entspannten Ort eine Pause einlegen. ■

Erlebnis

KAMPF MIT DEM DORADO

In einem großen Fluss gibt es große Fische, und der *dorado* —er verdankt seinen Namen seiner goldenen Farbe — ist der listigste und fintenreichste Fisch, den man sich überhaupt vorstellen kann. Er ist über 1 Meter lang und wiegt bis zu 18 Kilogramm. Der aggressive Raubfisch mit kräftigem Kiefer hat es in der schnellen Strömung bei Sonnenuntergang auf den *boga* abgesehen. Der *dorado* (*Salminus maxillosus*) mit großer Sprungkraft und scharfen Zähnen ist unter Sportanglern der begehrteste Fisch des Flusses. Die Angelsaison dauert von Mitte Januar bis Mitte Oktober, die Sommermonate Januar bis März sind jedoch die besten.

Allgemein heißt es, dass sich der Dorado am besten in der Stadt **Paso de la Patria** unweit von Corrientes angeln lässt. Alle Techniken sind möglich – vom Fliegenfischen bis zum Schleppangeln. Eine Genehmigung ist einzuholen, was allerdings kein Problem darstellt.

MISIONES

Misiones mit seinen Bergen, Jesuitenruinen, mächtigen Flüssen und den Wasserfällen von Iguazú genießt ein hohes internationales Renommee. Selbst wenn das Erbe der Guaraní nicht zu übersehen ist, sind hier auch die Gemeinden mit Einwanderern aus Deutschland, Italien, Polen und der Ukraine interessant.

Von allen Jesuitenmissionen der Kolonialzeit ist die Misión San Ignacio am besten erhalten.

POSADAS UND UMGEBUNG

Auf dem Steilufer des Paraná präsentiert sich die Provinzhauptstadt von Misiones als subtropische Stadt mit einer Uferpromenade, einer Brücke, die als Grenzübergang nach Paraguay dient, sowie als Tor zu den Jesuitenmissionen auf beiden Seiten des Flusses. In der Innenstadt entschädigt das dichte Blätterdach über den Straßen für die meist unspektakuläre Archi-

PROVINZ MISIONES
153 C3/D3
Besucherinformationen

Colón 1985, Posadas
00376/444 75 3
www.misiones.tur.ar

Wissen

DIE MISSIONEN IN PARAGUAY

San Ignacio Miní ist die am schönsten erhaltene Jesuitenmission Argentiniens. Wen allerdings der Film *Die Mission* (1986) von Roland Joffé beeindruckt hat, der sollte von Posadas aus den Paraná überqueren, um sich in Paraguay die Missionen Trinidad und Jesús anzusehen. Beide Anlagen entstanden in der Endphase des Jesuitenimperiums: Trinidad wurde 1760 vollendet, Jesús war noch unvollendet, als Carlos III. den Orden vom Kontinent verwies. Beide liegen malerisch oben auf einem Hügel und dienten zur Verteidigung bei Angriffen brasilianischer Sklavenhändler. Die einfachste Möglichkeit, die beiden Missionen zu besuchen, ist ein Taxi von Encarnación aus. Deutsche, Österreicher und Schweizer benötigen lediglich einen noch sechs Monate gültigen Reisepass und müssen eine Einreisekarte ausfüllen.

---

tektur. Vor 1990, also bevor die Hängebrücke über den Paraná entstand, mussten Reisende den Fluss auf der Eisenbahnfähre überqueren, auf die gerade einmal vier Waggons passten, und dann den Anschlusszug nach Asunción nehmen. Nun fahren Züge und Autos über die neue Brücke, das einstige Fährgebäude wird heute als **Museo Ferrobarco Ezequiel Ramos Mexía** genutzt. Zu sehen ist zum Beispiel das in Schottland erbaute Schiff, das 1913 hier den Fährbetrieb aufnahm.

An der renovierten Uferpromenade, die zum Parque República del Paraguay gehört, präsentiert das **Museo Regional Aníbal Cambas** ethnografische Exponate der Guaraní, Relikte aus der Zeit der Jesuiten sowie Ausstellungsstücke, die mit den Einwanderern in Misiones in Zusammenhang stehen.

Rund eine Stunde westlich von Posadas, nicht weit von der Stadt Ituzaingó, liegt der **Central Hidroeléctrica Yacyretá**. Der gigantische Staudamm des Paraná liefert 40 Prozent der Elektrizität Argentiniens. Doch das Gemeinschaftsprojekt mit Paraguay hat auch seine Schattenseiten: An die 40 000 Menschen, vor allem Paraguayer, verloren im Zuge der Baumaßnahmen

---

MUSEO REGIONAL ANÍBAL CAMBAS
✉ Parque República del Paraguay, Alberdi 600
☎ 0376/442 28 60
🕐 Di–Fr 8–12, 13.30–18, Sa, So 15–18 Uhr

CENTRAL HIDROELÉCTRICA YACYRETÁ
🗺 153 C3
Besucherinformation
✉ Villa Permanente Ituzaingó
☎ 03786/42 00 80
🕐 Besucherzentrum: tgl. 8–16 Uhr, Besuche tgl. 9, 11, 12.30 und 14.30 Uhr
www.eby.org.ar

Wissen

DER HEMINGWAY ARGENTINIENS

Horacio Quiroga (1878–1937) hat vielleicht nicht im Ersten Weltkrieg gekämpft und auch nicht über den Spanischen Bürgerkrieg Bericht erstattet, aber der argentinische Autor von fantastischen Kurzgeschichten hatte wie Hemingway ein Faible für die Wildnis — und für Feuerwaffen.

Quiroga ging zuerst nach Paris, zog dann später in die Provinz Misiones und half mit, die Mission San Ignacio Miní freizulegen. Anschließend blieb er in San Ignacio — sein Haus ist heute ein Museum. Seine erste Frau beging Selbstmord, ebenso Quiroga und zwei seiner Kinder — eine weitere traurige Parallele zu Ernest Hemingway.

---

ihr Heim am Fluss, durch das Anstauen stieg auch der Wasserstand im südlich davon gelegenen Feuchtgebiet Esteros del Iberá. Das Besucherzentrum mit Museum bietet eine beeindruckende Sammlung präkolumbischer Artefakte, die während der Bauarbeiten entdeckt wurden.

SAN IGNACIO MINÍ UND UMGEBUNG

Im 17. Jahrhundert gründete der Jesuitenorden über 30 Missionen im heutigen Argentinien, Brasilien und Paraguay. Während der Christianisierung der Guaraní-Indianer in den *reducciones* (ein euphemistischer Begriff, der den Aspekt der Ausbeutung verschleiert) schufen die Jesuiten mit ihren Außenposten kulturelle Highlights in Südamerika. Gleichzeitig bildeten sie überaus befähigte Bildhauer, Buchbinder und sogar Instrumentenbauer aus, aber auch Farmer und Viehhirten.

Am gesamten Oberlauf des Paraná wurden Gebäude aus rotem Sandstein errichtet – der Architekturstil wird auch als Guaraní-Barock bezeichnet. Die kunstvoll ausgearbeiteten Details trotzen in einigen Fällen schon seit rund 400 Jahren der Verwitterung und der Vegetation. Der Erfolg der Jesuiten bedingte auch ihren Niedergang: Im portugiesischen und im spanischen Südamerika störten sich andere Kolonisten – vor allem die brasilianischen *bandeirantes* (Sklavenhändler) – an der fast schon monopolistischen Nutzung indigener Arbeitskräfte durch die Jesuiten. Nachdem diese eine Art »Staat im Staat« etabliert hatten, beschloss die spanische Krone

---

RUINAS DE SAN IGNACIO MINÍ, CENTRO DE INTERPRETACIÓN
- 153 C3
- Alberdi zw. Rivadavia und Bolívar
- 0376/447 01 86
- Tgl. 7–19 Uhr, Abendveranstaltung (45 Min.): Herbst/Winter 19 Uhr, Frühjahr/Sommer 20 Uhr
- 200 AR$

1767, die Ordensleute aus Lateinamerika zu vertreiben. Die zurückgelassenen Guaraní gaben die Missionen auf – der subtropische Regenwald überwucherte die Gebäude innerhalb weniger Jahre.

Von den verbliebenen Missionen in Argentinien ist das von der UNESCO zum Weltkulturerbe erklärte San Ignacio Miní eines der eindrucksvollsten Relikte aus dieser Zeit: Die Mission, 1817 vom paraguayischen Diktator Gaspar Rodríguez de Francia fast dem Erdboden gleichgemacht, wurde 80 Jahre später wiederentdeckt und in den 1940er-Jahren restauriert. Vor dem Betreten des Areals werden alle Besucher durch das Museum **Centro de Interpretación** geführt, das sich bemüht, die Errungenschaften der Jesuiten in einem angemessenen Kontext darzustellen. Im neokolonialen Gebäude mit rotem Ziegeldach werden Artefakte gezeigt, aber auch von den Guaraní gefertigte Saiteninstrumente sowie ein Modell der Mission.

Beim Verlassen des Museums gelangen die Besucher auf die begrünte **Plaza de Armas.** Drei Seiten werden von den ehemaligen Guaraní-Quartieren eingenommen, in denen einst 4000 Menschen lebten. Es sind aber nur noch die Fundamente erhalten. Das beeindruckendste Bauwerk ist sicher die **Iglesia de San Ignacio Miní,** eine Kirche aus rotem Sandstein mit einer 24 Meter breiten Fassade. Sie ist so detailreich ausgestaltet, dass selbst nach fast 200 Jahren der Vernachlässigung die künstlerischen Fähigkeiten der Guaraní unübersehbar sind. Diese hatten damals die Aufgabe, den Entwurf des italienischen Baumeisters Juan Brasanelli in Stein umzusetzen.

Flankiert von einem Friedhof und Kreuzgängen, zeigen die Verzierungen an Bogen und Säulen Engel, Tauben und heimische Pflanzen. Die Böden sind ein Puzzle aus schönen Steinen, die einsturzgefährdeten Wände werden inzwischen von Gerüsten gestützt. Erhalten sind auch die originalen Werkstätten und sogar das Gefängnis.

San Ignacio ist die am besten erhaltene Jesuitenmission in Argentinien, in dieser Gegend aber bei Weitem nicht die einzige. Die **Misión de Nuestra Señora de Loreto,** rund zehn Kilometer westlich von San Ignacio und drei Kilometer östlich der Schnellstraße gelegen, vermittelt eine Vorstellung, wie San Ignacio vor der Restaurierung einmal ausgesehen haben mag: Alles ist noch von Pflanzen überwuchert, ein Großteil der Stätte lässt sich nur mithilfe der Erklärungstafeln verstehen.

Rund 16 Kilometer südlich von San Ignacio und einen knappen Kilometer südlich der Schnellstraße werden die Ziegelmauern der verfallenen **Misión Santa Ana** von Gerüsten gestützt. Es lassen sich die Kirche, die Guaraní-Unterkünfte, die Werkstätten und der Friedhof erkennen, der allerdings eher wie eine Filmkulisse für einen Horrorfilm anmutet, nachdem er nach neuerlicher Nutzung im 20. Jahrhundert wieder aufgelassen wurde.

Auf der brasilianischen Seite des Nationalparks starten Helikopter zu Rundflügen über die Cataratas de Iguazú.

PUERTO IGUAZÚ UND UMGEBUNG

Wo der Paraná und der Iguazú zusammenfließen und im Dreiländereck die Grenzen von Argentinien, Brasilien und Paraguay in Sichtweite liegen, befindet sich Puerto Iguazú, das Tor zum Parque Nacional Iguazú mit seinen weltberühmten Wasserfällen. Der Ort ist kleiner und freundlicher als die Stadt Foz do Iguaçu auf brasilianischer Seite und bietet sich von daher als Übernachtungsort an, wenn man die Wasserfälle von beiden Ufern aus besichtigen möchte.

Das beschauliche Puerto Iguazú hat keine umwerfenden Sehenswürdigkeiten zu bieten, wirkt aber dank seiner üppigen subtropischen Stadtlandschaft und den unregelmäßigen Straßen nicht unattraktiv. Symbolisches Stadtzentrum ist die dreieckige **Plaza San Martín.**

Am westlichen Ende der Avenida Tres Fronteras mit Blick auf den Zusammenfluss von Paraná und Iguazú ist der **Hito Argentino** einer der Markierungspunkte der argentinisch-brasilianisch-paraguayischen Grenze. Ein alter Katamaran schippert manchmal bis zu genau dem Punkt über den Fluss, an dem die Grenzen aufeinandertreffen.

> ### ▢ Tipp
>
> **So atemberaubend die Iguazú-Fälle auch sein mögen: Achten Sie auf kleine Dinge wie die Schildkröten, die bedrohlich nah an der Abbruchkante der Wasserfälle umherschwimmen.**
>
> JASON EDWARDS
> NATIONAL GEOGRAPHIC-FOTOGRAF

Erlebnis

DIE WASSERFÄLLE (FAST) ALLEIN

Niemand wird bestreiten, dass die mächtigen Wasserfälle von Iguazú zu den spektakulärsten Sehenswürdigkeiten der Welt zählen. Und ebenso wenig lässt sich bestreiten, dass sie gut zugänglich sind und die Aussichtspunkte dort deshalb von wahren Völkerscharen überrollt werden.

Eine Alternative ist, früh am Morgen aufzubrechen und sich die Stunden am Nachmittag für weniger überlaufene Areale wie den Sendero Macuco (einen kurzen Weg durch den subtropischen Regenwald) aufzuheben. Eine zweite Möglichkeit bieten die Mondschein-Touren *(Tel. 03757/49 14 69, www.iguazu argentina.com)*. Dazu ist ein gewisses Timing erforderlich, denn sie finden nur in den fünf Nächten rund um Vollmond statt. Die kleinen Gruppen mit max. 50 Personen sind jedenfalls sehr entspannend. Man spaziert gemütlich herum, und der Führer weist auf so interessante Naturphänomene wie stark duftende, aber nur nachts blühende Pflanzen hin. Als Führer fungieren die Parkwärter, also nicht das Personal der Ausflugsagenturen, das tagsüber im Einsatz ist. Und das wohl Beste dabei ist: Wenn man an der Garganta del Diablo ankommt, hat man mehr als genug Platz, den berühmtesten Wasserfall von Iguazú zu bestaunen.

Der Nationalpark gleich in der Nähe ist für seine vielfältige Vogelwelt bekannt, der in der Stadt gelegene **Jardín de los Picaflores** wirbt damit, dass alle 17 in der Provinz gefundenen Kolibriarten hier leben. Am östlichen Stadtrand liegt das ethnologische Museum **La Aripuca**, das ein eigenes Naturschutzprojekt betreut.

Die Iguazú-Wasserfälle gehören gleich zwei Nationen: Von Puerto Iguazú lässt sich bequem ein Tagesausflug in den brasilianischen **Parque Nacional do Iguaçu** auf der anderen Seite der Fälle organisieren. Bei der Überquerung der Brücke über den Río Iguazú müssen Deutsche, Schweizer und Österreicher nur ihren noch sechs Monate gültigen Pass vorlegen und ein Einreiseformular ausfüllen. Anderen Staatsbürgern stellt das brasilianische Konsulat bei Bedarf in Puerto Iguazú gegen Gebühr ein Visum aus.

Auch auf der brasilianischen Seite kann die **Usina Hidrelétrica Itaipú**, das imposante Wasserkraftwerk, das 1982 die Sete-Quedas-Wasserfälle überflutete, im Rahmen einer Führung besichtigt werden. Wer noch gern einen

PUERTO IGUAZÚ
▲ 153 C3
Besucherinformation
✉ Av. Victoria Aguirre Nr. 337
☎ 03757/42 39 51
www.iguazuturismo.gov.ar

JARDÍN DE LOS PICAFLORES
✉ Fray Luis Beltrán 150
☎ 03757/42 40 81
☎ Tgl. 15–18.30 Uhr
💲 80 AR$

🟨 Wissen

»CHAMAMÉ«: DIE ARGENTINISCHE POLKA

Das texanisch-mexikanische Grenzgebiet hat den *conjunto* und das argentinische Mesopotamien die *chamamé*. So, wie sich die Deutschen in Texas niederließen und sich den mexikanischen Traditionen anpassten, so kamen Einwanderer aus aller Welt in die Provinz Misiones, um dort ihre Akkordeonmusik mit indigenen, subtropischen Rhythmen zu verschmelzen – und so einen neuen Sound zu schaffen, der bei Fans von Weltmusik viel Anklang findet. Bekanntester *Chamamé*-Künstler ist Chango Spasiuk (geb. 1968), ein Enkel ukrainischer Einwanderer. Durch ihn avancierte das Akkordeon zu einem so angesagten Instrument, dass es nun sogar in Clubs wie La Trastienda in Buenos Aires Einzug gehalten hat. Chango Spasiuk hat bereits in Europa und den USA Konzerte gegeben.

Ein Steg führt zur Garganta del Diablo, dem Highlight im Parque Nacional de Iguazú.

weiteren Stempel im Pass haben möchte, kann durch Brasilien nach **Ciudad del Este** in Paraguay weiterfahren, sollte aber vor Einbruch der Nacht nach Argentinien zurückkehren. Auch bei der Einreise nach Paraguay ist der Pass vorzulegen und eine Einreisekarte auszufüllen.

Die **Yacutinga Lodge** *(www.yacutinga.com)* am oberen Río Iguazú liegt in einem 570 Hektar großen Privatreservat mit einer biologischen Forschungsstation. Nur einen Bruchteil des Areals nimmt die Lodge mit ihren Unterkünften ein – der Rest besteht aus Naturpfaden durch den dichten subtropischen Wald; unter anderem wurde ein Baumkronenweg angelegt. Die Mitarbeiter von Yacutinga holen die Gäste in Puerto Iguazú ab und bringen sie durch den wenig besuchten Park zur Lodge.

PARQUE NACIONAL IGUAZÚ

Neben Buenos Aires und dem Moreno-Gletscher sind die Wasserfälle von Iguazú die dritte Topattraktion des Landes. Der über 670 Quadratkilome-

---

Besuch der Wasserfälle: Öko- und Abenteuertouren zu den Iguazú-Fällen bieten Iguazú Jungle Explorer *(im Parque Nacional, Tel. 03757/42 16 96, tgl. 8–17 Uhr, www.iguazujungle.com)* und Explorador Expediciones *(Casilla de Correo 24, Tel. 03757/49 14 69, www.rainforest.iguazuargentina.com)*.

Tukan im Parque Nacional Iguazú

ter große Nationalpark, in dem die Wasserfälle liegen, wird von subtropischem Regenwald bestanden. Hier wachsen 2000 verschiedene Pflanzenarten, die einer Fülle von Vögeln und anderen Tieren (Ameisenbären, Jaguaren, Tapiren und Ozelots) einen Lebensraum bieten. Wegen seiner Landschaft und der biologischen Vielfalt wurde der Park 1984 von der UNESCO zum Weltnaturerbe erklärt.

Im Mittelpunkt des Interesses stehen die Wasserfälle, allen voran die **Garganta del Diablo** (»Teufelsschlund«), ein natürliches Amphitheater aus Basalt. Vor 100 Millionen Jahren kühlte Lava aus und es entstand eine stufenartige Steinformation. An einigen Stellen wurden die Kaskaden durch die reißende Strömung ausgewaschen, sodass sich insgesamt eine Serie von rund 275 Wasserfällen ausbildete, die sich nun über eine Länge von 2,7 Kilometern von Argentinien nach Brasilien erstrecken. Der Eingang zum Park ist für viele, die mit Wildnis gerechnet hatten, zunächst eine Enttäuschung: Restaurants, Andenkenläden und Tourveranstalter säumen den Weg. Wenn die ersten Ausflugsbusse eintreffen, beginnt ein ziemliches Gedränge. Das argentinische Besucherzentrum, das **Centro de Visitantes Yvyrá Retá,** bietet eine Einführung *(nur auf Spanisch)*

LA ARIPUCA
- RN 12, Km 4,5
- 03757/42 34 88
- Tgl. 8–19 Uhr
- 110 AR$

www.aripuca.com.ar

PARQUE NACIONAL DO IGUAÇU
- Rodovia BR 469, Km 18, Foz do Iguaçu, Paraná Brazil
- 045/35 21 44 00 (aus Brasilien)
- Tgl. 9–17 Uhr
- 63 AR$

www.cataratasdoiguacu.com.br

USINA HIDRELÉTRICA ITAIPÚ
- Av. Tancredo Neves 6731, 12 km von Foz do Iguaçu
- 045/35 20 52 52 (aus Brasilien)

www.itaipu.gov.br

PARQUE NACIONAL IGUAZÚ
- 153 C3/D3

Besucherinformation
- 17 km südöstlich von Puerto Iguazú via RN 12 und RN 101
- 03757/49 14 69
- Tgl. 8–18 Uhr
- 500 AR$

www.iguazuargentina.com

in die Ökologie, Ethnologie und Geschichte des Parks. Es ist möglich, zu Fuß zu den Wasserfällen zu gehen, die meisten Besucher nehmen jedoch den **Tren Ecológico de la Selva**, eine Schmalspurbahn extra für Touristen. Vom kommerziellen Eingangsbereich tuckern die Fahrgäste zur **Estación Cataratas** mit Panoramablick über die Fälle und anschließend weiter zur **Estación Garganta del Diablo**, wo die berühmten Wasserfälle aus nächster Nähe zu bestaunen sind.

AB DER ESTACIÓN CATARATAS

Unweit der Estación Cataratas beginnt der 30-minütige Rundweg **Circuito Superior,** der auf gepflasterten Wegen durch Wald und auf Stegen über Wasserläufe führt. Der Weg verläuft an den Wasserfällen Salto Bossetti, Salto Guardaparque Bernabé Méndez und Salto Mbiguá vorbei. Unterwegs lassen sich *coatimundi* sehen, die oft aufdringlichen Nasenbären. Der Rundweg bietet eine gute Einführung in den Park. Der etwas längere **Circuito Inferior** führt bis zum Flussbett hinunter; unterwegs kommt man einigen Fällen, wie dem Álvar Núñez und Lanusse (40–60 Meter hoch) relativ nah. Unten am Fluss setzt ein kostenloses Boot die Besucher zur **Isla San Martín** über, sie ist der einzige Punkt, von dem aus sich die Garganta del Diablo unmittelbar vor einem erhebt. Der Circuito Inferior ist ein Rundweg, der schließlich wieder zur Estación Cataratas zurückführt; er führt steil bergauf, was bei der hohen Luftfeuchtigkeit recht anstrengend werden kann.

AB DER ESTACIÓN GARGANTA DEL DIABLO

Wenn man den Río Iguazú so träge dahinfließen sieht, bevor er über die hufeisenförmigen Fälle der Garganta del Diablo tost, kann man sich kaum vorstellen, welche Kraft das Wasser hat. Auf neuen, soliden Metallstegen mit Geländer an beiden Seiten (auch für Rollstuhlfahrer geeignet) gelangen die Besucher heute von der Estación Garganta del Diablo zu einem größeren Aussichtspunkt. Die Gischt der Fälle ist so stark, dass kaum etwas erkennbar ist. Sobald der Dunst sich auflöst, entschädigt der Panoramablick jedoch für alles.

JENSEITS DER WASSERFÄLLE

Die Garganta del Diablo und andere Fälle sind von Touristen überlaufen, ruhiger geht es dafür auf den angelegten Pfaden durch den Regenwald zu.

Die Wasserfälle von Iguazú – ein berauschender Anblick, den man nie wieder vergessen wird.

Sogar der kurze gepflasterte **Sendero Verde** zwischen dem Eingangsbereich mit den Geschäften und der Estación Cataratas wird von weniger Besuchern frequentiert.

Für Wanderfreunde, die die Einsamkeit lieben, bietet sich der sieben Kilometer lange Rundweg **Sendero Macuco** an, der vom Eingangsbereich durch den Regenwald zum **Salto Arrechea** führt, einem vergleichsweise bescheidenen, 23 Meter hohen Wasserfall. Das Areal, in dem viele Wildtiere leben, ist leicht zugänglich, allerdings ist der Regenwald so dicht, dass Tiere eher zu hören als zu sehen sind. Dennoch hat der Wald mit blühenden *lapachos* (Trompetenbäume), *guapoys* (Würgefeigen) und Orchideen seinen ganz eigenen Reiz. Wer entlegenere Teile des Nationalparks kennenlernen möchte oder früh am Morgen mit einem Jeep zur Vogelbeobachtung aufbrechen will, muss sich am Parkeingang einen Führer nehmen. Ein schöner Ausflug beginnt am Circuito Inferior, von wo aus Boote zum Fuß der Garganta del Diablo übersetzen. Der **Sendero Yacaratiá** ist eine Autostrecke (*8 Kilometer, nur mit Genehmigung*), mit etwas Glück lassen sich ein paar Affen blicken. ∎

174 DER CHACO

Westlich vom Paraná erstreckt sich der Gran Chaco als weitläufiges subtropisches Flachland. Eine befestigte Straße führt quer durchs Land zu den nordwestlichen Andenprovinzen, der Chaco selbst erstreckt sich im Norden in die Nachbarländer Paraguay und Bolivien.

RESISTENCIA

Die Stadt geht auf eine Jesuitenmission zurück, die 1750 gegründet wurde, und präsentiert sich heute mit einer erstaunlichen Tradition im Bereich der Schönen Künste. Resistencia war ursprünglich ein Hafen für Holzfäller, die in den Dornenwäldern der Umgebung Tannin gewannen, avancierte dann aber zum Sprungbrett für die landwirtschaftliche Kolonialisierung. Resistencia ist auch als *Ciudad las Esculturas* (Stadt der Skulpturen) oder als *Museo al Aire Libre* (Freilichtmuseum) bekannt, denn es stehen fast an jeder Ecke der Stadt Stein- und Holzplastiken. Skulpturen unter freiem Himmel finden sich auch zuhauf im **Museo de las Esculturas Urbanas del Mundo (MUSEUM)**; dort sind 500 Werke in einem öffentlichen Park sowie in einem kleinen Gebäude mit Wechselausstellungen zu sehen. Im Juli füllt sich der Park in geraden Jahren während der Bienal Internacional de Escultura mit Bildhauern, die dann in einer Woche ihre Werke aus Marmor und Hartholz fertigen.

Seit über 50 Jahren schlägt das Herz der Künstlergemeinde der Stadt allerdings im **El Fogón de los Arrieros**, einem Kulturzentrum mit Restaurant und Bar. Die Fassade des Kulturzentrums mit Skulpturen, Wandmalereien und diversen Kunstobjekten lädt jeden Reisenden ein, »einzutreten, ohne vorher groß anzuklopfen«. Dieses lockere Motto findet dann mit Tango, *chamamé* oder einfach einem Drink an der Bar praktische Umsetzung. Zu den Kunstwerken hier zählen Arbeiten der prominentesten Künstler Argentiniens, darunter Libero Badíí, Carlos Páez Vilaró und Raúl Soldi. Der Chaco war und ist die Heimat der indigenen Mocoví-, Toba- und Wichí-Stämme. Ihre Geschichte erzählt das **Museo Provincial del**

Sumpfgebiete im feuchten Chaco

Hombre Chaqueño Profesor Ertivio Acosta anhand von Landkarten und Artefakten sowie Web- und Töpferarbeiten im Sector Indígena. Die Abteilung Criollo und Inmigración Europea beschäftigt sich mit den Beiträgen der europäischen Einwanderer. Außerdem sind frühe landwirtschaftliche Geräte zu bestaunen, mit deren Hilfe aus dem Land der Jäger und Sammler Ackerland wurde.

PARQUE NACIONAL CHACO

Im feuchten Flachland, nur gut eine Stunde mit dem Auto nordwestlich von Resistencia, ist der Parque Nacional Chaco ein kleines, aber abwechslungsreiches Naturreservat, in dem sich von Reetgras gesäumte Sümpfe mit tropischen Hartholzwäldern abwechseln. Galeriewälder ziehen sich am träge fließenden Río Negro entlang. Dort, wo der Fluss eine Richtungsänderung vollzogen hat, breiten sich heute Sümpfe aus. Nur der Nordosten des 150 Quadratkilometer großen Parks ist gut zugänglich, aber dieses Areal reicht völlig aus, um unzählige der rund 340 hier heimischen Vogelarten zu sehen, dazu Reptilien wie

Tipp

Wer eine *estancia* kennenlernen möchte, besucht Las Curiosas (*Ruta 89, Km 176, Aviá Terai, Chaco, Tel. 0364/ 464 27 85, www.lascuriosas. com*), 200 Kilometer von Resistencia entfernt. Sie bietet neben den typischen Aktivitäten einer Ranch auch exotische Tiere.

ELISEO MICIU
NATIONAL GEOGRAPHIC-FOTOGRAF

CHACO
- 152 f. B2
Besucherinformation
- Av. Sarmiento 2155, Resistencia
- 0362/497 91 18
- Mo–Fr 9–20, Sa, So 10–20 Uhr
- www.chaco.travel

MUSEO DE LAS ESCULTURAS URBANAS DEL MUNDO (MUSEUM)
- Parque 2 de Febrero
- 0362/441 50 20
- www.bienaldelchaco.org

EL FOGÓN DE LOS ARRIEROS
- Brown 350, Resistencia
- 0362/442 64 18
- So und Fei. geschl.
  Mo–Fr 8–20, Sa 9–13 Uhr
- $
- www.fogondelosarrieros.com.ar

MUSEO PROVINCIAL DEL HOMBRE CHAQUEÑO PROFESOR ERTIVIO ACOSTA
- Juan B. Justo 280, Resistencia
- 0362/445 30 05
- Mo–Fr 8–12, 16–20 Uhr
- www.museohombrechaco.blogspot.de

PARQUE NACIONAL CHACO
- 152 B2
- 110 km westlich von Resistencia via RN 16 und RP 9 nach Capitán Solari
- 03725/49 91 61
- Herbst und Winter 8–19, Frühjahr und Sommer 7–20 Uhr

> **Tipp**
>
> **Auf keinen Fall sollten Sie es versäumen, dem Campo del Cielo einen Besuch abzustatten: Das Kraterfeld entstand durch den Einschlag von 22 Meteoriten vor zigtausend Jahren.**
>
> ROGELIO DANIEL ACEVEDO
> NATIONAL GEOGRAPHIC-EXPERTE

Kaimane und – mit etwas Glück – Brüllaffen oder das Halsbandpekari, ein Nabelschwein. Sonnenauf- und Sonnenuntergang sind die besten Tageszeiten zur Tierbeobachtung. Am Zeltplatz bietet ein 1,6 Kilometer langer Rundweg eine Einführung in den Wald, die schönste Stelle zum Beobachten von Tieren befindet sich jedoch am Ende einer extrem schmalen Straße durch dichten Wald. Die Straße führt zu einem kurzen Wanderweg, über den man zum Aussichtspunkt an der **Laguna Carpincho** gelangt, wo sich Vögel und Capybaras am Ufer entdecken lassen. Ein Stück weiter mit dem Auto auf der gleichen Strecke bietet sich von der **Laguna Yacaré** eine ähnliche Aussicht. Mit etwas Geduld lässt sich hier die Pelomedusen-Schildkröte sehen. Wo der Park offener ist und *Carandaý* und *Pindó*-Palmen wachsen, rennen Nandus herum. Nur in der Trockenzeit ist eine Straße geöffnet, die vom Campingplatz zwölf Kilometer Richtung Süden durch den *Quebracho*-Wald zur **Laguna Panza de Cabra** führt, einem weiteren herrlichen Sumpfgebiet.

PRESIDENCIA ROQUE SÁENZ PEÑA UND UMGEBUNG

Die »Baumwollhauptstadt« Sáenz Peña eignet sich als Zwischenstopp an der pfeilgeraden Trans-Chaco-Schnellstraße, die in die nordwestlichsten Andenprovinzen führt. Sie ist wahrscheinlich die einsamste befestige Straße in ganz Argentinien. In der Stadt warten zwei interessante Sehenswürdigkeiten: ein Komplex mit den städtischen Thermalbädern sowie ein schöner Zoo mit dem Schwerpunkt auf Tieren der Region. Am nördlichen Stadtrand bietet der **Complejo Termal** nicht nur Saunen und heiße Mineralbäder, sondern auch preiswerte Massagen und Physiotherapien.

> **DER HAARIGSTE FISCH DER WELT?**
>
> Cabybaras, die sich unschwer als die größten Nagetiere der Welt identifizieren lassen, sind 1,2 Meter lang, 50 Zentimeter hoch und wiegen 45 Kilogramm. Im 16. Jahrhundert klassifizierte der Vatikan die im Wasser lebenden Säugetiere als Fische. Seitdem werden die Capybaras in einigen Teilen Südamerikas als eine fromme, fleischlose Mahlzeit gegessen.

Südlich der Schnellstraße befindet sich der **Complejo Ecológico Municipal**, dort leben seltene Säugetiere wie der Große Ameisenbär, Mähnenwölfe und Tapire in Gehegen, die dem natürlichen Lebensraum der Tiere gut nachempfunden sind. Die Capybaras beispielsweise können in künstliche Teiche abtauchen, an denen viele Zugvögel überwintern. Im 20 Hektar großen Botanischen Garten bekommt man einen ersten Eindruck von den regionalen Chaco-Wäldern, außerdem leben hier kleinere Reptilien, Vögel und Säugetiere.

Nordwestlich von Sáenz Peña dauert die Autofahrt auf der Trans-Chaco in die Provinz Salta – dem Tor zu den nordwestlichen Anden – scheinbar endlos. Unterwegs hat der Ort **Pampa del Infierno** (dt. Höllenwohnung) wohl den unheilvollsten Namen in ganz Argentinien, dafür bietet **Taco Pozo** eines der besten Lokale am Straßenrand. Zwei Stunden südwestlich von Sáenz Peña stößt man auf das 4000 Jahre alte **Campo del Cielo** (Himmelsfeld): Es ist eines der größten Meteoritenfelder der Welt.

PARQUE NACIONAL RÍO PILCOMAYO

Die am wenigsten besuchte Provinz Argentiniens ist sicher Formosa. Sie hat eine lange gemeinsame Grenze mit Paraguay, die entlang des Río Paraguay und des Río Pilcomayo verläuft. Der gleichnamige Nationalpark erinnert an den Parque Nacional Chaco, ist allerdings dreimal so groß. Hauptattraktion ist die **Laguna Blanca,** ein 800 Hektar großes Gebiet mit seichten, stehenden Gewässern, an dem sich Capybaras tummeln, Kaimane auftauchen und Boas durchs Wasser schlängeln. ■

PRESIDENCIA ROQUE SÁENZ PEÑA
🅰 152 B2
Besucherinformation
✉ Juan M de Rozas s/n
☎ 0364/443 15 50
🕐 Mo–Fr 8–12, 16–20, Sa–So 9–12, 15–19 Uhr

CAMPO DEL CIELO
🅰 152 B2
✉ Gran Chaco Gualamba
☎ 0336/433 58 48
www.campodelcielo.com.ar

COMPLEJO TERMAL
✉ Brown 545, Roque Sáenz Peña
☎ 0364/443 31 77
🕐 Tgl. 8–22 Uhr
www.termasdesp.com.ar

COMPLEJO ECOLÓGICO MUNICIPAL
✉ RN 95, Km 1111
☎ 0364/442 42 84
💲 $

PARQUE NACIONAL RÍO PILCOMAYO
🅰 152 B3
✉ 45 km nordwestlich von Clorinda via RN 86; Parkverwaltung: Pueyrredón y Ruta Nacional 86, Laguna Blanca
☎ 03718/47 00 45
🕐 Mo–Fr 7.30–15 Uhr
💲 Gratis

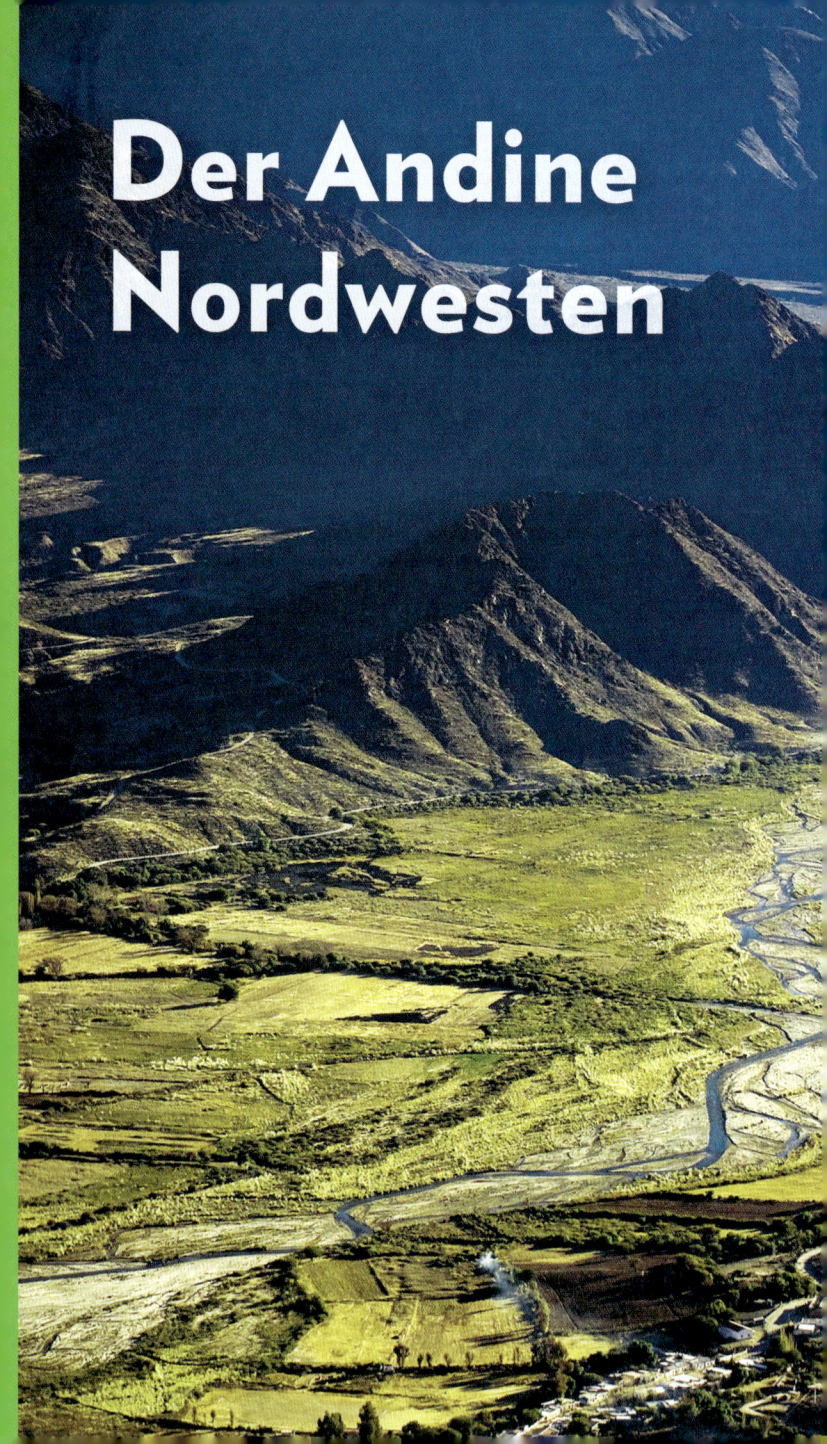

Der Andine Nordwesten

Erster Überblick	180–181
Salta	182–187
Special: Die Weine des Nordwestens	188–189
Rund um Salta	190–197
Special: Die Salta-Cafayate-Cachi-Tour	194–195
Quebrada de Humahuaca und Umgebung	198–206
Special: Kunst und Kultur in Argentiniens Nordwesten	204–205
Tucumán	207–210
Rund um Tucumán	211–217
Hotels und Restaurants	362–367

‹ Im Tal des Río Calchaquí bei Seclantás

DER ANDINE NORDWESTEN

Reisenden, die bei Argentinien nur an Buenos Aires, Iguazú und die Gletscher Patagoniens denken, öffnet der von den Anden geprägte Nordwesten die Augen für andere Seiten des Landes. Hier treffen Sie auf vielfarbige Wüstenschluchten, präkolumbische Ruinen, Ureinwohner der Anden, ein markantes koloniales Erbe plus ein noch unterbewertetes Weinbaugebiet. So ist der Nordwesten allein schon eine ausgedehnte Reise nach Argentinien wert.

Von Bergen umgeben, schmiegt sich Salta in das grüne Lerma-Tal. Die Stadt lockt mit ihren kolonialen Kirchen, Museen und dem dynamischen Ausgehviertel. Dank seiner zentralen Lage bildet Salta einen guten Ausgangspunkt für Ausflüge ins Departamento Cafayate, dem Weinbaugebiet der Region, und zur Fahrt durch die berühmte Quebrada de Humahuaca. Oberhalb von Salta verlaufen längs der östlichsten Ausläufer der Anden die *yungas,* ein Landstrich mit dichtem Nebelwald. Im Westen steigen die Anden steil zum argentinischen Altiplano hinauf. Auf der ariden Hochebene hüten die Kolla ihre Lamaherden, auf die man einen Blick vom Tren a las Nubes werfen kann, der auf einer der höchstgelegenen Eisenbahnstrecken der Welt unterwegs ist.
Nördlich von Salta liegt die Quebrada de Humahuaca, seit 2003 UNESCO-Weltnaturerbe. Von San Salvador de Jujuy ist es nicht weit bis zu diesem Canyon und nach Purmamarca, einem Dorf mit sandigen Kolonialstraßen am Fuß des Cerro de los siete Colores, dem Berg der sieben Farben. Weiter oben im Tal begeistert die pittoreske Künstlerkolonie Tilcara mit ihren hervorragenden Museen, Pukará, einer Festung mit Panoramablick und einer besonders enspannten Atmosphäre. In den nördlichen Höhen, wo die Nächte deutlich kälter sind, ist Humahuaca noch immer eine Stadt der Kolla. Zu den schönsten Erlebnissen zählt jedoch der Abstecher in das entlegene Dorf Iruya: Mit seinen Kopfsteinpflastergassen und Steinterrassen wirkt es, als sei es geradewegs von Perus Altiplano hierher in ein Hochtal verpflanzt worden.
Südlich von Salta beginnt mit der Straße nach Cafayate (Stadt) eine der schönsten Auto- oder Motorradrundfahrten Argentiniens. Sie führt im Norden durch die Calchaquíes-Täler und windet sich in die Quebrada de Escoipe hinunter. Für eine Verschnaufpause zwischendurch sorgen zahlreiche Weingüter, die die Rebsorte Torrontés in einer Höhenlage ziehen, in der anderswo auf der Welt die Hälfte des Jahres Schnee liegt.

PROVINZ TUCUMÁN

Tucumán, Argentiniens kleinste Provinz und Wiege seiner Unabhängigkeit, besticht mit malerischen Orten in den Valles Calchaquíes wie Tafí del Valle

DER ANDINE NORDWESTEN 181

und der Indígena-Gemeinde Amaichá del Valle. In der Nähe erinnern die Ruinen von Quilmes daran, dass in dieser Gegend die Vergangenheit der Ureinwohner immer noch gegenwärtig ist. Wichtig für Reisende: Argentiniens Nordwesten hat ein regenreiches Sommerklima, das Sturzfluten mit sich bringt, die manche Gebiete (z. B. enge Wüstenschluchten) immer wieder unpassierbar machen. ■

SALTA

Umrahmt von grünen Bergen, liegt Salta la Linda (Salta, die Schöne) in einem subtropischen Tal. Die Stadtbewohner belieferten in der Kolonialzeit die Silberminen bei Potosí (im heutigen Bolivien) mit Nahrungsmitteln. Nach der Unabhängigkeit und der Verlängerung der Eisenbahnlinie von Buenos Aires nach Salta orientierte sich die geschichtsträchtige Stadt stärker nach Süden.

Die in strahlenden Farben gestrichene Iglesia San Francisco gehört zu Saltas Wahrzeichen.

PLAZA 9 DE JULIO UND UMGEBUNG

Saltas Zentrum bildet die Plaza 9 de Julio – ein subtropischer Palmengarten mit Konzertmuschel und dem Reiterstandbild von Juan Antonio Álvarez de Arenales im Mittelpunkt. An der Nordseite flankieren zwei Glockentürme die Rokokofassade der **Catedral Basílica de Salta** aus dem 19. Jahrhundert. Hier ruht *caudillo* Martín Miguel de Güemes (1785–1821), der während der Unabhängigkeitskriege mit seinen Gauchos einen wirkungsvollen Guerillakampf gegen die Spanier führte.

In der Nähe findet man einige spätkoloniale Bauwerke wie das **Cabildo Histórico de Salta** *(Caseros 549)*, dessen doppelstöckige Säulengänge die Südseite des Platzes einnehmen. In einem Teil des Gebäudes verfolgt das

Wissen

DIE KINDER VOM LLULLAILLACO

Entdeckungen jugendlicher Mumien auf hohen Andengipfeln weisen auf die religiöse Bedeutung von hoch gelegenen Plätzen hin. Neuere Forschungen im Zusammenhang mit den Mumien vom Llullaillaco legen jedoch nahe, dass die machtpolitischen Motive der Herrscher von Cusco bei der Opferung von Kindern und Jugendlichen in Nordargentinien mindestens eine genauso große Rolle gespielt haben wie die Religion.

Mitte des 15. Jahrhunderts dehnten die Inka ihren Machtbereich bis in die Region der Hochanden aus, die heute zum Teil auch zu Argentinien und Chile gehören. Dem Archäologen Timothy Taylor (Universität von Bradford) zufolge waren die Mumien, die man 1999 auf dem Gipfel des Llullaillaco fand, keine Mitglieder des Herrscherhauses der Inka, sie wurden vielmehr aus Familien der eroberten Völker ausgewählt.

Die jungen Opfer, die sich bis dahin von einfacher bäuerlicher Kost ernährt hatten, wurden ein Jahr lang mit Mais und Pökelfleisch gemästet. Bevor man sie zum Sterben auf den 6739 Meter hohen Gipfel brachte, erhielten sie zur Beruhigung Maisbier und Koka.

Die Forscher nehmen an, dass diese Opferhandlung die eingeschüchterten Einheimischen dazu brachte, mit den eingedrungenen Inka zu kollaborieren.

Museo Histórico del Norte die Geschichte der Provinz von der präkolumbischen Zeit bis ins frühe 20. Jahrhundert. In chronologischer Reihenfolge zeigen Schaukästen getöpferte Gebrauchsgegenstände sowie Steinskulpturen der Ureinwohner. Der zweite Stock widmet sich der Kolonialgeschichte, ein Schwerpunkt ist die Sakralkunst. Zu den Exponaten zählen eine geschnitzte Kanzel der Jesuiten, peruanische Gemälde aus dem 18. Jahrhundert und eine Münzsammlung. Weitere Ausstellungen beschäftigen sich mit der Entwicklung der Stadtarchitektur und mit bedeutenden Persönlichkeiten aus der Zeit nach den Unabhängigkeitskriegen. Im

SALTA
181 B4
Besucherinformation
✉ Buenos Aires 93
☎ 0387/431 09 50
🕐 Mo–Fr 8–21, Sa–So 9–20 Uhr
www.turismosalta.gov.ar

CATEDRAL BASÍLICA DE SALTA
✉ 558 España
☎ 0387/431 82 06
🕐 Mo–Fr 6.30–12.15, 16.30–20.15,
Sa 7.30–12.15, 17–20.15,
So 7.30–13, 17–21 Uhr
www.catedralsalta.org

MUSEO HISTÓRICO DEL NORTE
✉ Cabildo Histórico de Salta, Caseros 549
☎ 0387/421 53 40
🕐 Di–Fr 9–18,
Sa–So 9–13.30 Uhr
$
museodelnorte.cultura.gob.ar

Innenhof stehen historische Kutschen. Das im 19. Jahrhundert in italienischem Stil erbaute Haus an der Ostseite der Plaza beherbergt das **Museo de Arte Contemporáneo (MAC),** ein Kunstmuseum. Wechselnde Ausstellungen von Gemälden, Skulpturen und Fotos ergänzen die Dauerausstellungen mit Werken bekannter argentinischer Maler und Bildhauer.

Das Spitzenmuseum an der Plaza ist das **Museo de Arqueología de Alta Montaña (MAAM).** Seine Exponate, darunter Steigeisen, Eispickel und Daunenschlafsäcke, geben einen Einblick in die archäologischen Hochanden-Expeditionen. Mithilfe des Museums konnten Anthropologen 1999 einen sensationellen Fund bergen: drei auf dem an der chilenischen Grenze liegenden Gipfel des Llullaillaco (6739 m) entdeckte Kinder (siehe Kasten S. 183) – Menschenopfer der Inka. Dank eines Umbaus kann das Museum die jüngsten Funde inzwischen unter geeigneten konservatorischen Bedingungen wechselweise ausstellen. Das Museum zeigt die Mumien im Kontext des präkolumbischen Weltbilds. Stilisierte Wandmalereien informieren über die Gesellschaftsstruktur der Inka, in Schaukästen spiegelt sich ihre Kultur in Form von Keramik, vergoldeten Menschenfiguren und Textilien wider. Videoprojektionen der Expedition vermitteln Besuchern das Gefühl, als seien sie selbst vor Ort. Spezielle Exponate stellen sogar die Reise der Kinder zu ihrem Gipfelgrab dar.

RUND UM DIE PLAZA

Einen Block westlich der Plaza beherbergt die **Casa de Arias Rengel** (18. Jh.) das **Museo Provincial de Bellas Artes.** Koloniale Sakralkunst, vor allem aus der Zeit, in der sich europäische und indigene Traditionen zur

MUSEO DE ARTE CONTEMPORÁNEO (MAC)
✉ Zuviría 90
☎ 0387/437 04 98
🕓 Di–So 9–19 Uhr
💲 2 AR$
www.macsaltamuseo.org

MUSEO DE ARQUEOLOGÍA DE ALTA MONTAÑA (MAAM)
✉ Mitre 77
☎ 0387/437 05 92
🕓 Di–So 11–19.30 Uhr; geführte Touren Di–So 12 und 18 Uhr
💲 $$$$$, Mi freier Eintritt
www.maam.gob.ar

MUSEO CASA DE ARIAS RENGEL
✉ Florida 20
☎ 0387/421 47 14
🕓 Di–So 9–19 Uhr
www.casadeariasrengel.todoweb salta.com.ar

MUSEO DE LA CIUDAD »CASA DE HERNÁNDEZ«
✉ Florida 97
☎ 0387/437 33 52
🕓 Mo–Sa 9–13, 16–20.30 Uhr

MUSEO PRESIDENTE JOSÉ EVARISTO URIBURU
✉ Caseros 417
☎ 0387/421 81 74
🕓 Di–Fr 9–19, Sa 9–13.30 Uhr
www.casadeuriburu.todowebsalta.com.ar

Mit der Seilbahn kann man auf den Hausberg von Salta fahren, den Cerro San Bernardo – am besten bei Sonnenuntergang, wenn sich das Lichtermeer über der Stadt ausbreitet.

sogenannten Cusco-Schule verbanden, füllt einen ganzen Raum im Obergeschoss. Die aus dem 19. Jahrhundert stammenden Exponate sind meist säkularer Natur und in verschiedenen kolonialen Stilrichtungen gefertigt. Dagegen wird bei der in drei Räumen ausgestellten modernen *salteño*-Kunst deutlich, dass diese neue Wege geht. In den Salons im Erdgeschoss finden sich Werke argentinischer und ausländischer Künstler.

Anderthalb Block weiter südlich steht die **Casa de Hernández,** ein Adobe-Bau aus dem 18. Jahrhundert mit Eckbalkon, weitem Innenhof und kunstvollen schmiedeeisernen Treppengeländern. Hier ist das **Museo de la Ciudad** untergebracht, in dem ein eindrucksvolles Ölgemälde des Malers Lorenzo Gigli darstellt, wie Martín Miguel de Güemes seine Gaucho-Truppe heldenhaft in die Schlacht führt. In den anderen Räumen geht es um alltäglichere Dinge wie Stadtarchitektur, Möbel und Fotos von *salteños*.

Das nur einen Block östlich der Plaza liegende **Museo Presidente José Evaristo Uriburu** wird vom Museo Histórico del Norte verwaltet. Der Adobe-Bau (18. Jh.) mit mehreren Innenhöfen, gekacheltem Dach und schmiedeeisernem Balkon an der Straßenseite trägt den Namen des früheren Besitzers: José Evaristo Uriburu (1831–1914) war von 1895 bis 1898 Argentiniens Präsident. Die Sammlungen beschäftigen sich mit dem 18. und 19. Jahrhundert, dazu zählen auch die Porträts, die der Franzose Amadeo Gras in den 1840er-Jahren malte.

Direkt gegenüber steht die spätkoloniale **Iglesia de San Francisco**. Mit ihrer Barockfassade und dem dreigeschossigen Glockenturm zählt sie zu Saltas Wahrzeichen. Marmorsäulen und Fresken schmücken das Portal. Ziegelrote Wandfarben und Vergoldungen prägen das Erscheinungsbild. Drei Blocks weiter östlich präsentiert sich der **Convento de San Bernardo** (16. Jh.) wesentlich bescheidener. Seine schön geschnitzten Tore aus dem Holz des *algarrobo* (Johannisbrotbaum) bleiben allerdings für die Öffentlichkeit verschlossen. Zwei Blocks südlich des Konvents bildet der **Parque San Martín** die größte unbebaute Fläche im Stadtzentrum. Inmitten seiner Baumlandschaft liegt ein künstlicher See und sprudeln Fontänen. An seinem Ostrand schweben die Gondeln der **Complejo Teleférico San Bernardo** zur 250 Meter höher gelegenen Bergstation auf dem Gipfel des gleichnamigen Berges.

Vom San Bernardo reicht der Blick weit über das Tal, in dem die Stadt liegt. Vom Gipfel führt ein Weg, den man im dunklen aber besser zu zweit hinunter steigt, abwärts zum **Monumento al General Martín Miguel de**

Nachts auf der Plaza 9 de Julio

DER ANDINE NORDWESTEN

Güemes. Ein aus Felsbrocken bestehender Schrein symbolisiert die Anden, an deren Fuß die Partisanenkämpfer der Gauchos auf die Befehle ihres Anführers Güemes warteten.

Etwa zehn Blocks nördlich der Plaza 9 de Julio sind die rostenden Schienen und Waggons der ehemaligen **Estación del Ferrocarril General Belgrano** ein Ziel für Eisenbahnfans. Im Winter startet hier der **Tren a las Nubes** (dt. Zug in die Wolken, siehe Kasten S. 196). Der historische Zug klettert heute für Touristen die Abhänge der Anden bis zu dem auf 4220 Höhenmetern liegenden imposanten Viadukt La Polvorilla hinauf und kehrt erst am Abend wieder in die Stadt zurück. Gleich südlich der Bahnstation erstreckt sich **La Balcarce**, die Straße, in der das Herz des städtischen Nachtlebens schlägt. Über mehrere Blocks reihen sich hier Restaurants, Bars und die für Salta bekannten *peñas* mit Live-Musik. Einen Block weiter westlich befindet sich das private **Museo de Arte Étnico Americano – Pajcha**. Mit seiner sehr umfangreichen Sammlung an Keramiken, Textilien und anderen Exponaten ergänzt es das MAAM. ∎

> **Tipp**
>
> **Traditionell besuchen *salteños*, ob jung oder alt, die *peñas*, die Folklore-Clubs. Zu Essen gibt es reichlich Fleisch auf Holzplatten, die Einheimischen singen oder spielen Gitarre.**
>
> MICHAEL LUONGO
> NATIONAL GEOGRAPHIC-AUTOR

COMPLEJO TELEFÉRICO
✉ Av. San Martín 4400 und H. Y.
☎ 0387/431 06 41
🕐 Tgl. 10–18.30 Uhr
💲 200 AR$
www.telefericosanbernardo.com

MUSEO DE ARTE ÉTNICO AMERICANO-PAJCHA
✉ 20 de Febrero 831
☎ 0387/422 94 17
🕐 Mo–Sa 10–13, 16–20 Uhr

DIE WEINE DES NORDWESTENS

Mit seiner Lage hoch in den Anden und in subtropischen Breiten zählt Argentiniens Nordwesten zu den ungewöhnlichsten Weinbaugebieten der Welt. Die Weinkellereien in den Provinzen Salta und La Rioja sind berühmt für ihre trockenen Weißweine.

Erntehelfer bringen Trauben für die exzellenten argentinischen Weine.

In einer Hochwüste mit warmen Tagen, kalten Nächten und sandigem, teilweise sogar steinigem Boden nimmt die Rebsorte Torrontés die führende Stellung ein. Lediglich Argentinien produziert den trockenen, aber fruchtigen Torrontés-Wein in kommerziellen Mengen. Von der argentinischen Torrontés-Traube gibt es drei Varianten: Mendocino, Sanjuanino und Riojano, die nach den jeweiligen Provinzen benannt sind. Die Mendocino-Traube könnte eine eigene Rebsorte sein, die beiden anderen sind eng verwandt. Die Abstammung der Torrontés-Traube ist unklar – eine DNA-Analyse deutet auf eine Kreuzung zwischen der Mission-Traube aus Galicien und der Muskatellersorte Muscat d'Alexandrie hin. Nach Argentinien gelangte die Rebsorte vermutlich durch Missionare.

Seinem trockenen Klima mit 300 Sonnentagen im Jahr verdankt der Nordwesten eine lange Wachstumsperiode. Die jährlichen Niederschläge betragen nur 100 bis 200 Millimeter. Für den erfolgreichen Weinanbau spielen daher die Schmelzwasser führenden Flüsse und der Grundwasserkörper eine bedeutende Rolle. Im Nordwesten wächst der Wein in hohen Lagen, oft in mehr als 1600 Metern Höhe. Einige Weinkellereien in der Provinz Mendoza, wo die Weinberge deutlich niedriger liegen, beziehen Weintrauben aus dem Nordwesten. Der Wein wird traditionell im Parral-System angebaut (hohe Rebstöcke mit einer dichten, dachartigen Belaubung). Noch wird das Wasser durch breite Furchen geleitet, was eine hohe Verdunstung zur Folge hat. Für eine effizientere Wassernutzung gewinnt der Umstieg auf die sparsamere Tröpfchenbewässerung zunehmend an Bedeutung. Inoffiziell gilt der Wein im Nordwesten als biologisch angebaut.

WEINSORTEN DES NORDWESTENS

Von den weißen Rebsorten wird in Argentinien die Rebsorte Pedro Giménez (oder Ximénez) am häufigsten angebaut. Auf Platz zwei liegt die Torrontés, wobei diese im Nordwesten nur einen geringen Prozentsatz ausmacht. Typisch für den Nordwesten ist der Torrontés-Wein, gefolgt vom Malbec. Auf kleineren Flächen wächst roter Wein wie Cabernet Sauvignon, Syrah und Tannat. Der Nordwesten produziert nur vier Prozent des argentinischen Weins (Mendoza: 80 %). In der Provinz La Rioja wächst die Torrontés-Traube in der Nähe der Stadt Chilecito und bringt wie in Salta einen köstlichen Wein hervor. Die Weinbauern von Amaicha del Valle (Tucumán) in der Nähe von Cafayate und aus der Quebrada de Humahuaca (Jujuy) vertreiben ihre Weine erst seit Kurzem auf dem Markt.

Tipp

Ein einzigartiges Erlebnis ist das Mithelfen bei der Ernte Ende März auf den Weinbergen rund um Cafayate.

SUSAN RIGGS
NATIONAL GEOGRAPHIC-MITARBEITERIN

Erlebnis

EIN RAUSCH DER ANDEREN ART

Salta ist das weltweit höchstgelegene Weinbaugebiet, doch die **Estancia Colomé** (siehe Reiseinformationen S. 364) ist noch mal eine Klasse für sich: Sie liegt abgeschieden südwestlich von Molinos, ist Argentiniens ältestes Weingut (seit 1831 ununterbrochen in Betrieb), hat einen Besitzer von Weltklasseformat – den Weinmagnaten Donald Hess – und Weinberge, die 3000 Meter hoch liegen. Tagesbesucher können im neuen Besucherzentrum Malbec, Torrontés und Weinverschnitte verkosten, auch ein Mittag- oder Abendessen ist möglich *(Reservierung nötig)*. Unvergesslich ist das Lichtmuseum des amerikanischen Künstlers James Turrel. Schön ist auch das stilvolle Hotel mit neun Suiten, Tennisplatz, Swimmingpool sowie Wander- und Reitwegen unterhalb der schneebedeckten Andengipfel. Am Abend, wie sollte es anders sein, steht der Wein im Mittelpunkt.

RUND UM SALTA

Die roten Felsen der Quebrada de las Conchas in der Provinz Salta

Die Stadt Salta bietet viele Sehenswürdigkeiten und Möglichkeiten, etwas zu unternehmen, Gleiches gilt für ihr Umland: Nebelwälder, Wüstenschluchten, Weinberge in großer Höhe und eine noch höher liegende Steppe säumen den Weg zur chilenischen Grenze.

PARQUE NACIONAL EL REY

Am Ostrand der Anden und an der Grenze zum Gran Chaco gelegen, ziehen sich die Yungas als schmaler, durchbrochener Nebelwaldgürtel durch die Provinzen Jujuy, Salta und Tucumán. Die Waldlandschaft, die 1948 zum Nationalpark deklariert wurde und aus der vorher Fleisch und Holz für den nationalen und internationalen Markt kamen, musste sich erst einmal von den Folgen dieser intensiven Nutzung erholen.

Von Salta sind es 195 Straßenkilometer bis zum Parque Nacional El Rey. Der Park bietet nur einen einfachen Zeltplatz, aber viele Naturpfade, die sich hervorragend zum Beobachten von Vögeln eignen. Die längste Rundwanderung (24 km) führt über die **Senda Pozo Verde.** Die ersten drei Kilometer sind noch befahrbar, dann geht es bis zu einem kreisrunden See zu Fuß weiter. Da er von dichtem Wald eingerahmt wird, ist es schwierig, an seinem Ufer entlangzulaufen. Neben dem Tukan leben hier auch seltene Säugetiere wie Pekaris und Tapire. Im regenreichen Sommer sind die

Straßen im Park nur mit einen Allradfahrzeug befahrbar, aber auch das kann knifflig werden. Wer sich seiner Fahrkünste nicht sicher ist, sollte in Salta eine geführte Tour zum Nationalpark buchen.

PARQUE NACIONAL CALILEGUA

Eine ausgebaute Straße führt zum Parque Nacional Calilegua, 169 Kilometer nordöstlich von Salta, er ist größer und höher gelegen als der El Rey. Kurze Wanderwege durchziehen seine grüne Canyonlandschaft, die Serranía de Calilegua. Sie führen an schattigen Wasserläufen entlang und über die **Mesada de las Colmenas** – eine Hochebene, auf der Wald von offenem Grasland abgelöst wird. Mit 3646 Metern bildet der **Cerro Amarillo** den höchsten Punkt des größtenteils tiefer liegenden Parks. Das felsige Gelände ist mit dichtem Wald bestanden, in dem Pumas und der gefährdete Jaguar leben. Wie El Rey, verfügt auch Calilegua über wenig Infrastruktur – Zelten ist nur innerhalb des Parks möglich. Unterkünfte finden sich aber unweit der Parkverwaltung in der Stadt Calilegua.

CAFAYATE

Die im südöstlichsten Winkel der Provinz Salta unweit der Grenze zur Provinz Tucumán gelegene Stadt Cafayate bildet den besten Ausgangspunkt für den Besuch von Argentiniens Weinregion Nummer zwei. Von hier aus lassen sich bequem die Quebrada de las Conchas, die Wüstencanyons der Valles Calchaquíes sowie die präkolumbischen Ruinen von Quilmes (siehe S. 212 f.) jenseits der Provinzgrenze besuchen. Cafayate liegt in 1600 Metern Höhe am Südufer des Río Chuscha. Im Zentrum des gitterförmigen Straßennetzes der Stadt liegt die **Plaza 20 de Febrero**. Restaurants und

> ### ☐ Tipp
>
> **Wer den leckeren Ziegenkäse probieren möchte, sollte zwischen Salta und Cafayate halt machen, z. B. an der Posta de Las Cabras zwischen Talapampa und Alemania.**
>
> KATHY BELL
> NATIONAL GEOGRAPHIC-MITARBEITERIN

PARQUE NACIONAL EL REY
- 181 B4
- 195 km von Salta entfernt via RN 9 O, RN 34 S, RP 5 O und RP 20 N
  Verwaltung: España 366, 3. Stock, Salta
- ☎ 0387/431 26 83
- www.parquesnacionales.gov.ar

PARQUE NACIONAL CALILEGUA
- 181 B4
- 169 km von Salta entfernt, via RN 9 O, RN 34 N und RP 83 W
  Verwaltung: Calle Marinero A. López s/n, Calilegua
- ☎ 03886/42 20 46
- ⏱ Zugang 8–15 Uhr (empfohlen)
- 🎫 Gratis
- www.parquesnacionales.gob.ar

Traditionen werden in der Provinz Salta groß geschrieben und es wird gern gefeiert.

Kunsthandwerksläden säumen den Platz, in den umliegenden Straßenzügen finden sich Unterkünfte. Am Wochenende, wenn sich die Stadt mit Besuchern aus Salta füllt, verlangen diese einen Aufpreis. Neben seinen Weinkellereien bietet Cafayate auch das interessante **Museo Arqueológico Rodolfo Bravo**. Der Nachlass des Gelehrten Rodolfo Bravo umfasst eine sehenswerte Sammlung von Gegenständen präkolumbischer Jäger, Sammler und Bauern, aber auch koloniale und postkoloniale Waffen sowie Pferdeausrüstungen der Gauchos. Die antiquierte Präsentation beeinträchtigt allerdings etwas die Qualität der Exponate.

Cafayates Weingüter: Die Stadt, in der die Tage warm und die Nächte kalt sind, beherbergt einige Weinkellereien, die sich auf den fruchtigen Weißwein Torrontés spezialisiert haben. Die meisten lassen sich von der Plaza

 **Wissen**

EL PONCHO SALTEÑO

Wer durch die Provinz Salta reist, sieht garantiert einen traditionellen *poncho salteño* – den deckenähnlichen Umhang in leuchtendem Rot, der mit schwarzen Bändern und Fransen besetzt ist. Gewebt werden die Ponchos aus Schaf-, Vicuña-, Lama-, Guanako- oder Alpaka-Wolle. Seit Generationen trägt man sie, doch es steckt mehr dahinter.

Die schwarzen, ursprünglich nicht vorhandenen Besätze ehren zwei *salteños*: Die im frühen 16. Jahrhundert hinzugefügten Bänder würdigen den Inkaherrscher, den die Spanier ermordeten. Die schwarzen Fransen huldigen General Martín Miguel de Güemes, der 1871 im Unabhängigkeitskrieg im Kampf gegen die Spanier sein Leben verlor. Die Flagge der Provinz Salta erinnert sehr an den Poncho – was nicht überrascht, denn Güemes' Soldaten waren Gauchos, die den typischen Poncho trugen. Heute repräsentiert die Flagge alle, die als Beschützer der Region ihr Leben ließen.

aus zu Fuß erreichen, der Rest mittels kurzer Taxifahrt. Eissalons verkaufen ein Weinsorbet aus Torrontés und Cabernet Sauvignon. Und es gibt ein Museum, das sich sowohl den Reben *(vid)* als auch dem Wein *(vino)* widmet: das **Museo de la Vid y el Vino** *(Avenida General Güemes Sur und Chacabuco)*. Als Startpunkt einer Weintour bietet sich die **Bodega Domingo Hermanos** an – eine moderne, mittelgroße Weinkellerei, die drei Blocks südlich der Plaza liegt. Ihre Weinberge liegen über die ganze Region verstreut. Hausgemachter Ziegenkäse wird zur Verkostung von Malbec, Torrontés und Cabernet Sauvignon gereicht – die einzigen Rebsortenweine der Kellerei.

Nicht weit vom südlichen Stadtrand entfernt folgen die **Bodegas Etchart**, Cafayates berühmte Großkellerei. Ihr Torrontés Etchart Cafayate zählt zu Argentiniens Weinschnäppchen: Eine Flasche kostet hier weniger als ein Glas Durchschnittsweißwein in den meisten Restaurants! Seit der Modernisierung in den 1990er-Jahren produziert Etchart ein breiteres Sortiment an Rebsortenweinen als die kleineren Kellereien der Region – als Novum auch Pinot Noir.

Die Weinlese auf den kleinen Rebflächen der **Bodega José L. Mounier – Finca Las Nubes,** fünf Kilometer südlich der Stadt, dauert kaum einen Tag.

> **Tipp**
>
> ***Star-Wars*-Fans sollten die Landschaft zwischen Cafayate und Angastaco besuchen: Hier wurden die Szenen gedreht, die auf dem Wüstenplaneten Tatooine spielen. Das Gefühl, »auf einem anderen Planeten« zu sein, stellt sich schnell ein!**
>
> SUSAN RIGGS
> NATIONAL GEOGRAPHIC-MITARBEITERIN

CAFAYATE
🅰 181 B3
Besucherinformation
✉ Plaza 20 de Febrero, Av. General Güemes Sur und San Martín
☎ 03868/42 24 42

MUSEO ARQUEOLÓGICO RODOLFO BRAVO
✉ Colón 191, Cafayate
☎ 03868/42 10 54

BODEGA DOMINGO HERMANOS
✉ Nuestra Señora del Rosario s/n, Cafayate
☎ 03868/42 12 25

🕘 Hauptsaison: 9–12.30, 15–19, Sa 9–12.30, 15–18, So 10.30–13 Uhr. Nebensaison: Mo–Fr 9–12.30, 15–19, Sa 9–12.30, So 10.30–13 Uhr
www.domingohermanos.com

BODEGAS ETCHART
✉ RN 40, km 4338
☎ 03868/42 13 10
www.bodegasetchart.com

BODEGA JOSÉ L. MOUNIER–FINCA LAS NUBES
✉ El Divisadero
☎ 03868/42 21 29

DIE SALTA-CAFAYATE-CACHI-TOUR

Schluchten aus rotem Felsgestein, Wanderdünen, grüne Weinberge, Kirchen im Kolonialstil und Cardón-Kandelaberkakteen markieren diese Rundfahrt, die in Salta beginnt. Sie dauert mindestens drei Tage und eignet sich auch für Mountainbiker – die brauchen allerdings deutlich länger.

Die von der Stadt Salta ❶ (siehe S. 182 ff.) südwärts verlaufende RN 68 führt am Stausee **Embalse Cabra Corral** ❷ vorbei. Der Río Juramento bietet Raftern und Kajakfahrern spannende Flussabfahrten. Etwa 100 Kilometer südlich von Salta führt die Straße zur **Quebrada de las Conchas** (Quebrada de Cafayate) ❸. Hier haben der Río de las Conchas und seine temporär fließenden Nebenflüsse eine Canyonlandschaft mit magischen Geländeformen wie **El Sapo** (Kröte) und **Los Castillos** (Burgen) geschaffen. Auf der gesamten Strecke findet sich keine Einkehr – daher sollte man sich neben Wasser auch *empanadas* aus Salta mitnehmen, die beim Blick über die **Garganta del Diablo** (Teufelsschlund) und das **El Anfiteatro** (Amphitheater) noch besser schmecken. Kurz vor Cafayate durchquert die Fernstraße die Dünenfelder von **Los Médanos**. Etwa 189 Kilometer südlich von Salta liegt **Cafayate** ❹ (siehe S. 191 ff.) inmitten eines Weinbaugebiets. Mit ihrem kolonialen Ambiente, den Unterkünften und Restaurants eignet sich die Stadt bestens für eine Übernachtung. Anschließend geht die Reise nordwärts durch das Tal des Río Calchaquí Richtung Cachi.

Vor dem Aufbruch nach Cachi lohnt sich ein kurzer Abstecher (54 km) gen Süden zu den präkolumbischen Festungsruinen von **Quilmes** (*RN 40, gleich nördlich der RP 357; siehe S. 212 f.*) in der Provinz Tucumán. Die Morgenstunden, wenn die Sonne auf die Hügel scheint, sind ideal zum Fotografieren und kühl genug, um durch die mit Kakteen durchsetzten Ruinen zu streifen.

Von Cafayate aus geht es nordwärts auf der RN 40 weiter, sie ist Argentiniens längste Fernstraße. Bis zur 23 Kilometer entfernten Ortschaft **San Carlos** ❺ ist sie asphaltiert. Danach verläuft sie als enge Schotterpiste zwischen imposanten Gesteinsformationen. 88 Kilometer weiter nördlich liegt das Städtchen **Molinos** ❻. Der interessanteste Stopp ist die **Estancia Colomé** ❼

Überall in der Quebrada de las Conchas finden sich bizarre Felsformationen.

DER ANDINE NORDWESTEN 195

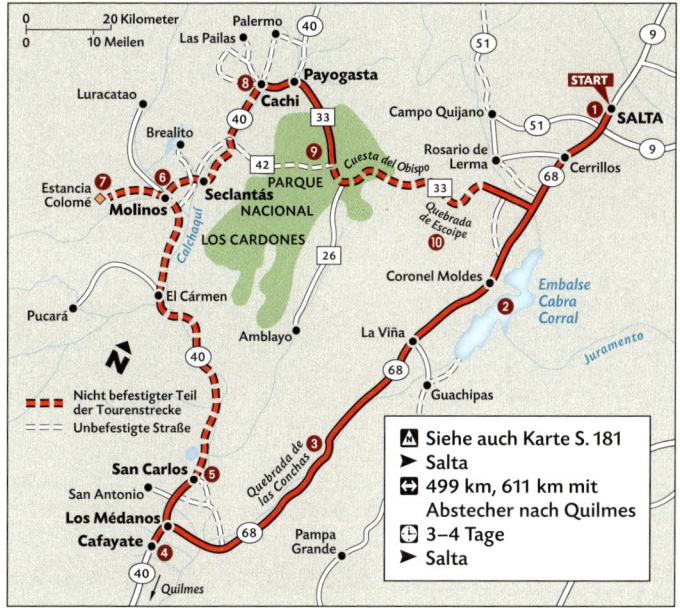

(siehe Reiseinformationen S. 364), ein Komplex aus Weingut und Hotel und eine der höchstgelegenen Weinkellereien der Welt. Ein besonderes Erlebnis dort ist das **James Turres Museum** mit Raum-Licht-Installationen des US-amerikanischen Künstlers.

CACHI UND DARÜBER HINAUS

Vor **Cachi** ❽ (siehe S. 196 f.), 46 Kilometer von Molinos entfernt, tangiert die RN 40 das malerische Dorf **Seclantás**. Wer nicht auf der Estancia Colomé übernachten will, findet in Cachi die besten Unterkünfte vor Salta. Das schneeweiße Dorf mit der wunderbaren Atmosphäre liegt unter dem 6380 Meter hohen Nevado de Cachi. Bis zum Dorf Payogasta (11 km nördlich von Cachi) ist die RN 40 asphaltiert und kreuzt hier die ebenfalls asphaltierte RP 33, die zum **Parque Nacional Los Cardones** ❾ hinaufführt. In 3400 Metern Höhe stehen hier Kakteen verstreut in der Landschaft. Im Park endet der Straßenbelag nach neun Kilometern, die Straße windet sich zur **Cuesta del Obispo** (3348 m) hinauf, um dann in steilen Zickzackkurven bergab zu führen. Bei klarem Wetter ist die **Quebrada de Escoipe** ❿, die von der Hochwüste hinunter zu subtropischen Wäldern leitet, eine der spektakulärsten Talfahrten des Landes.

Das Besondere ist hier, dass Durchreisende bei der Weinlese helfen dürfen, ein Mittag- und Abendessen sowie ein fröhliches Fest gehören mit dazu. Nur fünf Blocks nördlich der Plaza befindet sich die historische Kellerei **Vasija Secreta – Antigua Bodega La Banda.** Ihre Keller werden auch als Museum genutzt. Etwa acht Kilometer nordwestlich der Stadt liegt in 2070 Metern Höhe die französisch-argentinische **Bodega San Pedro de Yacochuya,** ein kleines Weingut mit weniger als 16 Hektar Rebfläche. Hier werden ein Malbec-Cabernet-Verschnitt und Torrontés produziert.

CACHI

Auf der Rundtour von Salta durch die Valles Calchaquíes empfiehlt sich neben Cafayate die Ortschaft Cachi als bester Zwischenstopp. Hier kann man den kolonialen Charme des Ortes am Fuß des Berges **Nevado de Cachi** (6380 m) genießen. Im Umfeld der rechteckigen Plaza 9 de Julio sind die meisten Institutionen und Dienstleister angesiedelt. Cachis **Iglesia de San José** (18. Jh.) besticht mit der Schlichtheit ihrer Fassade und des Interieurs aus dem Holz des einheimischen *cardón* (Kandelaberkaktus). Mit Qualität überrascht auch das **Museo Arqueológico Pío Pablo Díaz.**

☐ Erlebnis

TREN A LAS NUBES

Als der Transandino del Norte 1948 zum ersten Mal von der Estación del Ferrocarril General Belgrano in Salta abfuhr, transportierte er nur Nahrung und andere Fracht für die Minen in Chiles Atacamawüste; Fahrgäste fuhren erst später mit. Ziel war der 901 Kilometer entfernte chilenische Pazifikhafen Antofagasta. Unterwegs fand an dem eiskalten Grenzbahnhof Socompa in 3866 Metern Höhe ein Zugwechsel statt. Die durchschnittliche Fahrgeschwindigkeit betrug damals 14 Stundenkilometer.

Heute können Eisenbahnfans in dem für Touristen gedachten Tren a las Nubes (Zug zu den Wolken) die Quebrada del Toro bequem erklimmen *(Ameghino und Balcarce, Salta, Tel. 0387/422 80 21, www.trenalasnubes.com.ar, $$$$$).* Er startet in Salta und fährt bis **San Antonio de los Cobres.** Dabei windet er sich in Zickzackkehren und doppelter Kehrschleife durch ein Gelände, das ein Fahren in gerader Linie unmöglich macht. Vor der Kehrtwendung rollt er über den imposanten **Viaducto La Polvorilla,** der 224 Meter weit und 63 Meter hoch die karge Puna überspannt. Der Name des Zuges täuscht, denn der Himmel über der Hochebene ist meistens wolkenlos. Allerdings kann einem die Fahrt in Höhen von über 4200 Metern den Atem rauben. Wer in der dünnen Luft Probleme bekommt, wird im Zug mit eigens mitgeführtem Sauerstoff versorgt. Da er ohne schwere Fracht fährt, erreicht der Zug im Schnitt 35 Stundenkilometer – dennoch dauert die Tour vom Tagesanbruch bis Mitternacht.

Pfefferschoten soweit das Auge reicht – hier in den Valles Calchaquíes

Schwerpunkt ist die kulturelle Entwicklung des oberen Calchaquí-Tals von der Epoche der Jäger und Sammler bis in die Kolonialzeit.

SAN ANTONIO DE LOS COBRES UND UMGEBUNG

Von der Kolonialzeit bis weit ins 20. Jahrhundert stiegen Viehtreiber von Salta durch die hoch gelegene, steilwandige **Quebrada del Toro**. Auf diesem Weg brachten sie das Vieh zu den ertragreichen Minen in Chiles Atacamawüste, die den Arbeitern nicht genug Nahrung bot. Als der amerikanische Geograph Isaiah Bowman (1878–1950) im frühen 20. Jahrhundert das hoch gelegene Grenzgebiet erforschte, war San Antonio de Los Cobres mit etwa 500 Einwohnern die einzige Ortschaft oberhalb von 3000 Metern. Sie bot die letzte Pause für jene, die sich in die bitterkalte, sauerstoffarme Luft der Zentralandenpässe wagten.

Heute ist die nach der benachbarten Kupfermine benannte Stadt ein beliebter Mittagsstopp für Ausflugsbusse. Auf ihrer Fahrt durch den Canyon kommen sie auch an den aus der Vor-Inkazeit stammenden Ruinen von **Santa Rosa de Tastil** vorbei. Teilweise wird ein Abstecher zu den **Salinas Grandes** gemacht, bevor es durch die Quebrada de Humahuaca nach Salta geht. Die Hauptattraktion ist allerdings die Eisenbahnlinie Tren a las Nubes (siehe Kasten links), die parallel zur Straße bis zur Grenze verläuft; Touristen werden nur bis zum Viadukt **La Polvorilla** gefahren. ■

**ANTIGUA BODEGA
VASIJA SECRETA**
✉ Ruta 40, Km 4343
☎ 03868/42 18 50
www.vasijasecreta.com

BODEGA SAN PEDRO DE YACOCHUYA
✉ Ruta Prov. N° 2, Km 6, Cafayate
☎ Salta: 0387/155 70 67 98
🕐 Mo–Fr 10–17, Sa 10–13 Uhr
www.yacochuya.com.ar

MUSEO ARQUEOLÓGICO PÍO PABLO DÍAZ
✉ Pasaje Juan Calchaquí, Cachi
☎ 03868/491 10 80
💲 Eintritt gegen Spende

QUEBRADA DE HUMAHUACA UND UMGEBUNG

Lange bevor die UNESCO die Quebrada de Humahuaca (Humahuaca-Schlucht) 2003 zum Weltnaturerbe erklärte, zählte sie zu den Hauptsehenswürdigkeiten des andinen Nordwestens. Eine Fahrt durch die Schlucht des Río Grande und seiner Nebenflüsse ist eine Zeitreise, die von den präkolumbischen Kulturen bis in die Gegenwart reicht.

Spitzwinklige Gesteinsstrukturen (Chevronfalten) bei Maimará in der Quebrada de Humahuaca

SAN SALVADOR DE JUJUY

San Salvador de Jujuy, die Hauptstadt der Provinz Jujuy, bildet den Ausgangspunkt der Fahrt in die Quebrada de Humahuaca. Koloniale Spuren finden sich hier nur noch an der **Plaza General Manuel Belgrano.** Hier fällt vor allem die aus dem 18. Jahrhundert stammende **Catedral de San Salvador de Jujuy** *(Belgrano und Sarmiento)* auf – mit goldglänzender Barockkanzel sowie Gemälden im Stil der Cusco-Schule im Hauptschiff und in der Sakristei. Zwei Blocks weiter westlich ist das **Museo Histórico Provincial Juan Galo Lavalle** eine wichtige historische Stätte des Landes. Während des Kampfes zwischen Rosas Föderalisten und Lavalles Unitaristen fand hier 1841 eine Schießerei statt: Eine Gewehrkugel durchschlug das hölzerne Tor und tötete Lavalle. Eine Kopie des Originaltors ist ausgestellt. Ein Thema des Museums ist Lavalles Tod, ein weiteres der revolutionäre General Manuel Belgrano, der die Stadt evakuierte, als königliche Truppen anrückten. Auch koloniale und sakrale Kunst wird gezeigt.

Zwei Blocks nördlich des historischen Museums streift das **Museo Arqueológico Provincial** den Einfluss der Inka auf die Provinz am Rande, da die Inkakultur erst spät in die heute zu Argentinien gehörenden Regionen gelangte. So zeigt die Ausstellung hauptsächlich Felskunst der Jäger und Sammler sowie Töpferwaren aus der Prä-Inkazeit. Auf dem **Mercado de Abasto** *(Dorrego und Leandro N. Alem)*, einem Markt der Kolla südlich des Río Xibi Xibi, sind viele *jujeños* (Ureinwohner von Jujuy) zu sehen.

PURMAMARCA UND UMGEBUNG

Die Schlucht beginnt 40 Kilometer nördlich von San Salvador im Dorf Volcán, wo ein ehemaliger Bahnhof das **Centro de Visitantes de la Quebrada de Humahuaca** (Besucherzentrum; *1. Jan., 1. Mai und 25. Dez. geschl.*) beherbergt. Hochwasser hat die Bahnlinie, die einst zur Stadt Humahuaca führte, schon vor langer Zeit zerstört. Das eigentliche Reiseziel ist das Dorf **Purmamarca,** 23 Kilometer weiter nördlich und abseits der RN 9 gelegen. Purmamarca liegt am Fuß des **Cerro de los Siete Colores**. Mit seiner länglichen Plaza, den staubigen Straßen, Adobe-Häusern und der **Iglesia de Santa Rosa de Lima** (*18. Jh.; Plaza Principal*) wirkt es wie ein Motiv für Ansichtskarten eines kolonialzeitlichen Dorfes. Die immer größer werdende Zahl an Reisebussen muss am Dorfrand parken. So laufen die Besucher allesamt zu Fuß durch die engen Straßen zum **Mercado Artesanal** (Kunsthandwerkermarkt), dem beliebtesten Ziel auf der Plaza.

Von der Plaza schlängelt sich der drei Kilometer lange **Paseo de los Colorados** durch die hinter dem Dorf aufragenden Hügel und führt zur Plaza zurück – man kann ihn per Auto, Fahrrad oder zu Fuß zurücklegen. Sehr wichtig ist hier ein gutes Sonnenschutzmittel.

Von Purmamarca führt die asphaltierte RN 52 in einer spektakulären Bergfahrt durch die Anden zur chilenischen Stadt San Pedro de Atacama. Über die **Cuesta de Lipán** windet sich die Straße in Serpentinen hinauf zur Puna und den Salinas Grandes (Große Salzseen). Von dort kann man durch Quebrada del Toro (siehe S. 197) nach Salta zurückkehren. In west-

PROVINZ JUJUY
🗺 181 A5/B5
Besucherinformation
✉ Gorriti 295
☎ 0388/422 13 26
🕒 Mo–Fr 7–22, Sa 8–22 Uhr
www.turismo.jujuy.gov.ar

MUSEO HISTÓRICO PROVINCIAL JUAN GALO LAVALLE
✉ Lavalle 256, San Salvador de Jujuy
☎ 0388/422 13 55
🕒 1. Jan., 1. Mai und 25. Dez. geschl.
💲 $

MUSEO ARQUEOLÓGICO PROVINCIAL
✉ Lavalle 434, San Salvador de Jujuy
☎ 0388/422 13 55
🕒 Mo–Sa 8–12, 16–20 Uhr
💲 $

Tipp

Ideal nach tagelanger Fahrt auf den kurvenreichen Schotterstraßen des Nordwestens ist eine Übernachtung im edlen Resort La Comarca in Purmamarca.

SUSAN RIGGS
NATIONAL GEOGRAPHIC-MITARBEITERIN

liche Richtung führt die RN 52 weiter nach **Susques**, einem Kolla-Dorf, in dem Lamahirten leben. Bekannt wurde es durch seine **Iglesia Nuestra Señora de Belén** (16. Jh.), in deren Kirchenraum sakrale Wandgemälde die Adobe-Wände schmücken. Bis zur Grenze am 4425 Meter hohen **Paso de Jama** sind es noch einmal 121 Kilometer.

MAIMARÁ UND UMGEBUNG

Etwa 14 Kilometer nördlich von Purmamarca liegt **La Posta de Hornillos**, einst ein koloniales Rasthaus an der Route zwischen Lima und Buenos Aires, heute ein archäologisches und historisches Museum. Nur ein paar Kilometer weiter nördlich kommt **La Paleta del Pintor** (Die Palette des Malers) am Berghang oberhalb des Dorfes Maimará in Sicht. Dabei handelt es sich um sogenannte Chevron-Falten – spitzwinklige Gesteinsstrukturen, die durch Verkrümmung oder Verbiegung von horizontalen Gesteinsschichten entstanden sind. In diesem Tal befindet sich die erste Weinkellerei innerhalb der Schlucht, die **Bodega Fernando Dupont** *(RN 9, Km 1776, Maimará, Tel. 0388/154 73 19 18, Mo–Sa 9–18 Uhr)*. Auf ihrem Grund wachsen die Trauben für roten Cabernet Sauvignon, Syrah, Tannat sowie weißen Malbec. Der Friedhof am Hang stammt sehr wahrscheinlich aus präkolumbischer Zeit.

TILCARA

Wenige Kilometer nördlich von Maimará treffen sich in Tilcara zwei Kunsttraditionen: die indigene und die großstädtische. Der Ort hat mit seinen archäologischen Baudenkmälern, der Kolla-Bevölkerung, der schönen

LA COMARCA
✉ Ruta Nacional 52, Km 3,8, Purmamarca
☎ 0388/490 80 01
www.lacomarcahotel.com.ar

MAIMARÁ
▲ 181 B4

TILCARA
▲ 181 B4

MUSEO ARQUEOLÓGICO DOCTOR EDUARDO CASANOVA
✉ Belgrano 445, Tilcara
☎ 0388/495 57 68
🕐 Tgl. 9–12.30, 14–18 Uhr
💲 100 AR$

MUSEO DE BELLAS ARTES FUNDACIÓN HUGO IRURETA
✉ Belgrano und Bolívar, Tilcara
☎ 0388/495 51 24
🕐 Tgl. 10–13, 15–18 Uhr

Landschaft und dem milden Klima zahlreiche Maler und Bildhauer aus dem ganzen Land hierher gelockt. Westlich der Fernstraße bildet die **Plaza Coronel Manuel Álvarez Prado** Tilcaras Zentrum. Hier verkaufen Kolla Kunsthandwerk unterschiedlicher Qualität. An der Plaza oder in der Nähe liegen alle Museen des Ortes. An der Südseite erhebt sich das **Museo Arqueológico Doctor Eduardo Casanova**. Es informiert über die präinkaische Kultur Tiwanaku (Tiahuanaco), deren

Das Restaurant aus Salzblöcken bei den Salinas Grandes

Zentrum in Bolivien lag, und die Kultur der Diaguita, die in den argentinischen und chilenischen Anden lebten. Einen Raum füllen Keramiken der an Perus Küste verbreiteten Nazca-, Mochica- und Chimú-Kulturen, die der Inka-Kultur vorangingen. Die Inkas drangen erst wenige Jahrzehnte vor den Spaniern in den Nordwesten Argentiniens vor. Fünf Säle präsentieren die Vielfalt der regionalen Kulturen – inklusive eines Grabmals, das in der Straße Belgrano freigelegt wurde. Etwa 15 Minuten Fußweg südlich des Museums liegt die restaurierte **Pucará de Tilcara,** eine präkolumbische Festung, die vom Archäologischen Museum verwaltet wird. Inkabauten überdecken hier eine 500 Jahre ältere Wehranlage.

Gleich östlich des Archäologischen Museums zeigt das **Museo de Escultura Ernesto Soto Avendaño** Werke seines Namensgebers. In seinen heroischen Skulpturen verbindet der Künstler (geb. 1886 in Olavarría, gest. 1969) indigenen Heldenmut mit argentinischem Nationalismus.

Gründer des **Museo de Bellas Artes Fundación Hugo Irureta,** einen halben Block westlich der Plaza, ist der Bildhauer Hugo Irureta (geb. 1929 in

▌ Wissen

ANDENKÜCHE

Die Küche in der Region der Quebrada de Humahuaca ist von den Inkas beeinflusst. Kartoffeln, Mais, Bohnen und Kürbis (darunter die lokale Sorte *cayote*) zählen zu den Hauptzutaten. Hinzu kommen die nährstoffreichen Getreidesorten Quinoa und Kiwicha (Amarant), die Grundnahrungsmittel der Inka. Chili wird zum Würzen vieler Gerichte verwendet. Unbedingt probieren sollte man *locro,* den herzhaften Eintopf aus Mais, Kürbis und Fleisch, sowie gedünstete Maiskolben und Tamales.

> **Tipp**
>
> **Im August ehren die Einwohner von Humahuaca die Pachamama – Mutter Erde – mit einem Fest, das die Kultur der Anden spiegelt.**
>
> FERNANDO NOVAS
> NATIONAL GEOGRAPHIC-EXPERTE

Buenos Aires). Das Museum zeigt Arbeiten zeitgenössischer argentinischer Künstler, die einheimisches Kunsthandwerk, zum Beispiel Ponchos, in abstrakten Formen und Farben in ihr Werk integrieren.

Das **Museo Regional de Pintura José Antonio Terry** liegt an der Ostseite der Plaza und ist das Vermächtnis des namengebenden Malers (1878–1954). Seine Landschaften und Porträts, wie *El Tuerto del Pucará* (Der Einäugige der Festung), vermitteln – ganz ohne Verklärung – seine tiefe Verbundenheit mit der Region und ihren Menschen.

HUMAHUACA UND UMGEBUNG

Oberhalb von Tilcara führt die Fernstraße erst allmählich, dann immer steiler ansteigend nach Humahuaca. Die Kolla-Stadt mit ihren engen Kopfsteinpflastergassen und niedrigen Häusern liegt höher und ungeschützter als Tilcara. Anders als Purmamarca und Tilcara blieb sie vom Massenansturm bisher verschont.

> **Erlebnis**
>
> **DAS HINTERLAND VON IRUYA**
>
> Wanderer, Mountainbiker und Reiter schätzen die Umgebung von Iruya – eine kahle Hochwüste mit Bergen und Schluchten, durch die sich Flüsse schlängeln. Eine beliebte Tour zum nahe gelegenen Dorf **San Isidro** bietet schöne Ausblicke auf die Schlucht, den Fluss und die hoch oben schwebenden Kondore. Es empfiehlt sich, einen Führer zu engagieren, da die Route schlecht ausgeschildert und in der Regenzeit *(Dez.–März)* schwer zu begehen ist. Der Gasthof **Hotel Iruya**. *($$, Tel. 0387/15/509 44 58, Mastercard und Visa, www.hoteliruya.com)* in Iruya arrangiert die gewünschten Ausritte *(Anmeldung zwei Tage vorher)*. Eine mehrtägige Wanderung bietet **Amazon Adventures** *(www.amazonadventures.com/argentina-tours/iruya)* an. Von Mitte April bis Mitte Dezember starten ihre Touren in Salta. Über die Quebrada de Humahuaca und Humacuaca geht es nach Iruya. Die Teilnehmer erhalten einen Einblick in die regionalen Gepflogenheiten und das Kunsthandwerk. Sie sehen das »Stille Tal« von Iruya, ebenso das Hochplateau der Anden, einen der höchsten Plätze der Erde. Auskünfte über Veranstalter und ihre Programme gibt die Touristeninformation in Salta *(Caseros 711, Tel. 0387/437 33 40 oder 0800/777 03 00, Mo–Fr 8–21, Sa–So 9–21 Uhr, www.saltalalinda.gov.ar)*.

An der Plaza Sargento Gómez steht die **Iglesia Catedral de Nuestra Señora de la Candelaria y San Antonio** (17. Jh.). Ihr Inneres mit Rokoko-Altar und Wandgemälden im Cusco-Stil ist authentischer als ihre mehrmals renovierte Fassade. Auf der anderen Seite der Plaza steht anstelle des in den 1930er-Jahren abgerissenen Rathauses das **Cabildo de Humahuaca**. Aus seinem Turm tritt täglich um 12 Uhr mittags eine lebensgroße Statue des San Francisco Solano hervor. Nördlich der Kirche führt eine breite Steintreppe zu dem überwältigenden **Monumento a la Independencia,** das der Bildhauer Ernesto Soto Avendaño schuf. Die Spitze des Denkmals bildet ein präkolumbischer Krieger, der über einer Reihe von Bronzefiguren steht. Es erweckt den Eindruck, Ureinwohner hätten die Unabhängigkeitsbewegung angeführt – in Wirklichkeit waren es Criollos, in Südamerika geborene Spanier. Einige Kilometer südlich von Humahuaca erreicht die Fernstraße das Dorf **Uquía** mit der **Iglesia de San Francisco de Paula.** Sie ist bekannt für die Gemälde mit Arkebusen (Vorderlader des 15. und 16. Jh.) tragenden Engeln im Cusco-Stil. Zehn Kilometer nordöstlich von Humahuaca liegen die Ruinen von **Coctaca**, dem landesweit größten präkolumbischen landwirtschaftlichen Komplex. Auf

> **Tipp**
>
> **Nicht versäumen sollte man den Kunsthandwerkermarkt mit herrlichen Textilien und Keramiken, der am Sonntagmorgen in Humahuaca stattfindet.**
>
> KATHY BELL
> NATIONAL GEOGRAPHIC-MITARBEITERIN

Ein tiefer Canyon umgibt die abgeschiedene Ortschaft Iruya.

MUSEO REGIONAL DE PINTURA »JOSÉ ANTONIO TERRY«
✉ Rivadavia 459, Tilcara
☎ 0388/495 50 05

HUMAHUACA
🅐 181 B4
Besucherinformation
✉ Cabildo de Humahuaca. Tucumán und Buenos Aires
☎ 0388/742 13 75
🕓 Tgl. 10–13, 15–18 Uhr

KUNST UND ARCHITEKTUR IN ARGENTINIENS NORDWESTEN

Als Buenos Aires in der Kolonialzeit noch als rückständiges Nest um sein Dasein kämpfte, stützte sich das spanische Königreich auf das Vizekönigtum Peru, das politische und kirchliche Autorität ausstrahlte. Von daher lag Argentiniens heutiger Nordwesten näher am Fokus der spanischen Interessen als die heutige argentinische Hauptstadt.

Die Spanier verdrängten die Inka von der Spitze der andinen Herrschaftspyramide. In der Quebrada de Humahuaca und darüber hinaus zeigen sich die Einflüsse, die vom spanischen Lima und der Inka-Stadt Cusco ausgingen. Durch die Schlucht führte in vorkolonialer Zeit eine königliche Inkastraße, die nach der Eroberung Perus durch die Spanier den Zugang zur Südspitze des Kontinents bildete. Die Inkas und ihre Vorgänger hinterließen dauerhafte Spuren in Argentiniens Kulturlandschaft. Dazu zählen die *pucarás* (Festungen) in strategisch günstiger Höhenlage, die *pircas* (Trockenmauern) und die Terrassenfelder, auf denen die Ureinwohner Knollengemüse anbauten. Im ländlichen Bauen waren dickwandige Adobe-Häuser die Regel.

CUSCO-SCHULE

Die Ureinwohner zum Katholizismus zu bekehren, war eines der Ziele der Spanier. In diesem Zusammenhang entwickelte sich Cusco zum Zentrum einer religiösen Malerei, deren Stil und Thematik sich als Escuela Cuzqueña (Cusco-Schule) etablierte. Neue Kirchen füllten sich schnell mit Cusco-Gemälden. Die in Erdtönen gehaltenen Ölbilder mit Lehrinhalten sollten die Predigten der Geistlichen ergänzen. Hinzu kamen imposante Holztore mit schmiedeeisernen Verzierungen sowie vergoldete Altäre und Kanzeln. Damit wurden sogar einfache Adobe-Bauten wie die Iglesia San Francisco de Yavi östlich der heutigen Grenzstadt La Quiaca ausgestattet. Fast alle Künstler der Cusco-Schule – Ureinwohner und Mestizen – arbeiteten anonym. Die anfangs von den Gemälden der europäischen Renaissance inspirierten Bilder be-

Die Catedral Nuestra Señora de la Candelaria in Humahuaca

Der heilige Joseph und das Christuskind im Stil der Cusco-Schule hängt im Museum of Art in New York.

zogen bald regionale Themen mit ein. Auf den Wandgemälden in der Kirche in Parinacota auf dem chilenischen Altiplano beispielsweise sind die Soldaten, die Jesus zum Kreuz führen, als Spanier dargestellt. Die Maler der Cusco-Schule nahmen die Idee von den Soldaten Christi wörtlich: In Uquías Kirche (17. Jh.) findet man Ölbilder mit Engeln, die mit Vorderladern, den typischen Waffen des 15. Jahrhunderts, bewaffnet sind.

Die Cuzco-Schule ist ein Erbe, das noch lange nach der argentinischen Unabhängigkeit auswärtige Künstler anzog. So ließen sich der Maler José Antonio Terry sowie die Bildhauer Ernesto Soto Avendaño und Hugo Irureta in Tilcara nieder (siehe S. 200 ff.) – alle drei stammen aus Buenos Aires bzw. der gleichnamigen Provinz. Auch sie integrierten die regionale Kunsttradition in ihre Werke.

den einstigen Terrassenfeldern wachsen heute Kakteen. Auch die Inka, die im 15. Jahrhundert in einer Zeit hierherkamen, als Bauern noch Kartoffeln und andere Feldfrüchte wie Kürbisse, vielleicht auch Mais, anbauten, hinterließen ihre Spuren.

IRUYA

Ungefähr 33 Kilometer nördlich von Humahuaca durchquert die geschotterte RP 13 den Río Grande und steigt zum Pass **Abra del Cóndor** (3940 m) auf, um anschließend genauso steil in den atemberaubenden Canyon mit Terrassenfeldern an seinen steilen Hängen abzufallen. Die Straße endet in Iruya, der abgelegensten Siedlung der Provinz und zugleich eine indigene Enklave. Mit ihren Kopfsteinpflasterstraßen erweckt der Ort den Eindruck, als gehöre er eher nach Peru als hierher. Aufmerksamkeit verdient die koloniale **Iglesia de Nuestra Señora del Rosario y San Roque** *(in der Nähe der Plaza Principal).* Größte Attraktion ist aber das offene Hochland, das man zu Fuß oder auf dem Eselsrücken durchstreifen kann.

MONUMENTO NATURAL LAGUNA DE LOS POZUELOS

Etwa 85 Kilometer nordwestlich von Humahuaca liegt **Abra Pampa**. Gleich oberhalb dieser Stadt in der Hochwüste verläuft die RP 7. Die geschotterte Straße führt nordwestwärts zur 50 Kilometer entfernten **Laguna de los Pozuelos** *(Macedonio Graz 141, Abra Pampa, Tel 03887/49 13 49, Tgl. 10–15 Uhr, gratis),* einem hoch gelegenen Feuchtgebiet. Hier brüten in drei Arten 25 000 Flamingos. Sommerregen machen die Straße mitunter unpassierbar.

LA QUIACA UND UMGEBUNG

Die Fernstraße endet in La Quiaca an der bolivianischen Grenze. Die Stadt liegt 3442 Meter hoch inmitten der weiten Puna, wo bei Nachtfrost nichts vor dem Wind schützt. Ein Besuch in **Yavi** lohnt sich mehr als einer in La Quiaca. Yavis Wahrzeichen steht in einem geschützten Tal: die **Iglesia de Nuestra Señora del Rosario y San Francisco** *(Plaza Mayor)* aus dem 17. Jahrhundert. Sie hat schmiedeeiserne Türen, Statuen im Cusco-Stil und eine pompöse vergoldete Altartafel.
Die benachbarte, ebenso altehrwürdige **Casa del Marqués Campero** *(Plaza Mayor)* – einst Residenz eines kolonialen *encomendero* (Bevollmächtigter des Königs) – ist heute ein Museum. ■

IRUYA
181 B5
Besucherinformation
Calle San Martín s/n
unregelmäßig
www.iruya.online

LA QUIACA
181 B5

TUCUMÁN

DER ANDINE NORDWESTEN

Tucumán ist die kleinste Provinz des Landes und die Wiege seiner Unabhängigkeit, die hier 1816 ausgerufen wurde. In der Kolonialzeit verlieh ihr nur die alte Königsstraße, die ins Gebiet des heutigen Boliviens führte, eine Bedeutung. Nach der Unabhängigkeitserklärung machte die Zuckerindustrie die Provinz bekannt. Im Umkreis der Provinzhauptstadt San Miguel de Tucumán liegen malerische Bergdörfer mit beeindruckenden Ruinen.

Die Kathedrale von San Miguel de Tucumán

Die Provinz blickt auf eine unruhige Vergangenheit zurück. In den revolutionsträchtigen 1960er- und 1970er-Jahren versteckten sich linksgerichtete Guerillas in den dichten Wäldern der Yungas. Infolgedessen kam es zu grausamen Militäreinsätzen. Ende 2008 wurde Antonio Domingo Bussi, Ex-General, ehemals Provinzgouverneur und Bürgermeister der Provinzhauptstadt, schuldig gesprochen. Die Anklage lautete: mehrere Morde und »Verschwundene« während des Militärputsches von 1976, der den Schmutzigen Krieg (siehe S. 51) auslöste. Aufgrund seines hohen Alters bekam er nur Hausarrest. Die Wirtschaftskrise 2001/2002 traf Tucumán besonders hart. Manche Geschäfte konnten nicht einmal mehr kleine

Banknoten wechseln. Ländliche Armut und Kindersterblichkeit erreichten in dieser Zeit beispiellose Höhen. Die Geldabwertung ließ jedoch die Zuckerindustrie wieder aufleben, was einen wirtschaftlichen Aufschwung in Gang setzte.

SAN MIGUEL DE TUCUMÁN

Die Provinzhauptstadt – kurz Tucumán – liegt am Fuß der Sierra de Aconquija und zählt zu Argentiniens bedeutendsten historischen Städten. Allerdings sind heute nur noch im Zentrum einige koloniale Gebäude zu finden. Nach der Unabhängigkeitserklärung verlagerte die Stadt ihr Interesse vom Hochland der Anden ins Tiefland, die Pampas. Dies ging mit dem Bau der Eisenbahnlinie Buenos Aires–Córdoba–Tucumán einher. Tucumáns traditionelles Zentrum ist die **Plaza Independencia,** auf der Palmen, Jacaranda-, Lorbeer- und Trompetenbäume wachsen. Die in der Mitte stehende Statue **La Libertad** schuf die eigenwillige Bildhauerin Lola Mora

TUCUMÁN
△ 181 B3
Besucherinformation
✉ 24 de Setiembre 484
☎ 0381/430 36 44
🕓 Tgl. 8–21 Uhr
www.tucumanturismo.gov.ar

CASA DE GOBIERNO
✉ 90 Calle 25 de Mayo
☎ 0381/484 40 00

MUSEO HISTÓRICO PRESIDENTE NICOLÁS AVELLANEDA
✉ Congreso 56
☎ 0381/431 10 39
🕓 Di–Fr 9–12.30, 16–20, Sa, So 16–20 Uhr

GRILLEN AUF ARGENTINISCHE ART

Die *parrilla* (Grillrestaurant) ist eine Institution, die *parrillada* (Gegrilltes) ein fester Bestandteil eines argentinischen Menüs. Eine *parrillada* oder auch ein *asado* (Grillmahlzeit) umfassen Rindersteaks, argentinische *chorizo* (Bratwurst) und *morcilla* (Blutwurst), außerdem *achuras* (Innereien) inklusive *chinchulines* (Dünndärme). Auf dem Grillteller können sich auch Hühnerfleisch, Lamm- (vor allem in Patagonien) und Schweinefleisch finden.

Zwischen *parrillada* und *asado* besteht ein Unterschied. Die *parrillada* ist eine formellere und kommerzielle Angelegenheit, das heißt, sie wird meist am Restauranttisch von professionellen Bedienungen serviert. Im Gegensatz dazu verstehen die Argentinier unter einem *asado* das gesellige Beisammensein mit der Familie und/oder Freunden. Der Gastgeber grillt selbst am *asador* (Grill) und verteilt das Gegrillte unter den Gästen. Zu Grillmahlzeiten jeder Art gehören verschiedene Salate und traditionelle Desserts wie Flan oder Obstsalat – und natürlich jede Menge Rotwein, manchmal mit Eis und Wasser verdünnt.

(1866–1936), die aus der Provinz stammt. Fast über den ganzen Block an der Westseite erstreckt sich die **Casa de Gobierno**. Der im Stil des französischen Barock gebaute Gouverneurspalast ersetzte Anfang des 20. Jahrhunderts das koloniale Cabildo und steht für den Wohlstand, den die Zuckerindustrie brachte. An der Nordseite erhebt sich der **Templo y Convento de San Francisco** *(Calles San Martin und 25 de Mayo),* der im 19. Jahrhundert auf den Fundamenten eines kolonialen Jesuitenklosters errichtet wurde.

Die **Iglesia Catedral** (19. Jh.) an der Südostecke der Plaza ist ein neoklassizistischer Bau mit Zwillingsglockentürmen. Das Relief im Giebeldreieck zeigt Moses' Flucht aus Ägypten. Die gekachelte Kuppel des Zentralturmes erinnert an russisch-orthodoxe Kirchen. Das Kircheninnere besticht durch die perfekt erhaltenen Deckenfresken und den goldenen Altar. Um die Ecke liegt das **Museo Histórico Presidente Nicolás Avellaneda**, Tucumáns erstes zweigeschossiges Haus und Geburtshaus von Präsident Nicolás Avellaneda (1837–80). In sieben Ausstellungssälen werden Münzen, Karten und Gemälde präsentiert. Ein Saal widmet sich mit Kleidung, Waffen und Bildern ausschließlich dem Bürgerkrieg des 19. Jahrhunderts.

>  **Tipp**
>
> **Beim Besuch der Casa Histórica de la Independencia sollte man bei Sonnenuntergang auf das Licht- und Schattenspiel auf Lola Moras Reliefs achten.**
>
> CARLA SORANI HLUCHAN
> ORGANIZATION OF AMERICAN STATES

Das **Museo Casa Padilla** südlich des Gouverneurspalastes war die im italienischen Stil erbaute Residenz einer einflussreichen Familie. Sie vermachte das Haus samt eurozentrischer Kunstsammlung, traditioneller Einrichtung sowie einiger kolonialer und asiatischer Gegenstände der Provinz. Um die Ecke wohnte in dem Gebäude des **Museo Folclórico Manuel Belgrano** einst Bischof José Eusebio Colombres (1778–1859) – Zuckerpionier und

MUSEO CASA PADILLA
✉ 25 de Mayo 36
☎ 0381/431 91 47
🕒 Di–Fr 8.30–12.30, 15.30–19.30, Sa, So 15.30–19.30 Uhr
www.enteculturaltucuman.gob.ar/museo-casa-padilla

MUSEO FOLCLÓRICO MANUEL BELGRANO
✉ 24 de Setiembre 565
☎ 0381/421 82 50
🕒 Di–Fr 9–12.30, Di–So 15.30–19.30 Uhr
www.enteculturaltucuman.gob.ar/museo-folklorico-provincial-gral-manuel-belgrano

Verfechter der Unabhängigkeit. Heute ist es ein Folkloremuseum mit angeschlossenem Kunsthandwerkermarkt.

Einen halben Block südlich der Plaza hütet das **Museo Provincial de Bellas Artes »Timoteo Navarro«** die Werke berühmter argentinischer Künstler, darunter Berni, Quinquela Martín und Lino Spilimbergo. Zwei Räume des Gebäudes in französischem Stil füllen die Bilder des namengebenden Malers T. E. Navarro (1909–65), der in Tucumán zur Welt kam.

Einen Block weiter südlich ist das **Museo Casa Histórica de la Independencia** eine Art Kultstätte für argentinische Patrioten. Hier bestätigten Delegierte aus dem ganzen Land am 9. Juli 1816 die Unabhängigkeit der Provincias Unidas del Río de la Plata. In den 1940er-Jahren baute man das damals fast komplett zerstörte Gebäude anhand alter Dokumente wieder auf. Original erhalten ist nur der Salon, in dem die Unterzeichner sich trafen und in dem heute ihre Porträts hängen. Schattige Innenhöfe und Gärten führen auf Ziegelsteinpfaden zu Lola Moras Reliefs, die Präsident Julio Argentino Roca (1843–1914) in Auftrag gab. Ihre Darstellung der Unabhängigkeitsbewegung beschränkt sich nicht auf die elitären Unterzeichner, sondern zeigt auch einfache Gauchos. Sechs Blocks östlich der Plaza erstreckt sich der **Parque 9 de Julio**. Tucumáns größte Freifläche ist die einstige Zuckerrohrplantage von Bischof Colombres. Die verkehrsberuhigte Zone eignet sich gut für Spaziergänge, sofern Unwetter das niedrig liegende Gelände nicht unter Wasser setzen. Im Park liegt auch das **Museo de la Industria Azucarera – Casa del Obispo Colombres:** Im ehemaligen Bischofssitz steht eine noch funktionstüchtige *trapiche,* eine alte Zuckerrohrpresse, die von Ochsen angetrieben wurde. Im nördlichen Teil des Parks findet sich ein Denkmal, das an die deutsche Wiedervereinigung erinnert. Im Süden liegt der Busbahnhof von Tucumán. ∎

MUSEO PROVINCIAL DE BELLAS ARTES »TIMOTEO NAVARRO«
- 9 de Julio 44
- 0381/422 73 00
- Di–Fr 9–12.30, Di–So 15.30–19.30 Uhr
- Gratis
- www.enteculturaltucuman.gob.ar/museo-provincial-de-bellas-artes-timoteo-navarro

MUSEO CASA HISTÓRICA DE LA INDEPENDENCIA
- Congreso 141
- 0381/431 08 26
- Tgl. 10–18 Uhr; geführte Touren Mo–Fr 10.15, 11.15, 12.15, 13, 14.15, 15.15, 16.15, 17.15, Sa 10.15, 11.15, 12.15, 14.15, 15.15, 16.15 Uhr
- Gratis
- casadelaindependencia.cultura.gob.ar

MUSEO DE LA INDUSTRIA AZUCARERA-CASA DEL OBISPO COLOMBRES
- Parque 9 de Julio
- 0381/452 23 32
- Di–Fr 9–12.30, 15–18.30, Sa, So 10–13.30, 14.30–18 Uhr
- Gratis
- www.smt.gob.ar/MIA

RUND UM TUCUMÁN

Tucumán liegt günstig, um die Nachbarprovinzen Santiago del Estero und Catamarca zu besuchen. Wer das erste Mal in Argentinien ist, sollte unbedingt im Hochland wandern.

Fuchsien an der Straße nach Tafí del Valle

TAFÍ DEL VALLE UND UMGEBUNG

In San Miguel de Tucumán kann es schwül-warm werden. Wer der überfüllten Provinzhauptstadt entfliehen möchte, fährt in das Bergstädtchen Tafí del Valle fahren: Im Tal des Río de los Sosas verläuft die ansteigende Asphaltstraße in Serpentinen durch sattgrüne Nebelwälder. Dann erreicht sie ein weites Tal, das von den Gipfeln der Sierra del Aconquija, den Cumbres Calchaquíes und den Cumbres de Mala-Mala eingerahmt wird. Tafí liegt auf 2000 Metern Höhe, oft ist es hier regnerisch und neblig. In tieferen Lagen gedeihen Kartoffeln und Obstbäume mit Birnen und Pfirsichen. Tafí hat nur ein paar Tausend Einwohner, seine ländliche Umgebung ist

TAFÍ DEL VALLE
181 B3
Besucherinformation

Los Farores s/n (La Casa del Turista)
0381 / 657 00 11
www.tafidelvalle.com

Ein Junge bewacht die traditionellen Einspänner in Simoca, Provinz Tucumán.

aber bereits seit vorkolumbischer Zeit dicht besiedelt. Als die Spanier kamen, gingen die ortsansässigen Calchaquí an europäischen Krankheiten und Zwangsarbeit fast zugrunde. Dank des Eingreifens des Jesuitenordens erholte sich die Gemeinde bis zur Vertreibung der Jesuiten 1767 wieder. An die Jesuiten erinnert nur noch die **Capilla de La Banda,** eine koloniale Kapelle, die heute Tafís **Museo Jesuítico de La Banda** beherbergt. Hier findet man Gemälde im schwülstigen Stil der Cusco-Schule sowie Schnitzereien und Töpferwaren von Tafís ersten Bewohnern.

Im **Parque de los Menhires** in der Nachbargemeinde **El Mollar** befindet sich eine Sammlung präkolumbischer Menhire, die leider von ihrem Originalstandort im Tal entfernt wurden. Die von Tucumán kommende Fernstraße führt in Serpentinen weiter hinauf zum Pass **Abra del Infiernillo** (3050 m) und steigt dann hinab ins trockene Valles Calchaquíes, wo die Ruinen von Quilmes liegen. An der Tafí-Seite des Passes besteht die Möglichkeit, an geführten Wanderungen und Ausritten teilzunehmen, die die örtlichen Reisebüros arrangieren.

QUILMES

Westlich der Ortschaft **Amaicha del Valle** – mit dem Museo Pachamama (siehe Kasten rechts) – stößt die von Tafí del Valle kommende Fernstraße auf die RN 40, die zu den nahen präkolumbischen Ruinen von Quilmes

MUSEO JESUÍTICO DE LA BANDA
✉ La Banda S/N – Tafí del Valle
☎ 03867/42 16 85
💲 $

RUINEN VON QUILMES
🅰 181 B3
✉ RN 40, 23 km nordwestlich von Amaicha del Valle
💲 $

DER ANDINE NORDWESTEN

🔲 Wissen

MUSEO PACHAMAMA

Das präkolumbische Argentinien war ein buntes Mosaik verschiedener Kulturen; das Museo Pachamama *(RP 307, Km 118, Tel. 03892/42 10 04, Sommer, Winter, Osterwoche: tgl. 8.30–19 Uhr; Nebensaison: tgl. 8.30–12.30, 14–18.30 Uhr)* in Amaicha del Valle – auch bekannt als Casa de Piedra (Haus aus Stein) – illustriert diese Kulturen auf eindrucksvolle Weise. Zwischen Kakteengärten, Bäumen und Teichen winden sich kunstvoll gestaltete Wege und Mauern aus farbigen Steinen; dazwischen stehen für die Anden so typische Figuren wie *pachamama* (Mutter Erde) und *inti* (Sonne). Auf Mosaiken sind die Tiere der Bergwelt abgebildet.

Der einheimische Künstler Héctor Cruz hat die Innenräume von Pachamama als Erlebniswelt gestaltet. So ist die geologische Abteilung beispielsweise als Rundgang durch den Stollen eines Bergwerks angelegt; hier sieht man also gewissermaßen den Rohstoff für die Skulpturen des Außengeländes. Gezeigt werden aber auch Kleidungsstücke aus der Region und Gemälde, auf denen die Welt der Ureinwohner festgehalten ist. Das Museum bietet also einen sehr tiefen Einblick in die Valles Calchaquíes.

---

führt. Die um 1000 n. Chr. entstandene Festung der Diaguita zog sich in Terrassen über den Hügel. Diese Lage bot den Bewohnern günstige Beobachtungs- und Verteidigungspositionen. Die Bewohner der Festung standen nur kurzzeitig unter der Herrschaft der Inka. Bis zu ihrer endgültigen Niederlage und ihrem Gewaltmarsch nach Buenos Aires im Jahr 1667 hielten sie den Spaniern stand.

Quilmes ist die eindrucksvollste archäologische Stätte in den argentinischen Anden. Der Streifzug durch die mit Kakteen durchsetzten restaurierten Ruinen zählt zu den Highlights der Region. In der klaren Wüstenluft fasziniert auch der Blick in die Valles Calchaquíes. Im Museum vor Ort gibt es einen hervorragenden Kunsthandwerksladen und ein exzellentes Hotel.

BELÉN UND UMGEBUNG

Südlich von Quilmes führt die RN 40 in die Provinz Catamarca und die Stadt **Santa María.** Weitere 113 Kilometer südwestlich liegt die Ortschaft **Hualfín** mit der **Capilla de Nuestra Señora del Rosario.** Die schlichte koloniale Kapelle ist ein Nationaldenkmal. Sie steht in einem reizvollen Wüstental, dessen in der Ferne liegende bewässerte Felder in auffallendem Kontrast zur Wüstenlandschaft stehen.

BELÉN
🄰 181 A2

SANTA MARÍA
🄰 181 B3

Noch einmal 60 Kilometer weiter südlich findet sich in der Stadt **Belén** das kleine **Museo Arqueológico Cóndor Huasi**. Hier geht es weniger um regionale Details als um den großen historischen Zusammenhang.

14 Kilometer südlich von Belén taucht die Walnuss-Stadt **Londres** auf. Von hier ist es nicht weit zu den bedeutenden Inkaruinen von **El Shincal**, wo Dutzende Wege, Plattformen und Lagerhäuser ein 21 Hektar großes Areal bedecken.

TERMAS DE RÍO HONDO

Termas de Río Hondo bietet sich für einen Stopp an, denn die Stadt hat eine Fülle an Spa-Hotels, in denen die Gäste im eigenen Badezimmer ein Thermalbad nehmen können. Manche Spas bieten auch Massagen, Physiotherapie und persönliche Trainer an. Termas ist vor allem in der argentinischen Wintersaison ein nettes Ziel. Im Sommer ist es dagegen so drückend feuchtheiß, dass die meisten Hotels schließen (entsprechend günstig bekommt man dann ein Zimmer in den noch offenen Häusern). Vor der Stadt bietet der 330 Quadratkilometer große Stausee **Embalse Río Hondo** Gelegenheit zum Schwimmen, Segeln und Angeln. Für Spiel und Unterhaltung im Las-Vegas-Stil sorgt das Casino in der Innenstadt. Außergewöhnliche Gastronomie darf man in Termas allerdings nicht erwarten.

Wissen

DER HERZLOSE PADRE ESQUIÚ

In den Zeiten endloser Bürgerkriege erwies sich Fray Mamerto de la Ascensión Esquiú (1826–83) aus Catamarca als Friedensstifter; er trat für die Einheit der Nation und die Bindung der Regierung an eine Verfassung ein. Esquiú reiste kreuz und quer durchs Land und bemühte sich um eine Verbesserung der Schulbildung in den Provinzen. Mit 23 Jahren ließ er sich zum Priester weihen, als Höhepunkt seiner Laufbahn wurde er drei Jahre vor seinem Tod schließlich noch auf den Sitz des Bischofs von Córdoba berufen.

Die sterblichen Überreste von Esquiú wurden in der Kathedrale von Córdoba (siehe S. 135 f.) beigesetzt, doch sein Herz hat er wortwörtlich in Catamarca verloren. Das Organ wurde nämlich dort in der Iglesia de San Francisco aufbewahrt; 1990 war es allerdings einmal für kurze Zeit verschwunden, tauchte dann aber auf dem Dach des benachbarten Klosters wieder auf. Anschließend stellte man das Herz öffentlich zur Schau, bis ein Besucher den Glaskasten zerschlug und mit dem Herzen verschwand.

Die Polizei fasste den obdachlosen Täter, der aber behauptete, er habe die kostbare Reliquie einfach in einem Papierkorb am Straßenrand entsorgt. Falls das wirklich stimmt, ruht das Herz des Padre Esquiú jetzt wohl auf einer Müllhalde.

Die Ruinen der präkolumbischen Stadt Shincal im Departemento Belén

SANTIAGO DEL ESTERO

Mit ihrem Gründungsjahr 1553 ist die Hauptstadt der gleichnamigen Provinz die älteste Stadt Argentiniens. Die Geschichte zog jedoch an ihr vorüber, wozu auch die notorische Vetternwirtschaft beitrug. Aus der Kolonialzeit finden sich wenige Überbleibsel, aber es gibt zwei außergewöhnliche Museen.

Springbrunnen zieren die schattige **Plaza Libertad** im Zentrum von Santiago. An der Westseite steht die **Catedral Basílica Nuestra Señora del Carmen** (19. Jh.) mit klassizistischer Fassade und schmuckvoller Ausstattung. Wirklich einen Besuch wert ist das **Centro Cultural del Bicentenario**, einen Block östlich der Plaza, in dem alle wichtigen Museen der Stadt untergebracht sind. Das Gebäude stammt aus dem Jahr 1808. Für das

MUSEO ARQUEOLÓGICO CÓNDOR HUASI
✉ San Martín und Belgrano, Belén
🕒 Mo–Fr 9–12, 17–21 Uhr

EL SHINCAL
✉ 6 km nordwestlich von Londre
www.shinkaldequimivil.com.ar

TERMAS DE RÍO HONDO
🅰 181 B2
Besucherinformation
✉ Caseros 132
☎ 0385/842 17 21
🕒 Mo–Fr 8–13, 17–22 Uhr
Facebook: Secretaria de Turismo Termas de Río Hondo

SANTIAGO DEL ESTERO
🅰 181 B2
Besucherinformation
✉ Avenida Libertad 417
☎ 0385/421 32 53
www.turismosantiago.gob.ar

CENTRO CULTURAL DEL BICENTENARIOR
✉ Libertad 439, Santiago del Estero
☎ 0385/422 48 58
🕒 Mo 18–22, Di–Fr 9–21, Sa, So 10–21 Uhr

Museo Histórico Provincial (*Führungen auch auf Englisch*), das **Museo de Ciencias Naturales y Antropológicas** sowie das **Museo de las Bellas Artes** sollte man sich Zeit nehmen. Die Ausstellungsstücke nehmen fast kein Ende, ihre Präsentation begeistert immer wieder aufs Neue, und das Personal erfreut sich offensichtlich an der eigenen Arbeit.

Man kann von der Plaza durch den Museumskomplex hindurch gehen und gelangt zum **Mercado Armonía** an der Ecke Pellegrini und Tucumán. Dort gibt es frisches Obst und Fleisch.

Zwei Blocks weiter östlich steht der **Convento de San Francisco** aus dem 18. Jahrhundert. An seiner Stelle gab es im 16. Jahrhundert ein Kloster, in dem der namensgebende spanische Missionar San Francisco Solano lebte. In der angrenzenden Kirche (spätes 19. Jh.) zeigt das **Museo de Arte Sacro San Francisco Solano** auf wunderschöne Weise religiöse Kunst, darunter Gemälde und vor allem Statuen, inklusive einer in Peru angefertigten Holzstatue des heiligen Franziskus.

SAN FERNANDO DEL VALLE DE CATAMARCA

Kein anderer Ort im ganzen Land, vielleicht bis auf den Wallfahrtsort Luján (Provinz Buenos Aires), besitzt für Argentiniens Katholiken so viel Bedeutung wie die Hauptstadt der Provinz Catamarca. An jedem 8. Dezember kommen Hunderttausende Pilger in die Stadt, um der Statue der Virgen del Valle (Jungfrau des Tales) ihre Ehrerbietung zu erweisen. Die Heilige ist auch die nationale Schutzpatronin des Tourismus – welch ein Zufall. Viele

Eine Herde *Vicuñas* streift durch die halbwüstenartige Steppe der Provinz Catamarca.

DER ANDINE NORDWESTEN 217

Pilger kommen zu Fuß und haben bis hierher Hunderte Kilometer in brütender Sommerhitze zurückgelegt.

Den Hauptplatz **Plaza 25 de Mayo** – wie in allen argentinischen Städten der Mittelpunkt des öffentlichen Lebens – hat der französische Landschaftsarchitekt Carlos Thays (1849–1934) entworfen. Thays hat zahllose öffentliche Parks und private Gärten in den Provinzen Buenos Aires, Córdoba, Mendoza und Tucumán geschaffen und ist damit in Argentinien zu einer Legende geworden.

Auch die Senkgärten an der **Catedral Basílica y Santuario de Nuestra Señora del Valle** *(Plaza 25 de Mayo)* hat Thays entworfen. Diese Kirche mit neoklassizistischer Fassade und Zwillingstürmen wurde im 19. Jahrhundert erbaut. Die Deckenfresken in der Altarkuppel und im Mittelschiff stammen von Orlando Orlandi. Sie zeigen Wunder, die man der Virgen del Valle zuschreibt. Vor deren Statue aus dem 17. Jahrhundert stehen die Pilger am 8. Dezember Schlange, denn nur an diesem Tag wird die mit Diamanten besetzte Krone der Heiligen enthüllt. Die zweite bedeutende Kirche der Stadt, die **Iglesia y Convento de San Francisco** *(Fray Mamerto Esquiú y Rivadavia)* stammt auch aus dem 19. Jahrhundert. In die flüchtete einst Fray Mamerto Esquiú (1826–83; siehe Kasten S. 214). ∎

> **Tipp**
>
> **Gleitschirmfliegen in Tucumán: Es ist ein unvergessliches Erlebnis, über die dichten subtropischen Regenwälder der Yungas hinwegzuschweben.**
>
> ELISEO MICIU
> NATIONAL GEOGRAPHIC-FOTOGRAF

MUSEO DE ARTE SACRO SAN FRANCISCO SOLANO
✉ Avenida Roca Sur 716
☎ 0385/53365 95
🕑 Sa 10–19, Di–Fr 8–13, 15–20 Uhr

SAN FERNANDO DEL VALLE DE CATAMARCA
🗺 181 B2
Besucherinformation
✉ República 524
☎ 0383/445 53 08 oder 0810/777 43 21
🕑 Mo–Fr 7–13, 15–21, Sa 8–20, So 8–14 Uhr
www.turismocatamarca.gob.ar

Cuyo

Erster Überblick	220–221
Mendoza (Stadt) und Umgebung	222–232
Provinz Mendoza	233–245
Special: Autofahrt: Die Weingüter im Uco-Tal	238–239
Der Norden	246–259
Special: Die Fossilien von Cuyo	250–251
Hotels und Restaurants	367–371

‹ In der Echokammer, Chimenea del Eco, im Parque Nacional Talampaya

CUYO

Dort, wo die Anden ihren höchsten Punkt erreichen – am Gipfel des Cerro Aconcagua – liegen auch die argentinischen Weine buchstäblich an der Spitze. Die Schneeschmelze im Frühjahr sorgt für die Bewässerung der Weinberge, während Bergwanderer entlang des Río Horcones zum »Dach von Amerika« aufsteigen. Auf der anderen Seite des Río Mendoza fällt der Blick auf das Friedensdenkmal »Christo Redentor«.

Die Region Cuyo, die mehr als nur hohe Gipfel und edle Weine zu bieten hat, umfasst die Provinzen Mendoza, San Juan, San Luis sowie Teilgebiete von La Rioja. Die Hauptstadt Mendoza ist der beste Ausgangspunkt, um Hunderte von Weingütern in der näheren Umgebung zu erkunden. Doch auch das Dienstleistungs- und Kulturangebot der Stadt ist ausgezeichnet. Und dank der umliegenden Wälder herrscht selbst im Hochsommer ein angenehmes Klima.

Im Süden der Provinz Mendoza erstreckt sich eine weniger bekannte Weinregion rund um die Stadt San Rafael. Die nahe gelegenen Flüsse ziehen Wildwasserfahrer geradezu magisch an. Weiter im Süden in der Nähe von Malargüe hat sich Las Leñas als einer der führenden Wintersportorte Südamerikas einen Namen gemacht. Im Sommer tummeln sich dort Wanderer, Bergsteiger, Mountainbiker und andere Outdoor-Fanatiker. Wer die Einsamkeit in der Natur sucht, für den ist La Payunia ideal – die außergewöhnliche Landschaft mit vulkanischen Höhlen, wüstenartigen Landstrichen und Feuchtgebieten liegt südlich von Malargüe.

Nördlich von Mendoza lockt die Provinzhauptstadt San Juan mit ihrer eigenen kleinen, aber feinen Weinregion. Hauptsehenswürdigkeit ist das Grab der Volksheldin Difunta Correa, der heiligen Mutter Argentiniens. Sehenswert ist auch die UNESCO-Welterbestätte Parque Provincial Ischigualasto, in der in der Trias Dinosaurier herumstreiften. Heute ist die Gegend stolz auf ein sehenswertes paläontologisches Museum und archaische Erosionslandschaften.

Ebenfalls im Norden im angrenzenden La Rioja befindet sich der Parque Nacional Talampaya, der von der UNESCO auch zum Welterbe erklärt wurde. Unterhalb der fast vertikal abfallenden Sandsteinwände erinnern die Felszeichnungen längst ausgestorbener Indianerstämme an die damalige Zeit. Dort, wo die Landschaft sich öffnet, hat das heute ausgetrocknete Flussbett des Talampaya farbenfrohe Landschaftsformen gezeichnet. Die kolonial anmutende Hauptstadt von La Rioja bietet jede Menge Museen, weitaus mehr Besucher zieht es jedoch in die ehemalige Bergbaustadt Chilecito, um die herum ein kleines Weinbaugebiet liegt. Östlich von Mendoza gehört die Provinz San Luis zu den weniger bekannten Provinzen des Landes – wären da nicht die malerischen Berglandschaften der Sierras de San Luis. Die roten Sandsteinschluchten des Parque Nacional Sierra de las Quijadas: Sie lassen die Herzen von Dinosaurierforschern höherschlagen. Hier kann man auch wandern und campen, wer allerdings ins Innere der Landschaft vordringen möchte, sollte einen Führer nehmen. ■

222 MENDOZA (STADT) UND UMGEBUNG

In Mendoza schlägt das Herz der argentinischen Weinindustrie, die Stadt ist aber auch Ausgangspunkt einer Straße über die Anden nach Chile. Gegründet wurde Mendoza 1561; aus dieser Zeit sind nur wenige Kolonialbauten erhalten. Ein Grund dafür ist Mendozas Lage in einer der am stärksten von Erdbeben bedrohten Gegenden des Landes. Heute ist die Stadt ein Zentrum der Künste und der Unterhaltung.

Eine Anwärterin auf das Amt der Weinkönigin bei der Fiesta Nacional de la Vendimia in Mendoza

Während der Kolonialzeit stand ganz Cuyo unter chilenischer Hoheit. Nach dem politischen und wirtschaftlichen Zusammenbruch Argentiniens 2002 forderten alle Provinzbehörden östlich der Anden offen die Chilenen auf, doch bei ihnen ihre Unabhängigkeitstage Mitte September zu verbringen. Die Idee schlug ein – und brachte dem regionalen Tourismus den dringend notwendigen Aufschwung. Gleichzeitig stieg die Zahl internationaler

MENDOZA (STADT)
🅰 221 B3
Besucherinformation
✉ San Martín 1143

☎ 0261/413 21 01
🕒 Tgl. 9–21 Uhr
www.mendoza.tur.ar

Gäste, die sich für Weinverkostungen interessierte. Mit der steigenden Gästezahl einher ging die Nachfrage nach gehobener Gastronomie (passend zu den exklusiven Weinen) und Ausflügen ins Hinterland.
Mendoza spielte eine Schlüsselrolle in den südamerikanischen Unabhängigkeitskriegen – auch weil seinerzeit General José de San Martín hier seine Armee für den Befreiungsfeldzug nach Chile aufstellte.
Mit dem Einzug der Eisenbahn in den 1880er-Jahren setzte sich die Bewegung bis nach Buenos Aires fort. Aufgrund der Erdbebenkatastrophen wirkt die Stadtarchitektur recht monoton, dennoch zählt Mendoza zu den Städten mit der höchsten Lebensqualität in ganz Argentinien. Um den Stadtkern, der für sich genommen relativ klein ist, dehnen sich die weitläufigen Vorstädte von Gran Mendoza aus: Guaymallén, Godoy Cruz, Las Heras, Maipú und Luján de Cuyo.

SEHENSWERTES
Die **Plaza Independencia** ist das Zentrum, um das sich alles dreht. Am Wochenende bilden Brunnen, Bäume und Fußgängerwege die angenehme

―――――――――――――――――――――――――――――――――― Erlebnis ――――――

DIE PLAZAS VON MENDOZA
Die Architektur der erdbebengefährdeten Stadt Mendoza ist in erster Linie funktional, doch die grünen Plätze sorgen dafür, dass die Stadt (in den Worten des Schriftstellers Carlos Fuentes) einem »Dach aus Blättern« gleicht, »die wie Finger unzertrennlicher Liebender zu einem großen Kreis ineinander verwoben sind«.
Um Mendoza mit den Augen der Einheimischen zu erleben, sollte man zumindest einen Teil des Tages für einen Streifzug über die Plazas nutzen. Drehscheibe der Stadt ist die **Plaza Independencia.** Hier finden Souvenirjäger in lauen Nächten zahlreiche Kunsthandwerkerstände, während Liebespaare verklärt auf die Springbrunnen blicken. Für Abkühlung sorgen die unterirdischen Räume des Museums für Moderne Kunst.
Vier weitere Plätze liegen wie Satelliten zwei Blocks von den jeweiligen Ecken der zentralen Plaza Independencia entfernt. Im Nordosten befindet sich die **Plaza San Martín** mit der Reiterstatue von San Martín, dem Gründungsvater Argentiniens. Auf der **Plaza Chile,** zwei Häuserblocks weiter nordwestlich, umarmen sich San Martín und Bernardo O'Higgins im Zeichen der argentinisch-chilenischen Freundschaft. Die **Plaza Italia** im Südwesten zieren römische Figuren zu Ehren der Einwanderer, die maßgeblich die lokale Weinindustrie mitbegründet haben. Der auffälligste aller Plätze Mendozas ist aber die Plaza España: Die maurischen Zierbrunnen, die Kacheln, Wände und Statuen könnten genauso gut in Sevilla stehen.

Wissen

BODEGA ESCORIHUELA

Die meisten Weingüter von Mendoza liegen weit außerhalb der Stadt, die Bodega Escorihuela *(Belgrano 1188, Godoy Cruz, Tel. 0261/42 427 44, www.escorihuela.com.ar)* jedoch nur 3 Kilometer vom Zentrum entfernt.

Das historische Weingut besteht seit 1884 und produziert einen klassischen roten Cabernet Sauvignon für den täglichen Konsum, daneben keltert es jedoch auch feinere Tropfen wie Malbec, Syrah und Viognier. Die Weinberge liegen draußen im Umland, die Gebäude des Weinguts mussten allerdings nach einem Großbrand im Dezember 2008 neu aufgebaut werden. Verschont blieb das historische Francis-Mallmanns-Restaurant »1884«, dessen Innenhof zusammen mit einem Teil des Gebäudes zu einem Restaurant mit sehr intimem Ambiente umgestaltet wurde.

Kulisse für den Kunsthandwerkermarkt. Am Platz stehen außerdem ein unterirdisches errichtetes Theater und das **Museo Municipal de Arte Moderno** mit häufig wechselnden Ausstellungen.

Östlich des Platzes befindet sich die Fußgängerpassage **Paseo Sarmiento**, an der auch die Provinzregierung **Legislatura Provincial** ihren Sitz hat. Westlich des Platzes erhebt sich die auffallende Fassade des Hotels Park Hyatt, in dem ein Casino zum Besuch lockt. In derselben Straße und in deren Nebenstraßen finden sich auch viele Unterkünfte, Restaurants und Vinotheken. Das eigentliche Amüsierviertel aber beginnt erst ein paar Straßenzüge weiter südwestlich und verläuft entlang der **Arístides Villanueva** bis zum **Parque General San Martín**.

Drei Blocks weiter nördlich lädt der **Zentralmarkt** zum Kauf von Wein, Käse und sonstigen Zutaten für ein Picknick ein. Einige Häuserblocks süd-

MUSEO MUNICIPAL DE ARTE MODERNO
- Plaza Independencia
- 0261/425 72 79
- Di–Fr 9–20, Sa, So 14–20 Uhr
- AR$ 16

TERRAZA JARDÍN MIRADOR ARQ. GERARDO AMÉRICO ANDÍA
- Palacio Municipal, 9 de Julio 500
- 0261/429 65 00
- Mo–Fr 8–13, 18–20, Sa 10–13 Uhr
- Gratis

MUSEO DEL ÁREA FUNDACIONAL
- Beltrán und Videla Castillo
- 0261/425 69 27
- Di–Sa 8–20, So 14–19 Uhr

ACUARIO MUNICIPAL
- Parque Bernardo O'Higgins, Ituzaingó und Buenos Aires
- 0261/425 38 24
- Tgl. 9–19.30 Uhr

lich der Plaza liegt das **Barrio Cívico** mit dem Palacio Municipal. Von seiner **Terraza Jardín Mirador Arq. Gerardo Américo Andía**, einer mit Blumenrabatten angelegten Gartenterrasse, hat man einen herrlichen Blick über Mendoza hinweg nach Norden und bei klarer Sicht bis zu den Vorbergen der Anden im Westen. Das historische Stadtzentrum liegt 1,5 Kilometer nordöstlich der Plaza Independencia.

Dort zeigt das **Museo del Área Fundacional** die Fundamente des von Erdbeben zerstörten kolonialzeitlichen Cabildo. Das Museum beschäftigt sich hauptsächlich mit dem Kulturerbe der Huarpe-Indios anhand historischer Dioramen und Fotografien. Am eindrücklichsten ist aber der Ausstellungsteil über die Bedeutung des Wassers für die Stadt. Ihre Straßen sind durchzogen von *acequias* (Kanälen), die heute Bäume bewässern, einst aber das Leben in der Wüstenstadt überhaupt erst ermöglichten. Zu den Exponaten gehört ein von einem Aquädukt gespeister Brunnen, an dem die Einwohner früher ihren Bedarf an Trinkwasser decken konnten.

Gleich nördlich der Plaza Pedro del Castillo liegen die **Ruinas de San Francisco.** Hinter den zugemauerten Bogen des Jesuitenklosters lebten die Ordensbrüder bis zu ihrer Vertreibung aus Südamerika 1767. Nach dem Erdbeben 1861 mussten auch ihre Nachfolger, die Franziskaner, das Kloster aufgeben. Gleich südlich des Museums erstreckt sich der **Parque Bernardo O'Higgins**, eine grüne Lunge, die südwärts bis zum **Acuario Municipal** (Städtisches Aquarium) verläuft. Die meisten der Fischarten stammen aus dem Paraná.

Die hohen Gipfel der Anden bilden die imposante Kulisse von Mendoza.

Schmelzwasser aus den Anden bewässert die Weinberge von Luján de Cuyo in der Provinz Mendoza.

PARQUE GENERAL SAN MARTÍN

Am Westende der Avenida Emilio Civit markieren zwei schmiedeeiserne Pforten aus dem schottischen Glasgow – gekrönt von einem Andenkondor auf einem Provinzwappen – den Eingang zur einer der eindruckvollsten Parkanlagen des Landschaftsarchitekten Carlos Thay. Der Park mit insgesamt 17 Kilometern Wegen und einem künstlichen See erstreckt sich über ein 307 Hektar großes Areal. Auf dem einstigen Ödland finden sich heute verschiedene Museen, eine Pflanzenschule, ein Rosengarten und über 30 Skulpturen.

Seither sind auch noch ein Fußballstadion und das **Teatro Griego Frank Romero Day** hinzugekommen. Im Freiluft-Amphitheater an der südwestlichen Ecke findet alljährlich im März das nationale Weinerntefest, die **Fiesta Nacional de la Vendimia,** statt. Der über eine Haarnadelstraße erreichbare »Höhepunkt« des Parks ist das **Monumento La Patria al Ejército de los Andes:** Das Denkmal des uruguayischen Bildhauers Juan Manuel Ferrari (1874–1919) erinnert an San Martín und seine Armee. Von oben bietet sich ein herrlicher Panoramablick auf

---

 Tipp

Gourmets sollten das Restaurant La Casa del Visitante in der Bodega Familia Zuccardi besuchen (siehe S. 229).

CLAUDIA A. MARSICANO
NATIONAL GEOGRAPHIC-EXPERTIN

die Ausläufer des **Cerro de la Gloria**. *Bateas* (offene Busse) bringen die Fahrgäste vom Eingangstor bis zum Gipfel *(nur im Sommer und in der Hauptsaison)*. Die oberste Bronzeskulptur zeigt San Martín mit seinem Reitertrupp unter einer geflügelten Allegorie der Libertad Argentina. Am südlichen Seeufer hat das **Museo de Ciencias Naturales y Antropológicas Juan Cornelio Moyano** seine Pforten geöffnet. Hier wird die biologische Vielfalt der Region im Zusammenhang mit den jeweiligen Landschaften und Kulturen präsentiert. Die Präsentation wird mit Klängen aus der Wildnis wie dem Gezwitscher der Andensittiche oder mit dem Blütenduft von *jarillas* (Sonnenröschen) untermalt. Auch Naturphänomene wie die Vulkanlandschaft von La Payunia in der Nähe von Malargüe werden hier vorgestellt.

MAIPÚS WEINGÜTER

Der Landkreis Maipú östlich der Gewerbevorstädte lockt mit Weingütern, die im In- und Ausland einen guten Ruf genießen. Einige bieten einen Museums- und/oder Restaurantbesuch an oder geben öffentlichen Kulturveranstaltungen eine Bühne. Da sie weit verstreut liegen, ist es am besten, sich einer geführten Tour anzuschließen oder sich ein Auto zu mieten.

In der Ortschaft General Gutiérrez liegt **Bodegas López**, ein Weingut, das in Familienbesitz ist. Trotz seines Alters (1898 gegründet) reifen die Weine hier in modernen Edelstahltanks und werden mit hochmoderner Technik gekeltert. Führungen auf Spanisch oder Englisch mit kostenlosen Weinproben finden im neuen Besucherzentrum statt, das in den alten Gebäudekomplex integriert wurde. Bei umfangreicheren (kostenpflichtigen) Degustationen ist eine Reservierung notwendig. López bietet auch Halbtagesausflüge in die Weinberge an – inklusive Mittagessen im hauseigenen Restaurant. Sieben Blocks südlich des Weinguts López wirkt die **Antigua**

MUSEO DE CIENCIAS NATURALES Y ANTROPOLÓGICAS JUAN CORNELIO MOYANO
✉ Parque General San Martín, Avenida de Las Tipas und Prado Español
☎ 0261/482 76 66
🕐 Di–Fr 9–18.45, Sa, So 15–18.45 Uhr

BODEGAS LÓPEZ
✉ Ozamis 375, General Gutiérrez, Maipú; 13,5 km südöstlich von Mendoza
☎ 0261/497 24 06
🕐 Führungen: Mo–Fr stdl. zw. 9–17, Sa, So zw. 9.30–12.30 Uhr
Englisch: Mo–Fr 11.30 und 15.30, Sa 11.30 Uhr
www.bodegaslopez.com.ar

ANTIGUA BODEGA GIOL
✉ Ozamis 1040, General Gutiérrez, Maipú
☎ 0261/468 71 72
🕐 Tgl. 11–18 Uhr
Facebook: **AntiguaBodega GiolTurismo**

Erlebnis

EIN TAG IN DER CAVAS WINE LODGE

Im Frühling, wenn die Schmelzwasser aus den nahen Anden die Weinberge von Luján de Cuyo am Stadtrand von Mendoza bewässern, lockt die Cavas Wine Lodge mit 14 Hektar Weinland und 14 Gästehäusern. In der unterirdischen Cava, dem Weinkeller, reifen Argentiniens edelste Jahrgänge, im hoteleigenen Restaurant werden sie zu hervorragend zubereiteten Speisen kredenzt. Auf dem Programm stehen auch Degustationen und Ausflüge in die Weinberge.

Darüber hinaus organisiert Cavas Wanderungen und Raftingausflüge in die nahe gelegene Cordillera. Zum Ausklang des Tages können die Gäste ihrer Liebe zum Wein auf andere Art frönen, nämlich durch den Besuch des maurischen Spas mit einem Bad in Honig und Wein *(www.cavaswinelodge.com)*.

Bodega Giol eher wie ein historisches Überbleibsel aus einer anderen Zeit. Bemerkenswert ist vor allem das ovale französische Eichenfass mit 75 000 Litern Fassungsvermögen, das eine Bronzefigur in Erinnerung an die Revolution von 1810 ziert. Gleich südlich davon lohnt sich ein Besuch des **Museo Nacional del Vino y la Vendimia** (Nationales Wein und Weinerntemuseum): Das sehenswerte Jugendstilhaus hatte sich die Gründerfamilie Gargantini-Giol als Landsitz erbaut.

Das Weingut **Cavas del Conde** in Coquimbito wurde 1919 gegründet und ist heute eine exklusive Weinkellerei mit persönlicher Atmosphäre. Die Weinverkostungen finden hier in gemütlichen, unterirdisch liegenden Räumen statt. Doch sein Glanz verblasst etwas neben der **Bodega La Rural**, die zwar zum Konzern Catena Zapata gehört, jedoch eigenständig geführt wird. 1885 gegründet, zählt La Rural zu den ältesten und größten Weingütern der Provinz. Verarbeitet werden ausschließlich Cabernet-Sauvignon-Trauben (auf 10 ha) – am bekanntesten sind die Premiumweine der Rutini-Linie. Das Weingut lockt mit dem familienfreundlichen **Museo del Vino San Felipe**, in dem Artefakte aus über einem Jahrhundert Weinanbau gezeigt werden. Keramikgefäße, manuelle Abfüllgeräte, antike Korkmaschinen, Traktoren sowie Transporter lassen den Besuch des Museums zu einer unterhaltsamen Lehrstunde über die Weinherstellung werden. Da die

Tipp

Der Wein-Hype gipfelt am Ende der Erntezeit im März im Vendimia-Festival, einem Straßenfest mit Paraden, Musikbands und Gläsern voller *tinto* (Rotwein).

MEI-LING HOPGOOD
NATIONAL GEOGRAPHIC-AUTORIN

Olivenbäume in der Provinz Mendoza

Führungen und Verkostungen in spanischer Sprache immer überlaufen sind, empfehlen sich die englischsprachigen Führungen oder ein Besuch frühmorgens. Die ebenfalls in Coquimbito gelegene kleinere **Bodega Viña El Cerno** lädt wie die anderen zur Weinprobe ein. In dem familiengeführten Weingut inmitten der Weinberge kredenzen die Besitzer edle Tropfen wie Cabernet, Malbec, Merlot, Syrah, Chardonnay und andere Cuvées.

In Fray Luis Beltrán, eine halbe Stunde von Mendoza entfernt, liegt die **Bodega Familia Zuccardi** inmitten der eigenen Weinberge. Zuccardi stellt vor allem Tafelweine für den heimischen Markt her, verkauft aber auch jede Menge edler Tropfen für die städtische Kundschaft und für den Export. Gekeltert werden 30 verschiedene Weinsorten, die Gäste dürfen

MUSEO NACIONAL DEL VINO Y LA VENDIMIA
✉ Ozamis 914, Maipú
☎ 0261/497 77 63
🕐 Mo–Sa 9–18, So 10–13 Uhr

CAVAS DEL CONDE
✉ Dorrego s/n, Coquimbito, Maipú
☎ 0261/497 26 24
www.cavas.tawert.com

BODEGA LA RURAL/MUSEO DEL VINO SAN FELIPE
✉ Montecaseros 2625, Coquimbito, Maipú
☎ 0261/497 20 13
🕐 Mo–Sa 9–17.30 Uhr;
letzte geführte Tour 16 Uhr
www.bodegalarural.com.ar

BODEGA VIÑA EL CERNO
✉ Moreno 631, Coquimbito, Maipú
☎ 0261/481 15 67
🕐 Mo–Sa 10–18 Uhr
www.elcerno.com.ar

BODEGA FAMILIA ZUCCARDI
✉ RP 33, Km 7,5, Fray Luis Beltrán, Maipú
☎ 0261/441 00 00
🕐 Mo–Sa 9–18, So 10–17 Uhr
www.familiazuccardi.com

auch den für Mendoza typischen Malbec verkosten. Bei der **Degustación Anual** *($$$$),* der jährlichen Weinprobe mit Unterhaltungsprogramm, können die Teilnehmer fast die ganze Weinkarte rauf und runter probieren. Mit Ausnahme dieser Veranstaltung steht das Restaurant allen Besuchern offen.

CHACRAS DE CORIA UND UMGEBUNG

Südlich der Stadt Mendoza erstreckt sich der weitläufige Landkreis Luján de Cuyo über eine Fläche von 4847 Quadratkilometern – vom Bergvorland mit feuchten Schwemmlandböden bis hin zu den höchsten Andengipfeln an der chilenischen Grenze. Nur 20 Minuten südlich der Stadt liegt die waldreiche Vorstadt Chacras de Coria, ein etwas abgelegenes Feinschmeckerparadies, das sich zu einem angesagten Wohnviertel gemausert hat. Einst standen hier Obstplantagen und Weinberge, heute ist es bei Urlaubern beliebt – nicht nur wegen der Nähe zu mehreren Weingütern, sondern auch wegen der lässigen Lebensart, der Kunstszene und der sehr guten Unterkünfte. Die pulsierende Mitte Chacras ist die **Plaza Gerónimo Espejo,** wo jeden Sonntag einer der besten Kunsthandwerker- und Antikmärkte der ganzen Region stattfindet. Das Mini-Amphitheater an der Plaza ist die Bühne für Freiluftveranstaltungen wie etwa Tangotanz- und -liederabende (*meist am Wochenende*). In den nahe gelegenen Straßen lockt ein ausgezeichnetes Gastronomieangebot.

Chacras Adresse für Kunst und Unterhaltung ist das **Museo de Chacras de Coria** (*MUCHA; Pueyrredón 2121, Tel. 0261/496 10 61, www.chacrasdecoria. com*), eine lichtdurchflutete neue Galerie mit Kulturzentrum. Hier treten Künstler aus Mendoza auf, es gibt Lesungen, ein kleines Kino und gesponserte Musik- und Tanzaufführungen. Das **Museo Provincial de Bellas Artes Emiliano Guiñazú – Casa de Fader** (*Avenida San Martín 3651, Tel. 0261/496 02 24*), kurz MUCHA, findet man im Viertel Mayor Drummond südöstlich von Chacras. Der Maler Fernando Fader (1882–1935) hat auf seinen Ölgemälden und Aquarellen die ländliche Bevölkerung und Landschaften porträtiert, das Museum zeigt vor allem regionale Künstler. Das

---

BODEGA Y CAVAS DE WEINERT
✉ San Martín 5923, Luján de Cuyo
☎ 0261/96 43 81
www.bodegaweinert.com

BODEGA LAGARDE
✉ Avenida San Martín 1745, Mayor Drummond, Luján de Cuyo
☎ 0261/498 00 11

🕐 Mo–Fr 10.30–12.30 und 15.30, Sa 10.30–12.30 Uhr
www.lagarde.com.ar

BODEGA LUIGI BOSCA
✉ Avenida San Martín 2044, Luján de Cuyo
☎ 0261/498 19 74
www.luigibosca.com.ar

Museum befindet sich in den Räumen der Residenz von Emiliano Guiñazú, für den Fader auch die Wandmalereien in den Korridoren und den Bassins anfertigte.
Ähnlich wie das MUCHA wird auch dieses Museum als Veranstaltungsort genutzt.

Die Weingüter von Luján de Cuyo:
Die Schmelzwasserflüsse aus den Anden bewässern die Weinberge einiger der edelsten Weingüter des Landes; in manchen von ihnen können Gäste übernachten oder zu Mittag essen. An den von Pappeln gesäumten Straßen von Chacras de

Malbec-Fässer in der Bodega y Cavas de Weinert, Luján de Cuyo

Coria liegt auch die **Bodega y Cavas de Weinert**. In den 1890er-Jahren gegründet, wurde das Weingut Mitte der 1970er-Jahre vom Deutsch-Brasilianer Bernardo Weinert erworben. Die Weinkeller mit Ziegelsteingewölben und Mauernischen sind angefüllt mit dekorativen französischen Eichenfässern, die für einen Hauch von Tradition sorgen. Weinert hat als einer der ersten Winzer in Mendoza moderne Weintechnologien eingesetzt. Er war es auch, der schon früh die Chancen der argentinischen Weine, vor allem des Malbec, auf dem internationalen Markt erkannte.
Nur ein paar Blocks weiter südlich vom Museo Fader stößt man auf die **Bodega Lagarde.** Auch dieses klassische Weingut hat seine Anlagen modernisiert, hat Druckluftpressen eingeführt und seine mit Epoxidharz versiegelten Zementtanks um hochmoderne Edelstahltanks erweitert. Sein historisches Erbe ist nach wie vor spürbar. Anders als bei der Bodega Weinert schließen hier die Führungen einen Besuch der Weinberge ein.
Auch die **Bodega Luigi Bosca** bietet bei ihren Führungen einen Ausflug in die Weinberge. Der Höhepunkt sind jedoch die 14 Flachreliefs (113 x 55,5 cm), auf denen der Winzer Leytes chronologisch die Entwicklung der lokalen Weinindustrie seit der ersten Einwanderungswelle dargestellt hat. Zu sehen sind aber auch die alltäglichen Aktivitäten der Winzer wie das Pflanzen, Ernten, Abfüllen und Verkosten des Weines. Die Führungen enden in einer Probierstube. In Agrelo – am Rand der Vorstädte und dem Beginn der Autobahn nach Chile – finden sich ein paar hochmoderne Weingüter. Viele sind modernisiert worden, etwa die **Bodega Ruca Malén**, die beispielsweise mit Druckluftpressen, Edelstahltanks und neuen

> **Tipp**
>
> **Wer in Luján de Cuyo tolle Bilder schießen will, sollte bei Sonnenaufgang in die Weinberge fahren und von dort die schneebedeckten Anden fotografieren.**
>
> ELISEO MICIU
> NATIONAL GEOGRAPHIC-FOTOGRAF

französischen bzw. amerikanischen Eichenfässern arbeitet. Nach der Führung werden einige der besten Weine verkostet, dazu werden Snacks gereicht. Das Restaurant serviert zum Mittagsmenü die eigenen Weine und bietet einen unverbauten Blick auf die Anden *(Reservierung erforderlich)*.

Unmittelbar östlich davon befindet sich die moderne **Bodega Séptima**, ein Weingut im Stil einer präkolumbischen *pirca* (Festung). Die rund 300 Hektar sind mit noch recht jungen Reben bestockt. Die Dachterrassen bieten einen herrlichen Panoramablick auf die Anden. Innen findet sich hochmoderne Weintechnologie. Einige Kilometer weiter südlich liegt die **Bodega Catena Zapata** *(Cobos s/n, Luján de Cuyo, Tel. 0261/413 11 24, Mo–Fr 9–16.30, Sa 9–12 Uhr, www.catenazapata.com)*. Hier stechen vor allem die Gebäude im Stil einer Maya-Pyramide in den Weinbergen ins Auge. Die Anbaufläche beträgt 105 Hektar. Das einzige moderne Detail des Gebäudes ist die Glaskuppel, die zu einer großen Terrasse mit Blick auf den schneebedeckten Cordón del Plata führt. Anders als viele argentinische Kellereien folgt Catena Zapata nicht dem Vorbild europäischer Weingüter, sondern orientiert sich an Kalifornien, wo Inhaber Nicolás Catena in den frühen 1980er-Jahren gelebt hat. Die mehrsprachigen Führungen beginnen mit einem Glas Chardonnay und enden mit einem Glas Malbec in Räumen, die mit moderner Kunst geschmückt sind. Für Verkostungen mit Premiumweinen wird ein Aufschlag verlangt. Während Catena Zapata weithin sichtbar über der flachen Ebene aufragt, hat die nahe gelegene **Bodega Dolium** *(RP 15, Km 30, Agrelo, Luján de Cuyo, Tel. 0261/598 57 42, tgl. 10–17.30 Uhr, Touren ab 240 AR$, www.dolium.com)* die Weinproduktion in den Untergrund verlegt und nutzt so den Vorteil einer ganzjährig konstanten Lagertemperatur. Das Weingut liegt in einer Wüstenlandschaft, in der es im Winter sogar schneien kann. Verkostungen finden in einer kleinen Kelterei statt. ∎

BODEGA RUCA MALÉN
✉ RN 7, Agrelo, Luján de Cuyo
☎ 0261/553 71 64
www.bodegarucamalen.com

BODEGA SÉPTIMA
✉ RN 7, Km 1061,
  Agrelo, Luján de Cuyo
☎ 0261/498 95 58
🕐 Mo–Sa 9–18 Uhr
💲 $$$$
www.bodegaseptima.com

PROVINZ MENDOZA 233

Das Hinterland von Mendoza zählt zu Argentiniens schönsten Urlaubsgebieten für Wanderer, Wildwasserenthusiasten und Skifahrer. Der französische Regisseur Jean-Jacques Annaud nutzte die verblüffende Ähnlichkeit mit den zentralasiatischen Bergen, um hier die Landschaftsaufnahmen für seinen Kinofilm »Sieben Jahre in Tibet« (1997) zu drehen. Auch der höchste Berg Südamerikas, der Cerro Aconcagua, ist hier zu finden.

Uspallata, das Tor zum Aconcagua, ist eine grüne Oase inmitten einer wüstenartigen Andenlandschaft.

POTRERILLOS UND UMGEBUNG

Ab Agrelo schlängelt sich die RN 7 langsam steil bergauf durchs Tal des Rió Mendoza bis nach Potrerillos, einer Siedlung aus Musterhäusern, die ihre Existenz dem Stausee **Embalse de Potrerillos** verdankt. Hier lassen sich Wanderungen und Ausritte organisieren, die meisten Besucher kommen jedoch in erster Linie wegen der guten Wassersportmöglichkeiten auf dem Río Mendoza. Die Veranstalter in Potrerillos haben ihre Büros in der Stadt und fahren von dort ihre Kunden durchs Tal hinauf zur Einsetzstelle am Fluss. Windsurfen ist auf dem Stausee möglich. Rund 27 Kilometer westlichvon Potrerillos liegt im Gebirgszug Cordón del Plata der kleine Wintersportort **Vallecitos** (2900 m). Die Skisaison dauert hier von Juli bis Oktober, da die Schneemengen auf der (trockenen) Leeseite der Anden von

Jahr zu Jahr anders ausfallen können, sollte man sich am besten schon vorab nach der aktuellen Schneelage erkundigen.

USPALLATA UND UMGEBUNG

Oberhalb von Potrerillos führt die zweispurige Fernstraße durch eine Reihe von kurzen Tunnels. Schließlich weitet sich die Landschaft, und das malerisch gelegene Uspallata kommt in Sicht. Der wichtige Verkehrsknotenpunkt bietet die beste Infrastruktur entlang der gesamten Strecke. Die von Pappeln gesäumte Hauptstraße verläuft weiter bis zur chilenischen Grenze. Die malerische Landstraße RP 52, die von der Hauptkreuzung abgeht, bringt die Autofahrer in einer Schleife über die **Caracoles de Villavicencio** zurück nach Mendoza. Diese Serpentinenstraße führt an einer heißen Therme und einem Hotel vorbei. Nur sieben Kilometer außerhalb von Uspallata befinden sich die blassen Felszeichnungen von **Cerro Tunduqueral**. Die Straße, die schon San Martíns Armee auf ihrem Weg zur Befreiung Chiles benutzte, steigt auf satte 3000 Meter an und ist landschaftlich deutlich schöner als die Hauptfernstraße. Für Radfahrer ist diese Route nach Mendoza außerdem sicherer als die Fahrt durch die stark befahrenen Tunnel der Hauptstrecke.

Ab dem Knotenpunkt Uspallata zweigt die RP 149 ins nördliche Hochland der Provinz San Juan ab. Nur 3,5 Kilometer nördlich der Kreuzung liegt die archäologische Stätte **Bóvedas de Uspallata.** Dort errichteten die Spanier

Mineralische Ablagerungen in einer Therme

Erlebnis

DEN MENDOZA FLUSSABWÄRTS

Im Wildwassersport hinkt Argentinien Chile weit hinterher; wenn jedoch im Frühling auf den Andengipfeln die Schneeschmelze beginnt, wird der Río Mendoza so richtig interessant. Stromschnellen sind eher selten, doch die großen Wellen sorgen für einen aufregenden Ritt, der oberhalb von Potrerillos beginnt.

Zwei zuverlässige Veranstalter sind: **Argentina Rafting Expediciones** (*Amigorena 86, Tel. 0261/429 63 25, www.argentinarafting.com*) und **Ríos Andinos** (*Sarmiento 784, Tel. 0261/429 22 99, www.rioaventuramendoza.com*).

---

auf einer präkolumbischen Metallgrube drei konische Öfen. Die Bóvedas dienten bereits General Gregorio de Las Heras als Stützpunkt.

LOS PENITENTES UND UMGEBUNG

Der 63 Kilometer westlich von Uspallata gelegene Wintersportort Los Penitentes (2580 m) dient über die Sommermonate als Basislager für Erkundungstouren rund um den Aconcagua.

Rund sieben Kilometer weiter westlich befindet sich im Straßendorf **Puente del Inca** ein natürlicher Felsbogen über den Río de las Cuevas. Das Naturwunder besteht aus Kies- und Gesteinsschichten, die durch Mineralien aus den nahe gelegenen heißen Schwefelquellen gebunden wurden.

Noch vor der Inka-Brücke befindet sich auf einer zerklüfteten Felsnase südlich der Fernstraße der **Cementerio de los Andinistas** – ein Bergsteigerfriedhof, auf dem unter anderem die über hundert Bergsteiger liegen, die bei der Ersteigung des Aconcagua ums Leben gekommen sind. Traditionsgemäß legen hier alle Gipfelexpeditionen einen Zwischenstopp ein.

PARQUE PROVINCIAL ACONCAGUA

Mit 6960 Metern zählt der **Cerro Aconcagua** zu den »Seven Summits« der Bergsteiger, den jeweils höchsten Bergen eines Kontinents. Technisch gesehen ist der Aconcagua zwar relativ einfach, dennoch zählt er zu den

USPALLATA
221 A3
Besucherinformation
www.uspallata.com.ar

BÓVEDAS DE USPALLATA
RN 149, 3,5 km nördlich der RN 7

PENITENTES MENDOZA
221 A3
RN 7, Km 161, 183 km westlich von Mendoza
0261/424 50 85
Tgl. 10–17 Uhr
www.penitentesweb.com

> **Tipp**
>
> **Wer ein Maultier mieten will, sollte mit den Gauchos in aller Ruhe Mate trinken und im Gegenzug auch großzügig beim Verhandeln sein.**
>
> PETER MCBRIDE
> NATIONAL GEOGRAPHIC-FOTOGRAF

gefährlichsten Gipfeln der Erde. Der Aufstieg über die Normalroute ist aufgrund der Höhenmeter und des wechselhaften Wetters sehr schwierig – selbst für erfahrene Alpinisten mit viel Kraft und Ausdauer. Der höchste Berg der westlichen Hemisphäre wirkte auf Bergsteiger schon immer als Magnet. Der Schweizer Pionier Matthias Zurbriggen (1856–1917) fand 1897 die »moderne« Route im Alleingang, seither sind ihm viele auf seinen Spuren über Geröll und Schnee gefolgt. Die Entdeckung einer Inka-Mumie 1985 auf fast 5300 Metern Höhe – noch vor den Llullaillaco-Kindermumien in Salta – lässt aber vermuten, dass präkolumbische Völker womöglich schon vor Zurbriggen auf dem Gipfel des Aconcagua standen.

Auch wenn er vor allem für Gipfelstürmer ein Mekka ist, bietet der Berg genauso dem Normalwanderer viele schöne Erlebnisse. Von der Fernstraße aus ist er schlecht zu sehen, wer allerdings vom Besucherzentrum des Parks rund 1,5 Kilometer entlang einer Schotterstraße Richtung Norden zur **Laguna Horcones** (2950 m) wandert, sieht den Berg vom See bzw. von weiteren schönen Aussichtspunkten in seiner ganzen Pracht. Da die Vegetationsdecke dünn ist, haben Wildtiere hier wenig Sichtschutz – die einzigen, die sich hin und wieder sehen lassen, sind Guanakos, Füchse und (noch seltener) Pumas. Dafür zeigen sich Kondore sehr regelmäßig.

> **Wissen**
>
> **ARGENTINISCHES FINGER FOOD**
>
> Vornehme Argentinier essen sie vielleicht mit Messer und Gabel, doch eigentlich schmecken die zart-knusprigen *empanadas* als Fingerfood am allerbesten. Die argentinische Version unterscheidet sich von anderen südamerikanischen Pendants durch die flockige Blätterteighülle und die vielen unterschiedlichen Füllungen. Meist sind sie mit argentinischem Rindfleisch gefüllt, oft aber auch mit Schinken und Käse, Hähnchen oder als vegetarische Variante mit Mozzarella, Tomaten und Basilikum.
>
> Die *salteñas* aus dem Nordwesten sind ungewöhnlich scharf, während die *árabes* in Cuyo (gefüllt mit Lammhack) eine fernöstliche Note haben. Eines ist sicher: *Empanadas* sind, egal mit welcher Füllung, für eine lange Wanderung oder für Überlandfahrten geradezu ideal.

Männer und Maultiere auf ihrer Wanderung vor der Kulisse der höchsten Gipfel Amerikas

Wer länger unterwegs sein will, kann bis **Confluencia** rund neun Kilometer nördlich der Ranger-Station laufen und am Nachmittag wieder zurück sein. In Confluencia darf mit Erlaubnis auch gezeltet werden *(Nov.–März kann man bis zum Gipfel des Aconcagua wandern. Informationen und Genehmigungen unter: informesaconcagua@mendoza.gov.ar).*

In Confluencia verzweigt sich der Weg: Der nordöstliche Pfad schraubt sich 13 Kilometer weit nach **Plaza Francia** hinauf. Auf 4200 Metern kommt dann das Basislager für den Gipfelanstieg über die technisch anspruchsvolle **Pared Sur** (Südwand) in Sicht. Wer hier übernachtet, erlebt den Aconcagua von seiner schönsten Seite.

Der zweite, nordwestlich verlaufende Weg ist 18 Kilometer lang und führt zur **Plaza de Mulas** (4230 m). Die dort beginnende **Ruta Noroeste** (Nordwestroute) darf nur mit einer Aufstiegsgenehmigung begangen werden. Erfahrene Wanderer brauchen im Prinzip auf den gut markierten Wegen

PARQUE PROVINCIAL ACONCAGUA
221 A3
Besucherinformation
✉ Parkbesucherzentrum, Valle de Horcones. Anfahrt über RN 7, 3 km westlich von Puente del Inca
🕒 16. März–14. Nov. geschl., ausgenommen Weihnachtswoche

💲 $–$$$$
www.aconcagua.mendoza.gov.ar

Besucherzentrum:
✉ Av. San Martín 1143, 1. Stock
☎ Tel. 0261 / 425 87 51
🕒 Mo–Fr 8–18, Sa, So 9–13 Uhr
Außerhalb der Saison
Mo–Fr 8–13 Uhr

AUTOFAHRT: DIE WEINGÜTER IM UCO-TAL

Südlich von Mendoza und Luján de Cuyo dehnt sich entlang des Cordón del Plata – einer Kette schneebedeckter Gipfel – das Uco-Tal aus. Die Schmelzwasser der Anden bewässern die Felder der berühmtesten Weinregion Mendozas mit ihren weit verstreuten Weinkellereien. Anders als in Luján liegen hier die meisten Betriebe inmitten ihrer Weinberge.

Weinkulturen des Weinguts Koch in Tupungato, Mendoza

Zwar ist die Rundtour zu Mendozas Weingütern mit Rückfahrt über den Cordón del Plata an einem Tag möglich, es empfiehlt sich jedoch eine Übernachtung. Von Mendoza ❶ (siehe S. 222 ff.) aus verläuft die RN 40 zunächst vierspurig in Richtung Süden. Etwa 70 Kilometer nördlich von Zapata ❷ verengt sich die Schnellstraße auf zwei Spuren. Von hier führt die RP 88 weitere 16 Kilometer in nördlicher Richtung zur **Bodega y Viñedos Familia Giaquinta** ❸ *(RP 88, Carril Zapata, La Arboleda, Tupungato, Tel. 02622/ 54 02 88)*, einem Familienbetrieb mit rustikalen Anlagen. Lobenswert ist der Service für Besucher, denen bereitwillig alles gezeigt wird, was zum Weingut gehört. Zu den großzügig verkosteten Weinen zählt auch der ungewöhnliche Weißwein Pedro Ximénez. Wieder zurück an der Kreuzung, fährt man auf der Fernstraße weitere 30 Kilometer über Tunuyán in Richtung Süden nach San Carlos ❹. Von da geht es in Richtung Westen auf der Avenida San Martín noch drei Kilometer weiter bis zur **Bodega San Polo** *(www.sanpolo.com.ar)*. Wie Giaquinta ist auch San Polo ein traditioneller Betrieb der Familie Giol-Gargantini, die in Maipú die Bodega Giol führt (siehe S. 227). Inzwischen produziert San Polo vor allem Exportweine, insbesondere Malbec und andere Cuvées.

Von der Fernstraße, die durch San Carlos nach Chile führt, zweigt eine Straße in Richtung Westen ab. Gleich nach Überquerung einer Brücke fängt die Straße Los Indios an; nach fünf Kilometern auf einer Piste erreicht man die **Bodega y Viñedos O. Fournier** *(Calle Los Indios s/n, La Consulta, Tel. 02622/45 15 79, www.ofournier.com)*, ein elegantes Weingut inmitten von

286 Hektar Weinbergen. Rund um das Weingut ist nach dem Vorbild der regionalen Flusslandschaft ein Steingarten angelegt. Die Führung endet in den unterirdischen Weinkellern und mit einer Verkostung im Restaurant. Das Weingut bietet auch Übernachtungsmöglichkeiten. Auf dem Rückweg nach San Carlos geht es 38 Kilometer weiter über die RP 92 und mehrere Nebenstraßen, vorbei an kleineren Ortschaften zu den **Bodegas Salentein** ❺ (*Ruta 89, Los Arboles, Tel. 02622/42 95 00, www.bodegasalentein.com*), die hinsichtlich des Andenblicks das Weingut Fournier noch übertreffen. Mit der **Galería Killka**, einem Ableger von Mendozas renommiertem Restaurant La Marchigiana, sowie einer eigenen Pension ist Salentein die beste Adresse zum Übernachten. Auf der RP 89 geht es 20 Kilometer weiter nördlich nach **Tupungato** ❻. Dort beginnt eine der spektakulärsten Provinzstraßen, die 41 Kilometer in Richtung Nordwesten bis **Potrerillos** führt (siehe S. 233 f.). Dort kreuzt sich die Straße mit der RN 7. Von da sind es noch 68 Kilometer Richtung Nordost nach Luján de Cuyo und Mendoza. Auf dem Weg dorthin liegen mehrere Weingüter, darunter die **Bodega Séptima** ❼ (siehe S. 232) und die deutlich exklusivere **Bodega Ruca Malén** (siehe S. 232).

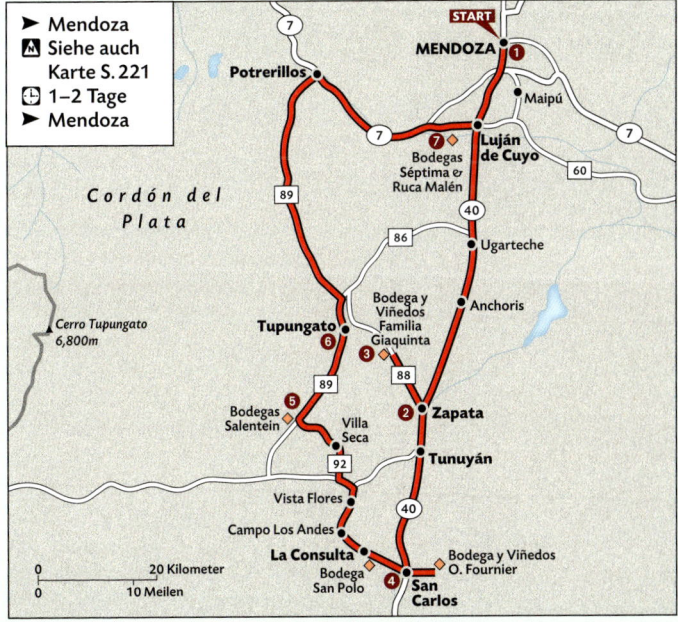

🛈 Wissen

SCHUTZ FÜR DIE REBEN VON SAN RAFAEL

San Rafael ist eines der weniger besuchten Weinbaugebiete abseits der Touristenrouten. Hierher kommen nicht viele – es sei denn, es handelt sich um Wein trinkende Wintersportler auf dem Weg nach Las Leñas. Die nahe gelegenen Anden sind hier für den Weinbau ein echtes Risiko. Zwar sind die Sommer in San Rafael heiß, wenn jedoch Hitze und Gebirgsluft aufeinander prallen, kann es so stark hageln, dass die Trauben beschädigt oder sogar vernichtet werden. Um die Ernte zu schützen, sind viele Weinberge mit Netzen überzogen.

---

keinen Bergführer oder Maultiertreiber. Doch meist nehmen gerade diese das Angebot aus Sicherheits- und Logistikgründen (Maultiere) in Anspruch. Technisch stellt diese Aufstiegsroute keine großen Herausforderungen, ist aber extrem strapaziös. Wer über diese Route zum Gipfel will, muss sich zum Akklimatisieren einige Tage in Plaza de Mulas aufhalten.

Von Punta de Vacas aus (16 km südöstlich von Puente del Inca) nähern sich deutlich weniger Bergsteiger und Trekker über die **Ruta Glaciar de los Polacos** (Route zum Polnischen Gletscher) dem Gipfel. Der Berg wurde über diese Route erstmals 1934 bestiegen. Die Wanderung zum Parkeingang **Pampa de Leñas** dauert fünf Stunden hinauf bzw. vier Stunden hinab. Ein weiterer Zeltplatz befindet sich in **Casa de Piedra**, etwa vier bis fünf Stunden vom Parkeingang entfernt. Von da aus sind es weitere sechs Stunden bis zur **Plaza Argentina,** dem Basislager auf 4200 Metern Höhe, für die Gipfelstürmer.

CRISTO REDENTOR

1904, als Argentinien und Chile in einer Zeit der Entspannung ihre Gebietsansprüche aus der Kolonialzeit regelten, schleppten Träger und Maultiere die vier Tonnen schweren Teile der **Statue Christus, der Erlöser** vom Grenzposten **Las Cuevas** zur eigentlichen Grenze auf fast 3854 Metern. Die Bronzeskulptur ist ein Werk von Mateo Alonso. Bis zur Eröffnung des

CRISTO REDENTOR
🗺 221 A3

SAN RAFAEL
🗺 221 B2
Besucherinformation
✉ Avenida Hipólito Yrigoyen 1530
☎ 0260/443 78 60
www.sanrafaelturismo.gov.ar

FINCA Y BODEGA LA ABEJA
✉ Avenida Hipólito Yrigoyen 1900, San Rafael
☎ 02627/43 98 04
🕐 Mo–Sa 9–16 Uhr
www.bodegalaabeja.com.ar

Wegweiser zu den wichtigsten Städten der Welt im Basislager am Aconcagua

Autobahntunnels nach Chile im Jahr 1979 war dies sogar die Hauptroute über die Anden. Heute fahren nur noch Ausflügler mit Autos oder Kleintransportern die Serpentinenstraße hinauf, um die sieben Meter hohe Friedensstatue zu bewundern. Wer den Wind und die Kälte dort oben aushalten kann, wird mit traumhaften Ausblicken über das obere Río-Mendoza-Tal und die chilenischen Anden im Westen belohnt. Autos dürfen die Grenze hier nicht überqueren, ambitionierten Radfahrern und Wanderern ist es allerdings erlaubt, die steile Strecke bergab zum Grenzposten Los Libertadores zu fahren bzw. zu laufen.

SAN RAFAEL UND UMGEBUNG

Fast genau in der Mitte der Provinz liegt San Rafael. Hier fallen die drei großen, mit Bäumen bestandenen Alleen ins Auge. Die Stadt ist außerdem Ausgangspunkt für Kajak- und Raftingtouren sowie für Besichtigungen der weit verstreut liegenden Weingüter der Region.

Der **Río Atuel** wird häufiger befahren, da er durch zahlreiche Staudämme relativ ruhig dahinfließt – mit Ausnahme einiger Abschnitte der Kategorie I–III. Der **Río Diamante** hingegen ist deutlich schwieriger zugänglich und anspruchsvoller (Kategorie IV–V); der befahrbare Abschnitt liegt zwischen zwei Staudämmen.

San Rafael (750 m) liegt vergleichsweise niedriger als die meisten Weinregionen in Mendoza; die warmen Sommer wirken sich positiv auf die Ernte aus. Bei den Weinkellereien finden sich neben Familienbetrieben auch moderne Industriebetriebe. Das beste Beispiel für einen Traditionsbetrieb ist die **Finca y Bodega La Abeja** (in den 1880er-Jahren gegründet): Dort sind heute noch die alten Originalgerätschaften wie Holzpressen im Einsatz. Etwas abseits der großen Hauptverkehrsachse durch die Stadt gelegen, bietet die Finca auch Führungen an. Nur ein paar Blocks weiter westlich liegt die **Bodega y Viñedos Jean Rivier e Hijos.** Ihre rund 60 Hektar großen Anbauflächen liegen außerhalb der Stadt, teilweise sogar im Uco-Tal. Anders als La Abeja hat dieser Familienbetrieb seine Produktionsanlagen modernisiert. Hier geht es locker zu, sodass es durchaus möglich ist, spontan vom Inhaber durch die Weinkellerei geführt zu werden und anschließend den eher ungewöhnlichen Tocai Friulano, eine weiße Rebsorte aus Norditalien, zu probieren.

Casa Bianchi ist das bekannteste Weingut der Region. Das Haus ist nach wie vor ein Familienbetrieb, doch werden hier inzwischen weit mehr edle Weine in Edelstahltanks produziert als bei den benachbarten Konkurrenten.

MALARGÜE UND UMGEBUNG

Südwestlich von San Rafael liegt Malargüe, eine lässige Stadt in schöner Höhenlage und inmitten einer zerklüfteten vulkanischen Landschaft. In den letzten Jahrzehnten ist hier ein beliebter Winterferienort entstanden, der von Skifahrern aus aller Welt besucht wird. Die Unterkünfte sind hier günstiger als im nahe gelegenen Las Leñas (siehe S. 245). Das vulkanische Hinterland im Süden hat das Potenzial, bald eine eigene Urlaubsdestination zu werden. In Malargüe legt man großen Wert auf die Tradition. Auch heute noch ziehen Ziegenherden über die Berghänge. Das Gericht *chivito* (Zicklein) aus Malargüe zählt auf den Speisekarten der Provinz zu den Favoriten.

Die einwöchige **Fiesta Nacional del Chivo** (Nationales Ziegenfestival) Anfang Januar zieht namhafte Folklore-Künstler an. Malargües Traditionen

BODEGA Y VIÑEDOS JEAN RIVIER E HIJOS
- Avenida Hipólito Yrigoyen 2385, San Rafael
- 0260/443 26 75
- Mo–Sa 8–12, Mo–Fr 15–19 Uhr; geführte Touren alle 45 Min.
- www.jeanrivier.com

CASA BIANCHI
- RN 143 und Valentín Bianchi, Las Paredes
- 0260/444 96 00
- Mo–Sa 9.30–12, 14.30–17 Uhr
- www.vbianchi.com

MALARGÜE
- 221 A2
- **Besucherinformation**
- Ruta 40 Norte s/n
- 0260/447 16 59
- Tgl. 8.30–20.30 Uhr
- www.malarguetegusta.com

MUSEO REGIONAL MALARGÜE
- RN 40, Km 327
- 0260/447 10 60
- Di–So 9–13, 16–20 Uhr
- www.mendoza.travel/museo-regional-de-malargue

OBSERVATORIO PIERRE AUGER
- Av. San Martín Norte 304
- 0260/447 15 62
- Mo–Fr 9–12.30, 15–18.30, Sa, So 10–12.30, 16–18.30 Uhr
- Videoprojektionen: tgl. 11 und 17 Uhr
- www.auger.org

MONUMENTO NATURAL PROVINCIAL CASTILLOS DE PINCHEIRA
- 221 A2
- Calle Fortín Malargüe, Km 27 Oeste
- 0260/15/466 14 65
- www.pincheira.com.ar

Reben auf den Feldern vom Weingut Koch, Tupungato, in der Provinz Mendoza

spielen auch im **Museo Regional Malargüe** eine große Rolle. Das gut geführte städtische Museum für Natur- und Lokalgeschichte im **Parque del Ayer** liegt in der größten grünen Lunge der Stadt, wo auch die **Molino Histórico de Rufino Ortega**, eine der ersten Getreidemühlen der Provinz, zur Besichtigung einlädt. Auf der anderen Seite der Fernstraße liegt das **Observatorio Pierre Auger:** Hier wurden auf knapp 3000 Quadratkilometern 1600 Detektoren errichtet, mit denen höchstenergetische kosmische Strahlung erforscht wird. Östlich, südlich und westlich von Malargüe durchqueren schlecht ausgeschilderte Straßen vulkanisches Ödland aus Kratern, Kegeln, Höhlen und erkalteten Lavaströmen. Da die Logistik hier problematisch ist, sollte man sich die Sehenswürdigkeiten lieber im Rah-

 Wissen

HÖHLEN, VULKANKEGEL UND SÜMPFE

Viele Bewohner der Stadt Malargüe behaupten, dass die Gegend südlich ihrer Stadt (erreichbar über die legendäre RN 40) ein Teil Patagoniens sei. Das Gros der Geographen zieht das in Zweifel. In der dünn besiedelten, fast straßenlosen Region im Süden der Provinz Mendoza markieren die endemische Flora und Fauna den Übergang von den Zentralanden zu den Südanden. Das größere Gebiet liegt südlich der Quellgebiete des Río Colorado, aber nördlich des Flusses, der traditionell als Nordgrenze Patagoniens betrachtet wird.
Malargüe hat einiges, was Patagonien nicht bieten kann: Kalksteinhöhlen, die auf Höhlenforscher warten, Sümpfe voller Wasservögel und eine atemberaubende einsame Vulkanlandschaft mit extrem breiten Vulkankegeln. Angesichts der Beliebtheit Patagoniens profiliert sich Malargüe allmählich zum letzten Eldorado für Reisende auf der Suche nach Abenteuern.

Skifahrer in Las Leñas, Provinz Mendoza

men einer geführten Tour anschauen. Am leichtesten zugänglich ist das **Monumento Natural Provincial Castillos de Pincheira** westlich der Stadt. Wie der Name schon verrät, handelt es sich um bis zu 60 Meter hohe Gesteinsschichten aus dem Tertiär, die den Festungsmauern einer Burg ähneln. Unmittelbar östlich davon liegt die **Reserva Provincial Laguna de Llancanelo** – eine salzige, von Sumpfland umgebene Lagune mit Pisten, die nach heftigen Regenfällen fast unpassierbar sind. Durch den Klimawandel ist das Biotop heute auf ein Drittel seiner Originalgröße geschrumpft, dennoch bietet es 175 Vogelarten, darunter vielen Wasservögeln wie Schwarzhalsschwänen und Flamingos, ausreichend Lebensraum. Rund 70 Kilometer südlich von Malargüe erreicht man über die RN 40 das

RESERVA PROVINCIAL LAGUNA DE LLANCANELO
- 221 B2
- RP 186, 75 km südöstlich von Malargüe
- $$$$$, nur mit Führer

MONUMENTO NATURAL PROVINCIAL CAVERNA DE LAS BRUJAS
- 221 A2
- 70 km südwestlich von Malargüe. Anfahrt über RN 40
- $$$$$. Führer empfohlen; vorherige Anmeldung im Besucherzentrum von Malargüe

RESERVA PROVINCIAL LA PAYUNIA
- 221 B1/B2
- Anfahrt über RN 40 und RP 186, 160 km südlich von Malargüe
- Offizieller Führer erforderlich

VALLE DE LAS LEÑAS
- 221 A2
- RP 222, 78 km nordwestlich von Malargüe
- 0800/222 53 62 bis 30.09.
- www.laslenas.com

Monumento Natural Provincial Caverna de las Brujas – eine ungewöhnliche Kalksteinformation inmitten einer Vulkanlandschaft. Der Eingang zur Höhle ist versperrt, die Höhle ist aber tagsüber für Führungen geöffnet.
Das größte Reservat in der Gegend ist die fast 4500 Quadratkilometer große **Reserva Provincial La Payunia** mit Hunderten von erkalteten (oder schlafenden) Vulkanen, Aschefeldern und Lavaströmen. In den Weiten der Landschaft mit nur vereinzelten Büschen lassen sich Lamaherden, im Laufschritt dahineilende Nandus und in den Lüften schwebende Andenkondore besonders gut beobachten.

SKIGEBIET LAS LEÑAS

Seit seiner Eröffnung 1983 hat sich Las Leñas aufgrund der guten Schneelage zu Argentiniens führendem Skigebiet entwickelt. Das Skiparadies liegt am Ende einer steilen Serpentinenstraße, die 30 Kilometer nördlich von Malargüe beginnt. Über den nächstgelegenen Flughafen San Rafael reisen im Rahmen teurer Wochenarrangements Skifahrer aus der Region, aber auch aus ganz Argentinien und Übersee an. Trotzdem ist Las Leñas nach wie vor für preisbewusste Wintersportler erschwinglich: Sie übernachten in Malargüe und erhalten auf den Skipass 50 Prozent Rabatt. Dafür müssen sie eine Stunde Anfahrt in Kauf nehmen. Auch Anfänger kommen bereits nach einem Tag in Begleitung eines Skilehrers auf den Pisten von Las Leñas gut zurecht, allerdings machen die leichten Pisten nur fünf Prozent aller Pisten des Skigebiets aus.
Für gute Skifahrer sind die mittelschweren bis schweren Pisten in der baumlosen Landschaft eine echte Herausforderung. Die Steilhänge von Las Leñas gelten als die besten in ganz Südamerika. Frühaufsteher haben den großen Vorteil, die Pisten am Vormittag für sich allein zu haben. Einige Abfahrten sind sogar mit Flutlicht für Nachtfahrten ausgestattet.
Um die hohen Investitionskosten einzuspielen, haben sich die Betreiber von Las Leñas zusammengetan, um auch im Sommer ein attraktives Angebot zu schaffen. Dank der Sonne sind die Temperaturen in der Höhe moderat und das Gelände ideal für Outdoor-Aktivitäten. Die Preise liegen wesentlich niedriger als während der Skisaison. ■

>  **Tipp**
>
> **Las Leñas bietet fantastische Abfahrten abseits der Pisten vor atemberaubender Kulisse. Sie sind am besten mit dem Hubschrauber erreichbar – zu relativ günstigen Preisen!**
>
> ELISEO MICIU
> NATIONAL GEOGRAPHIC-FOTOGRAF

DER NORDEN

Viele halten schon die Provinz Mendoza für eine Wüstenprovinz – die nördlichen Provinzen von Cuyo sind aber noch heißer, trockener und einsamer. Gerade das aber trägt zur atemberaubenden Schönheit der vielfarbigen Wüstenlandschaft bei. Ihre bizarren Naturwunder bekommen nur wenige ausländische Besucher zu Gesicht. Wenn möglich, sollte man die heißesten Monate – Januar und Februar – meiden.

Gigantische Felswände prägen den Parque Nacional Talampaya in der Provinz La Rioja.

SAN LUIS UND UMGEBUNG

Gleich östlich von Mendoza bezeichnet sich die Provinz San Luis als *Portal de Cuyo* (Eingangstor zu Cuyo). In der gleichnamigen Provinzhauptstadt herrscht eine lässige Lebensart. Das quirlige Geschäftsviertel besteht aus drei Blocks zwischen der **Plaza Juan Pascual Pringles** und der **Plaza Independencia** (Regierungsviertel). Entlang der **Avenida Arturo Illia** erstreckt sich die Ausgehmeile.

Die **Iglesia Catedral** gegenüber der Plaza Pringles ist ein auffälliges Bauwerk mit zwei Glockentürmen, einer zentralen Kuppel und Basreliefs am reich verzierten Giebel über einem halben Dutzend korinthischer Säulen. In der Domkrypta wurde der Unabhängigkeitsheld Juan Pascual Pringles (1795–1831) beigesetzt; sein Reiterstandbild steht in der Mitte des Platzes. Die Südseite der Plaza Independencia prägt der **Antiguo Templo de Santo Domingo**, das älteste Bauwerk der Stadt aus dem 18. Jahrhundert. Eine neuere, maurische Fassade ist eine Rekonstruktion aus den 1930er-Jahren, die Algorrobo-Holzportale mit Reliefs im alten Teil der Kirche sind Origi-

nale. An der Nordseite steht die **Casa de Gobierno** (Provinzregierung) nach wie vor unter der Hoheit der Rodríguez-Saá-Dynastie – aus deren Reihen Gouverneur Adolfo hervorgegangen ist.
Das schönste Ausflugsziel in der Umgebung von San Luis ist die Bergstation **Potrero de los Funes,** die 19 Kilometer nordöstlich der Stadt liegt. Dorthin gehen auch die *puntanos* (Einheimische von San Luis) zum Wandern, Radfahren und Reiten, wenn sie nicht auf dem Stausee Wassersport treiben.

VILLA DE MERLO

Im nordöstlichsten Teil der Provinz teilt sich San Luis mit dem benachbarten Córdoba die Sierras de Comechingones. Hinter der Stadt Merlo ragen zum Westen hin Steilwände aus Granit und metamorphem Gestein auf. Die meisten Besucher kommen im Januar und Februar, die zwei Monate vor und nach der Hauptsaison sind aber genauso angenehm und weniger überlaufen. Merlo ist eine kolonialzeitliche Gründung, das spürt man heute nur noch auf der zentralen **Plaza Marqués de Sobremonte**, die im Schatten riesiger Platanen liegt. Auch die **Iglesia Nuestra Señora del Rosario**, eine Barockkirche aus dem 18. Jahrhundert, trägt zum nostalgischen Flair von Merlo bei. Die meisten Besucher übernachten in **El Rincón,** einem Viertel zwei Blocks weiter südlich. Hier liegen Hotels und Sommerhäuser an der Avenida del Sol.
Die höchsten Berge der Comechingones sind über die Straße leicht erreichbar. Das Angebot der ortsansässigen Tourenveranstalter reicht von Wander- und Klettertouren über Ausritte und Abseil-Abenteuer bis hin zu Parasailing, dem Fliegen mit einem steuerbaren Fallschirm. Mountainbiken ist hier nur etwas für wirklich Durchtrainierte.

PARQUE NACIONAL SIERRA DE LAS QUIJADAS

Nur etwa 120 Kilometer von der Provinzhauptstadt entfernt erreicht man über die geteerte RN 147 (in der Nähe von Hualtarán) den Parkeingang, von dort sind es weitere acht Kilometer Schotterpiste in Richtung Westen zu den präkolumbischen **Hornillos Huarpes.** Hier finden sich insgesamt 25 irdene Kochöfen bzw. Keramikbrennöfen, die um 1000 n. Chr. geschaf-

PROVINZ SAN LUIS
221 C2/C3
Besucherinformation
✉ Avenida Arturo Illia und Junín, San Luis
☎ 0266/442 34 79
🕓 Mo–Fr 8–20 Uhr
www.turismo.sanluis.gov.ar

VILLA DE MERLO
221 C3
Besucherinformation
✉ Coronel Mercau 605 an der Plaza
☎ 02656/47 60 78
www.vmturismo.com.ar

Tipp

Die Farben des Sonnenuntergangs auf dem Rückweg von den Dinosaurierabdrücken im Parque Nacional Las Quijadas sind überwältigend.

CHARLIE O'MALLEY
REISESCHRIFTSTELLER

fen wurden. Von dort windet sich die Straße westwärts durch einen schmalen Canyon mit Buschvegetation zu einem einfachen Zeltplatz und führt dann weiter zum **Potrero de la Aguada**, einem riesigen Sandstein-Amphitheater, das scheinbar bis zum Horizont reicht. Die zerklüfteten und erodierten Klippen bestehen aus horizontal liegenden Gesteinschichten. Am Ende der Straße führt ein kurzer Naturpfad durch ein Gestrüpp aus Kakteen, endemischen *chica* (kleine Bäume mit spiralförmigem Stamm aus hartem Holz) und harzigen *jarilla* (niedrige Büsche, die für Heilmittel genutzt werden). Durch die hohen

Wissen

DAS POLITISCHE ERDBEBEN VON 1944

Das Erdbeben von San Juan am 15. Januar 1944 war womöglich die schlimmste Naturkatastrophe in der Geschichte des Landes. Mindestens 10 000 Menschen sollen bei dem Beben der Stärke 7 auf der Richterskala ums Leben gekommen sein. Die Hälfte der Bevölkerung wurde obdachlos.

Das humanitäre Desaster war jedoch für die argentinische Regierung eine Gelegenheit, sich politisch zu legitimieren. Im Jahr zuvor hatte ein Militärregime die Volksregierung unter Ramón Castillo gestürzt. Seine Legitimität unterschied sich allerdings nur geringfügig von der des Militärregimes, das ihn ins Amt gehoben hatte.

In einer Provinzhauptstadt, in der zwischen den wohlhabenden Winzern, einer innerstädtischen Mittelklasse und einer verarmten Arbeiterklasse »außerhalb der vier Avenidas« eine große Schere klaffte, sah General Juan Domingo Perón endlich eine Chance, »die große Schuld am Leiden der rechtschaffenen Massen abzubezahlen«. Damit schlug die Stunde der Sozialpolitik in Argentinien: Perón schnürte in aller Eile ein Hilfspaket für die Provinzhauptstadt, wo Reich und Arm gleichermaßen unter den Erdbebenschäden an ihren Häusern litten.

Während der langwierige Wiederaufbau noch in vollem Gange war, fiel der vom Volk gewählte Perón 1955 einem Militärputsch zum Opfer. Verbunden mit dem Erdbeben war noch eine weitere schicksalhafte Begegnung: Bei einer Benefizgala zugunsten der Erdbebenopfer in Buenos Aires fädelte die schillernde Schauspielerin Eva Duarte ihre Begegnung mit Perón ein und besiegelte damit ihren Aufstieg zur »Evita«.

Temperaturen im Sommer (über 40 °C) ist die Vegetation eher karg und die Niederschläge sind gering. Nachtaktive Tiere wie Füchse, Chaco-Pekaris und Pumas halten sich in der Mittagshitze versteckt.
Wo die Straße endet, beginnt ein längerer Rundwanderweg mit noch schöneren Panoramablicken auf den Potrero de la Aguada. Wer jedoch in die Badlands absteigen will, sollte dies wegen der Unübersichtlichkeit des Terrains nur in Begleitung einheimischer Führer tun. Im Sommer wird der Zugang wegen der extremen Hitze zeitweise gesperrt.

> **Tipp**
>
> **Melonen, Pfirsiche und Trauben aus San Juan sind besonders aromatisch, wenn sie direkt in den Plantagen im Schatten der Pappeln getrocknet werden.**
>
> NICOLAS KUGLER
> NATIONAL GEOGRAPHIC-MITARBEITER

SAN JUAN UND UMGEBUNG

Zwei Stunden nördlich von Mendoza (*über die RN 40*) liegt die kleinere Provinzhauptstadt San Juan de la Frontera, der eine Schlüsselrolle in Argentiniens Geschichte zufiel. Während der Unabhängigkeitskriege (1810–18) diente die Stadt dem Volkshelden José de San Martín als Zufluchtsort. 1944 wurde San Juan von einem verheerenden Erdbeben heimgesucht, (siehe Kasten). Aufgrund von Erdbeben blieben in San Juan nur wenige historische Stätten erhalten, dafür entschädigen das fußgängerfreundliche Geschäftsviertel im Schatten von Platanen, jede Menge Museen und eine florierende Weinindustrie. Das Stadtzentrum bildet die **Plaza 25 de Mayo,** deren Springbrunnen, Palmen und Skulpturen in krassem Gegensatz zum nüchternen Monolithen der modernen **Iglesia Catedral** stehen.

Einen Block weiter nördlich bzw. westlich befindet sich das erdbebengeschädigte **Convento de Santo Domingo.** Immerhin blieb die **Celda Histórica de San Martín** verschont, von der aus der Befreier seine Andenüberquerung plante.

PARQUE NACIONAL SIERRA DE LAS QUIJADAS
- 221 B3
- RN 147, 120 km nordwestlich von San Luis
- 0266/444 51 41
- Jan.–März tgl. 8–20 Uhr April–Dez. 9–19 Uhr
- 250 AR$
- www.parquesnacionales.gov.ar

PROVINZ SAN JUAN
- 221 A4–B4
- **Besucherinformation**
- Sarmiento Sur 24
- 0264/421 00 04
- Tgl. 8–20 Uhr
- **Facebook: Ministerio de Turismo y Cultura San Juan**

DIE FOSSILIEN VON CUYO

Wo die westlichsten Vorposten der Sierras Pampeanas auf die östlichsten Andenzüge treffen, besitzt Argentinien einige der bedeutendsten paläontologischen Stätten der Welt. Die drei Parks Ischigualasto (siehe S. 255 f.), Talampaya (siehe S. 256 f.) und Las Quijadas (siehe S. 247 ff.) bergen inmitten einer Urlandschaft die ältesten, größten und am besten erhaltenen Dinosaurierskelette des Planeten.

Herrerasaurus, Parque Provincial Ischigualasto, Provinz San Juan

ISCHIGUALASTO

Die Stätte gilt als unberührteste Trias-Gesteinsformation der Erde, denn die unter Vulkanasche erhaltenen Ablagerungen sind über einen Zeitraum von 45 Millionen Jahren entstanden, der vor 245 Millionen Jahren begann. Zu den Top-Funden zählen der Dinosaurier *Eoraptor lunensis*, ein flinkes Raubtier, sowie der größere *Herrerasaurus ischigualastensis*, eine kleinere Version des *Tyrannosaurus rex*. Im Besucherzentrum werden beide Skelette ausgestellt. Einige Paläontologen bezweifeln, dass es sich beim *Eoraptor* um einen echten Dinosaurier handelt, und gehen stattdessen von einem verwandten Archosaurier aus; in beiden Fällen weisen die Größe und andere physische Merkmale wie die Länge (nur 1 m) und die Kralle mit drei Fingern darauf hin, dass die frühesten Dinosaurier zweifüßige Reptilien waren. *Herrerasaurus*, zweimal so groß wie *Eoraptor*, scheint einen Übergang vom Archosaurier zum echten Dinosaurier zu markieren. Dinosaurier machen nur einen kleinen Prozentsatz von Ischigualastos Fossilien aus. Die meisten stammen aus dem Perm. Dazu gehören auch Reptilien wie pflanzenfressende Rhynchosaurier und fleischfressende Cynodonten, frühe Vorgänger der Säugetiere. Den damaligen Lebensraum in Ischigualasto muss man sich zu Beginn als eine bewaldete Überschwemmungsebene vorstellen. Imposante Vertreter der einst hier heimischen Tierwelt waren Vorgänger der heutigen Krokodile, die im Fluss und zu Land lebten.

TALAMPAYA

Zwar ähnelt Talampaya geologisch gesehen Ischigualasto, doch ist die Landschaft sehr viel spektakulärer. Dafür fehlt ihm die Vielfalt an Fossilien, die man in Ischigualasto gefunden hat. *Riojasaurus*, ein schwerfälliger, bis zu zehn Meter langer Pflanzenfresser aus der Trias, wurde hier gefunden, jedoch waren die typischsten Arten der *Lagosuchus talampayensis*, ein kleiner Dinosauriervorläufer, der Mitte der Trias ausstarb, sowie die Schildkröte *Palaeochersis talampayensis*, die gegen Ende der Trias verschwand.

LAS QUIJADAS

In Las Quijadas hat man Spuren von Sauropoden aus dem späten Jura gefunden, außerdem zahlreiche Pterosaurier aus der Kreidezeit – fliegende Reptilien mit Flügelspannweiten von bis zu 2,5 Metern. In drei Feldforschungsprojekten der Universität San Luis und des New Yorker American Museum of Natural History wurden knapp 1000 Arten untersucht. Ihr unterschiedliches Alter – von Jungtieren bis zu ausgewachsenen Sauriern – machte es möglich, ihr jeweiliges Wachstumsmuster zu erforschen. Darüber hinaus findet man noch Abdrücke kleiner wirbelloser Tiere sowie versteinertes Holz aus einer Zeit, als hier noch keine Wüste herrschte. Wenn der Park wie geplant zum Weltnaturerbe ernannt wird, würde das seine Bedeutung noch steigern. Mit etwas mehr Forschungsarbeit (und -geld) könnte man möglicherweise noch größere Funde machen.

Die Schichten verraten viel über die Geschichte des Valle de la Luna im Parque Provincial Ischigualasto.

Wasserflaschen werden der Heiligen Difunta Correa geopfert.

Die besterhaltene historische Stätte von San Juan ist das **Museo y Biblioteca Casa Natal de Sarmiento**. In dem Gebäude verbrachte der spätere Politiker und Diplomat seine Kindheit. Später entwickelte er sich zu einem der eloquentesten Wortführer der Unitaristen.

In seinen Memoiren *Recuerdos de Provincia* erinnert sich Sarmiento an den Feigenbaum, unter dem seine Mutter ihren Webstuhl stehen hatte. Heute steht der literarisch verewigte Baum unter ständiger Bewachung eines Agrarwissenschaftlers, der Webstuhl aber in einem separaten Salon. Unter den weiteren Räumen sind Sarmientos tatsächlicher Geburtsort, die restaurierte Küche, die Bücherei, die er als Gouverneur von San Juan einrichtete, die persönlichen Habseligkeiten in einem Privatzimmer sowie das Büro, das er als Gouverneur benutzte.

Fünf Blocks westlich und vier Blocks nördlich der Universität San Juan befindet sich das **Museo de Ciencias Naturales** mit den Funden aus dem Provinzpark Ischigualasto (siehe S. 255 f.). Das naturwissenschaftliche Museum bietet eine gute Einführung für jene, die den Park anschließend besuchen wollen, aber auch für alle, die es nicht bis dorthin schaffen. Das wertvollste Exponat ist die Rekonstruktion eines *Herrerasaurus*-Skeletts aus der späten Trias. Das Raubtier ist einer der ältesten Dinosaurier, die je entdeckt wurden. Sehenswert ist auch der Versuch, die Paläo-Umweltbedingungen von Ischigualasto zu rekonstruieren, sowie das aktive Labor, in dem Fachleute Fossilien für künftige Ausstellungen präparieren.

Neben den Wissenschaften fördert San Juan auch die Schönen Künste mit dem **Museo de Bellas Artes Franklin Rawson**, es liegt sieben Blocks weiter östlich und drei Blocks südlich der Plaza. Das Kunstmuseum wurde nach dem Sohn eines in Massachusetts geborenen Pi-

> **Tipp**
>
> **Zu Ostern pilgern Tausende von Gläubigen zum farbenfrohen Grab von Difunta Correa, der heiligen Mutter Argentiniens, die mit Devotionalien und Geschenken überhäuft wird.**
>
> MARIA LAURA MASSOLO
> ANTHROPOLOGIN

oniers benannt. Es umfasst Rawsons eigene Gemälde (1820–71) aus dem 19. Jahrhundert. Daneben sind auch moderne Werke von Berni, Raquel Forner und anderen zu sehen.

Verglichen mit Mendoza, hält sich der Qualitätsweinbau von San Juan in Grenzen – bis vor Kurzem war San Juan vor allem für den großen Ausstoß von Tafelweinen bekannt. Besuchenswert sind die Weinbauregionen **Pocito** im Süden der Stadt und **Pie de Palo** östlich der Stadt. Für den Start zu einem Kellereibesuch eignet sich die **Antigua Bodega,** ein Weingut mit Museum und Verkostungsraum; es liegt einen Block östlich und vier Blocks nördlich des Naturgeschichtlichen Museums.

Rund zehn Kilometer südlich von San Juan – direkt an der Westseite der RN 40 – befinden sich die **Bodegas y Viñedos Fabril Alto Verde,** ein nach biologischen Anbaumethoden arbeitendes Weingut mit modernen Verkostungsräumen und Produktionsanlagen für Rot- und Weißweine. Westlich der Fernstraße bietet **Viñas de Segisa** individuelle Führungen an.

CELDA HISTÓRICA DE SAN MARTÍN
- Laprida 57
- Mo–Sa 10–13, 17–20 Uhr; geführte Touren (40 Min.): 10.30, 11.30, 12.30, 17.30, 18.30 und 19.30 Uhr
- 20 AR$

MUSEO Y BIBLIOTECA CASA NATAL DE SARMIENTO
- Sarmiento 21 Sur, San Juan
- 0264/422 46 03
- Mo–Fr 9–20.30, Sa, So 10.30–16 Uhr; geführte Touren: Mo–Fr 9.30, 10.30, 11.30, 12.30, 15, 16.30, 18, 19.30, Sa, So 10.45, 12, 14, 15 Uhr
- Gratis

casanatalsarmiento.cultura.gob.ar

MUSEO DE CIENCIAS NATURALES
- España 440 Norte und Maipú
- Mo–Fr 9–13, Sa, So 11–19 Uhr
- 65 AR$

www.tierradedinosaurios.com.ar

MUSEO DE BELLAS ARTES FRANKLIN RAWSON
- Av. Libertador 862 oeste, 5400 San Juan
- 0264/420 05 98
- Sommer Di–So 12–21 (geführte Tour 19 Uhr), Winter 12–20 Uhr (geführte Tour 18 Uhr)

www.museofranklinrawson.org

ANTIGUA BODEGA
- Salta 782 Norte, San Juan
- 0261/459 77 77

www.antiguabodega.com

BODEGAS Y VIÑEDOS FABRIL ALTO VERDE
- RN 40 zw. Calles 13 und 14, Pocito, San Juan
- 0264/40 38 58 62
- Mo–Sa 9–18 Uhr

www.fabril-altoverde.com.ar

VIÑAS DE SEGISA
- Aberastain zw. Calles 14 und 15, La Rinconada, Pocito
- 0264/492 20 00
- Jan.–Feb. Mo–Sa 9.30–13.30, 16–20, So 10–14 Uhr; März–Dez. Mo–Sa 10–19, So 10–14 Uhr

www.saxsegisa.com.ar

Für aktive Wanderer lohnt sich ein Abstecher nach **Dique Ullum,** 18 Kilometer westlich von San Juan: Hier bieten sich schöne Panoramablicke auf den Stausee und die Anden. Bei heißen Temperaturen ist allerdings vom steil ansteigenden Wanderpfad abzuraten. Er beginnt beim »Leidensweg Christi« fast am Ende des Staudamms, weiter oben geht es durch deutlich einfacheres Terrain zum **Cerro Tres Marías** (1800 m).

GRAB VON DIFUNTA CORREA

Das Grabmal von Difunta Correa gehört zu Argentiniens exzentrischsten Ausflugszielen. Seine Strahlkraft geht auf eine Legende aus der Zeit der Bürgerkriege Mitte des 19. Jahrhunderts zurück. Danach soll die stillende Mutter María Antonia Deolinda Correa ihrem verschleppten Ehemann in die Wüste gefolgt sein, wo sie in der Nähe des heutigen Dorfes Vallecito, 63 Kilometer östlich von San Juan, verdurstete. Wie durch ein Wunder überlebte jedoch ihr Sohn, der saugend an der Mutterbrust lag, bis er von Maultiertreibern gefunden wurde. So unplausibel die Geschichte auch klingen mag, fand sie bei den *sanjuaninos* doch so viel Anklang, dass sich der Difunta-Correa-Kult übers ganze Land verbreiten konnte. Von der bolivianischen Grenze bis nach Feuerland stehen am Straßenrand Grabsteine mit Wasserflaschen und anderen Opfergaben, das Grab nahe Vallecito symbolisiert aber sozusagen die »Mutterkirche«. Dort bringen die Pilger der Arbeiterklasse ihre Opfer dar — darunter Autoschilder, die für ihre Rei-

Von der Natur geformte Steine in Cancha de Bochas, Parque Provincial Ischigualasto

se stehen, sowie Modellautos und -häuser, damit Difunta ihre Gebete erhöre. Mit einem Andrang von bis zu 100 000 Pilgern allein zu Ostern ist das Grab von Difunta Correa die größte Touristenattraktion der Provinz. Sogar die Kirche musste sich angesichts von Difuntas unverwüstlicher Anziehungskraft etwas einfallen lassen; die deshalb errichtete Kapelle vor Ort blieb jedoch immer im Schatten des Schreins.

> ☐ **Tipp**
>
> **Die gegrillte Ziege zum Abendessen in La Palmera (Villa Unión) sollte man sich nicht entgehen lassen – zusammen mit** *cayote* **(Kürbis) und** *quesillo* **(Ziegenkäse) zum Dessert!**
>
> SERGIO A. MARENSSI
> NATIONAL GEOGRAPHIC-EXPERTE

SAN AGUSTÍN DE VALLE FÉRTIL

Ein Umweg führt in die drei Stunden nordöstlich von San Juan gelegene Oase San Agustín de Valle Fértil, einem idealen Zufluchtsort fernab der Provinzstadt. Für Überseetouristen hat sich San Agustín jedoch in erster Linie zum Eingangstor zu den beiden Welterbestätten Ischigualasto und Talampaya (Provinz La Rioja) entwickelt. Die an Fossilien reichen Badlands bilden zusammen mit Las Quijadas in San Juan ein »Wunderland« für Paläontologen aus aller Welt.

San Agustín hat bei all seiner Beschaulichkeit auch seine eigenen Attraktionen. Dazu gehören die **Piedra Pintada,** eine Felszeichnung auf mit Aloe-Sträuchern bewachsenen Felsbrocken im Río Seco, die nicht präkolumbischen **Morteros Indígenas** (Indio-Mörser) sowie die **Meseta Ritual** (Ritueller Tafelberg) in der Nähe der Landwirtschaftsschule. In den westlichen Sierras liegt der **Parque Natural Valle Fértil**, den nur wenige besuchen. Am besten erkundet man das Naturreservat auf dem Pferderücken.

PARQUE PROVINCIAL ISCHIGUALASTO

Kein anderer Provinzpark Argentiniens hat in den letzten paar Jahren so viel Aufschwung erlebt wie das Valle de la Luna (Mondtal) in Ischigualasto.

SHRINE OF THE DIFUNTA CORREA
🅐 221 B4
✉ RN 141, 63 km östlich von San Juan

SAN AGUSTÍN DE VALLE FÉRTIL
🅐 221 B4
Besucherinformation
✉ General Acha 52

☎ 02646/42 01 92
municipalidaddevallefertil.gob.ar

PARQUE NATURAL VALLE FÉRTIL
🅐 221 B4
✉ R 510, 50 km nordwestlich von San Agustin de Valle Fértil, General Acha 1065
☎ 02646/42 01 92
🕒 Mo–Fr 9–13, 17–21, Sa 9–13 Uhr

Das liegt an den deutlich besser gewordenen Straßen, an der Ernennung zum UNESCO-Welterbe (gemeinsam mit Talampaya) und an dem Museum. Nur eine Stunde nördlich vom Valle Fértil gelegen, ist es mit seinen Fossilienfunden und der spektakulären Mondlandschaft ein Paradies für Freunde außergewöhnlicher Landschaften.

Am **Centro de Interpretación Museo de Ciencias Naturales Sede Ischigualasto** beginnen die geführten Touren – egal, ob man mit dem eigenen Auto oder mit einem Minivan ab San Agustín oder San Juan unterwegs ist. In einem höhlenartigen Depot führen Paläontologie-Studenten der Universität San Juan ihre Gäste zu verschiedenen Dinosaurierskeletten.

Die Studenten begleiten die Touristen auch auf der dreistündigen, 42 Kilometer langen Rundstrecke **Circuito Vehicular,** die an den roten Sandsteinwänden **Barrancas Coloradas** vorbei zu den einzigartigen Landschaftsformationen **Cancha de Bochas** (Ballspielplatz), **La Catedral** (Die Kathedrale), **El Gusano** (Der Wurm), **El Hongo** (Der Pilz) und **El Submarino** (Das U-Boot) führen. Bei gutem Wetter finden Radtouren statt; schön sind auch die Fahrten bei Vollmond.

Auf der Wanderung zum **Cerro Morado,** einem isoliert stehenden Gipfel (1750 m) mit 360-Grad-Panoramablick, kann man die Lust auf Tierbeobachtungen mit ein wenig Sport verbinden. Einheimische Gästeführer ab dem Besucherzentrum sind Pflicht, wegen der Hitze muss man früh am Morgen aufbrechen.

PARQUE NACIONAL TALAMPAYA

Talampayas rote Sandstein-Canyons werden oft mit Arizonas Grand Canyon verglichen, von dem sie sich aber in einem ganz markanten Punkt unterscheiden: Das Flussbett des Tala ist in der Regel wasserlos. Die Schlucht ist zudem deutlich kleiner, was aber Vorteile hat. Auf Geländetouren können Besucher nämlich ganz nah an die Steilwände heranfahren und neben den präkolumbischen Felszeichnungen die einzigartigen Landschaftsformen bestaunen. Auch hier finden Paläontologen immer wieder Fossilien. Talampaya liegt weniger als eine Stunde nördlich von Ischigualasto, jenseits der Provinzgrenze in La Rioja. Anders als in Ischigualasto, liegt hier der

PARQUE PROVINCIAL ISCHIGUALASTO
- 221 B4
- 73 km nordwestlich von San Agustín via RP 510 und RN 150
- 0264/422 57 78
- 21. Sept.–20. März 8–17 Uhr
  21. März–20. Sept. 9–16 Uhr

- 250 AR$
- www.ischigualasto.gob.ar

LA PALMERA
- RN 76, unweit der Kreuzung mit der R 40
- 0380/451 60 09

🟦 Wissen

DIE OLIVEN VON ANILLACO

Eines der ungewöhnlichsten Wahrzeichen Argentiniens befindet sich außerhalb des La-Rioja-Dorfes Anillaco. Wohl kaum eine andere Siedlung mit weniger als 1000 Einwohnern hat einen eigenen Landeplatz für Verkehrsflugzeuge bzw. ganz konkret für die »Tango 02« des früheren Staatspräsidenten Carlos Menem (reg. 1989–99). Warum Anillaco? Es ist Menems Geburtsort und sein persönlicher Rückzugsort, an dem er sich sogar einen 18-Loch-Golfplatz bauen ließ.

Der mittlerweile diskreditierte Menem hat das Flugfeld in den 1990er-Jahren mit der Begründung bauen lassen, dass es nach seinem Rücktritt für den Export von Oliven aus den nahe gelegenen Plantagen genutzt werden könnte.

Grundwasserspiegel in Teilen des Parks höher, sodass größere Bäume wie Algorrobos und peruanischer Pfeffer wachsen können. In weiten Teilen ähnelt sich jedoch die Vegetation der beiden Nationalparks.

Fast alle Parkbesichtigungen beginnen beim **Parador Turístico** unweit der RN 76; Einzelreisende stellen ihr Auto beim *parador* (Gasthof mit Zeltplatz) ab. Es ist zwar möglich, vor Ort Ausflüge mit dem Minivan zu organisieren, die Mehrzahl der Besucher bucht jedoch eine Tagestour von San Agustín nach Ischigualasto und Talampaya. Die Ausflüge finden mindestens viermal pro Tag statt. Zunächst geht es auf einer Sandpiste ostwärts nach **Puerta de Talampaya** (Tor nach Talampaya) mit kurzen Wanderungen zu den präkolumbischen **Petroglifos** (Felsritzungen) und Mörsern, danach durch den **Jardín Botánico**, einem Wald, der dank des hohen Grundwasserspiegels hier wachsen kann, und anschließend zur beliebten **Chimenea del Eco**, einer natürlichen Echokammer. Auf dem Weg liegt außerdem **La Catedral**, eine vertikal aufragende Sandsteinfelswand, in der Kondore und Greifvögel nisten. Auf dem Rückweg zum Parador wird **El Monje** besucht – eine

---

PARQUE NACIONAL TALAMPAYA
- 221 B4/B5
- RN 76, Km 153, 55 km südöstlich von Villa Unión.
  Verwaltung: San Martin 80, Plaza Principal de Villa Unión
- 03825/47 77 13 oder 03825/47 03 56
- 24 Std. geöffnet; Zugang März–Sept. 8.30–16.30, Okt.–Feb. 8–17 Uhr; Verwaltung: Mo–Fr 8.30–13.30, 16.30–21 Uhr
- www.talampaya.com

Besucherinformation
- Rolling Travel, Konzessionsnehmer im Parque Nacional Talampaya
  RN 76, Km 144
- 0351/152 16 38 40

Büro in Villa Unión:
- San Martin 80
- 03825/47 77 13
- Mo–Fr 8.30–13.30, 16–21 Uhr
- www.talampaya.com

Halb wilde *burros* vor den Hügeln von Chilecito, Provinz La Rioja

isoliert stehende Felsskulptur, die aus verschiedenen Blickwinkeln wie ein Mönch aussieht. Einige Ausflüge führen bis **Los Cajones,** wo sich der Canyon stellenweise auf nur sieben Meter verengt und der Fluss gelegentlich oberirdisch fließt. Im Park ziehen im Sommer häufig Gewitterstürme auf.

LA RIOJA (STADT)

Die teilweise restaurierte Kolonialstadt La Rioja ist seit ihrer Stadtgründung 1591 von mehreren schweren Erdbeben heimgesucht worden, viele ihrer imposanten Bauten sind dabei unwiderruflich zerstört worden. Trotz politischer Ränke und Misswirtschaft – angefangen beim legendären Facundo Quiroga (1788–1835) bis hin zum einstigen Gouverneur Carlos Menem – ist es der Stadt gelungen, durch den Wiederaufbau des historischen Stadtkerns rund um die **Plaza 25 de Mayo** ihr historisches Stadtbild zu bewahren. An der Südseite des Platzes ragt die byzantinische **Basílica Menor y Santuario de San Nicolás de Bari** (1899) auf. Der Dom birgt ein Bildnis des Stadtpatrons San Nicolás de Bari. Einen Block weiter nördlich zieht die **Iglesia y Convento de San Francisco** mit dem Bildnis des Niño Alcalde (Bürgermeister-Christuskind) Verehrer an. Das Neujahrsritual **Tinkunako** ist Teil des Kulturerbes der Diaguitas: Darin erkennt San Nicolás die Autorität des Niño vor der **Casa de Gobierno** (Regierungspalast) an.

Einen Block weiter östlich erinnern nach dem Erdbeben von 1894 nur noch ein Trümmerhaufen und ein geschnitzter Türsturz aus Algorrobo-Holz (von 1623) an das **Convento de Santo Domingo**. Das von den Diaguitas wiederaufgebaute Kloster ist Argentiniens ältestes, noch intaktes Heiligtum. Zwei Blocks westlich vom Platz befindet sich in einem ehemaligen Kolonialhaus das **Museo Folclórico de La Rioja** mit sechs Ausstellungs-

PROVINZ LA RIOJA
◪ 221 B4
Besucherinformation
✉ Av. Ortiz de Ocampo y Av. Felix de la Colina, La Rioja
☎ 0380/442 63 45
🕒 Tgl. 8–21.30 Uhr
www.turismolarioja.gov.ar

MUSEO FOLCLÓRICO DE LA RIOJA
✉ B. Luna 790
☎ 0380/446 84 33
🕒 Di–Fr 9–12, 16–20, Sa–So 9–12 Uhr

räumen. Gezeigt werden Artefakte und Alltagsgegenstände, qualitativ hochwertige Repliken kommen zum Verkauf. Das Museum dient als Kulturzentrum, in dem häufig Veranstaltungen stattfinden.

CHILECITO UND UMGEBUNG

Von La Rioja führt eine Rundstrecke über die Sierra de Velasco in das einstige Bergbaustädtchen Chilecito. Seinen Namen verdankt es den Chilenen, die damals in den Goldminen von Famatina arbeiteten. In Chilecito am Fuß des **Nevado del Famatina** (6250 m) ist es deutlich kühler als in La Rioja. Die Schneeschmelze sorgt für die Bewässerung eines kleinen Weinbaugebiets, wo einige der besten Torrontés-Trauben des Landes heranreifen.

In den engen Kolonialstraßen von Chilecito scheint der Verkehr langsamer als in den meisten anderen argentinischen Städten zu fließen. Vier Blocks weiter westlich befinden sich die zentrale **Plaza Caudillos Federales** und das **Museo de Chilecito – Molino San Francisco**, eine koloniale Getreidemühle, die nach ihrer Restaurierung in ein Museum umgewandelt wurde. Schwerpunkt sind die präkolumbische Archäologie und der Bergbau, der die Stadt Ende des 19. Jahrhunderts prägte.

Die meisten Weingüter von Chilecito liegen in näherem Umkreis, die **Bodegas La Riojana Coop** – eine Kooperative aus kleinen und mittelständischen Weinbetrieben, die sich auf Torrontés spezialisiert haben – sogar nur einen Block hinter dem Museum. Dort werden auch Rotweine wie Malbec, Cabernet Sauvignon, Tempranillo, Bonarda sowie verschiedene Cuvées erzeugt. Führungen und Weinproben finden hier den ganzen Tag über statt.

Die unterhaltsamste Sehenswürdigkeit ist jedoch der **Cable Carril Chilecito – La Mejicana,** eine Materialseilbahn, die in den Jahren 1903 und 1904 gebaut wurde, um Chilecito mit dem am Osthang der Sierra de Famatina in über 4600 Metern Höhe gelegenen Bergwerk Mina la Mejicana zu verbinden. Damals war sie mit 35 Kilometern die längste Seilbahn der Welt und die mit der am höchsten gelegenen Bergstation. Sie führte mit Steigungen von bis zu 45 Grad über unwegsames, bergiges Gelände und überwand dabei einen Höhenunterschied von 3528 Metern. ∎

CHILECITO
221 B5
Besucherinformation
✉ Castro y Bazán 52
☎ 03825/42 96 65

MUSEO DE CHILECITO-MOLINO SAN FRANCISCO
✉ Jamín Ocampo 55

🕓 Mo–Fr 8–13, 14.30–19.30, Sa, So 8–20 Uhr;
geführte Touren: 1 Stunde

BODEGAS LA RIOJANA COOP.
✉ La Plata 646, Chilecito
☎ 03825/42 31 50
🕓 Mo–Sa 8–17 Uhr
www.lariojana.com.ar

Erster Überblick	262–262
Bariloche und Umgebung	264–271
Die südlichen Seen	272–282
Special: Autotour: Alercen und Asche	280–281
Provinz Neuquén	283–289
Special: Die Dinosaurier von Patagonien	290–291
Patagoniens Küste	292–303
Die südlichen Anden	304–311
Ruta 40	312–319
Special: Weites Land: Patagoniens Steppe und ihre Tierwelt	316–317
Special: Argentiniens einsamste Straße	318
Hotels und Restaurants	371–380

‹ Ein Extremskifahrer auf dem Cerro Chapelco, San Martín de los Andes, Provinz Neuquén

PATAGONIEN

Das argentinische Patagonien beginnt südlich des Río Colorado. Seit der Seefahrer Magellan mit seiner spanischen Mannschaft 1520 seinen Fuß auf den Boden an der südatlantischen Küste setzte, ranken sich Legenden um diese Region. Heute ist sie durch ihre grandiose Mischung aus Bergen, Seen, Steppen und wilden Meeresküsten weltbekannt.

Das argentinische Patagonien umfasst politisch die Provinzen Neuquén, Río Negro, Chubut und Santa Cruz. Geographisch umfasst es einen langen Küstenstrich des Atlantiks, weite Grassteppen, Hügellandschaften und bewaldetes Hochland, das in die Anden entlang der chilenischen Grenze übergeht. Zwischen Meer und Anden liegen Nationalparks und andere Schutzgebiete mit einer vielfältigen Tierwelt, die von Pinguinen und Walen über Guanakos und Nandus bis zum Andenkondor reicht. Outdoor-Aktivitäten wie Wandern, Radfahren, Bergsteigen, Raften oder Kajakfahren sind keine Grenzen gesetzt.

LAND DER LEGENDEN

Zu den Anziehungspunkten des argentinischen Patagoniens zählt auch die Seenplatte rund um San Carlos de Bariloche in der Provinz Río Negro. Dort reiht sich entlang der Anden ein Nationalpark an den anderen. Nur eine halbe Stunde von der Stadtgrenze entfernt, lädt der Parque Nacional Nahuel Huapi zum Hüttenwandern oder zum Segeln auf dem gleichnamigen See ein. Im Winter lockt der Pulverschnee Skifahrer und Snowboarder in die Region. Weiter nördlich, im Umkreis des Erholungsortes San Martín de los Andes, liegen ebenfalls malerische Seen, die zusammen mit Wäldern voller Andentannen und dem schneebedeckten Gipfel des Volcán Lanín die Hauptattraktionen des Parque Nacional Lanín bilden. Südlich des Parks schmiegt sich El Bolsón zwischen die Andenberge und einen flacheren Gebirgszug im Osten. In diesem ruhigen Städtchen bieten Farmer und Künstler ihre Waren auf dem Straßenmarkt an. Von hier hat man einen leichten Zugang zu dem gut ausgebauten Wegenetz für Wanderungen und Fahrten in den umliegenden Bergen.

Noch etwas weiter südlich liegt Esquel, die Stadt mit der Endstation der legendären Schmalspurbahn La Trochita (Kleine Eisenbahn). Esquel bildet den Ausgangspunkt zum Parque Nacional Los Alerces, der nach der Alerce, der Patagonischen Zypresse, benannt ist.

In der Provinz Chubut sind die Schutzgebiete Punta Tompa und die Península Valdés an der Atlantikküste das Reich der Wale, See-Elefanten, Seelöwen und Magellanpinguine. Eine ähnliche Tierwelt beherbergt auch der Parque Nacional Monte León auf einer malerischen Landspitze in der Provinz Santa Cruz. Im Südwesten dieser Provinz liegt im Parque Nacional Los

PATAGONIEN

Glaciares der Moreno-Gletscher. Im Nordteil des Parks bildet der Cerro Fitz Roy mit seiner Umgebung eine der wildesten Landschaften Argentiniens. Auf dem Weg zur Seenplatte im Norden führt die legendäre Ruta 40 an der Cueva de las Manos vorbei – die älteste Felskunststätte des Kontinents ist mit ihren Handbildern UNESCO-Weltkulturerbestätte. ■

BARILOCHE UND UMGEBUNG

Der von den Anden begrenzte Nordteil des argentinischen Patagoniens wird oft mit europäischen Seengebieten verglichen. Francisco P. Moreno, einer der Pioniere in Patagonien, nannte die Gegend um den Lago Nahuel Huapi »ein herrliches Stück der argentinischen Schweiz«. Dort schenkte ihm die Regierung Grund und Boden für seine Verdienste. San Carlos de Bariloche ist das Zentrum dieser malerischen Region.

San Carlos de Bariloche aus der Vogelperspektive

SAN CARLOS DE BARILOCHE

San Carlos de Bariloche liegt am Nordufer des Lago Nahuel Huapi. Die 1902 gegründete Stadt entwickelte sich von einer ärmlichen Ortschaft zur Metropole des Seengebietes – oder zumindest zu dessen führendem Touristen- und Wirtschaftszentrum und Verkehrsknotenpunkt. Bis die Eisenbahn in den 1930er-Jahren den Weg zum See erleichterte, wuchs der Ort nur langsam. Heute leben in Bariloche über 100 000 Einwohner, der Parque Nacional Nahuel Huapi samt einem malerischen Hinterland liegen nur ein paar Minuten von der Stadtgrenze entfernt. Das Wachstum brachte aber auch Probleme: Die dichte Bebauung des Stadtzentrums versperrt den

SAN CARLOS DE BARILOCHE
🗺 263 A3
Besucherinformation
✉ Villegas 215 2° Piso-San Carlos de Bariloche – RN – 8400, Centro Cívico
☎ 0294/442 98 50
www.barilocheturismo.gob.ar

Blick auf den See, Souvenirläden drängen sich in vielen Straßen, und die Außenbezirke entstanden ohne behördliche Kontrolle.

Vom alten Bariloche blieb der **Centro Cívico** am besten erhalten. Den weiten Platz begrenzen an drei Seiten Bauwerke im europäisch-andinen Stil. Errichtet aus Granitsteinen und Zypressenholz, symbolisieren sie einen Dialog mit der Natur und bewahren den Ausblick auf den See. Entworfen hat das Projekt der Architekt Ernesto de Estrada, die Ausführung leitete Exequiel Bustillo, der Direktor des Nationalparks. 1940 erfolgte die Einweihung. Selbst gegen die Statue des Generals Julio Argentino Roca und das schattenwerfende Hochhaus setzt sich die architektonische Harmonie des Platzes durch.

Estradas einzelne Bauwerke sind bemerkenswert. Das höchste Gebäude ist der Uhrenturm der Stadtverwaltung, der **Torre del Reloj**. Gleich westlich davon schützen die Kolonnaden der ehemaligen **Correo** (Post) geschnitzte Skulpturen. In dem Haus befindet sich heute die städtische Touristeninformation.

Das Museum an der Ostseite des Komplexes würdigt den Naturforscher und Landvermesser, der seine Landzuweisung für Argentiniens ersten Nationalpark gestiftet hat. Hier beginnt auch das kommerzielle Zentrum mit Souvenirläden und Schokoladenspezialitäten.

Wissen

PATAGONIEN – EINE DEFINITION

Patagonien nimmt den südlichsten Teil Südamerikas ein und liegt sowohl auf argentinischem als auch auf chilenischem Staatsgebiet. Der wesentlich größere Teil östlich der Anden gehört zu Argentinien. Seine Fläche von knapp 766 000 Quadratkilometern entspricht zweimal der Fläche Deutschlands plus der Fläche der Schweiz.

Als Magellan der Region ihren Namen gab, spielte eine fiktive Gestalt eine Rolle. Bis ins späte 19. Jahrhundert prägten die Ureinwohner die Identität Patagoniens. Dazu zählen die Mapuche, deren erbitterter Widerstand dazu beitrug, dass europäische und argentinische Truppen mehr als drei Jahrhunderte lang nördlich des Río Colorado blieben. Der Fluss, der in der Provinz Buenos Aires in den Atlantik mündet, bildet Patagoniens geographische und zugleich eine botanische Grenze: Ab hier gehen die fruchtbaren Pampas allmählich in subantarktische Moore, Gletscher und Schneefelder über.

Nach der Niederlage der Mapuche blieb der Río Colorado die traditionelle Grenze, doch mit den neu gebildeten Territorien (später Provinzen) Neuquén, Río Negro, Chubut und Santa Cruz entstand das moderne argentinische Patagonien. Viele rechnen Tierra del Fuego (Feuerland, ebenfalls mit Chile geteilt) dazu, die Inselgruppe besitzt aber eine ganz eigene Identität.

Museo de la Patagonia Francisco P. Moreno: Moreno (1852–1919), ein international renommierter Forscher, beherbergte in diesem Haus Theodore Roosevelt, als Bariloche noch ein Pionierdorf war. Mehr als jeder andere unternahm Moreno alles, um Patagonien im eigenen Staat und weltweit bekannt zu machen. Die **Sala de Historia Aborigen** widmet das Museum Patagoniens Ureinwohnern: den Mapuche im Norden, den nomadisierenden Tehuelche im Süden und den Jägern und Sammlern in Tierra del Fuego. Die Ausstellungen befassen sich mit naturhistorischen Themen, wirtschaftlichen und sozialen Strukturen sowie der Religion. Sie schlagen einen Bogen von den frühen Kontakten mit Europäern bis zum Angriff des Diktators Juan Manuel de Rosas auf die Ureinwohner. Die General Roca gewidmete **Sala Conquista del Desierto** informiert aber auch schonungslos über dessen unerbittliche Kampagnen gegen die Mapuche (1878–85). Einer von Rocas Generälen berichtete gegen Ende der Aktionen, seine Gegner seien »auf der Flucht, arm, elend und hoffnungslos«, was die ausgestellten Fotos eindrücklich beweisen. Rocas Sieg ebnete europäischen Einwanderern den Weg – dokumentiert in der **Sala San Carlos de Bariloche,** die die Entwicklung der Region nach Rocas Krieg aufzeigt. Dazu zählen Morenos Grenzvermessungen ebenso wie die Landvermessungen des Stanforder Geologen Bailey Willis. Beschrieben wird auch der Anschluss an das Eisenbahnnetz, der die regionale Wirtschaft unabhängiger von Chile machte. Zudem brachte die Eisenbahn Touristen zu Morenos Parque Nacional del Sud, einem relativ kleinen Areal, das später in den

Erlebnis

NACH CHILE UND ZURÜCK

Seit fast hundert Jahren gehört der Boot-Bus-Shuttle zwischen Bariloche und dem chilenischen Puerto Varas am Lago Llanquihue zu den Highlights der patagonischen Seenplatte – schon Theodore Roosevelt unternahm die Tour 1913. Heute genießen Besucher die imposante Andenszenerie an Bord von Katamaranen, die in Puerto Pañuelo (westlich von Bariloche) starten. Die Strecken zwischen den Seen legen sie in bequemen Bussen zurück.

Chilereisende finden Unterkunft in den kleinen Dörfern **Peulla** am östlichen und **Petrohué** am westlichen Ende des Lago Todos los Santos sowie in der Hafenstadt **Puerto Varas,** von der aus Busse nach Bariloche fahren. Wer keine Ambitionen hat, die Anden zu überqueren, kann vom Westende des Lago Nahuel Huapi mit dem Katamaran zurückfahren und die Strecke nochmals aus einem anderen Blickwinkel erleben.

Veranstalter des Boot-Bus-Shuttles ist das Unternehmen Cruce Andino; Tickets werden online *(www.cruceandino.com)* und in jedem Reisebüro in Bariloche verkauft.

Wissen

PATAGONIENS TOPARCHITEKT

Kein Argentinier bemühte sich mehr als Alejandro Bustillo (1889–1982) darum, in Patagonien Natur und Architektur in Einklang zu bringen. Als Architekt setzte er Maßstäbe für die ganze Region. Mit heimischen Materialien (Stein, Holz) schuf er einen europäisch-andinen Stil, zu den erhaltenen Beispielen zählen die Nationalparkverwaltungen in Bariloche und San Martín de los Andes, Bariloches Kathedrale, die Hostería Futalaufquen im Parque Nacional Los Alerces bei Esquel und das Hotel Llao Llao (Bustillos Meisterwerk) westlich von Bariloche.

Bustillo lebte lange genug, um mit Stolz zu sehen, wie sein Vermächtnis im ganzen Seengebiet Nachahmer fand. Manches grenzt allerdings an Kitsch. Was er wohl zu den in seinem ländlich-eleganten Baustil errichteten Telefonzellen sagen würde?

Parque Nacional Nahuel Huapi und dessen nördlichem Nachbarn Lanín integriert wurde. Ebenfalls veranschaulicht wird im Museum die Erforschung der Region, darunter Morenos Expedition von 1880, bei der er in einer halsbrecherischen Floßfahrt vor den Mapuche den Río Limay hinunter flüchten musste.

Weitere Landmarken: Zwei Gebäude im Stil der Bauwerke des Centro Cívico verdienen besondere Beachtung. Einen Block nördlich des Museums steht dessen Gegenstück, die **Intendencia del Parque Nacional Nahuel Huapi** (Verwaltung des Parks; *San Martín 24, Bariloche, Tel. 0294/442 31 11 www.nahuelhuapi.gov.ar;* siehe S. 268), ein Entwurf von Exequiel Bustillos Bruder Alejandro Bustillo (1889–1982), einem der bedeutendsten Architekten Argentiniens. Er schuf auch die **Catedral Nuestra Señora del Nahuel Huapi** *(Calles Almirante O'Connor und Beschtedt),* die fünf Blocks östlich des Museums auf einem Hügel hoch über dem See thront. Die nadelförmige Turmspitze der neogotischen Kirche harmoniert mit den fernen Berggipfeln. Ihre Buntglasfenster zeigen Figuren, darunter den Jesuitenmissionar Nicolás Mascardi und Ceferino Namuncurá (ein Mapuche, Seliger der Don-Bosco-Familie und Aspirant des Salesianerordens) sowie den Gegner der Mapuche, General Roca. Dichte Südbuchenwälder umgeben Bariloche.

**MUSEO DE LA PATAGONIA
FRANCISCO P. MORENO**
✉ Centro Cívico s/n,
San Carlos de Bariloche

🕒 Di–Fr 10–12.30, 14–19,
Sa 10–17 Uhr
💲 50 AR$
www.museodelapatagonia.
nahuelhuapi.gov.ar

Blick vom Cerro Otto auf den Lago Nahuel Huapi mit dem *teleférico*, der Seilbahn

Nur 20 Minuten nördlich der Stadt kann man noch durch die Andensteppe galoppieren. Für einen Tagesausflug locken Streifzüge durch Kiefernplantagen auf vulkanische Felsen mit Ausblicken auf den Río Limay, den Parque Nahuel Huapi und die Andengipfel. Zudem ist es hier meistens trocken, selbst wenn über Bariloche Regenwolken hängen.

Möglich sind auch Touren zu den nahe gelegenen Seen zum Fliegenfischen, mit Übernachtung in nicht gerade luxuriösen, aber geräumigen und bequemen Unterkünften.

PARQUE NACIONAL NAHUEL HUAPI

Als Francisco P. Moreno 1903 das ihm am Westufer des Lago Nahuel Huapi zugewiesene Land für die Gründung des Parque Nacional del Sud stiftete, schwebte ihm ein »öffentlicher« Naturpark vor. Moreno äußerte auch den Wunsch, dass »bis auf Annehmlichkeiten für gebildete Besucher keine weiteren Einrichtungen« gebaut werden und konnte nicht ahnen, welche Dimensionen das nur ein Jahr zuvor gegründete Bariloche nehmen würde, das sich heute entlang des Sees und die Berge hinauf erstreckt. Der heutige Park, der 1934 gegründete Parque Nacional Nahuel Huapi, ist größer, als sich Moreno das jemals vorstellen konnte: Der 7500 Quadratkilometer große Park umschließt patagonische Steppe, tiefe Gewässer, bewaldete Berghänge und schneebedeckte Gipfel. Ein Großteil des Parks ist über Straßen zugänglich, sein gut ausgebautes Wanderwege- und Hüttennetz er-

PARQUE NACIONAL NAHUEL HUAPI
🅰 263 A3
Besucherinformation
✉ Intendencia, San Martín 24, Bariloche
☎ 02944/42 31 11
💲 250 AR$ (Gebühr für Cerro Tronador, Cascada Los Alerces und Bootsausflüge)
www.nahuelhuapi.gov.ar

möglicht aber auch Hütten- und Bergwanderungen, Mountainbiketouren und Ausritte. Im Sommer sind Wildwasser-Rafting und Kajakfahren beliebte Freizeitaktivitäten, im Winter gehört ein Teil des Parks zu Argentiniens besten Skigebieten. Der Park erstreckt sich fast rund um sein Herzstück, den **Lago Nahuel Huapi,** der mit seinen Wasserarmen eine Fläche von 560 Quadratkilometern bedeckt und in den Río Limay abfließt. Dieses mit mehreren kleineren Seen verbundene Gewässer lädt ein zu Uferspaziergängen, zum Segeln, Forellenfischen, Schwimmen und Sonnenbaden. Auf der **Isla Victoria** im Nordarm des Lago Nahuel Huapi steht eine luxuriöse Lodge. Ein Katamaran bringt Tagesausflügler von Bariloche auf die Insel und macht Abstecher zum **Parque Nacional Los Arrayanes** (siehe S. 283 f.) in der Nähe von Villa La Angostura.

Tipp

Besser als das Angeln in Feuerlands hochgejubelten Forellen- und Lachsgründen ist das Fliegenfischen in den Hunderten Flüssen und Seen nördlich von Bariloche.

PORTER FOX
NATIONAL GEOGRAPHIC-AUTOR

Parkausflüge: In den Hügeln des Wohngebietes Barrio Belgrano beginnend, geht die Avenida de los Pioneros acht Kilometer westlich der Stadt in eine Schotterstraße über, die in Serpentinen auf den Gipfel des **Cerro Otto** (1405 m) führt. Wer weder wandern noch klettern möchte, steigt bei Kilometer fünf der asphaltierten Straße in eine Gondel der Seilbahn **Teleférico Cerro Otto**.

Eine beliebte Parkroute verläuft über den **Circuito Chico**; ein hübscher Nachmittagsausflug per Auto, Bus oder Fahrrad. Der Rundweg verläuft westwärts über die Avenida Bustillo bis zur Península Llao Llao und macht eine Schleife über die kleine Gemeinde Colonia Suiza. Unterwegs finden sich mehrere Möglichkeiten für Besichtigungen und unterschiedlich lange Wanderungen. Ungefähr bei Kilometer acht führt eine asphaltierte Straße südwärts (10 km) zum **Cerro Catedral,** Bariloches bestem Skigebiet. Dort

TELEFÉRICO CERRO OTTO
✉ Avenida de los Pioneros, Km 5
☎ 02944/44 10 31
🕐 Tgl. 10–17.30 Uhr
💲 400 AR$
www.telefericobariloche.com.ar

CABLE CARRIL Y TELESILLA DOBLE LYNCH
✉ Edificio Telesilla Séxtuple,
   1. Stock, Base Cerro Catedral
☎ 0294/44 09 00 00
🕐 Tgl. 9–17 Uhr (Frühling und Sommer Di–Sa)
www.catedralaltapatagonia.com

»schwebt« die **Cable Carril y Telesilla Doble Lynch** zum **Refugio Lynch** *(alpine Hütte zeitweise geschlossen, unbedingt vorher informieren);* Bergsteiger und Wanderer können alternativ im **Refugio Emilio Frey** übernachten.
17,5 Kilometer westlich der Stadt fährt der an der Avenida Bustillo liegende Sessellift **Aerosilla Campanario** zum Gipfel des **Cerro Campanario** (1050 m) hinauf. Die Straße folgt nun für acht Kilometer dem Seeufer bis zum **Puerto Pañuelo**. Hier starten die Ausflugsboote zur Isla Victoria und zum Parque Los Arrayanes sowie die Boot-Bus-Shuttle-Fahrten nach Chile. Gleich oberhalb der Straße liegt auf einem Hügel das von Alejandro Bustillo entworfene **Hotel Llao Llao** (siehe S. 376) mit toller Aussicht auf den Lago Perito Moreno. Es wurde 1940 erbaut, war Patagoniens erstes Grandhotel und wurde ein architektonisches Denkmal. Knapp 1,5 Kilometer weiter westlich führen im **Parque Municipal Llao Llao** *(Avenida Ezequiel Bustillo, Km 27,5)* kurze, malerische Wanderwege zum Lago Nahuel Huapi sowie zu einem Arrayán-Wald *(Luma apiculata)* am Westufer des Lago Perito Mo-

Erlebnis

ENDLOSE WINTERFREUDEN: SKIFAHREN IN PATAGONIEN

Viele Besucher von der Nordhalbkugel kommen nach Argentinien, um in einem Jahr zwei Sommer zu erleben. Eine kleinere Gruppe – ambitionierte Skifahrer und Snowboarder – genießt den »doppelten Winter«. Mendozas Las Leñas (siehe S. 245) mag Argentiniens Topskigebiet sein, doch das patagonische Seengebiet zwischen San Martín de los Andes und Esquel bietet die größte Auswahl an unterschiedlich schwierigen Arealen.
Bei San Martíns **Cerro Chapelco** *(M. Moreno 859 und Roca, San Martín de los Andes, Tel. 02972/42 78 45, www.cerrochapelco.com)* finden erfahrene Skifahrer schnelle Lifte, die sie zu anspruchsvollen, aber nicht überfüllten Pisten bringen. Investoren haben aus dem wenig besuchten Skigebiet am **Cerro Bayo** *(Las Fucsias 121, Villa la Angostura, Tel. 0810/345 01 68, tgl. 9–17 Uhr, www.cerro bayoweb.com)* in der Nähe des Modeortes Villa La Angostura ein edles Resort gemacht. Die erstklassigen Waldabfahrten werden sicher noch eine Zeitlang ein Geheimtipp bleiben.
Bariloches **Cerro Catedral** *(Base Cerro Catedral, San Carlos de Bariloche, Tel. 02944/40 90 00, www.catedralaltapatagonia.com)* wurde 1938 eröffnet und ist für die schneehungrigen Skifahrer aus Brasilien das nächstgelegene Skigebiet mit Tiefschneeabfahrten (ihnen verdankt die Stadt auch den Spitznamen »Brasiloche«). Für das unterschätzte Skizentrum **La Hoya** *(Av. Ameghino 670, Esquel, Tel. 02945/45 30 18, tgl. 8–13 Uhr, www.skilahoya.com)* bei Esquel sprechen die ideale Kessellage, das Hinterland, die vor Kurzem modernisierten Lifte und der Pulverschnee. Für alle Skigebiete gilt: Morgens herrscht am wenigsten Andrang.

Lust auf frischen Pulverschnee? Die Anden bieten erstklassige Abfahrten.

reno. Dann windet sich die Straße bis zu einer Kreuzung, die nach sechs Kilometern erreicht ist: Die asphaltierte Hauptstraße führt in nördlicher Richtung zurück zum Cerro Campanario, die Schotterstraße südwärts führt nach **Colonia Suiza** (4 km). An der Straßenkreuzung steigt ein bewaldeter Weg am Arroyo López (Bach) entlang steil hinauf zum **Refugio López** (Dauer 2½ Stunden). Per Mountainbike oder Geländewagen erreicht man die Hütte über die Schotterpiste, die zwei Kilometer östlich der Kreuzung abzweigt. Die Hütte ist ein guter Ausgangspunkt für die Besteigung des **Cerro López** (2076 m) oder eine Hüttenwanderung Richtung Süden in abgelegenere Teile des Parks. Der einzige bequem mit dem Auto zu erreichende Parksektor liegt an dem erloschenen, eisbedeckten Vulkan **Monte Tronador** (3478 m) an der chilenischen Grenze. Die 83 Kilometer lange Fahrt nach Südwesten führt über die RN 40 zum **Lago Mascardi**, von dort verläuft eine Schotterstraße zur Grenze. Die beeindruckendste Sehenswürdigkeit des Tronador ist der **Ventisquero Negro**, ein fließender Gletscher. Von **Pampa Linda** kann man zum **Refugio Otto Meiling** (Club Andino) wandern oder weiter bis zum **Puerto Blest** am Lago Nahuel Huapi laufen und von dort mit dem Boot zum Puerto Pañuelo zurückfahren. Bergsteiger können vor der Gipfelbesteigung im **Refugio Viejo Tronador** übernachten. In südlicher Richtung (31 km) führt die RN 40 zum Grenzposten am Río Villegas, wo die RP 83 westwärts zum Oberlauf des **Río Manso** führt – Argentiniens Topfluss für Wildwasserfahrten. In Bariloche organisieren Reisebüros Rafting- und Kajaktouren. ■

AEROSILLA CAMPANARIO
✉ Avenida Bustillo, Km 17,5
☎ 02944 / 42 72 74
🕘 Tgl. 9–17.30 Uhr
💲 220 AR$
www.cerrocampanario.com.ar

Refugios: Informationen über die Refugios im Parque Nacional Nahuel Huapi erhält man unter Tel. 02944 / 42 22 66 und unter www.clubandino.com.ar.

DIE SÜDLICHEN SEEN

Bis vor 20 Jahren war die RN 40, die oberhalb des Lago Mascardi Richtung Süden führt, eine schmutzige Fernstraße mit losem Schotter und faustgroßen herumfliegenden Steinen, inzwischen wurde sie asphaltiert. Ein Besuch lohnt: In den weiten Steppen und der beeindruckenden Seenlandschaft finden die Besucher Ruhe.

Der Lago Puelo südlich von El Bolsón

Während Besucher Bariloche häufig überrennen, finden nur wenige den Weg in die östliche Ecke des »Landes mit dem riesigen Himmel«, wo große Schaffarmen die Wirtschaft bestimmen und einst Butch Cassidy mit Sundance Kid wohnte. Viele, die der Dampfzug La Trochita nach Esquel lockt, unternehmen nur einen kurzen Abstecher nach Trevelin, der malerischen Enklave walisischer Kolonisten. Die einzigartigen Alerce-Wälder im Parque Nacional Los Alerces an der chilenischen Grenze verzeichnen nur einen Bruchteil der Besucher des Nahuel-Huapi-Parks.

EL BOLSÓN UND UMGEBUNG

Nur eineinhalb Stunden südlich von Bariloche eröffnet sich am Río Quemquemtreu in El Bolsón eine andere Welt. Durch seinen politischen Aktivismus – 1984 erklärte sich die Stadt zur atomfreien Zone und 1991 zur ökologischen Gemeinde – sowie seine antikommerzielle Einstellung ist El Bolsón eine Art Anti-Bariloche. Der Ort schmiegt sich in ein geschütztes, bewaldetes Flusstal zwischen Granitgebirgen mit spitzen Gipfeln. Nur we-

nige Minuten entfernt liegen schöne Erholungsgebiete. Die örtlichen Künstler stellen einzigartige Produkte aus heimischen Materialen her, darunter einige der besten Biere und Süßigkeiten des Landes.
Dienstags, donnerstags und samstags (*10–16 Uhr*) findet auf der ellipsenförmigen **Plaza Adalberto Pagano** ein Markt statt: die **Feria Regional de El Bolsón**. Das Angebot umfasst sowohl Kunsthandwerk als auch Produkte der kleinen *chacras* (Felder) und Gärten, die rund um die Stadt liegen. Etwa ab zehn Uhr wird der Markt zum Schlemmerparadies mit Backwaren, frischem und eingemachtem Obst, Marmeladen, Gelees, Säften und natürlich dem heimischen Bier. Beim Streifzug über die *feria* finden Souvenirjäger Holzschnitzereien, handgemachten Schmuck, Kleidung und Lederwaren, Musikinstrumente und Blumenarrangements.
Wie in Bariloche sind auch in El Bolsón die Berge nicht weit, die Berglandschaft westlich und östlich des Tales gehört aber nicht zu einem Nationalpark. Sie bietet Hütten und ein Wegenetz für kurze oder mehrtägige Wanderungen. Viele Routen beginnen an Nebenstraßen, die Startpunkte können einfach mit dem Taxi angefahren werden.
Etwa sechs Kilometer westlich der Stadt führt ein Weg zur **Cabeza del Indio**, einer Felsformation, die wie der Kopf des klassischen »edlen Wilden« aussieht. In nördlicher Richtung beginnt genauso weit entfernt ein 800 Meter langer Rundweg in der gemeindeeigenen **Reserva Forestal Loma del Medio y Río Azul**. Dieser Weg ist spektakulär, wenn die **Cascada Escondida** (versteckter Wasserfall) so viel Wasser führt, dass es über die Fallkante in die Schlucht darunter stürzt.
Etwa 15 Kilometer nordwestlich der Stadt führt eine Straße zum Zusammenfluss von Río Azul und Río Blanco. Hier verläuft ein hügeliger Weg hinauf zum **Cajón del Azul**, einer engen und von einer Holzbrücke überspannten Schlucht. Auf der anderen Seite der Brücke bietet das **Refugio Cajón del Azul** Gemeinschaftsunterkünfte sowie einfache Gerichte. Vor dem Anstieg zur Schlucht steigt ein neuer, südwärts verlaufender Weg zunächst bergauf, um dann in den Canyon Arroyo del Teno hinunter und weiter zum **Refugio Hielo Azul** zu führen. Es ist eine weitere Übernachtungsmöglichkeit vor der Rückkehr nach El Bolsón.
Nur 13 Kilometer östlich der Plaza Pagano ragt der zerfurchte Kamm des **Cerro Piltriquitrón** (2284 m) empor. Der Startpunkt der Gipfelwanderung

EL BOLSÓN
🅰 263 A3
Besucherinformation
✉ Avenida San Martín und Roca
☎ 0294/449 26 04

🕓 Mo–Fr 8–20, Sa, So 9–20 Uhr
www.turismoelbolson.gob.ar

RESERVA FORESTAL LOMA DEL MEDIO Y RÍO AZUL
✉ 3 km nordwestlich von El Bolsón

Erlebnis

KREUZFAHRT AN DER GRENZE

Zu den schönsten Touren zählt die Bootsfahrt auf dem Lago Puelo Richtung chilenischer Grenze. Das eisblaue Wasser und die ringsherum saftig grüne Berglandschaft sind ein Traum! InterPatagonia bietet täglich eine zweistündige Kreuzfahrt und dazu eine einstündige Wanderung mit einem Ranger an. Er kann alle Fragen zur einzigartigen Flora und Fauna des Valdivianischen Waldes beantworten. Interessant ist auch ein Abstecher zu den Stromschnellen des Río Puelo. Ausführliche Auskunft gibt **InterPatagonia** *(Tel. 02972/ 42 92 67, www.interpatagonia.com).*

---

liegt in 1200 Metern Höhe im **Bosque Tallado**: Holzschnitzer aus dem ganzen Land kamen hierher und haben mit Motorsägen und Schnitzwerkzeugen aus versengten Südbuchenstämmen verschiedene Skulpturen kreiert und anschließend poliert, um einen Skulpturengarten zu schaffen. Initiator war der lokale Künstler Marcelo López. Insgesamt sind so 50 Skulpturen entstanden.

Ein paar hundert Meter oberhalb des Skulpturengartens finden »Gipfelstürmer« im **Refugio Piltriquitrón** Schlafplätze und einfaches Essen. Ab hier durchquert der nun steiler werdende Weg das ehemalige Skigebiet, verläuft dann bis zur Baumgrenze über ebenes Gelände, um schließlich durch ein Geröllfeld zum Gipfel zu führen. Bei klarem Wetter reicht der Blick bis zum Río Azul und zu den Anden an der chilenischen Grenze – eine echte Belohnung für die anstrengende Zweistundentour. Manchmal ist der unglaublich symmetrische Volcán Osorno hinter dem dunklen Gipfel des Cerro Tronador zu sehen.

Tipp

Fahren Sie auf den Cerro Piltriquitrón, lassen Sie das Fahrzeug stehen und wandern Sie zur Berghütte Piltriquitrón, wo ein freundlicher Wirt selbst gebrautes Bier serviert. In der Abenddämmerung ist der Blick auf die Anden atemberaubend schön.

DIEGO ALLOLIO
TOURGUIDE VON MERIDIES® EXPEDITIONS

PARQUE NACIONAL LAGO PUELO

Von El Bolsón (Provinz Río Negro) bis zum Parque Nacional Lago Puelo in der Nachbarprovinz Chubut sind es nur etwa 18 Kilometer. Der Lago Puelo wird von drei Flüssen gespeist und liegt gerade einmal 200 Meter über dem Meeresspiegel. Doch die ihn umgebenden bewaldeten Berghänge und schneebedeckten Gipfel erreichen Höhen von fast 2000 Metern. Als einer von wenigen argentinischen Seen entwässert der Lago Puelo in den Pazifik und nicht in den Atlantik. Am Nordufer des Sees, dem einzigen per Auto zugänglichen Parkbereich, beginnen am Besucherzentrum einige Wanderwege: Der leichteste, der **Sendero al Mirador del Lago** (1 km), endet an einer Plattform in nur 130 Metern Höhe mit Aussicht Richtung Westen. Abenteuerlicher ist der Wanderweg **Senda a Los Hitos** – inklusive Durchwaten des Río Azul (im Sommer) – bis zum argentinischen Grenzposten Arroyo Las Lágrimas (rund 5 km) oder auch weiter bis zur chilenischen Stadt Puelo. Vom Anlegesteg in der Nähe des Besucherzentrums starten Barkassen zu halbstündigen Besichtigungstouren und fahren zur chilenischen Grenze.

Ein Windsurfer nutzt den Wind auf dem Lago Puelo.

An manchen Tagen steuern sie auch entlegene straßenlose Siedlungen an, in denen »abseits der Zivilisation« Campen und Wandern möglich sind. Dort besteht dann die Chance, den *huemul* (Südandenhirsch) und den *pudú* (ein spanielgroßer Hirsch) zu beobachten. Trotz des Campingplatzes am Besucherzentrum kommen viele Besucher nur für einen Tag in den Park.

EL MAITÉN

Paul Theroux' Beschreibung seiner Zugreise durch Zentral- und Südamerika Mitte der 1970er-Jahre machte den »Old Patagonian Express« zum festen Begriff. Damals fuhr die Schmalspurbahn, die dem Reisebuch den Titel gab, von Ingeniero Jacobacci (Río Negro) 402 Kilometer weit durch

PARQUE NACIONAL LAGO PUELO
✉ 263 A3
Besucherinformation
✉ RP 18 km südl. von El Bolsón
☎ 02944/49 92 32
💲 250 AR$
www.parquesnacionales.gov.ar

Refugios: Auskunft über die Refugios in El Bolsón und Umgebung geben der Club Alpino (Tel. 02944/ 42 22 66, www.clubandino.com.ar) und der Club Andino Piltriquitrón (Tel. 02944/49 26 00)

La Trochita, der alte Patagonienexpress, ist Argentiniens berühmte Schmalspurbahn.

die Steppe – Endstation war Esquel (Chubut), das sich am stärksten mit **La Trochita** (so der argentinische Name) identifiziert. Heute kann man die Bahn nur noch in Esquel und im staubigen El Maitén für kurze Fahrten besteigen (Charterzüge befahren die gesamte Strecke). Nach 57 Kilometern Richtung Südosten über die geschotterte RP 6 oder wahlweise 69 Kilometern auf den asphaltierten Straßen RN 40 und RP 70 (69 km) ist El Maitén auf der Hälfte der ursprünglichen Bahnstrecke erreicht. Die alte Gleisanlage und das Bahnbetriebswerk lassen aber selbst ohne fahrende Züge die Fotografenherzen höherschlagen.

Wahre Eisenbahnfans bevorzugen allerdings Esquel, weil sich dort Werkstätten und eine Drehscheibe befinden, außerdem jede Menge Dampfloks und Waggons. Mit der **Fiesta Nacional del Tren a Vapor** wird im Februar das Überleben der Schmalspurbahn gefeiert.

MUSEO LELEQUE

Südlich von El Bolsón macht die RN 40 einen Schwenk von den Bergen in die Steppe. Hier prägen weit verstreute Schafstationen die Wirtschaft und die Landschaft, seit General Roca die Tehuelche und Mapuche in den 1880er-Jahren vertrieben hat. Als Modemogul Carlo Benetton 1999 die Compañía de Tierras Sud Argentino (Southern Argentine Land Company Ltd.) erwarb, verwandelte er das historische Hotel, die Schule und den Gemischtwarenladen der Estancia Leleque (1830 km^2) in ein Museum. Benetton gab mit dem Museum dem Lebenswerk von Pablo S. Korschenewski (1925–2000) eine Heimat. Der ukrainische Einwanderer sammelte Gegenstände, die mit den Ureinwohnern und der Geschichte der Provinzen Chubut und Santa Cruz in Zusammenhang standen.

Das Museum porträtiert die Entwicklung der Region seit ihren Anfängen. Ein Raum widmet sich den präkolumbischen Tehuelche mit Exponaten wie *boleadoras* (Kugeln an Lederriemen), Mörsern aus Stein und Webwaren. Ein anderer beschäftigt sich mit den Begegnungen der Kulturen und legt das Augenmerk auf die Bedeutung der Pferde, die den Ureinwohnern eine bis dahin nie gekannte Mobilität verschaffen. Ein dritter Raum dokumentiert den notgedrungenen Übergang der Tehuelche von nomadischen zu sesshaften Lebensformen. Leleques *boliche* (Gemischtwarenladen und Pension) hat wieder seine historische Rolle und verkauft auch Getränke, Imbisse und Webwaren. Das Museum liegt nahe der RN 40. Die Schmalspurbahn unternimmt von El Maitén aus Ausflugsfahrten nach Leleque.

CHOLILA

Als Patagonien Grenzgebiet war, zog es auch Banditen an. Spätestens seit Paul Newman, Robert Redford und Katherine Ross in *Zwei Banditen* 1969 mit der Story über Butch Cassidy und Sundance Kid in die Kinos kamen, sind diese beiden Ganoven international berühmt. Ihre historischen Vorbilder – Robert Leroy Parker, Harry Longabaugh und Etta Place – bewohnten von 1901 bis 1905 vor dem Dorf Cholila (Provinz Chubut) ein Blockhaus. Die nordamerikanische Autorin Anne Meadows und ihr Partner Dan Buck machten das Haus in den 1990er-Jahren ausfindig *(westlich der RP 71, Km 21)*, ein alter Gaucho hatte es in Besitz genommen. Trotz Streitigkeiten mit dessen Erben konnte die Provinz Chubut Instandsetzungsarbeiten vornehmen. Und so pilgern heute unzählige argentinische und ausländische Besucher über eine Schotterstraße und eine große Wiese zu der Hütte mit dem angrenzenden Schuppen. Obwohl wenig auf die ehemaligen Bewohner hinweist und kaum jemand genau weiß, warum der Ort wichtig ist, zählt er fast obligatorisch zu den wichtigen Abstechern in der Region.

LA TROCHITA, ESTACIÓN EL MAITÉN
- 263 A3/B3
- Rivadavia und Beruti
- 02945/49 51 90
- 750 AR$
- www.patagoniaexpress.com/la_trochita

EL MAITÉN
- 263 A3
- **Besucherinformation**
- San Martín 922
- 02945/49 50 16

MUSEO LELEQUE
- 263 A3
- RN 40, Km 1440, 90 km nördl. von Esquel
- 02945/45 26 00
- März–Dez. 11–17, Jan.–Feb. 11–19 Uhr, Mi geschl. Mai–Juni und Sept. geschl.

CHOLILA
- 263 A3
- **Besucherinformation**
- Av. 15 de Diciembre s/n
- 02945/49 82 02

> **Tipp**
>
> **Anfang Februar veranstaltet Cholila die Fiesta Nacional del Asado: Bei diesem »Nationalen Grillfest« finden mehrere Tage lang Barbecues, Folkloremusik-Aufführungen, Rodeos, *cuaderas* (Pferderennen) und mehr statt.**
>
> CAROL PASSERA
> DIREKTOR VON CAUSANA VIAJES

ESQUEL UND UMGEBUNG

Landwirtschaft und Bergbau prägen die südlichste Stadt der patagonischen Seenplatte. Ihr Ruf als Endstation des legendären Old Patagonian Express trägt dazu bei, die darniederliegende Tourismusbranche zu beleben.

Nicht nur als Ausgangspunkt für Ausflüge in den nahe gelegenen Parque Nacional Los Alerces, sondern auch dank eines ausgezeichneten kleinen Skigebiets hat der Ort einiges zu bieten.

In Esquel endet die von Ingeniero Jacobacci kommende Schmalspurstrecke der Ferrocarril Roca. Zu Ausflugsfahrten startet **La Trochita** meist samstags, im Juli sogar täglich. Gezogen von einer alten Dampflok, rollen die engen Holzwaggons mit ihren harten Sitzbänken gen Norden, auch zur Freude der Stadtbevölkerung, die sich El Trencito (kleiner Zug) eng verbunden fühlt. Der Zug braucht nur eine Stunde bis nach **Nahuel Pan**. Den etwa einstündigen Aufenthalt verbringen die Passagiere inmitten von Mapuche. Sie können bei ihnen Essen, Getränke und Kunsthandwerk kaufen, ausreiten oder das **Museo de Culturas Originarias Patagónicas** besuchen, das sich mit der Geschichte der Mapuche beschäftigt. Nur 13 Kilometer nördlich von Esquel liegt das kleine Skigebiet **La Hoya**. Kenner schätzen seinen Pulverschnee. Größte Schwäche des Skigebietes ist die begrenzte Liftkapazität. Im Sommer laufen die Lifte für Wanderer, die ins Hochland wollen.

ESQUEL
✉ 263 A3
Besucherinformation
✉ Av. Alvear und Sarmiento
☎ 02945/45 19 27
🕐 Mo–Fr 8–20, Sa, So 9–20 Uhr
www.esquel.tur.ar

LA TROCHITA, ESTACIÓN ESQUEL
✉ Dr. Roggero und A. P. Justo
☎ 02945/45 14 03
💲 750 AR$
www.latrochita.com.ar

CENTRO DE ACTIVIDADES DE MONTAÑA LA HOYA
✉ Sarmiento 784, Esquel
☎ 02945/45 05 05
🕐 Tgl. 9–17 Uhr
Büro
✉ Av. Ameghino 670, Esquel
☎ 02945/45 30 18
🕐 Tgl. 8–13 Uhr
www.cerrolahoya.com

Skikurs im Skizentrum La Hoya in der Nähe von Esquel, Provinz Chubut

TREVELIN

Eine halbe Autostunde südlich von Esquel liegt Trevelin (385 m) mit seiner markanten achteckigen **Plaza Coronel Jorge Luis Fontana.** Es ist die westlichste Siedlung der walisischen Kolonisten, die ab den 1860er-Jahren den Río Chubut hinaufgezogen sind. Wie Gaiman besitzt auch Trevelin nette Teestuben, die einen Abstecher wert sind, wenn man von Esquel aus den Parque Nacional Los Alerces besucht, der 1937 gegründet wurde und die letzten Bestände der Patagonischen Zypresse schützt. Der Park ist Forschern vorbehalten und für Besucher nur teilweise zugänglich.

Neben dem Kunsthandwerkermarkt im Sommer auf der Plaza würdigt auch das **Museo Histórico Regional** Trevelins Geschichte. Das Museum ist in einer vierstöckigen geziegelten Getreidemühle untergebracht, die von 1922 bis 1953 in Betrieb war. Karten, Fotografien und Dokumente konzentrieren sich auf die Geschichte der walisischen Gemeinde sowie der Tehuelche und Mapuche.

TREVELIN
✉ 263 A3
Besucherinformation
✉ Rotonda 28 de Julio, Plaza Coronel Jorge Luis Fontana
☎ 02945/48 09 17
🕐 Mo–Fr 8–20, Sa, So 9–20 Uhr

Facebook: Sec. Turismo Trevelin

MUSEO HISTÓRICO REGIONAL
✉ Molino Viejo 488
🕐 Mo–Fr 11–18, Sa, So 12–18 Uhr
💲 Gratis

AUTOTOUR: ALERCEN UND ASCHE

Die Dreitagesfahrt startet in Bariloche, führt südlich entlang der Seen des Parque Nacional Nahuel Huapi nach El Bolsón und macht einen Schwenk in die Steppe zu den patagonischen Schaffarmen. Dann geht es zur Endstation des Old Patagonian Express. Nach einer Schleife durch den Parque Nacional Los Alerces steht vor der Rückfahrt in den Norden die Hütte von Butch Cassidy auf dem Programm.

Von San Carlos de Bariloche ❶ (siehe S. 264 ff.) zieht sich die RN 40 Richtung Süden in einem leichten südwestlichen Bogen vorbei an Nebenarmen des **Lago Gutiérrez, Lago Mascardi** und **Lago Guillelmo,** bevor sie sich durch den **Cañadón de la Mosca** windet. Nach 123 Kilometern führt sie ins Tal des Río Quemquemtreu hinab, wo **El Bolsón** ❷ (siehe S. 272 ff.) zwischen zwei parallelen Gebirgszügen liegt. Der Ort ist der beste Übernachtungsstopp nördlich von Esquel, um am **Lago Puelo** oder in den umliegenden Bergen zu wandern und den Straßenmarkt zu besuchen. Hinter El Bolsón steigt die RN 40 Richtung Nordosten an und führt nach **El Hoyo** und **Epuyén** ❸, wo auf Farmen Himbeeren, Erdbeeren, Äpfel, Birnen und Hopfen wachsen. Sie liefern den aromatischen »Stoff« für die Süßigkeiten und Biere, die auf El Bolsóns Markt verkauft werden. Nach 49 Kilometern macht die RN 40 einen Knick nach Südosten in die Steppe und erreicht nach 27 Kilometern die **Estancia Leleque** ❹ (siehe S. 276 f.). Dort hat das Benetton-Imperium die Farmgebäude in ein einzigartiges historisch-archäologisches Museum umgewandelt. Ab Leleque verläuft die RN 40 in etwa parallel zur legendären Schmalspurbahnstrecke. Nach 79 Kilometern zweigt westwärts die RN 259 ab, die direkt nach **Esquel** ❺ (siehe S. 278) führt. Hier schnauft der Zug La Trochita aus dem Tal hinaus in die Steppe – zur Begeisterung von Eisenbahnfans aus aller Welt. Esquel bildet einen guten Ausgangspunkt für Ausflüge in die westlichen Gebirgszüge. Sein stadtnahes Skigebiet eignet sich im Sommer ausgezeichnet für Wanderungen. Von Esquel führt die asphaltierte RN 259 südwärts in das 24 Kilometer entfernte **Trevelin** ❻ (siehe S. 279) mit seinen Backsteinbauten, Teehäusern und Kirchen. Es ist die am weitesten im Inneren von Chubut liegende walisische Siedlung. Als Mitte 2008 jenseits der chilenischen Grenze der Vulkan Chaitén ausbrach, ging der massive Ascheregen auch auf Esquel und Trevelin nieder. Die Asche vernichtete Flora, Fauna und Vieh. Die Folgeschäden

Der Lago Futalaufquen im Nationalpark Los Alerces

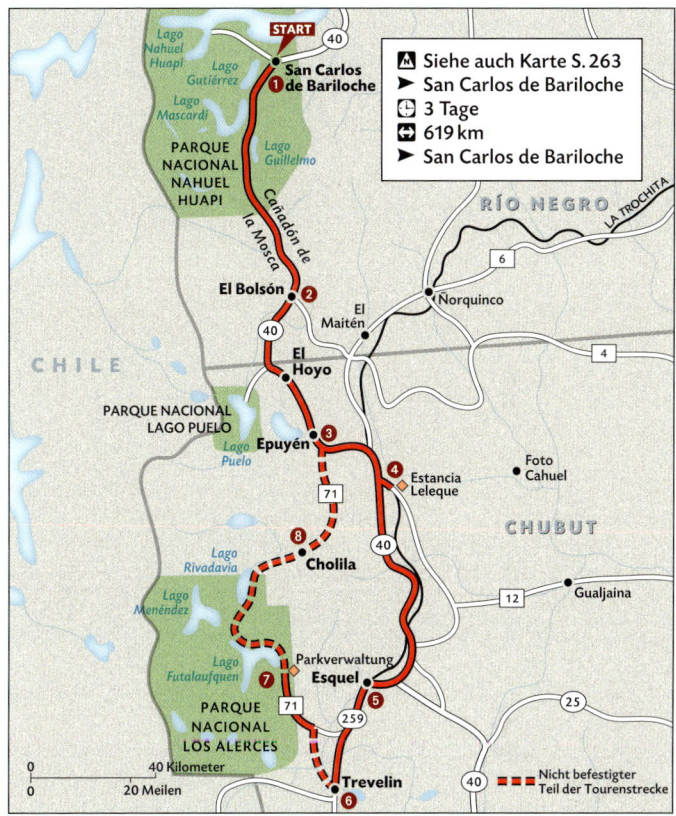

werden in Trevelin und im nahen Parque Nacional Los Alerces noch Jahre sichtbar sein. Von Trevelin führt eine Schotterstraße Richtung Nordwesten zur 13 Kilometer entfernten RP 71. Nach weiteren 21 Kilometern erreicht die Straße, die durch das Tor des **Parque Nacional Los Alerces** ❼ (siehe S. 282) führt, die Parkverwaltung in **Villa Futalaufquen** am gleichnamigen See. Der Park bietet Naturpfade für Tageswanderungen. Mehrtägige Trekkingrouten verlaufen entlang der Ausläufer der Seen ins Hinterland. Das Highlight ist die Tour per Boot oder zu Fuß zum **Lago Menéndez,** wo die namengebenden Alerce-Wälder stehen. 50 Kilometer nördlich bei Cholila ❽ (siehe S. 277) steht die restaurierte Blockhütte, in der einst Butch Cassidy und Sundance Kid lebten. Von Cholila führt die RP 71 wieder zur RN 40, nach El Bolsón und nach Bariloche.

> **Tipp**
>
> **Vorsicht beim Fahren auf Patagoniens Straßen, vor allem mit dem Motorrad. Schotter, Steine und Schmutz sind sehr gefährlich.**
>
> ROGELIO DANIEL ACEVEDO
> NATIONAL GEOGRAPHIC-EXPERTE

PARQUE NACIONAL LOS ALERCES

Westlich von Esquel schmiegt sich an die Grenze ein Nationalpark, der seinen Status und Namen der *Fitzroya cupressoides* – der Alerce (Patagonische Zypresse) – verdankt. Die Bäume wiederum existieren hier dank der pazifischen Stürme. Sie ziehen über die Anden und bringen für die Entstehung dieser Wälder genügend Feuchtigkeit mit. Die Alerce hat ihren Verbreitungsschwerpunkt auf der chilenischen Seite. Der kiefernähnliche Baum hat mit dem kalifornischen Küstenmammutbaum Größe (bis zu 60 m) und Alter (mehr als 4000 Jahre, am Lago Menéndez ist ein ca. 1000-jähriges Exemplar zu besichtigen) gemeinsam. Auch Farbe und Beschaffenheit des sehr langsam wachsenden Holzes ähneln sich, sodass die Alerce seit dem 17. Jahrhundert ein begehrtes Nutzholz war und schließlich kurz vor ihrer Ausrottung stand. Heute steht sie unter Schutz.

Im Parque Nacional Los Alerces mit seinen Seen und Flüssen ist die **Safari Lacustre** der Klassiker unter den angebotenen Ausflügen. Die ganztägige Bootstour (abhängig vom Wasserspiegel) führt vom **Lago Futalaufquen** über mehrere Seen bis zum **El Alerzal**, einem Alercen-Hain.

Dort steht die Ikone des Parks, der 2600 Jahre alte **El Abuelo** (Großvater): Die 57 Meter hohe Alerce hat einen Stammdurchmesser von 2,2 Metern. Die **Hostería Futalaufquen** (im Park) baute Architekt Alejandro Bustillo (siehe S. 267), der auch Bariloches Hotel Llao Llao (siehe S. 376) und andere unverkennbar patagonische Bauwerke schuf. Allerdings findet man hier wenig anspruchsvolle Wanderrouten: Lohnend sind die stramme Tagestour auf den **Cerro Alto El Dedal** (1916 m) sowie der **Sendero Lago Krüger** (mit Übernachtung), der am Lago Futalaufquen entlang zu einem See führt, wo Unterkünfte inklusive Campingplatz vorhanden sind. ∎

PARQUE NACIONAL LOS ALERCES
- 263 A3
- RP 71, 33 km südwestl. von Esquel
- Tgl. 9–17 Uhr
  Besucherzentrum:
  tgl. 9–16 Uhr (Nebensaison),
  tgl. 8–21 Uhr (Hauptsaison)
- 250 AR$

Besucherinformation
- Villa Futalaufquen
- 02945/47 10 15,
- Tgl. 8–15 Uhr
- www.parquesnacionales.gov.ar

HOSTERÍA FUTALAUFQUEN
- Parque Nacional Los Alerces 1
- 02945/47 10 08
- www.hosteriafutalaufquen.com

PROVINZ NEUQUÉN

Patagoniens nördlichste Provinz hat in etwa die Form eines Dreiecks. Im Norden grenzt Neuquén an den Río Colorado, im Süden an den Río Limay und im Westen an die Anden. Innerhalb der Provinzgrenzen liegen der größte Teil des Parque Nacional Nahuel Huapi sowie der Parque Nacional Lanín mit Neuquéns Ikone, dem gleichnamigen Vulkan, außerdem Araukarienwälder und sogar Forellengewässer, Dinosaurier-Fundstätten und ein Weingebiet.

Intensive Herbstfärbung am Lago Correntoso, Provinz Neuquén

VILLA LA ANGOSTURA UND UMGEBUNG

Nördlich von Bariloche, am anderen Ende des Lago Nahuel Huapi, liegt Villa La Angostura. Als Ausgangspunkt für Parkbesuche, Wintersport und zur Siete-Lagos-Route (Sieben-Seen-Route) nach San Martín de los Andes zählt der Ort zu den elitären Reisezielen der Region. Im Süden der Stadt ragt die Península Quetrihué in den See. Hier befindet sich der **Parque**

VILLA LA ANGOSTURA
263 A3
Besucherinformation
✉ Av. Arrayanes 9
☎ 02944/49 41 24
www.villalaangostura.gov.ar

PARQUE NACIONAL LOS ARRAYANES
263 A3
✉ Verwaltung: San Martín 24, San Carlos de Bariloche
☎ 0294/442 31 21
💲 250 AR$
www.parquesnacionales.gob.ar

Angler beim Fliegenfischen am Lago Huechulafquen

Nacional Los Arrayanes, eine bewaldete Enklave, die vor allem wegen ihres 20 Hektar großen Arrayán-Bestands bekannt ist. Katamarane fahren zur Südspitze der Halbinsel, wo Arrayán-Wälder einen Teil des seenreichen Parks einnehmen. Wer will, kann nachmittags über einen hügeligen Pfad zurück in die Stadt laufen. Etwa 10 Kilometer südöstlich von Villa La Angostura erstreckt sich das **Centro de Ski Boutique Cerro Bayo** *(RP 66, Km 6, Tel. 0810/345 01 68, www.cerrobayo.com.ar)*, ein kleines, aber ausgezeichnetes Wintersportgebiet. Nördlich der Stadt erreicht man über eine vier Kilometer lange Straße einen Weg, und nach 3,2 Kilometern den Gipfel des **Cerro Belvedere** (1992 m). Bei Villa La Angostura beginnt die 109 Kilometer lange **Ruta de los Siete Lagos,** eine wunderschöne Überlandstraße nach San Martín de los Andes, die sieben größere Seen tangiert. Sie führt durch den nördlichsten Sektor des Parque Nacional Nahuel Huapi und den südlichsten Teil des Parque Nacional Lanín.

SAN MARTÍN DE LOS ANDES

Zwischen Andengipfeln und der Cordón de Chapelco schmiegt sich am Ostufer des Lago Lácar der Erholungsort San Martín de los Andes. Die 1898 gegründete Stadt bildet den Ausgangspunkt zu einigen Wintersportzentren sowie zu den Seen und Forellengewässern des Parque Nacional Lanín, der westlich der Stadt beginnt.

Die Gebäude des **Centro Cívico** an der **Plaza San Martín** sind ein Alejandro-Bustillo-Erbe. Das architektonische Meisterwerk ist aber Luis Bottinis **Intendencia del Parque Nacional Lanín,** das Besucherzentrum des Parks. Einblick in die kulturelle Entwicklung der Region gibt das gegenüberliegende **Museo Primeros Pobladores** *(Centro Cívico, Tel. 02972/42 73 47, Di–Fr 14–20, Sa, So 17–20 Uhr)*. Ausflugsboote fahren zum Südufer des Lago Lácar nach **Quila Quina** sowie nach **Paso Hua Hum** an der chilenischen Grenze. Erstklassig zum Windsurfen eignet sich der **Lago**

Wissen

PEHUÉN-ERNTE

In den Berglandschaften des nordamerikanischen Westens sammelten die Ureinwohner, z. B. die Schoschonen, im Herbst Kerne aus Kiefernzapfen als haltbare Nahrung. In Südamerika, wo Kiefern nicht heimisch sind, nutzen die Pehuenche in der Seenregion die Samen der heimischen *pehuén* (Andentanne, Araukarie) für diesen Zweck. Auf Spanisch heißen die Samen *piñones,* was Pinienkerne bedeutet. In dem eng begrenzten Verbreitungsgebiet der *pehuén,* z. B. im Parque Nacional Lanín, sind die »Pinienkerne« im März oder April an den Wegen und sogar am Highway zu finden. Tipp: Aufsammeln und den Proviant damit aufbessern.

Lolog. In Stadtnähe liegt der **Cerro Chapelco** *(www.cerrochapelco.com),* eines der Top-Ski- und Snowboardgebiete des Landes – hier finden sowohl Anfänger als auch Profis geeignete Pisten.

JUNÍN DE LOS ANDES UND UMGEBUNG

Nur 41 Kilometer nordöstlich von San Martín liegt Junín de los Andes, die preisgünstige Alternative zum exklusiven Nachbarn. Neuquéns »Forellenmetropole« lockt vor allem Angler an, denn der Río Chimehuín mit seinen Fischgründen und Stromschnellen hat international einen guten Ruf – und fließt mitten durch die Stadt. Außerdem gilt Junín als der beste Ausgangspunkt für Streifzüge durch den Parque Nacional Lanín. Junín, 1883 gegründet und Neuquéns älteste Stadt, ehrt Ureinwohner und das Erbe mit dem **Museo Mapuche** und dem **Santuario Nuestra Señora de las Nieves y Beata Laura Vicuña** *(Ginés Ponte und Don Bosco).* In der Kirche vermischen sich Elemente der Mapuche und des traditionellen Katholizismus. Am westlichen Stadtrand führt die **Vía Crucis** – ein Kreuzweg mit Stationen – im Zickzack zum Gipfel des Cerro de la Cruz.

Juníns Gauchotradition spiegelt sich im Februar in der **Fiesta del Puestero**. Die **Estancia Huechahue** *(www.huechahue.com),* eine anglo-argentinische

SAN MARTÍN DE LOS ANDES
263 A3
Besucherinformation
Avenida San Martín und Rosas
02972/42 73 47
www.sanmartindelosandes.gov.ar

NACIONAL LANÍN
263 A4
Perito Moreno und Elordi, San Martín de los Andes

02972/42 72 33
250 AR$
www.parquesnacionales.gob.ar

JUNÍN DE LOS ANDES
263 A3
Besucherinformation
Padre Milanesio 596
02972/49 11 60
www.turismo.junindelosandes.gov.ar

Ranch östlich der Stadt (30 km), ermöglicht erfahrenen Reitern Ausflüge in die Anden und sogar über die Berge bis nach Chile. Sie umfasst eine 66 Quadratkilometer große Fläche mit gewellter Steppe, Vulkanhöhlen, präkolumbischer Felskunst und Felsvorsprüngen, auf denen Kondore brüten.

PARQUE NACIONAL LANÍN

Die Steppen, kristallklaren Seen, sattgrünen Wälder und schneebedeckten Vulkane des Parque Nacional Lanín liegen in einem 4120 Quadratkilometer großen Parkgebiet. Die zwei Hauptattraktionen des Parks sind der **Volcán Lanín** mit seinem weißen Schneegipfel und die üppigen Wälder voller Araukarien. Mit seinen 3776 Metern stellt der Volcán Lanín alle anderen Gipfel der Region in den Schatten, seine Besteigung ist aber nur etwas für sehr erfahrene Bergsteiger. Die gängige Route beginnt am **Lago Tromen** (Nordseite), die andere am **Lago Huechulafquen** (Südseite). Das Gebiet nordwestlich von Junín bietet einige gute Wege und einen leichten Zugang zu den wichtigsten Highlights des Parks. Vier Kilometer nördlich der Stadt folgt die Schotterstraße RP 61 dem Río Chimehuín bis zu seiner Mündung in den **Lago Huechulafquen** und setzt sich darüber hinaus bis zum **Lago Paimún** fort, wo sie nach 54 Kilometern endet. Am Paimún ermöglichen ein Floß oder ein Ruderboot den Wanderern das Überqueren von Engstellen, die den Lago Huechulafquen vom Lago Paimún trennen, sie wandern dann durch Araukarienwälder. Der Richtung Südwesten verlaufende Weg trifft auf die **Baños de Epulafquen** (Thermalquellen), von dort führt die geschotterte RP 62 zurück nach Junín. Wer diese Route läuft, muss auf halber Strecke eine Übernachtung auf einem von einheimischen Mapuche betriebenen Campingplatz einplanen.

> **Tipp**
>
> **Das Auto immer gegen den Wind parken. Patagoniens Windstöße sind so stark, dass sie geöffnete Autotüren zu weit aufbiegen oder gar abreißen können.**
>
> PETER MCBRIDE
> NATIONAL GEOGRAPHIC-FOTOGRAF

PARQUE NACIONAL LAGUNA BLANCA

Im Zentrum der Provinz spielt der Parque Nacional Laguna Blanca als Brutplatz des Schwarzhalsschwans eine wichtige Rolle. Das seichte Binnengewässer und Feuchtgebiet liegt auf halber Strecke zwischen Junín de los Andes und der Stadt Neuquén an einer Umgehungsstraße der RN 40. Vogelbeobachter finden hier mehr als hundert Vogelarten, darunter Flamingos und Nandus. Außer einem informativen Besucherzentrum und

Mountainbiker in einem Südbuchenwald in der Umgebung von San Martín de los Andes

einem einfachen Campingplatz besitzt der Park keine Einrichtung. Die nächsten Unterkünfte und Restaurants finden sich 33 Kilometer nordöstlich des Parks in der unscheinbaren Stadt **Zapala.**

NEUQUÉN (STADT) UND UMGEBUNG

Wo der Río Limay und der Río Neuquén sich zum Río Negro vereinen, bildet die Stadt Neuquén das Handelszentrum eines florierenden Obstanbau- und Weingebietes. Sie hat ein bemerkenswertes Museum und ist ein guter Ausgangspunkt für Abstecher zu den patagonischen Seen und zu den weltweit spannendsten Dinosaurierfundstätten in der angrenzenden Steppe. In den letzten zehn Jahren hat die Stadt ihr ehemaliges Bahnbetriebswerk in den **Parque Central** verwandelt. Auf dem offenen Gelände

**INTENDENCIA DE PARQUE
PARQUE NACIONAL LANÍN**
263 A4
Besucherinformation
✉ Emilio Frey 749
☎ 02972/42 43 59
🕓 Mo–Fr 8–20,
 Sa, So 9–14, 19–21 Uhr
💲 Gratis
www.parquesnacionales.gob.ar

**PARQUE NACIONAL
LAGUNA BLANCA**
263 A4
Besucherinformation
✉ Calle 12 de Julio 686, Zapala
🕓 Tgl. 9–19 Uhr

PROVINZ NEUQUÉN
263 A4
Besucherinformation
✉ Félix San Martín 182
☎ 0299/442 40 89
🕓 Tgl. 8–21 Uhr

Wildpferde grasen am Straßenrand in der patagonischen Steppe der Provinz Neuquén.

steht das **Museo Nacional de Bellas Artes Neuquén,** ein Provinzableger des nationalen Kunstmuseums. In Dauerausstellungen zeigt es Teile des nationalen Erbes, darunter Werke von Malern wie Antonio Berni, Xul Solar und Joaquín Torres-García.

In Neuquéns Umgebung findet man mehrere Weinkellereien. Am leichtesten erreichbar ist die **Bodega Humberto Canale** in der Nähe der Stadt General Roca. Patagoniens ehrwürdigste Bodega bietet ein spannendes Museum, in dem auch Verkostungen stattfinden und die Führungen beginnen. Einige Dinosaurierstätten sind von Neuquén schnell per Auto zu erreichen.

Wissen

PATAGONISCHER WEIN

In einer Region, die bekannt ist für ihre heftigen Winde und kalbenden Gletscher, vermutet man keine Weinberge. Doch im hohen Norden der patagonischen Steppe wachsen in bewässerten Tälern nahe der Stadt Neuquén Äpfel, Birnen und Weintrauben, aus denen z. B. Apfelwein und Wein gekeltert werden.

Weinproduzenten wie die Bodega Humberto Canale (siehe rechts) konzentrieren sich auf Trauben für Weißweine und zunehmend auch für Rotweine wie den Spätburgunder – beide Reben vertragen das kühle Klima der Region sehr gut. Neuquéns Weinkellerei Familia Schroeder *(Calle 7 Norte, San Patricio del Chañar, tgl. 10–17 Uhr, geführte Touren jede Stunde, 50 AR$, Tel. 0229/489 96 00, www.familiaschroeder.com)* vertreibt ihre Weine unter dem Label »Saurus« – eine Hommage an die beeindruckenden Dinosaurierfunde in der Provinz.

106 Kilometer westlich von Neuquén an der Straße nach Zapala und zur Laguna Blanca liegt die Ölstadt **Plaza Huincu** (106 km): Hier zeigt der Paläontologe Rodolfo Coria im **Museo Municipal Carmen Funes** neben dem *Argentinosaurus huinculensis*, dem weltweit größten Dinosaurier, viele weitere Überreste von Dinos. Südwestlich von Neuquén (76 km über die RN 237) lassen sich in **Villa El Chocón** im **Museo Paleontológico Municipal Ernesto Bachmann** der *Giganotosaurus carolinii*, der weltweit größte fleischfressende Dinosaurier, und einige seiner ebenfalls fleischfressenden Artgenossen sowie Saurierspuren bewundern. ■

MUSEO NACIONAL DE BELLAS ARTES NEUQUÉN
✉ Mitre und Santa Cruz, Neuquén
☎ 0299/443 62 68
🕐 Di–Fr 9.30–20, Sa 9.30–14, 17–21, So 17–21 Uhr
💲 Gratis
www.mnbaneuquen.gov.ar

BODEGA HUMBERTO CANALE
✉ Chacra 186, General Roca, Neuquén
☎ 0298/443 04 15
🕐 Geführte Touren Mo–Fr 10 und 16, Sa 10 Uhr
💲 40 AR$
www.bodegahcanale.com

MUSEO MUNICIPAL CARMEN FUNES
✉ Avenida Córdoba 55, Plaza Huincul, Neuquén
☎ 0299/496 54 86
🕐 Mo–Fr 9–19, Sa, So 10.30–20.30 Uhr
💲 10 AR$

MUSEO PALEONTOLÓGICO MUNICIPAL ERNESTO BACHMANN
✉ Centro Cívico, Villa El Chocón
☎ 0299/421 78 58
🕐 Tgl. 9–19 Uhr
💲 30 AR$

DIE DINOSAURIER VON PATAGONIEN

Angefangen von seiner endlosen Küstenlinie bis hin zu der weiten Steppe und den hohen Anden ist in Patagonien alles überdimensional – und passt damit zu dem, was es hier einmal an Leben gab. Großartige Sagen setzten die ersten europäischen Forscher mit ihren Erzählungen über Patagoniens menschliche Riesen in die Welt. Doch die Besitztümer der patagonischen Paläontologie bedürfen keinerlei Übertreibung oder gar Lüge.

»Begegnung« mit einem Dinosaurier bei Villa El Chocón

Wüste bedeckt heute einen Großteil Patagoniens. Im frühen Mesozoikum herrschte hier jedoch ein milderes und feuchteres Klima – das war etwa vor 250 Millionen Jahren, bevor sich Südamerika vom Superkontinent Pangaea löste. Die ersten Dinosaurier tauchten vor mehr als 230 Millionen Jahren in der Trias auf. Die Entstehung der Anden durch tektonische Hebungen und Vulkanismus veränderte allmählich das Klima. So überlebten Dinosaurier nur bis zur späten Kreidezeit (vor 65 Mio. Jahren). Sedimente und Vulkanasche versteinerten ihre Überreste. In der trockenen Region im Regenschatten der Anden brachten natürliche Erosion und menschliche Aktivitäten wie Bergbau oder Ölbohrungen die Fossilien nach und nach zum Vorschein. Patagoniens ersten Dinosaurierfund machte Comandante Buratovich 1882, als er in der Nähe des Zusammenflusses von Limay und Neuquén Knochen fand und sie dem wegweisenden Paläontologen Florentino Ameghino (1854–1911) schickte. Nachfolgende Forscher wie der Deutsche Friedrich von Huene (1875–1969) untermauerten in den 1920er-Jahren die Bedeutung der patagonischen Dinosaurier. Doch erst José Bonaparte (geb. 1928) machte die Funde nachhaltig bekannt. Er benannte mehr als zwei Dutzend Saurierarten. Die meisten Funde erfolgten in der Nähe der Stadt Neuquén, darunter der gewaltige *Argentinosaurus huinculensis*: Der Pflanzenfresser aus der Kreidezeit war 35 Meter lang und 18 Meter hoch und wahrscheinlich der größte Dinosaurier der Welt. *Puertasaurus reuili* war eventuell noch länger, vielleicht 40 Meter, das lässt sich aber nur vermuten, denn bisher wurde noch kein vollständiges Skelett gefunden.

LAND DER RIESEN

Auch mit dem größten fleischfressenden Dinosaurier kann Patagonien aufwarten: In den 1990er-Jahren entdeckten Coria und Leonardo Salgado den

Saurier in Originallage im Museo Paleontológico Ernesto Bachmann

Giganotosaurus carolinii. Mit seinen 13,2 Metern Höhe ist er größer als der *Tyrannosaurus Rex*. Erst vor Kurzem fanden Coria und Phillip Currie (Paläontologen der Universität von Alberta, Kanada) einen in Sandstein eingebetteten *Mapusaurus roseae* – nur 25 Kilometer von der Stadt Plaza Huincul entfernt. Dieser Fleischfresser aus der späten Kreidezeit war so groß oder vielleicht sogar noch etwas größer als der *Giganotosaurus,* mit dem er verwandt ist. Vermutlich machte der *Mapusaurus* in Gruppen Jagd auf Pflanzenfresser wie den *Argentinosaurus,* dem wegen seiner Ausmaße ein einzelnes Raubtier wohl nicht gewachsen war. Am Lago Barreales fand Jorge Calvo *Futalognkosaurus dukei.* Mit 34 Metern Länge ist er nur wenig kleiner als der *Argentinosaurus.* Zu den bemerkenswertesten Entdeckungen des letzten Jahrzehnts gehören die unzähligen Gelege mit Eiern von Titanosauriern in der Provinz Neuquén. Coria, Luis Chiappe und ihre Begleiter stießen auf der Suche nach Vogelfossilien in Auca Mahuevo nördlich vom Lago Barreales auf diesen bedeutenden Fund. Noch wichtiger: Sie fanden auch Embryos, eine Rarität, die durch DNA-Analysen noch größere Aufschlüsse über die Entwicklung der Saurier verspricht.

PATAGONIENS KÜSTE

Wo die Atlantikwellen an eine Tausende Kilometer lange aride Küste branden, tummelt sich in den dünn besiedelten Provinzen Río Negro, Chubut und Santa Cruz eine vielfältige Tierwelt – von Meerestieren über Amphibien bis zu Landtieren. Pinguine, Wale, See-Elefanten, Seelöwen und zahlreiche andere Tiere gehen einher mit einer kulturellen Vielfalt. Wo sonst als in Patagonien lässt sich ein Pinguin-Beobachtungstag mit einem Abendessen in einer walisischen Stadt beenden?

Landzunge an der Punta Ninfas, Provinz Chubut

Traditionell bildet der Río Colorado im Süden der Provinz Buenos Aires Patagoniens Nordgrenze. 152 Kilometer weiter südlich liegt **Carmen de Patagones** und ihr gegenüber – verbunden durch Brücken und Shuttleboote – Viedma, die Hauptstadt der Provinz Río Negro. In der Stadt Carmen (1779 gegründet) strahlen die engen Straßen am Flussufer immer noch ein koloniales Flair aus. Dennoch ist der **Torre del Fuerte** (1780) das einzige erhaltene Bauwerk aus der Kolonialzeit. Der Wehrturm steht neben der **Iglesia Parroquial Nuestra Señora del Carmen** (1885) auf der Plaza 7 de Marzo. Am Flussufer lohnt sich der Besuch des **Museo Histórico Regional Emma Nozzi** wegen der **Cueva Maragata** – eine der vielen Grotten, die sich die ersten Spanier als Unterkunft in die Uferböschung gegraben haben.

VIEDMA UND UMGEBUNG

Die geschäftige Provinzhauptstadt auf der anderen Flussseite erlangte in den 1980er-Jahren kurze Berühmtheit, als Präsident Raúl Alfonsín vorschlug, den Regierungssitz von Buenos Aires hierher zu verlegen. Die Einheimischen lieben ihre Parklandschaft am Fluss, der bei Paddlern und Schwimmern beliebt ist. Der Stadt fehlt es zwar an kolonialen Gebäuden, einen historischen Komplex gibt es dennoch rund um die **Plaza Alsina** mit dem **Vicariato Apostólico de la Patagonia Septentrional y Central** (Pfarrei Nord- und Zentralpatagoniens). Sie wurde in den 1880er-Jahren errichtet, um die Region zu missionieren. Sehenswert sind zwei Museen: Das **Museo Salesiano Cardenal Cagliero** und das **Museo Tecnológico del Agua y Suelo Ingeniero Osvaldo Casamiquela** Ersteres unterstützt die Missionsbemühungen des Ordens, das zweite beschäftigt sich mit Wassernutzung und Naturschutz. Von Viedma dauert es eine halbe Stunde *(südöstl. via RP 1)* zu den Atlantikstränden des **Golfo San Matías** und eine weitere knappe Stunde nach **La Lobería** *(RP 1, 58 km südwestl. von Viedma, $$$)*. Dort ziehen im Sommer Tausende Seelöwen ihre Jungen auf. Wer mit dem eigenen Auto unterwegs ist, kann weiter nach Nordwesten zur RN 3 fahren, sie führt zu weiteren Ausflugszielen.

> **Tipp**
>
> **Zehn Minuten von Puerto Madryn entfernt lassen sich an der Playa El Doradillo Glattwale beobachten. Sie kommen so nah an den Strand, dass man ihren Atem förmlich spüren kann.**
>
> PABLO GARCIA BORBOROGLU
> NATIONAL GEOGRAPHIC-AUTOR

CARMEN DE PATAGONES
263 C4
Besucherinformation
✉ Mitre 84
☎ 02920/46 54 06
🕐 Mo–Fr 8–20, 9.30–19.30 Uhr
www.patagones.gov.ar/turismo

**MUSEO HISTÓRICO
REGIONAL EMMA NOZZI**
✉ J. J. Biedma 64, Carmen de Patagones
☎ 02920/46 27 29
🕐 Mo–Fr 10–12, 15–17, Sa 17–19 Uhr

VIEDMA
263 C4
Besucherinformation
✉ Avenida Francisco de Viedma zw. Colón, Álvaro und Barros
☎ 02920/42 71 71
🕐 Hauptsaison tgl. 9–21, Nebensaison Mo–Fr 8–20, Sa, So 12–18 Uhr
www.viedma.gov.ar/turismo/

**MUSEO TECNOLÓGICO
DEL AGUA Y SUELO INGENIERO
OSVALDO CASAMIQUELA**
✉ Colón 498, 1. Stock, Viedma
☎ 02920/42 60 96
🕐 Mo–Fr 8–18 Uhr

> ## Tipp
>
> **Nicht versäumen: Kajak fahren in Begleitung von Seelöwen, das ruhige Paddeln beunruhigt sie nicht. Die neugierigen Tiere kommen zum Schauen und Spielen nahe an das Boot.**
>
> ALISON INCE
> NATIONAL GEOGRAPHIC-BIBLIOTHEKARIN

PUERTO MADRYN UND UMGEBUNG

Am geschützten Golfo Nuevo liegt 440 Kilometer südwestlich von Viedma (RN 3) Patagoniens erste walisische Siedlung, Puerto Madryn. Von der im 19. Jahrhundert entstandenen Siedlung blieben nur wenige Zeugnisse erhalten. Heute ist die kleine, moderne Hafenstadt ein Badeort, Zwischenstation für Kreuzfahrtschiffe und vor allem Ausgangspunkt zu Touren auf die Península Valdés und zur Punta Tombo, zwei der weltbesten Orte zur Beobachtung von Meeres- und Küstentieren. Puerto Madryns Sandstrände eignen sich bestens zum Sonnenbaden, Schwimmen, Tauchen und Windsurfen. Für eine übersichtliche Organisation sorgen *balnearios* (Badeanstalten) mit Café, Bars und Verleihstationen. Eine Handvoll historischer Gebäude blieben erhalten, sehenswert ist das **Chalet Pujol**, in dem sich das **Museo Oceanográfico y de Ciencias Naturales** befindet. Das Haus mit der weithin sichtbaren Kuppel befasst sich mit dem walisischen Erbe der Stadt und gibt einen Überblick über die maritime Ökologie der Region.

PUERTO MADRYN
🅐 263 C3
Besucherinformation
✉ Avenida Julio A. Roca 223, Puerto Madryn
☎ 0280/445 35 04
madryn.travel

MUSEO OCEANO-GRÁFICO Y DE CIENCIAS NATURALES
✉ Domecq García und Menéndez
☎ 02965/45 11 39
🕒 Mo–Fr 10–16, Sa 15–19 Uhr
💲 10 AR$
Facebook: Museo Provincial de Ciencias Naturales y Oceanográfico

ECOCENTRO PUERTO MADRYN
✉ Julio Verne 3784
☎ 0280/488 31 73
🕒 21. Dez.–Feb. Mi–Mo 17–21, bei Schiffseinlauf auch 10–13 Uhr;
März–Mai Do–So 15–19 Uhr;
Juni geschl.;
Juli–Sept. Mi–Mo 15–19 Uhr;
Okt.–21. Dez. Mi–Mo 15–20 Uhr
💲 250 AR$
www.ecocentro.org.ar

ÁREA NATURAL PROTEGIDA PENÍNSULA VALDÉS
🅐 263 C4
✉ RP 2, 45 km nordöstlich von Puerto Madryn bei El Desempeño
💲 $$$$$
Besucherinformation
✉ Administración Area Natural Protegida Península Valdés, Fournier 54 – Puerto Madryn-Chubut (c. p. 9120)
☎ 0280/445 04 89
💲 415 AR$
www.peninsulavaldes.org.ar

Ein brüllender See-Elefantenbulle auf der Punta Delgada, Península Valdés, Provinz Chubut

Am südöstlichen Stadtrand auf einer Klippe thront das **Ecocentro Puerto Madryn** über dem Golfo Nuevo, ein Umwelt- und Kulturzentrum. Um das Gebäude wachsen heimische Sträucher und Tussock-Gräser. Atrium und Zwischenetage beherbergen Ausstellungen zum Thema Meeresökologie, Aussicht auf die Península Valdés bietet ein dreistöckiger Turm. Im Winter schwimmen Glattwale direkt an der Küste vorbei. Neben den Dauerausstellungen finden regelmäßig Kunstausstellungen zu Umweltthemen statt – und in einem Saal Vorträge und Konzerte. Im Winter bestehen gute Chancen, Wale zu sehen. Eine leichte Fahrradtour (17 km) führt in nördlicher Richtung über die RP 42 zur **Playa El Doradillo**, wo die Tiere nahe an der Küste vorbeischwimmen. 15 Kilometer südöstlich der Stadt beginnt die **Área Natural Protegida Punta Loma** *(Tel. 02965/48 52 71, $$$$$)*, in der eine Kolonie Südamerikanischer Seelöwen lebt und viele Vogelarten, darunter der Riesensturmvogel, beobachtet werden können.

ÁREA NATURAL PROTEGIDA PENÍNSULA VALDÉS

Mit dem Festland nur durch eine Landbrücke verbunden, ragt die Península Valdés in den Südatlantik. Salzseen und mit Gebüsch bedeckte Hügel prägen ihre karge Landschaft. Am Strand und im umliegenden Meer jedoch tummelt sich eine maritime Tierwelt, der die Halbinsel ihren Status als UNESCO-Weltnaturerbe verdankt. Hier lassen sich Glattwale, Orcas, See-Elefanten, Seelöwen, Magellanpinguine und viele weitere Küstenvögel beobachten. Nicht alle sind das ganze Jahr vor Ort: Die Wale vor der Küste sind Wintergäste, die Pinguine watscheln im Südsommer an Land, um zu brüten. Auf Nahrungssuche streifen die mit den Kamelen verwandten Guanakos umher, knabbern an Sträuchern und sogar am Tang.

Wissen

DER BRYN-GWYN-WEG

Zum Museo Paleontológico Egidio Feruglio in Trelew gehört auch der paläontologische Lehrpfad an den südlichen *bardas* (Klippen) des Río-Chubut-Tales. Wo heute Wüste ist, erstreckten sich vor 40–10 Mio. Jahren Savanne und ein Binnensee.
Für Dinosaurier ist diese Zeitspanne zu jung, aber die Wanderer sehen 38 Mio. Jahre alte Wespennester, Megafauna-Fossilien wie den elefantenartigen Astrapothericulus (25 Mio. Jahre alt) sowie jeweils 15 Mio. Jahre alte Pinguine und Flussdelfine. Jüngere Gesteinsformationen auf dem Klippenkamm zeigen entsprechende Fossilien und einen Blick in längst vergangene Zeiten im Chubut-Tal.

Die straußenähnlichen Nandus flitzen an den Schotterstraßen entlang. Das Besucherzentrum am **Istmo Carlos Ameghino** (Landbrücke) informiert über die Natur- und Kulturgeschichte der Península Valdés – dem einstigen Jagdgebiet der Tehuelche in präkolumbischer Zeit. Spanier und Argentinier kamen einst, um hier Salz zu gewinnen, einige der Schafstationen existieren noch immer.
Nördlich der Landbrücke brüten auf der **Isla de los Pájaros** im Golfo San José Kormorane, Möwen und Reiher; Magellanpinguine graben hier im Sommer ihre Bruthöhlen.
Das kleine Dorf **Puerto Pirámides** ist die einzige Ortschaft auf der Península Valdés. Von dort aus lässt sich das flache Gewässer des **Golfo Nuevo**, in dem im Winter und Frühjahr Südliche Glattwale (Südkaper, *Eubalaena australis*) ihre Jungen aufziehen, am leichtesten erreichen. In der Walsaison starten von Pirámides regelmäßig Boote zur Walbeobachtung. Auch im Sommer zieht das Dorf Tierbeobachter an – beim Baden in den Brandungswellen kommt es schon mal zur Begegnung mit Pinguinen.
An einem der tiefsten Punkte der Halbinsel (42 m unter dem Meeresspiegel) liegen die **Salinas Grandes.** Neben anderen Salzpfannen waren sie eine wichtige Salzquelle der Pioniere, die das Salz für ihre Schafherden brauchten. Noch heute liegen die Schafstationen verstreut über die Halbinsel. Auf der südlichen Landspitze, der **Punta Delgada**, stehen ein Hotel

HOTEL FARO PUNTA DELGADA
✉ Peninsula Valdes, Punta Delgada
☎ 0280/445 84 44
www.puntadelgada.com

TRELEW
🅰 263 C3
Besucherinformation
✉ Mitre
☎ 0280/442 40 39
🕐 Tgl. 8–20 Uhr
www.trelewpatagonia.gov.ar

und ein Leuchtturm. Ein steiler Weg führt zu Gezeitentümpeln und Stränden, in denen sich im Sommer See-Elefanten und ganzjährig Seelöwen aufhalten.
Kolonien dieser Tiere findet man auch an der **Punta Norte,** der nordöstlichen Landspitze. Die Attraktion sind hier jedoch die Orcas (Killerwale). In der Nähe der Punta Norte verläuft eine Schotterstraße durch die einsam gelegene Schafstation der **Estancia San Lorenzo** zu einem Strand, an dem jeden Sommer Tausende Magellanpinguine schlüpfen.
Die Tour von Puerto Madryn zur Península Valdés ist ein beliebter Tagesausflug. Von der Stadt bis zum Eingang des Schutzgebietes sind es 45, bis nach Puerto Pirámides 95 Kilometer. Regelmäßig fahrende Minibusse sind eine Möglichkeit, dorthin zu kommen, bequemer ist ein Mietauto.

TRELEW UND UMGEBUNG

Die 65 Kilometer südlich von Puerto Madryn gelegene Stadt Trelew, die für Wollproduktion bekannt ist, pflegt ihr walisisches Erbe bis heute, beispielsweise in Form des **Salón San David,** der **Capilla Tabernacl** und des jährlichen Eisteddfod, das Fest der gälischen Musik und Literatur. Ein

Erlebnis

TEATIME IN PATAGONIEN

Die Waliser, die 1865 dem Vereinigten Königreich auf einem Schiff den Rücken kehrten, um ihre Sprache und Religion zu bewahren, ließen sich im Tal des Río Chubut nieder. Damals war das Tal ein dünn besiedeltes Grenzgebiet. Auch nach Aufhebung der Grenze blieb es menschenarm – trotz der Zuwanderer (überwiegend Waliser) aus anderen Teilen Argentiniens. Markante walisisch geprägte Orte sind Madryn, Trelew und Bryn Gwyn. Die Straßen der Städte tragen Namen wie Berwin, Evans, Matthews und Roberts.
In Dörfern wie **Gaiman,** der selbstbewusstesten walisischen Gemeinde, wird die walisische Sprache intensiv gepflegt. Walisisches Flair ist jedoch auch hinter den Ziegelfassaden der Teehäuser allgegenwärtig, in denen Argentinier und ausländische Gäste sich am Nachmittag einfinden. Der berühmteste Teehaus-Gast war Lady Diana, die 1995 in **Ty Te Caerdydd** *(Finca 202, Gaiman, Tel. 0280/449 15 10, tgl. 8–22 Uhr)* Brot, Kekse, Pies und Scones (alles frisch gebacken) probierte und Tee aus der schier bodenlosen Kanne trank.
Viele Veranstalter in Puerto Madryn bringen ihre Kunden nach der Tour zu den Pinguinen der Punta Tombo auch noch nach Gaiman. Viele Besucher bevorzugen aber einen Tagesausflug hierher oder übernachten gar in einem B&B des Dorfes. Wer Patagoniens Küste nicht bereist, findet »Walisisches« auch im Seendistrikt in **Trevelin** (siehe S. 279) unweit von Esquel. Die meisten Teehäuser öffnen um 14 oder 15 Uhr und schließen gegen 19 oder 20 Uhr.

Wissen

PINGUIN-ETIKETTE

Die Magellanpinguine in den Kolonien der Punta Tombo (Chubut) und des Cabo Vírgenes (Santa Cruz) an Argentiniens patagonischen Küsten gehen in die Hunderttausende. Von dem unbestreitbaren Charme der Tiere fasziniert, versuchen jedes Jahr immer mehr Besucher, ganz dicht an sie heranzukommen. Das ist keine gute Idee und auch völlig unnötig. Auf der Punta Tombo beispielsweise hat man den Bewegungsspielraum der Besucher durch schmale eingezäunte Wege und erhöhte Stege eingeschränkt. Die Pinguine wuseln jedoch ständig umher und watscheln freiwillig an den Besuchern vorbei. Jeder braucht nur still zu warten, um das »ultimative Foto« schießen zu können – ohne die Tiere zu stören oder mit deren scharfem Schnabel Bekanntschaft zu machen.

---

ehemaliger Bahnhof (1889) der Eisenbahnlinie durch das Tal des Río Chubut beherbergt heute das **Museo Regional Pueblo de Luis,** das sich dem historischen Erbe der Region widmet.

Trotz Verbesserungen bleibt das historische Museum allerdings weit hinter dem hochmodernen **Museo Paleontológico Egidio Feruglio (MEF)** zurück. In der Steppe westlich von Trelew lebten fleischfressende Saurier wie der *Carnotaurus sastrei* (Kreidezeit) und der *Pianitzkysaurus floresi* (Jura). Beide Saurier stehen rekonstruiert im MEF. Das Museum ehrt auch die Pioniere der patagonischen Paläontologie, etwa den italienischen Geologen Egidio Feruglio (1897–1954) und Alejandro Pianitzky. Besucher dürfen einen Blick auf die Arbeit im Labor des Museums werfen.

Der etwa 25 Kilometer östlich von Trelew gelegene Strandort Playa Unión ist ein Vorort von Chubuts unscheinbarer Hauptstadt Rawson. Im Süden

MUSEO REGIONAL PUEBLO DE LUIS
- 9 de Julio und Av. Fontana, Trelew
- 02965/42 40 62
- Mo–Fr 8–20, Sa, So 14–20 Uhr

HOTEL TOURING CLUB
- Avenida Fontana 240, Trelew
- 02965/43 39 97
- www.touringpatagonia.com.ar

MUSEO PALEONTOLÓGICO EGIDIO FERUGLIO (MEF)
- Avenida Fontana 140, Trelew
- 0280/443 21 00
- Mo–Fr 9–18, Sa, So 10–19 Uhr
- 150 AR$
- www.mef.org.ar

GAIMAN
- 263 C3
- **Besucherinformation**
- Belgrano 574
- 0280/449 1 71
- Tgl. 9–19 Uhr
- www.gaiman.gob.ar/turismo

Wahlbeobachtung in Puerto Pirámides auf der Península Valdés

der Stadt bringen Ausflugsboote ihre Gäste zu den Commerson-Delfinen (oder *tonina*) mit ihrer auffälligen schwarz-weißen Zeichnung.

GAIMAN UND UMGEBUNG

17 Kilometer westlich von Trelew zeigt sich Gaiman bis auf die Knochen walisisch. Efeubewachsene Teehäuser, walisische Straßennamen, architektonische Denkmäler wie **Amgueddfa Hannesydol** (früher ein Bahnhof, nun ein historisches Museum) und der **Twnnel yr Hen Reilfford,** durch den die Eisenbahn nach Dolovan tuckerte, machen diese Stadt so einzigartig. Manches Sehenswerte fällt aus dem Rahmen, wie der **Parque El Desafío** *(Av. Almirante Brown 52)* mit den Werken des Künstlers Joaquín Alonso. Aus recycelbaren Materialien – Flaschen, Dosen, Kühlschränken, Autos – hat Alonso einige skurrile Skulpturen von Dinosauriern, Bäumen und anderen Naturobjekten geschaffen. Das Dorf **Dolavon**, weitere 19 Kilometer den Río Chubut flussaufwärts, wirkt mit seinen einheitlichen Backsteinhäusern und den Wasserrädern, die Gärten und Felder bewässern, noch walisischer als Gaiman, ist aber nicht auf Touristen eingerichtet.

ÁREA NATURAL PROTEGIDA PUNTA TOMBO

Die Punta Tombo liegt an einer einsamen Küste 122 Kilometer südlich von Trelew (via RN 3, RP 75 und RP 1) am Ende einer teilweise as-

Tipp

In Butch Cassidys Fußstapfen treten und Trelews Hotel Touring Club besuchen:
Die hübsche alte Bar ist mit Flaschen und Spiegeln ausgekleidet. Beim Bier mit den Einheimischen Spanisch üben!

ALISON INCE
NATIONAL GEOGRAPHIC-BIBLIOTHEKARIN

Hinweisschild zur Orientierung im fast menschenleeren Patagonien

phaltierten Straße. Zwischen Mitte September und Anfang April strömen Zehntausende Besucher in das Schutzgebiet, um Hunderttausende Magellanpinguine zu sehen. Die Tiere watscheln über den Strand und brüten neben Büschen. Bis ihr Nachwuchs selbst so weit ist, holen sie immer wieder Nahrung aus dem Meer, die sie für ihre Jungen hochwürgen. Das Schutzgebiet mit der größten Pinguinkolonie des Kontinents bietet aber noch mehr: Riesensturmvögel kreisen über der Küste, die flugunfähigen Dampfschiffenten flitzen durch die Brandung. Austernfischer stochern unterhalb der Felsen, auf denen Kormorane brüten, nach Nahrung. Die Pinguine sind jedoch bedroht durch die Überfischung der Südamerikanischen Sardelle (ihrer Hauptnahrung) und die Ölpest vor Südamerikas Küste. Von Puerto Madryn und Trelew fahren Minibusse zur Punta Tombo, Mietwagen sind eine Alternative. Vor Ort sind weder Unterkünfte noch ein Campingplatz vorhanden, nur ein kleines Café, das etwas zum Essen verkauft.

COMODORO RIVADAVIA UND UMGEBUNG

377 Kilometer südwestlich von Trelew liegt die Ölstadt Comodoro Rivadavia – sie eignet sich ideal zum Übernachten, da Unterkünfte an der RN 3 auf den nächsten 425 Kilometern Richtung Süden bis Puerto San Julián rar gesät sind. Im Vorort General Mosconi stimmt das **Museo Nacional del Petróleo** mit Einblicken in die argentinische Ölindustrie sehr nachdenklich. Anhänger alternativer Energien werden sich über die Windräder auf dem Cerro Chenque freuen.

Zu empfehlen ist auch der Besuch des versteinerten Waldes aus dem späten Mesozoikum in der **Área Natural Protegida Bosque Petrificado Sarmiento.** Man erreicht ihn mit dem Auto über die RN 26 und die RP 20, insgesamt fährt man 149 Kilometer Richtung Westen bis Sarmiento, dann noch weitere 30 Kilometer in südlicher Richtung auf einer Schotterstraße.

Vor gut 65 Millionen Jahren wuchsen hier subtropische Wälder – heute führt in der Nähe des roten Wüstenberges **Cerro Colorado** ein Naturpfad (2 km) durch ein Gelände mit versteinerten Baumstümpfen, Stämmen und Holzspänen.

PUERTO DESEADO UND UMGEBUNG

Die RN 3 führt entlang der patagonischen Atlantikküste Richtung Süden. Einer der lohnendsten Abstecher ist die Fahrt über die RN 281 nach Puerto Deseado, das 295 Kilometer von Comodoro Rivadavia entfernt liegt. An die fehlgeschlagene Eisenbahnlinie nach Bariloche erinnert Deseados **Ex Estación del Ferrocarril Patagónico** *(Eufrasia Arias, tgl. 14–19 Uhr)*, Ex-Eisenbahner haben darin ein Museum eingerichtet. Der Freibeuter Thomas Cavendish gilt als Gründer der Stadt, der er 1586 den Namen seines Schiffes Desire gab. Später kamen berühmte Besucher wie Darwin und Perito Moreno.

Tipp

Nicht verpassen sollte man San Julián: In der fröhlichen Stadt schrieb Magellans Kartograf Antonio Pigafetta erstmals das Wort Patagonien auf eine Karte der Region. Ein Mythos war geboren!

SIMON WORRALL
NATIONAL GEOGRAPHIC-MITARBEITER

ÁREA NATURAL PROTEGIDA PUNTA TOMBO
- 263 C3
- 122 km südl. von Trelew über RN 3, RP 75 und RP 1
- 320 AR$
- www.pinguinosentombo.com.ar

COMODORO RIVADAVIA
- 263 C2

Besucherinformation
- Abásolo und Dr. Scocco s/n
- 0297/444 06 64
- Sa, So und Fei. geschl.
- www.comodoroturismo.gob.ar

MUSEO NACIONAL DEL PETRÓLEO
- Avenida Carlos Calvo und Petrolero San Lorenzo, Barrio General Mosconi
- 0297/455 95 58
- 120 AR$

ÁREA NATURAL PROTEGIDA BOSQUE PETRIFICADO SARMIENTO
- 263 B2
- 0280/154 67 72 70
- Geführte Touren (2,5 Std.) 10 und 15 Uhr
- www.bosquepetrificado.wordpress.com

PUERTO DESEADO
- 263 C2

Besucherinformation
- San Martín 1137
- 0297/487 02 20
- Mo–Fr 8–20, Sa–So 10–20 Uhr
- www.deseado.gob.ar/turismo

Reserva Natural Provincial Ría Deseado: Touren organisiert Darwin Expeditions (Puerto Darwin, España 2551, Puerto Deseado, Tel. 02971/56 24 75 54 www.darwin-expeditions.com)

🟨 Wissen

NUR BEI EBBE!
Die Strandwanderung im Park Monte León zu der faszinierenden Grotte La Olla lohnt sich, obwohl sie 2006 eingestürzt ist. Bei Flut ist die Höhle nicht zugänglich, deshalb im Besucherzentrum an der RN 3 die Gezeiten erfragen. So kann man sich vorsichtig auf dem schlüpfrigen Untergrund zur Grotte hangeln, während das Wasser zurückweicht. Doch Achtung vor der schnell und wuchtig zurückkehrenden Flut – an der Höhle festzusitzen ist höchst gefährlich!

Die Hauptattraktion der Stadt ist die **Reserva Natural Provincial Ría Deseado,** eine tierreiche Trichtermündung. Barkassen fahren zur Pinguinokolonie auf der **Isla Chaffers** und zum **Barranco de los Cormoranes,** einem Kormoranfelsen. Glänzend schwarz-weiße Commerson-Delfine begleiten die Boote, die in der Ría Deseado auf und ab tuckern. Am markantesten ist aber die der Küste vorgelagerte **Isla Pingüino,** wo die Brandung des Südatlantiks die Südlichen Felsenpinguine gegen steile Klippen schleudert, während sie sich zu ihren Nistplätzen hocharbeiten. An dem nördlichsten Nistplatz dieser Pinguin-Unterart (*Eudyptes chrysocome chrysocome*), die vor allem auf den Falklandinseln brütet, leben auch See-Elefanten.

PUERTO SAN JULIÁN UND UMGEBUNG

Wie Puerto Deseado ist auch Puerto San Julián ein historischer Hafen, in dem sich Magellan, Sir Francis Drake und Darwin aufhielten. Nahe der Stadt liegt **Floridablanca,** die erste patagonische Siedlung der Spanier und heute eine archäologische Stätte. Über die RN 3 sind es von Comodoro

PUERTO SAN JULIÁN
🅐 263 C1
Besucherinformation
✉ Av. San Martín 1570 zw. Rivadavia und Moreno/Estación Terminal
☎ 02962/45 43 96

PARQUE NACIONAL MONTE LEÓN
🅐 263 C1
✉ RN 3, Km 2358
🕐 1. Nov.–30. April, tgl. 9–20 Uhr
💲 Gratis

Parkverwaltung:
✉ San Martín 196, Puerto Santa Cruz
☎ 02962/49 81 84
www.parquesnacionales.gov.ar

PROVINZ SANTA CRUZ
🅐 263 B2/C2
Besucherinformation
✉ Av. Presidente Néstor Kirchner 863, Rio Gallegos
☎ 02966/43 74 12
www.santacruz.tur.ar

MUSEO DE LOS PIONEROS
✉ Elcano und Alberdi, Río Gallegos
☎ 02966/43 77 63

ESTANCIA MONTE DINERO
✉ Cabo Virgenes, Rio Gallegos, Santa Cruz
☎ 02966/42 89 22 oder 02966/41 23 53
www.montedinero.com.ar

Rivadavia 425 Kilometer bis San Julián. Ein Stopp lohnt sich wegen des Ausflugs zur Pinguinkolonie auf der **Banco Cormorán** und zur **Reserva Provincial Islas Cormorán y Justicia,** wo Königsscharben brüten. Der Ausflug per Schlauchboot dauert etwa zwei Stunden. **Gran Bajo de San Julián** liegt südlich der Stadt und westlich der RN 3 und ist mit 105 Metern unter dem Meeresspiegel der tiefste Punkt des amerikanischen Doppelkontinents.

Magellanpinguine, Parque Nacional Monte León

PARQUE NACIONAL MONTE LEÓN

Auf halber Strecke zwischen Puerto San Julián und Río Gallegos führt die RP 63 (bei Regen gesperrt) zum Parque Nacional Monte – einem der drei Küstennationalparks des Landes. Hier schützt der Park breite Sandstrände und Landzungen mit einer reichen Tierwelt. Die ehemalige *estancia* wurde dem Park von Doug Tompkins und Kris McDivitt überlassen; beiden gehört auch ein Teil der Esteros del Iberá (siehe S. 158, 161 f.). In der Steppe an der 40 Kilometer langen Küste des Parks grasen Guanakos, Nandus zeigen ihre Laufkünste. Entlang der Küste führt der 2,5 Kilometer lange **Sendero de la Pingüinera** zu den Brutplätzen von 75 000 Magellanpinguin-Paaren. Die **Pasarela de la Cabeza del León** ist ein Holzsteg, der einen Küstenberg hinaufführt. Vom Gipfel fällt der Blick auf eine Kolonie Südamerikanischer Seelöwen (Mähnenrobben). Auf der küstennahen **Isla Monte León** brüten Kormorane und Möwen.

RÍO GALLEGOS UND UMGEBUNG

Río Gallegos ist die letzte Stadt vor der chilenischen Grenze und der Übernachtungsstopp für die Weiterreise auf dem Landweg nach Tierra del Fuego und El Calafate. In der Stadt 355 Kilometer südlich von Puerto San Julián (via RN 3) finden sich noch metallverkleidete »magellanische« Häuser. Das **Museo de los Pionros** erzählt die Geschichte der ersten britischen Siedler, deren Schafstationen den Wohlstand der Stadt begründeten. Auf ihrer **Estancia Monte Dinero**, einer 120 Kilometer südöstlich von Gallegos liegenden Schaffarm, bietet die Familie Fenton Unterkünfte. Von dort führt die Straße (15 km) zur **Reserva Natural Provincial Cabo Vírgenes** – der Südspitze des Festlandes. Ihre riesige Magellanpinguin-Kolonie wird nur von den 160 000 Vögeln an der Punta Tombo übertroffen. ∎

DIE SÜDLICHEN ANDEN

Im äußersten Westen der Provinz Santa Cruz zählen der Parque Nacional Los Glaciares und seine Umgebung zu den Hauptattraktionen des Landes. Die Eismassen des Moreno-Gletschers versetzen in Ehrfurcht. Im Norden des Parks lockt der Fitz Roy: Der Sektor rund um den Berg mit Wäldern und Hochebenen zieht vor allem Wanderer an. Die Berge, die wegen ihrer Felsen und Gletscher zu den gefährlichsten weltweit zählen, locken erfahrene Bergsteiger.

Ein Ausflugskatamaran fährt auf dem Lago Argentino am Moreno-Gletscher entlang.

PARQUE NACIONAL LOS GLACIARES

Der 7240 Quadratkilometer große Parque Nacional Los Glaciares – von der UNESCO zum Weltnaturerbe erklärt – schmiegt sich am westlichen Ende der Provinz Santa Cruz an die chilenische Grenze. Eindrucksvolle Granitspitzen ragen aus dem Südlichen Patagonischen Eisfeld (Campo de Hielo Sur), das blau schimmernde Eismassen in zwei riesige Gletscherseen, den Lago Argentino und den Lago Viedma, schiebt. Unterhalb der andinen Steinwüste erstrecken sich smaragdgrüne Südbuchenwälder. Im Norden des Parks ist der Parksektor um den Fitz Roy ein Magnet für Wanderer und Extrembergsteiger.

Glaciar Moreno: Während die meisten Gletscher des Parks schwinden, wächst der Moreno-Gletscher beharrlich weiter. Jeden Tag fahren Dutzende Reisebusse, Minibusse und Privatfahrzeuge etwa 77 Kilometer bis ans Ende der RP 11 westlich von Calafate. Hier schiebt sich der Gletscher kontinuierlich über den **Brazo Rico** (einen Nebenarm des Lago Argentino). Von einem Parkplatz auf der Península de Magallanes verlaufen Stege zu Aussichtsplattformen am Seeufer. Sie sind strategisch günstig, aber in gebührendem Sicherheitsabstand zu der fast 60 Meter hohen Gletscherzunge platziert. Die sich krachend und ächzend vorwärts schiebende Eismasse, die auf den **Canal de los Témpanos** (Kanal der Eisberge) zurollenden Eisbrocken und die Fontäne bei ihrem Aufprall aufs Wasser sind unvergessliche Momente. In manchen Jahren laden die unbarmherzigen Pazifikstürme extrem viel Schnee und Regen in den höheren Lagen des Gletschers ab. Irgendwann beginnen die Eismassen dann den Abfluss des Brazo Rico (ein Seitenarm des Lago Argentino) zu blockieren: Allmählich steigt der Wasserspiegel hinter dem Gletscher. Wird der Druck zu groß, zerbricht die Eismauer urplötzlich und ein Sturzbach aus Eis und Wasser ergießt sich in den Lago Argentino – so zuletzt im Juli 2008. Doch das passiert nur alle paar Jahre, die meiste Zeit können die Besucher auf kleinen Katamaranen relativ nahe an den Gletscher herankommen und sogar Gletscherwanderungen mit erfahrenen Führern unternehmen.

>
>
> **Um die Dimension der Gletscher zu zeigen, sollte man beim Fotografieren Elemente mit aufs Bild nehmen, die die Dimensionen verdeutlichen.**
>
> JASON EDWARDS
> NATIONAL GEOGRAPHIC-FOTOGRAF

PARQUE NACIONAL LOS GLACIARES
- 263 B1
- Zugang via El Calafate und El Chaltén
- 500 AR$

Besucherinformation
- Avenida del Libertador General José de San Martín 1302, El Calafate
- 02902/49 10 05

Parkverwaltung
- Avenida del Libertador 1302, El Calafate

Besucherzentrum
- Guardaparque Ceferino Fonzo, Zona Norte Parque Nacional Los Glaciares, El Chaltén
- 02962/49 30 04
- www.parquesnacionales.gov.ar

Tourveranstalter: Touren zu den Gletschern bieten Hielo y Aventura Tours (Avenida del Libertador 935, El Calafate, Tel. 02902/49 22 05, www.hieloyaventura.com) an.

Glaciar Upsala: In Puerto de Punta Bandera – 45 Kilometer westlich von El Calafate an der Nordküste der Península de Magallanes – starten Katamarane zu Tagestouren. Sie schippern durch den mit Eisbergen gespickten nordwestlichen Nebenarm des Lago Argentino zum **Glaciar Spegazzini** und **Glaciar Upsala**. In der Bahía Onelli wird eine kurze Wanderung zum **Lago Onelli** eingeplant. Landschaftlich ist die Tour schön, doch die streng vorgegebene Reiseroute, der enge Zeitplan und die rappelvollen Boote sind nicht jedermanns Sache.

Lago Roca: Von El Calafate führt die RP 15 (Schotterstraße) zum 45 Kilometer entfernten Lago Roca am Fuß der Cordón de los Cristales. Das Highlight dieses Parkteils ist der **Cerro Cristal** (1282 m). Eine Querfeldein-Wanderung eröffnet hier grenzenlose Rundblicke in den Westen, Norden und Osten. Nach einer *ruptura*, also dem Durchstoß der blockierenden Gletscherzunge, wirkt das Ufer des Brazo Rico wie ein Stausee am Ende eines trockenen Sommers.

Fitz-Roy-Sektor: In diesem Sektor im Norden des Parks, wo sich der Río de las Vueltas zum Lago Viedma schlängelt und die Granitspitzen des Fitz-Roy-Massivs hoch aus der Steppe aufragen, führen viele Wanderpfade ins Hinterland. Die gut ausgeschilderten Wege beginnen fast vor der Haustür der Unterkünfte von **El Chaltén** (siehe S. 310 f.), einige führen in die Stadt zurück, andere zu entfernteren Zielen. Gute Wanderkarten gibt es überall in der Stadt zu kaufen.

Vom Besucherzentrum des Parks am südlichen Stadtrand verläuft ein Weg, der nur wenig begangen wird, zur **Loma del Pliegue Tumbado.** Der vierstündige Aufstieg wird mit dem schönsten Ausblick auf das Fitz-Roy-Massiv belohnt. Wer wenig Zeit hat, läuft vom selben Ausgangspunkt in nur 45 Minuten weiter bis zum **Mirador de los Cóndores,** wo der Blick weit über El Chaltén und den Río de las Vueltas reicht. Der elf Kilometer lange **Sendero Laguna Torre** gewährt eine Sicht aus nächster Nähe auf den schwindelerregend steilen **Cerro Torre** (3102 m). Bergsteiger, die da hinauf wollen, warten oft Wochen auf geeignetes Wetter. Einfacher ist die Wan-

Der Gletscher Upsala mit dem Lago Argentino an der Grenze zu Chile

derung zur **Laguna Torre,** sie dauert knapp vier Stunden. Am Nordrand der Stadt beginnt der **Sendero Río Blanco.** Er verläuft im steilen Zickzack durch Südbuchenwälder bis zum Fluss und führt dann noch steiler bis zur **Laguna de los Tres.**

Hier fällt der Blick auf den **Cerro Fitz Roy** (auch Cerro Chaltén, 3406 m) – der an einen in Granit gehauenen Wächter erinnert. Wenn der Wind heftig bläst, besteht auf dieser Route erhöhte Rutsch- und Sturzgefahr.

Die Wanderung zur Laguna de los Tres ist eine Tagestour. Wer übernachten möchte, nimmt den auf halber Strecke südwärts abzweigenden Weg zum Campingplatz an der **Laguna Capri**. Eine andere Route: Einen Katzensprung südöstlich vom Campingplatz Poincenot führt ein Pfad südwärts zur **Laguna Madre** und **Laguna Hija** (wenig besucht), bevor er den Laguna-Torre-Weg kreuzt, der zur Stadt zurückführt.

Vom Bergsteigercamp am Río Blanco folgt ein Weg dem Fluss nordwärts bis zur **Laguna Piedras Blancas,** ein Gletschersee, auf dem »Eisberge« schwimmen. Hier müssen Tageswanderer nach El Chaltén umkehren. Das nächste

Tipp

Ein Erlebnis ist die zweistündige, faszinierende Wanderung über den Moreno-Gletscher mit Hielo y Aventura Tours – Steigeisen, heiße Schokolade und Whisky auf Gletschereis sind im Preis inbegriffen.

ALISON INCE
NATIONAL GEOGRAPHIC-BIBLIOTHEKARIN

Im Zentrum von El Calafate

Camp für Trekker liegt am **Río Eléctrico** jenseits der Parkgrenze. Dort beginnen auch die Touren übers **Hielo Continental Patagónico Sur,** das Südpatagonische Eisfeld. Dorthin sollten aber nur Bergsteiger mit sehr viel Erfahrung und extrem guter Ausrüstung aufbrechen! Wer zurück in die Stadt muss, folgt dem Tal bis zur Straße, die El Chaltén (im Süden) mit der Laguna del Desierto (im Norden) verbindet. In El Chaltén werden auch die Katamaranfahrten zum **Glaciar Viedma** gebucht, sie starten 18 Kilometer südlich der Stadt in der **Bahía Túnel,** einem geschützten Hafen am Lago Viedma. Der Gletscher besitzt eine ungeahnte Größe, zum See hin zeigt er nur eine schmale Gletscherzunge, tatsächlich ist er aber Argentiniens größte Eisfläche. Bei den eintägigen Bootsausflügen ist ein Landgang eingeplant: Mit Steigeisen ausgerüstet, wandern die Teilnehmer über das Eis zu frostkalten blauen Eishöhlen, in denen das Schmelzwasser von der Decke tropft. Vor der Rückkehr aufs Boot gibt es zum krönenden Abschluss noch einen Whisky auf Gletschereis.

EL CALAFATE UND UMGEBUNG

Namensgeber der Stadt und des einstigen Wollzentrums am Südufer des Lago Argentino sind die dornigen Sträucher, die leuchtend blaue, essbare Beeren tragen und überall in der patagonischen Landschaft wachsen. Die Nähe zum berühmten Moreno-Gletscher brachte der Stadt den Tourismus und damit einen willkommenen wirtschaftlichen Aufschwung. Trotz ihrer bescheidenen Größe von nur 20 000 Einwohnern ist sie inzwischen ein international bekanntes touristisches Ziel mit einem hochmodernen internationalen Flughafen – was sie zum Teil auch dem ehemaligen Gouverneur und Präsidenten Néstor Kirchner und seiner Gattin Cristina Fernández verdankt. Im letzten Jahrzehnt überfluteten Hotelbauten die Stadt, sogar ein Casino entstand. Im Gegensatz zu den meisten anderen argentinischen Städten hat El Calafate keinen zentralen Platz, nur wenige offene Flächen und kaum historische Gebäude. Der sich über vier Blocks erstreckende Teil der **Avenida del Libertador General José de San Martín** (meist »Avenida Libertador« oder »San Martín« abgekürzt) zwischen der Avenida Perito Moreno und der Ezequiel Bustillo ist der lebendigste Teil der Stadt. Hier finden sich breite Bürgersteige und ein mit Kiefern gesäumter Mittelstreifen. Mit den schicken Restaurants und Bars, Cafés, Reisebüros, Kleider- und Souvenirläden, die dicht aufeinanderfolgen, fühlt man sich hier fast wie in Buenos Aires' Fußgängerzone Florida.

El Calafates Geschichte spiegelt sich kaum im Stadtbild wider. Das **Museo Regional El Calafate** bemüht sich, die Vergangenheit zu dokumentieren – angefangen von den hiesigen Ureinwohnern bis zu den ersten europäischen Siedlern. Seine Fotosammlung ist hervorragend, zu kurz kommt nur die anarchistische Rebellion der 1920er-Jahre (verfilmt 1974 in *La Patagonia Rebelde*; deutsche Fassung: *Aufstand in Patagonien*).

Das private **Centro de Interpretación Histórica** informiert in lebendigen Gemälden und Illustrationen über Südpatagoniens Naturgeschichte und kulturelle Evolution. Die Zeitlinie reicht von der Megafauna des Pleistozäns und der präkolumbischen Felskunst sowie ihrer Schöpfer über die einst hier ansässigen Tehuelche bis hin zu den Anfängen der Stadt als Touristenort. Die patagonische Rebellion wird hier deutlich besser abgedeckt als im Regionalmuseum. Das Café, in dem Bücher über Patagonien auslie-

> **Tipp**
>
> **Zu empfehlen ist ein geführter Ritt quer durch das Baguales-Massiv – entweder von El Calafate südwärts nach Río Turbio oder in Chiles Trekkingparadies, den Parque Nacional Torres del Paine.**
>
> LUIS BORRERO
> NATIONAL GEOGRAPHIC-EXPERTE

EL CALAFATE
🅐 263 B1
Besucherinformation
✉ Bajada de Palma 44
☎ 02902/49 10 90
🕐 Tgl. 8–20 Uhr
www.elcalafate.tur.ar

CENTRO DE INTERPRETACIÓN HISTÓRICA
✉ Almirante Brown und Guido Bonarelli
☎ 02902/49 27 99
🕐 Tgl. 10–20 (Aug.–April), 11–18 Uhr (Mai–Juli)
💲 95 AR$

gen, eignet sich bestens für eine Verschnaufpause. El Calafates Stadtzentrum liegt in einiger Entfernung vom Ufer des **Lago Argentino**, der nur von den Hügeln hinter der Avenida Libertador zu sehen ist. In der Nähe des Centro de Interpretación Histórica erstreckt sich das mit Gräsern bewachsene Feuchtgebiet der **Laguna Nímez** *(Öffnungszeiten erfragen)*. Rund um den regenerierten Abwasserteich leben mehr als hundert Vogelarten, etwa der Chilenische Flamingo, der Weißhalsibis, die Schwarzkopf-Ruderente und das Gelbschnabel-Blesshuhn. Zahlreiche Wege winden sich durch das Gelände, wobei Holzbohlen sumpfige Stellen überbrücken.

Ebenfalls ein lohnender Ausflug ist die **Estancia Alice**, die westlich der Stadt an der Strecke zum Moreno-Gletscher direkt am See liegt. Das farmeigene, 3,5 Kilometer lange Ufer eignet sich ideal für Vogelbeobachtungen. Neben Unterkünften bietet die Farm die Möglichkeit zu Ausritten, Mountainbiketouren, Angelausflügen und der Mitarbeit auf der *estancia*, inklusive dem Zusammentreiben und Scheren der Schafe.

EL CHALTÉN UND UMGEBUNG

Vor 30 Jahren machten sich nur wenige hartgesottene Bergsteiger auf den Weg von El Calafate nach El Chaltén. 220 Kilometer weit fuhren sie über staubige Schotterpisten (die so manche Windschutzscheiben bersten ließen), am Nordufer des Lago Viedma entlang und das Tal des Río de las Vueltas hinauf. Mindestens sechs Stunden waren sie zum damals eintönigen Ort unterwegs, wo nur ein paar Polizisten in einem umstrittenen Grenzgebiet Argentiniens Fahne hochhielten.

Heute fahren Bergsteiger und Wanderer über Asphaltstraßen in eines der schönsten Erholungsgebiete des Kontinents! Südbuchenwälder säumen die Hänge unterhalb der majestätischen Gipfel des Fitz-Roy-Massivs. Und der Parque Nacional Los Glaciares liegt buchstäblich vor Chalténs Haustür. Das bodenständige Flair des Dorfes wird zunehmend von Eleganz

 **Wissen**

DER TOD DES LEUTNANTS MERINO

Seit vielen Jahren überqueren Rucksackreisende die Grenze, um per Boot, zu Fuß und per Bus zu dem abgelegenen chilenischen Dorf Villa O'Higgins zu gelangen, dem südlichsten Punkt von Chiles Carretera Austral. 1965 war das Grenzgebiet jedoch noch umstritten. Damals starb Leutnant Hernán Merino, der Anführer einer chilenischen Polizeipatrouille, in einem Feuergefecht mit argentinischen Grenzwachen. Für chilenische Nationalisten ist Merino eine Symbolfigur. Auch die Argentinier haben ihm ein kleines Denkmal errichtet – als Zeichen des guten Willens.

abgelöst: Zug um Zug werden die Straßen gepflastert, damit der heftige Wind, der über das Südpatagonische Eisfeld fegt, weniger Staub aufwirbelt. Parkas und Wanderschuhe sind hier ein Muss, doch am Ende eines Tages in der unwirtlichen Landschaft finden Wanderer alle Bequemlichkeiten, die man sich wünscht. Dennoch: Die größten Sehenswürdigkeiten liegen jenseits der Ortsgrenze im Parque Nacional Los Glaciares. Chaltén besitzt kein Museum, aber das **Besucherzentrum** des Nationalparks zeigt ausgezeichnete naturhistorische Ausstellungen. In seinem kleinen Hörsaal halten Ranger Diavorträge über die Attraktionen des Parks.

LAGUNA DEL DESIERTO

Nördlich von El Chaltén verläuft die RP 23 im Tal des Río de las Vueltas durch einen steilwandigen Canyon. Nach 37 Kilometern erreicht die Schotterstraße das Südufer der Laguna del Desierto. Der von dichten Südbuchenwäldern begrenzte See gehört nicht mehr zum Nationalpark. Fingerförmig zieht er sich 13 Kilometer nordwärts bis zur chilenischen Grenze. Mehrmals war er Gegenstand von Grenzstreitigkeiten, die Chile und Argentinien an den Rand bewaffneter Auseinandersetzungen brachte – 1965 kam bei einer Schießerei der chilenische Polizist Hernán Merino ums Leben (siehe Kasten links).

Am Ende der Schotterstraße führt ein kurzer Weg zur **Laguna Huemul,** wo ein Hängegletscher fast das Ufer der aquamarinblauen Laguna del Desierto berührt. Regelmäßig bringen Boote Tagesausflügler, Rucksacktouristen und Mountainbiker quer über den See zur argentinischen Grenzstation am Nordufer. Abenteuerlustige können hier die chilenische Grenze überqueren und per Bus-Boot-Shuttle *(vorher erkundigen, ob einer verkehrt)* das kleine Dorf Villa O'Higgins ansteuern. Wer zur Grenze wandern will, nimmt den 20 Kilometer langen Weg durch dichte Südbuchenwälder, der dem Ostufer des Sees folgt. ■

**ESTANCIA ALICE –
EL GALPÓN DEL GLACIAR**
✉ RP 11, Km 22
☎ 02902/49 70 02
www.estanciaalice.com.ar

EL CHALTÉN
🄰 263 B1
Besucherinformation
✉ Av. Güemes 21
☎ 02962/49 33 70
🕑 Mo–Fr 8–21.30,
Sa, So 9–21.30 Uhr
www.elchalten.tur.ar

LAGUNA DEL DESIERTO
🄰 263 B1
Tourveranstalter: Touren organisieren Patagonia Aventura, San Martin 56, El Chaltén, Tel. 02962/49 31 10, www.patagonia-aventura.com
und
Villa O'Higgins Expediciones, Camino Austral, Km 1240, Villa O'Higgins, Region de Aysén, Tel. 00 56/672 43 18 21, www.villaohiggins.com.

312 RUTA 40

Die Strecke nördlich von El Calafate bis nach Esquel zählt zu den einsamsten Abschnitten der legendären RN 40 – Argentiniens längster Fernstraße. Sie reicht von der bolivianischen Grenze bis Río Gallegos am Südatlantik. Auf ihrem Weg durch Santa Cruz bietet sie unter meist wolkenlosem Himmel schier endlose Steppen, einen Nationalpark, eine UNESCO-Welterbestätte mit spektakulärer Höhlenmalerei und sogar einen fruchtbaren »Bananengürtel«.

Der Perito-Moreno-Gletscher im Nationalpark Los Glaciares ist eines der großen Naturwunder Argentiniens.

LAGO CARDIEL UND UMGEBUNG

Etwa 32 Kilometer westlich von El Calafate folgt die asphaltierte RN dem Río La Leona. Ab der Abzweigung der RP 23 nach El Chaltén verläuft sie über 129 Kilometer ostwärts bis nach Tres Lagos. Der Ort ist ein wichtiger Tankstopp, denn die nächste Tankstelle an der RN 40 folgt erst in 336 Kilometern! Ab Tres Lagos verläuft die RN in nordöstlicher Richtung und berührt nach 83 Kilometern das Ufer des **Lago Cardiel.** Der See besitzt keinen Abfluss, ist 76 Meter tief und 370 Quadratkilometer groß. Argentinischen Studien und internationalen Klimaforschern zufolge war der See im frühen Holozän fast 120 Meter tief. Bei Sportanglern ist der Lago Cardiel beliebt, weil er aufgrund seiner isolierten Lage wenig Konkurrenz an-

Wissen

WAS IST WO? DER ALLGEGENWÄRTIGE PERITO MORENO

Argentiniens Vorliebe, seine glorreichen Einwohner mit Orts- und Straßennamen zu ehren, führte zu einem inflationären Gebrauch derselben. Das beste Beispiel ist General José de San Martín. Die Hauptstraße fast jeder argentinischen Stadt oder Ortschaft trägt in irgendeiner Form »San Martín« in ihrem Namen.

Allgegenwärtig ist auch Francisco Pascasio Moreno (1852–1919). Der patagonische Forscher und Naturwissenschaftler gründete das Museo de La Plata in der Provinz Buenos Aires und leistete Starthilfe für das Nationalparksystem des Landes. Er lieh seinen Namen in der Provinz Santa Cruz so vielen Orten, Straßen und Plätzen, dass auswärtige Besucher die Orientierung verlieren. Ausgerechnet Moreno, der als »Perito« (Experte) für Landvermessung und Kartografie dazu beitrug, die Grenzstreitigkeiten mit Chile beizulegen, ist die Quelle geographischer Verwirrung.

Perito Morenos berühmtester Namensvetter in Santa Cruz ist natürlich der zum Kult avancierte Perito-Moreno-Gletscher. Weniger Beachtung findet der Parque Nacional Perito Moreno, eine wilde Berglandschaft an der chilenischen Grenze. Ziviler wird es wieder weiter im Norden, wo die Wollstadt Perito Moreno liegt und die RN 40 sich mit der von Comodoro Rivadavia kommenden Fernstraße trifft.

---

zieht. Eine Handvoll Ranches in der Umgebung nehmen zahlende Gäste auf. Die Stadt **Gobernador Gregores,** 60 Kilometer östlich des Sees, bietet mehr Service, inklusive Benzin, das aber manchmal ausgeht.

PARQUE NACIONAL PERITO MORENO

Ab Gobernador Gregores verläuft die RN 40 in Richtung Nordwesten und trifft nach 123 Kilometern auf die RP 37, die nach weiteren 90 Kilometern den Parque Nacional Perito Moreno erreicht. Dieser Park voller hoher Berge, Seen, Flüsse und Wälder kommt nur auf einen Bruchteil der Besucherzahl, die der Parque Nacional Los Glaciares verzeichnet. Seit die Ausflugsfahrten von El Calafate nach Bariloche hier Station machen, nimmt der Tourismus allerdings zu.

Zu den Attraktionen des Park zählen fjordähnliche Seen wie der **Lago Burmeister** oder der **Lago Belgrano** mit der **Península Belgrano,** auf der

PARQUE NACIONAL PERITO MORENO
263 B1
RP 37, 90 km abseits der RN 40
Tgl. 9–21 Uhr
  1. Mai–1. Okt. geschl.

Parkverwaltung
Paseo 9 de Julio 610,
Gobernador Gregores
02962/40 67 27
Mo–Fr 8–16 Uhr
www.parquesnacionales.gov.ar

> **Tipp**
>
> **Die Cueva de las Manos vermittelt einen Eindruck, wie Menschen vor 9000 Jahren versuchten, sich in Felsbildern auszudrücken. Der Canyon berührt allein schon durch seine Schönheit viele Besucher.**
>
> JOAN »PETTY« NAUTA
> 60 JAHRE LANG BESITZER EINER SCHAFFARM VOR ORT

Guanakoherden weiden und auf der ein Naturpfad verläuft. Die beste Wanderroute führt von der Estancia La Oriental hinauf zum Gipfel des **Cerro León** (1434 m). Hier starten Kondorküken von einem vulkanischen Felsvorsprung, dem **Cerro de los Cóndores,** zu ersten Flugversuchen. Wichtig: Das Wetter ist unberechenbar und in großer Höhe mitunter sehr extrem. Unterkünfte finden sich direkt an der Parkgrenze auf der **Estancia Menelik** oder auf der zentraler gelegenen **Estancia La Oriental** (siehe Reiseinformation S. 376). Letztere bietet auch einen Campingplatz, Camper müssen allerdings die gesamte Ausrüstung mitbringen.

BAJO CARACOLES UND UMGEBUNG

Im gottverlassenen Nest an der staubigen Straßenkreuzung, wo sich vier Fernstraßen – RN 40, RP 39, RP 41 und RP 97 – treffen, befindet sich die einzige Tankstelle im Umkreis von mehr als 100 Kilometern. Weil andauernd das Benzin ausgeht, müssen Motorisierte wohl oder übel eine Nacht oder mehr im **Hotel Bajo Caracoles** (1943), einer sehr schlichten Raststätte mit Steinquaderfassade, verbringen. Bajo Caracoles liegt 128 Kilometer

> **Wissen**
>
> ### EINE PATAGONISCHE RASTSTÄTTE
>
> Im 19. Jahrhundert war Patagonien ein Pionierland, in dem man nur auf einer *estancia* Unterkunft fand, eine Bezahlung wurde weder gefordert noch akzeptiert. Die Einheimischen gewährten sich nicht nur gegenseitig Gastfreundschaft, sondern auch Fremden. 1894 wurde eines der speziell als Hotel errichteten Gebäude fertig: das **Hotel La Leona** *(RN 40, Km 110, nördlich von El Calafate, Tel. 011/21 50 69 15, www.hoteldecampolaleona.com.ar)* – eine einfache Raststätte, die Reitern eine Schlafstätte und eine warme Mahlzeit sowie einen Stall bot (Pferde waren damals das einzige schnellere Fortbewegungsmittel). Heute fahren Reisende einfach auf der RN 40 zum Hotel La Leona, das modernisierte, wenn auch keine luxuriösen Unterkünfte bietet. Die Küche hat sich allerdings an die heutige Zeit und die nahe Fernstraße angepasst. Die Renner sind Pies, Brote, Tee und ein Espresso für die Insassen der Busse, die hier auf dem Weg von El Calafate nach El Chaltén halten.

Farmer beim Aufteilen der Schafe auf der Estancia Sol de Mayo, Paso Roballos

südlich der Stadt Perito Moreno (via RP 97) und ist der Hauptausgangspunkt zur Cueva de Las Manos, einer UNESCO-Weltkulturerbestätte. Auf der nach Süden verlaufenden RP 39 kommt man nach 89 Kilometern zum türkisblauen **Lago Posadas**. Hier bietet eine Farm Unterkünfte. Die RP 41 führt westwärts zum 100 Kilometer entfernten **Paso Roballos,** einem abenteuerlichen Grenzübergang nach Chile. Wer nicht ins Nachbarland möchte, kann vom Pass auf der RP 41 nach Norden fahren, sie führt durch eine wilde Landschaft zur »Früchtestadt« **Los Antiguos.**

CUEVA DE LAS MANOS

Von Bajo Caracoles aus sind es 44 Kilometer auf der in nordöstlicher Richtung verlaufenden, geschotterten RP 97 bis ins Tal des Río Pinturas. Im Lauf seiner Geschichte hat dieser Fluss Felsnischen und -überhänge *(aleros)* geformt, die vor über 10 000 Jahren von Menschen besiedelt wurden. Als Erbe hinterließen die Bewohner mehr als 800 mehrfarbige Felsbilder von Menschen und Tieren, die Aufschluss über das Leben der Jäger und Sammler geben. Sie gelten bei Experten als die frühesten Felsbilder auf dem südamerikanischen Kontinent. Vermutlich bewohnten vor 9000 Jahren die

CUEVA DE LAS MANOS
- 263 B2
- RP 97, 44 km nördlich von Bajo Caracoles
- Okt.–April 9–19, Mai–Sept. 10–18 Uhr

Zugang nur mit lokalen, registrierten Führern; Start jede Stunde
- 200 AR$
- www.cuevadelasmanos.org

WEITES LAND: PATAGONIENS STEPPE UND IHRE TIERWELT

Guanakos ziehen durch die patagonische Steppe

In den Berichten über seine Reise auf der H. M. S. »Beagle« meinte Charles Darwin, die Ebenen von Patagonien »kann man nur mit negativen Merkmalen beschreiben: keine Siedlungen, keine Bäume, keine Berge«. Dennoch faszinierte ihn die Weite, die wirke, als habe die Landschaft schon seit Ewigkeiten so bestanden und würde auch auf alle Zeiten so bleiben. Die einprägsamen Weiten bilden den Lebensraum für eine einzigartige Tierwelt wie Guanakos, Nandus und Pampashasen.

Mit ihren Grashorsten und niedrigen Büschen wirkt die patagonische Steppe tatsächlich noch so wie zu Darwins Zeiten. In Wahrheit jedoch haben Schaffarmen die Flora verarmt, Schotterstraßen erzeugen Staubwolken am Horizont, Städte, Ortschaften und mancherorts der Bergbau haben Teile der Landschaft verändert.

Nur der endlose, klare Himmel ist geblieben und mit ihm die Tierwelt, die Darwin sah, während er seine Theorie über die natürliche Auslese der Arten entwickelte. Viele der für Patagonien typischen Tierarten sind heute entlang der Fernstraßen ein alltäglicher Anblick – vor allem das Guanako. *Lama guanicoe* hat ein rostfarbenes Fell, 1,20 Meter Schulterhöhe und 90 Kilogramm Gewicht. Das Verbreitungsgebiet des Guanakos reicht von Nordperu bis zur Südspitze des Kontinents und bis in Höhen von mehr als 4000 Metern über dem Meeresspiegel. Es lebt in Verbänden, die – angeführt von einem männlichen Leittier – etwa zehn Weibchen und deren Junge (*chulengos* genannt) umfassen. Die »halbstarken« Männchen ziehen in Junggesellverbänden umher, bis sie alt genug sind, um selbst eine Herde zu gründen. Einst waren die Menschen der Hauptfeind der Guanakos: Zunächst die Tehuelche, die sich in Guanakofellen kleideten, später die Europäer, die die Tiere abschossen, um Platz für ihre Schafe zu schaffen. Heute ist der Puma ihr Feind Nummer eins.

STEPPENSPRINTER

Aufmerksamkeit erweckt auch der flugunfähige *ñandú petiso,* der Kleine oder Darwin-Nandu *(Rhea pennata),* der auch *choique* genannt wird. An der RN 40 sprinten mancherorts die Nandus fast so schnell wie ein Auto neben der Straße entlang. Der polygame Laufvogel bildet Harems mit mehr als einem Dutzend Weibchen. Das Männchen gräbt eine Nestgrube in den Boden, dann legen alle Weibchen ihre Eier hinein, die das Männchen ausbrütet (bis zu 60 Stück). Eine andere Art, der Große Nandu *(Rhea americana),* und einige Unterarten leben nördlich des Río Negro und in anderen Teilen Südamerikas.

Ebenfalls beeindruckend ist der *mara,* der Große Pampashase oder Große Mara *(Dolichotis patagonum).* Dieser stämmige, langbeinige und kurzohrige Verwandte des Meerschweinchens erreicht eine Kopf-Rumpf-Länge von 46 Zentimetern, ein Gewicht von 11 Kilogramm und eine Laufgeschwindigkeit von 30 Stundenkilometern. Er hüpft wie ein kleines Känguru. Neben dem Capybara (Wasserschwein) und dem Stachelschwein ist er das drittgrößte Nagetier. Er lebt monogam.

Gelegentlich teilt sich der Pampashase einen Bau mit dem *piche,* dem Zwerggürteltier *(Zaedyus pichiy).* Mit einer Kopf-Rumpf-Länge von knapp 30 Zentimetern ist es eine der kleinsten Arten der Gattung. Manchmal sieht man es über die Fernstraßen der Steppe trippeln.

> ## Tipp
>
> **Halten Sie auf dem Weg durch die staubigen Wüstenebenen der patagonischen Steppen für einen Moment an. Wer das Auto verlässt und sich still hinsetzt, wird im Nu die Vogelstimmen und die Laute kleiner Säugetiere hören.**
>
> JASON EDWARDS
> NATIONAL GEOGRAPHIC-FOTOGRAF

Der Nandu, einer von Patagoniens auffallendsten Bewohnern

ARGENTINIENS EINSAMSTE STRASSE

Argentiniens längste Fernstraße, die RN 40 (La Cuarenta), verläuft von La Quiaca an der bolivianischen Grenze bis hinunter in den Süden zur Stadt Río Gallegos – sie ist insgesamt mehr als 5100 Kilometer lang. Teilstrecken sind asphaltiert und verbinden Provinzhauptstädte wie Mendoza und San Juan. Der größte Teil jedoch führt durch einsame Landschaften wie die Hochebenen von Jujuy und Salta sowie die patagonische Steppe von Chubut und Santa Cruz. Fahrten per Auto oder Motorrad (wie es ein paar Biker jedes Jahr tun) sind ein unvergessliches Erlebnis.

Bald wird Patagoniens einsamste Straße vollständig asphaltiert sein, doch bis dahin bietet sie noch abenteuerliche Schotterpistenerlebnisse.

Nicht die heftigen patagonischen Westwinde erschweren die Autofahrt oder bremsen Motor- oder Radfahrer aus, sondern die mangelnde Infrastruktur. Hotels, Restaurants und Tankstellen (denen manchmal das Benzin ausgeht) müssen die Reisenden streckenweise mit der Lupe zu suchen. Erfreulich sind die *estancias*, die zu den besten des Landes zählen. Einige Busgesellschaften bedienen im Sommer die Strecke zwischen El Calafate und der Stadt Perito Moreno. Auf den 520 Kilometern zwischen dem Dorf Tres Lagos und Perito Moreno begegnen Reisenden jedoch kaum mehr als ein Dutzend Fahrzeuge am Tag.

Auch auf der 336 Kilometer langen Strecke zwischen den Ortschaften **Tres Lagos** und **Bajo Caracoles** ist der Kick einer einsamen Straße erhalten. Bei seiner ersten Tour 1991 begegneten dem Autor in vier Tagen nur drei Fahrzeuge. Loser Schotterbelag und abschüssige Seitenränder lassen hier alle Fahrer zur Straßenmitte tendieren – ein gefährliches Unterfangen. Zwar gibt es keine unübersichtlichen Kurven, dafür »unüberblickbare« Hügel. Zur eigenen Sicherheit sollte jeder vor einem Hügel kräftig hupen und so weit rechts wie möglich fahren. Fahrzeuge mit wenig Bodenfreiheit schrammen schon mal über den Schotter, Windböen machen es schwer, sich auf der Straße zu halten.

Die Belohnungen sind die Herausforderung wert. Wo sonst auf der Welt rennt ein *ñandú petiso* (Darwin-Nandu) – oder gleich eine ganze Schar – neben dem Auto her? Wo drängen sich Schafe entlang der Straße an Zäunen, über die graziöse Guanakos geradezu mit der Leichtigkeit eine Feder springen?

Vorfahren der Tehueleche die Höhlen, die sich über 680 Meter oberhalb des Flusses erstrecken.

Am Informationszentrum führt ein Pfad hinunter in die »Höhlen«. Hände sind die häufigsten Motive; einige der Wandmalereien zeigen aber auch Jäger, wie sie mit *boleadoras* Guanakos und Nandus fangen, während andere die Tiere in den Hinterhalt locken. Die Darstellungen entstanden zu unterschiedlichen Zeiten und sind vermischt oder überlagern sich. Hauptzufahrt zur Welterbestätte ist die von Bajo Caracoles kommende Straße. Andere Zufahrtsstraßen führen weiter nördlich von der **Estancia Casa de Piedra** (42 km) und von der **Estancia Cueva de las Manos** (21 km) zur »Höhle der Hände«.

LOS ANTIGUOS UND UMGEBUNG

Bei der Stadt Perito Moreno kreuzt die RN 40 die RP 43, eine asphaltierte Fernstraße, die in westlicher Richtung zum **Lago Buenos Aires** und zur Stadt Los Antiguos führt. An diesem See herrscht ein günstiges Mikroklima, das den Obstanbau ermöglicht. Angebaut werden Äpfel, Aprikosen, Kirschen, Pfirsiche, Birnen, Pflaumen sowie Erdbeeren und Himbeeren. Mit seiner Lage am Seeufer, seinen Pappelalleen und Blumengärten ist Los Antiguos zwar eine ansprechende Stadt, aber dennoch ein touristisch unberührter Ort. Daher mangelt es an entsprechender Infrastruktur, sodass Angler und Wanderer sich ihren Weg am Seeufer und in den Bergen selbst suchen müssen.

Los Antiguos liegt nur wenige Kilometer östlich der chilenischen Grenzstadt **Chile Chico** am **Lago General Carrera**. ■

LOS ANTIGUOS
263 B2

Besucherinformation
Avenida 11 de Julio 446
02963/49 12 61

Ein Gaucho galoppiert über die Steppe in der Nähe des Paso Roballaso.

Feuerland

Erster Überblick	322–323
Ushuaia	324–326
Rund um Ushuaia	327–332
Special: Antarktishafen	328–329
Der Norden Feuerlands	333–335
Hotels und Restaurants	380–381

‹ Der »Leuchtturm am Ende der Welt« im Beagle-Kanal bei Ushuaia

FEUERLAND

In mancher Hinsicht ist Feuerland nicht mehr als ein Ausläufer Patagoniens – zugleich hat dieser Archipel an der Südspitze Amerikas aber auch eine ganz eigene Identität als »das äußerste Ende der Erde«, wie es der frühe Siedler Lucas Bridges ausdrückte. Vom Festland durch die Magellanstraße getrennt, ist die Inselgruppe geteilt: Der sehr dünn besiedelte Westteil gehört zu Chile, der bevölkerungsreichere Ostteil zu Argentinien.

Im 19. Jahrhundert bedeutete die Umrundung von Kap Hoorn für jeden Seemann noch einen ungleichen Kampf mit tosenden Stürmen. Prominente Reisende wie Charles Darwin und Richard Henry Dana berichteten von der Großartigkeit, aber auch den Gefahren dieser Weltgegend. Hier lebte eine kleine Zahl eingeborener Jäger und Sammler – »Kanu-Indianer« – von Fischen und Muscheln und wärmte sich an weithin sichtbaren Feuern, die dem Land seinen Namen gaben. 1978 kam es im Streit um drei kleine Inseln am Ausgang des Beagle-Kanals beinahe zum Krieg zwischen Argentinien und Chile. Auf argentinischer Seite besitzt nur die Isla Grande eine nennenswerte Infrastruktur. Die meisten Besucher reisen mit dem Flugzeug oder Kreuzfahrtschiff nach Ushuaia, der südlichsten Stadt der Welt. Abgesehen von seiner eindrucksvollen Lage zwischen Beagle-Kanal und den steilen Gipfeln der Montes Martial ist Ushuaia ein eher reizloser Ort mit allerdings gleich drei sehenswerten Museen. Von hier starten die Kreuzfahrten in die Antarktis oder rund um Kap Hoorn, durch die Magellanstraße bis Punta Arenas und zurück durch die feuerländische Inselwelt. Vor allem aber lassen sich von hier aus abwechslungsreiche Ausflüge in die Umgebung unternehmen, beispielsweise eine Bergwanderung auf den Glaciar Martial, eine Fahrt auf dem Beagle-Kanal oder Exkursionen zur historischen Estancia Harberton und zu den Wäldern, Ufern und Gebirgshöhen des Parque Nacional Tierra del Fuego. Das nahe gelegene Cerro Castor ist das südlichste Skigebiet der Erde.
Wo die Gebirgskette nördlich von Ushuaia ins Flachland übergeht, erstreckt sich an einer geologischen Bruchlinie der Lago Fagnano vom Städtchen Tolhuin über hundert Kilometer nach Westen – bis in den chilenischen Teil der Isla Grande. Im Unterschied zur bergigen Südhälfte besteht der Nordteil der Insel größtenteils aus Steppe. Hier liegt an der Nordostküste Río Grande, die größte Stadt Feuerlands und Startpunkt für Ausflüge zum Fliegenfischen. Nur wenige Kilometer entfernt errichteten Salesianer ihre Missionsstation zur Bekehrung des Ureinwohnervolkes der Selk'nam. Sie gehörten zurzeit der Ankunft der ersten Europäer zu einem von vier indigenen Völkern und siedelten als Landnomaden im Landesinneren und im Südosten der Hauptinsel. Im Gegensatz dazu lebten die Alakaluf und Yámana am westlichen und südlichen Küstenstreifen als Seenomaden. ■

Wissen

DARWIN IN FEUERLAND

Auf seiner berühmt gewordenen Reise mit der Beagle kam Charles Darwin auch nach Feuerland – das Schiff hatte die Insel allerdings schon vorher einmal angelaufen, wenn auch unter etwas anderen Vorzeichen. Erfüllt von fanatischem Missionseifer, hatte Kapitän Robert FitzRoy damals mehrere »Kanu-Indianer« entführt und nach England gebracht, um sie zum Christentum zu bekehren und dann mit ihrer Hilfe die anderen »Wilden« zu missionieren. Darwin wurde 1832/33 Zeuge der Rückführung dieser Feuerländer in ihre Heimat und bemerkte, dass deren Christianisierung nur sehr oberflächlich gelungen war. So stellte er fest, dass der Zwangsaufenthalt in Großbritannien den Betroffenen die Rückkehr in ein Leben als Jäger und Sammler sehr schwer gemacht hatte. Ein Jahr nach seiner Heimkehr war einer von ihnen, wie Darwin notierte, ein »dünner, ausgezehrter Wilder mit langem verfilztem Haar« geworden. »Wir erkannten ihn nicht, bis er ganz in unserer Nähe war, denn er schämte sich seiner selbst und wandte dem Schiff den Rücken zu.«
Zusammen mit diesen Berichten über frühe Begegnungen zwischen Feuerländern und Europäern hinterließ Darwin auch wegweisende Beschreibungen der unwirtlichen feuerländischen Naturlandschaft. Heute ist die Erinnerung an Darwin vor Ort höchst lebendig, nicht zuletzt im Namen einer der wichtigsten Wasserstraßen der Welt, des Beagle-Kanals.

324 USHUAIA

Weltweit haben sicher nur wenige Städte eine ähnlich grandiose Naturkulisse zu bieten wie Ushuaia auf dem schmalen Küstenstreifen zwischen Beagle-Kanal und den schneebedeckten Gipfeln und Gletschern der Montes Martial. Und kaum eine kann mit Ushuaias einzigartiger Lage am südlichen Ende der Welt konkurrieren. Die Stadt dient zudem als Ausgangspunkt für Antarktisexpeditionen.

Der Ansturm der Touristen ist Ushuaia in mancher Hinsicht gut bekommen, aber im Verein mit Fischfang und steuerbegünstigten Produktionsbetrieben hat er dem Ort auch ein rapides Wachstum beschert. Die Folge ist ein städtebaulicher Wildwuchs. Ushuaias Hauptgeschäftsstraße San Martín ist eine bunte Touristenfalle, zusammengewürfelt aus Restaurants, Souvenirbuden und Reisebüros. Dafür entschädigt die erhabene Schönheit der Landschaft gleich hinter der Bebauungsgrenze. Ushuaias wenige his-

Bergwanderer am Cerro Martial, mit Blick auf Ushuaia und den Beagle-Kanal

torische Gebäude im traditionellen Baustil gehen in der Masse der Neubauten fast unter. In der verworrenen Geschichte dieser entlegenen Region, wo die Ureinwohner als Jäger und Sammler umherzogen, anglikanische Missionare auf isolierten Außenposten verhungerten, Schiffe auf unterseeische Riffs aufliefen und politische Gefangene in ihren klammen Kerkern dahinschmachteten, sorgen jedoch zwei herausragende Museen für Orientierung.

Das **Museo del Fin del Mundo** befindet sich in einem massiven Gebäude an der Hafenpromenade. Ursprünglich als repräsentatives Privathaus errichtet, diente es 1912–77 als Sitz der Nationalbank. Durch einen verglasten Vorbau geht es in ein halbes Dutzend thematisch geordnete Ausstellungssäle. Der Rundgang beginnt mit kunsthandwerklichen Erzeugnissen der Yahgan (oder Yámana) und Berichten der frühen europäischen Entdeckungsreisenden und zeichnet die Entwicklung bis zur offiziellen Grün-

USHUAIA
323 A1
Besucherinformation
✉ Prefectura Naval 470
☎ 02901/43 20 00 oder
   0290/43 76 66
🕑 Tgl. 9–20 Uhr
www.e-ushuaia.com

MUSEO DEL FIN DEL MUNDO
✉ Avenida Maipú 173
☎ 02901/42 18 63
🕑 Mo–Fr 10–17, Sa 14–18 Uhr
💲 130 AR$

ANTIGUA CASA DE GOBIERNO
✉ Avenida Maipú 465
💲 Im Eintritt zum Museo del Fin del Mundo inbegriffen

MUSEO MARÍTIMO DE USHUAIA
✉ Yaganes und Gobernador Paz
☎ 02901/43 74 81
🕑 März–Dez. 10–20,
   Jan.–Feb. 9–20 Uhr;
   geführte Touren (1 Std.) tgl.
   Jan.–Feb. 11.30, 16.30 und 18.30,
   März–Dez. 11.30 und 18.30 Uhr
💲 400 AR$ (2 Tages-Ticket)
www.museomaritimo.com

dung Ushuaias als Strafkolonie 1884 nach. Ein weiterer Raum ist als *almacén de época* eingerichtet, als Ladengeschäft aus den Gründerjahren, ein anderer der Geschichte des *presidio* und seinen bekanntesten Insassen gewidmet. Die Nationalbank bildet ebenfalls einen eigenen Themenbereich. Besucher des Museums können ohne Aufpreis die in den 1890er-Jahren erbaute **Antigua Casa de Gobierno** besichtigen – erster Sitz der Provinzregierung und zugleich die Residenz des Gouverneurs. Am Ostrand der Innenstadt liegt das alte Presidio, der ehemalige Kerker. Der Komplex mit fünf zweigeschossigen Flügeln beherbergt das **Museo Marítimo de Ushuaia**. Dazu gehören neben dem Meeresmuseum auch das **Museo del Presidio** (Kerkermuseum), das **Museo Antártico Ushuaia Dr. José María Sobral** (Antarktismuseum) und das **Museo de Arte Marino Ushuaia** (Museum für maritime Kunst): Der gesamte Museumskomplex ist barrierefrei und für Rollstuhlfahrer geeignet. Die meisten Besucher zieht freilich das Kerkermuseum an, dessen Zellen zum Teil von lebensgroßen Puppen bevölkert sind, die prominente Insassen darstellen. Während der autoritären Militärherrschaft in den 1930er-Jahren saßen hier auch gemäßigte Politiker wie Honorio Pueyrredón und Mario Guido von der linksbürgerlichen Radikalen Partei ein. Die übrigen Teile des Museumskomplexes werden ihrem Ruf durchaus gerecht. Großen Raum nimmt eine Sammlung historischer Schiffsmodelle ein. Zu sehen sind unter anderem Magellans »Trinidad«, FitzRoys »Beagle« und die vom norwegischen Polarforscher Roald Amundsen in der Antarktis eingesetzte »Fram« – letztere im Antarktismuseum, in dem ansonsten Argentiniens Präsenz auf dem weißen Kontinent im Mittelpunkt steht, angefangen mit der Teilnahme des in Gualeguaychú geborenen José María Sobral an einer schwedischen Expedition im Jahre 1902. Das Museum für maritime Kunst zeigt nicht nur Exponate aus der Region, sondern vor allem Gemälde mit Darstellungen von Schiffen sowie vom Leben am und auf dem Meer aus allen Teilen des Landes. Im Souvenirshop des Museums gibt es eine Auswahl an Landkarten und Literatur. Darüber hinaus gibt es im zweiten Pavillon die Bibliothek Roberto J. Payro. ∎

Tipp

Tía Elvira ist eines der ältesten Restaurants in Ushuaia und nach wie vor eines der besten.

NATALIE P. GOODALL
NATIONAL GEOGRAPHIC-EXPERTE

TÍA ELVIRA
✉ Av. Maipú 349, Ushuaia
☎ 02901/42 47 25

🕐 Tgl. 12–15, 19–23 Uhr
www.tiaelvira.com.ar

RUND UM USHUAIA

327

Ein Aufenthalt in Ushuaia lohnt sich vor allem wegen der reizvollen Umgebung der Stadt. Zu den Hauptanziehungspunkten zählen die historische Viehfarm Estancia Harberton und der Parque Nacional Tierra del Fuego, Argentiniens erster Küstennationalpark.

Sturmgepeitschte Südbuche (*Nothofagus*) auf der Estancia Harberton

Um in Ushuaia eine Halbtagestour auf dem Beagle-Kanal zu arrangieren, genügt der Weg zum **Muelle Turístico**, dem Touristenpier in der Mitte der Hafenpromenade. Die meisten Fahrten finden auf großen Katamaranen statt, schöner sind jedoch Ausflüge auf kleineren Booten, da diese näher an interessante Stellen wie die **Isla de los Lobos** (mit Seelöwen und Antarktischen Seebären) oder die **Isla de los Pájaros** (Nistplatz von Kormoranen und anderen Seevögeln) herankommen. Einige der kleinsten Boote können sogar auf der **Isla Bridges** anlanden.
Auch zur **Aerosilla del Glaciar** ist es vom Zentrum nicht weit. Mit Bus oder Taxi ist man schnell an der Talstation des Sessellifts, an der auch ein steiler Bergpfad zum **Glaciar Martial** beginnt. Nach zweistündigem Aufstieg hat man eine spektakuläre Aussicht auf Ushuaia, Beagle-Kanal und Isla Navarino. **Cerro Castor** (27 km östlich von Ushuaia an der RN 3) ist ein Skigebiet mit attraktiven Abfahrten.

ANTARKTISHAFEN

Noch Anfang der 1980er-Jahre war Ushuaia ein Dörfchen mit rund 7000 Einwohnern im latenten Kriegszustand, weil die Militärdiktaturen Chile und Argentinien sich wegen dreier kleinerer Inseln im Beagle-Kanal stritten. Heute boomt die Stadt, und das nicht zuletzt, weil sie zum wichtigsten Hafen für Antarktisreisende geworden ist, die sich hier zur Fahrt über die stürmischen Gewässer der Drakestraße einschiffen.

Bis vor wenigen Jahrzehnten besaß Ushuaia nur einen drittklassigen Flugplatz und eine kleine Marinebasis, die seit den 1940er-Jahren Argentiniens Anspruch auf seinen Anteil an der Antarktis Nachdruck verleihen sollte. Der Fremdenverkehr beschränkte sich auf eine Handvoll Rucksacktouristen. Manch einer träumte davon, seine Reise über die Drakestraße bis auf die Antarktische Halbinsel fortzusetzen, damals aber befuhr nur ein einziges Schiff regelmäßig diese Route: die »Lindblad Explorer«. Seither hat sich viel verändert. Argentiniens Präsenz auf dem weißen Kontinent reicht zurück bis 1902, als der Geologe José María Sobral sich an der Expedition des Schweden Otto Nordenskjöld beteiligte. Den ersten Schritt in Richtung Antarktistourismus unternahm 1933 der Kapitän des argentinischen Versorgungsschiffes »Pampa«, Ángel Rodríguez, der auf dem Weg zu den Süd-

☐ Erlebnis

ABSTECHER INS EWIGE EIS

Der Gedanke an die Antarktis hat die Menschen fasziniert, seit die antiken Griechen die Vorstellung entwickelten, als Gegengewicht zu den Kontinenten des Nordens müsse es irgendwo im Süden eine riesige Landmasse geben. Kapitän James Cook suchte auf seinen Reisen nach diesem unbekannten Kontinent und überquerte dabei im Jahr 1773 den südlichen Polarkreis. Der erste Mensch, der das antarktische Festland betrat, war vermutlich 1821 der Robbenjäger John Davis.

Die in Ushuaia startenden Schiffe bieten unterschiedliche Reiseprogramme: Eine 14-tägige Pinguinsafari ist ebenso möglich wie ein 12- bis 20-tägiger Abenteuertrip (mit Kajakfahrten, Bergtouren und Übernachtungen im Zelt). Komfortable Reisen zu den Naturschönheiten der Antarktis bietet z. B. **Quark Expeditions** *(www.quarkexpeditions.com)*.

Eine Pauschaltour gehobener Kategorie offeriert **National Geographic Expeditions** *(Tel. (001)-888/966 86 87, www.nationalgeographicexpeditions.com)*. Die Fahrten dauern 15 bis 25 Tage und werden von renommierten Fotografen und Wissenschaftlern begleitet. Von den USA aus geht es über Santiago de Chile nach Ushuaia und weiter in die Antarktis, wo unter anderem die Vulkaninsel Deception, die historische Post- und Forschungsstation Port Lockroy und die Pinguinkolonie auf der Petermanninsel auf dem Programm stehen.

Ushuaia, die südlichste Stadt der Welt und Ausgangspunkt der meisten Antarktiskreuzfahrten

Orkney-Inseln eine Gruppe von Reisenden nach Ushuaia mitnahm und sie einlud, ihn bis zu den Inseln zu begleiten. Organisierte Schiffsreisen in antarktische Gewässer fanden aber erst ab 1958 statt, als der Dampfer »Les Eclaireurs« während der Sommersaison zwei Fahrten unternahm. 1959 brachte der Dampfer »Yapeyú« 260 Fahrgäste in den kalten Süden.

Außen- und innenpolitische Entwicklungen setzten dann seit den 1980er-Jahren einen Tourismusboom in Gang. Die gescheiterte Invasion auf den Falklandinseln 1982 führte ein Jahr später zum Sturz des Regimes; die neu gewählte Regierung machte das Land für Ausländer wieder attraktiv. Zusätzlichen Schwung erhielt der Reiseverkehr in Richtung Antarktis durch den Zusammenbruch der Sowjetunion 1991: Zahlreiche Forschungsschiffe der Russen wurden nun touristisch genutzt und traten gegen den bis dahin einzigen Anbieter Lindblad an.

DAS TOR ZUM WEISSEN KONTINENT

Seither hat sich der Schiffsverkehr von Ushuaia Richtung Süden sprunghaft entwickelt. Noch immer dauert die Fahrt durch die Drakestraße zwei Tage, doch Ushuaia liegt mindestens eine Tagesreise näher an der Antarktis als jeder andere nennenswerte Hafen, wie etwa der südchilenische Hafen Punta Arenas an der Magellanstraße. Über 90 Prozent aller Antarktisreisenden beginnen deshalb ihre Kreuzfahrt in Ushuaia. Die Politik hat dieses Wachstum gefördert. Feuerland ist seit 1991 eine vollwertige argentinische Provinz mit Ushuaia als Hauptstadt. Von hier aus verwaltet das Land auch seine Außenposten in der Antarktis: Argentinien erhebt Anspruch auf den gesamten Bereich zwischen 25 und 74 Grad westlicher Länge, vom 60. Breitengrad Süd bis zum Südpol.

Tipp

Die Schönheit des Beagle-Kanals lässt sich wunderbar bei einem Nachmittagsspaziergang genießen: Gehen Sie östlich von Ushuaia einen kurzen Kiesweg hinunter – rechtzeitig zum Sonnenuntergang.

JORGE CRISCI
NATIONAL GEOGRAPHIC-EXPERTE

ESTANCIA HARBERTON

Einige der Ausflugsfahrten auf dem Beagle-Kanal führen von Ushuaia zur Estancia Harberton, Feuerlands ältester Viehfarm. Hier schuf sich der anglikanische Missionar Thomas Bridges mithilfe seiner Landarbeiter vom Volk der Yahgan ein eigenes Klein-England. Nach wie vor grasen hier Schafe und Rinder, die Estancia Harberton ist aber auch historisch und naturkundlich interessant. Die Ausflugsschiffe aus Ushuaia stoppen vor der Ankunft in Harberton meist bei der **Isla Martillo** (wegen der Magellanpinguine), wodurch sich jedoch die Besuchszeit auf der Farm häufig verkürzt. Wer mit dem Minibus anreist, verbringt dagegen fast den ganzen Tag hier. Führungen in englischer und spanischer Sprache geben Einblick in das Heim der Familie – ein als Bausatz aus England geliefertes Fertighaus (19. Jh.), zu dem heute auch eine Teestube gehört – sowie die dazugehörigen Gärten und Nebengebäude.

Im botanischen Garten sind originalgetreu nachgebaute Windschirme und andere einfache Behausungen der Yahgan zu sehen. Hausherrin und Biologin Natalie Goodall hat das **Museo Acatushún de Aves y Mamíferos**

Der Leuchtturm am Ende der Welt

Wissen

DAS ENDE EINES LANGEN WEGES

Jahr für Jahr machen sich unerschrockene Abenteurer in Prudhoe Bay an der Nordküste Alaskas auf den Weg in Richtung Feuerland. Ihr Ziel ist die Bahía Lapataia an der Südküste der Isla Grande. Per Auto oder Motorrad oder selbst per Fahrrad wollen sie die gesamte Panamericana abfahren – je nach gewählter Route sind das mindestens 25 750 Kilometer. Nur im Osten Panamas ist sie unterbrochen, die Lücke muss per Schiff oder Flugzeug überbrückt werden. Den letzten Abschnitt bildet die argentinische RN 3, die auf der Plaza del Congreso in Buenos Aires beginnt und nach 3242 Kilometern auf einem unscheinbaren Parkplatz endet.

Motorisierte benötigen für die Gesamtstrecke in der Regel mehrere Monate, Radfahrer mindestens ein Jahr. Der Reisejournalist Tim Cahill war nach knapp 24 Tagen am Ziel – sein Reisebericht »Road Fever« gibt den Irrwitz dieses Unternehmens authentisch wieder.

Marinos Australes (Acatushún-Museum für Meeresvögel und -säuger des Südens) aufgebaut: Der höhlenartige Bau zeigt Skelette von Meeressäugetieren: riesige Blau-, Pott- und Buckelwale, kleinere Schnabel- und Schweinswale, Delfine sowie Robben und Seelöwen. Dazu kommen rund 80 einheimische Vogelarten. Auf der Farm kann man essen, aber auch in ehemaligen Arbeiterhäusern übernachten, mit schriftlicher Genehmigung darf auch gezeltet werden.

PARQUE NACIONAL TIERRA DEL FUEGO

Auf der RN 3 erreicht man von Ushuaia nach elf Kilometern (Richtung Westen) den Haupteingang des ersten Küstennationalparks, der vom Beagle-Kanal über nasse Sümpfe und mit Buchen bewachsene Hügel bis zu den vergletscherten Gipfeln der Montes Martial ansteigt. An der Küste leben viele Vogelarten – neben Möwen unter anderem Austernfischer, Dampfschiffenten und Schwarzbrauenalbatrosse. Im Park sind keine mehrtägigen Trekkingtouren möglich – nur kurze Spaziergänge auf Naturlehr-

ESTANCIA HARBERTON
- 323 B1
- Ruta Provincial J, 85 km östlich von Ushuaia
- 02901 / 42 27 42
- www.estanciaharberton.com

CERRO CASTOR
- Ruta 3, 26 km von Ushuaia
- 02901 / 49 93 01
- www.cerrocastor.com

MUSEO ACATUSHÚN DE AVES Y MAMÍFEROS MARINOS AUSTRALES
- Estancia Harberton

Wissen

VOM NUTZTIER ZUM SCHÄDLING
Die vielleicht auffälligsten Bewohner des Parque Nacional Tierra del Fuego gehören eigentlich überhaupt nicht hierher. Wer auf dem Paseo a la Castorera die Biber und ihre Bauten bestaunt, ist sich selten bewusst, dass der *Castor canadensis* hier ein exotischer Schädling ist.
Als die Militärregierung in den 1940er-Jahren 50 Biber nach Ushuaia einfliegen ließ, war deren Pelz noch eine gefragte Handelsware. Das ist Geschichte. Doch die in die freie Wildbahn gelangten Tiere konnten sich mangels natürlicher Feinde lange Zeit ungehemmt vermehren, Schätzungen gehen von bis zu 100 000 Bibern aus. Größtes Problem ist, dass ihre gefällten Bäume anders als in Nordamerika nicht wieder austreiben. Der erbitterte Ausrottungsfeldzug der Forstbehörden blieb bislang ohne durchgreifenden Erfolg.

---

pfaden und eintägige Wanderungen. Der **Paseo a la Laguna Negra** zum Beispiel ist ein gut 900 Meter langer Plankenweg durch Torfmoor mit Farnen, Wildblumen und fleischfressenden Pflanzen.
Noch kürzer ist der **Paseo a la Castorera**, der sich 400 Meter durch einen geschädigten Südbuchenwald schlängelt. Biber, die in den 1940er-Jahren als Pelzlieferanten aus Kanada eingeführt wurden und sich seither ungehemmt vermehren konnten, fällten hier viele Bäume. Beide Pfade liegen unweit der Bahía Lapataia, wo die über 3000 Kilometer lange RN 3 endet. Interessant ist die fünf Kilometer lange **Senda al Hito XXIV**: Am bewaldeten Nordostufer des **Lago Roca** entlang führt der Weg zur chilenischen Grenze. Etwa einen Kilometer vom Startpunkt entfernt zweigt in nordöstlicher Richtung die anspruchsvollere **Senda Cerro Guanaco** ab, ihr Endpunkt ist der 973 Meter hohe gleichnamige Gipfel.
Als Ushuaia noch Strafkolonie war, legten die Gefangenen die Gleise für den südlichsten Schienenweg der Welt. Auf der Schmalspurstrecke wurde von 1909 bis 1952 Nutzholz aus dem heutigen Nationalpark abtransportiert. Nach einer Restaurierung der Trasse 1994 ist der Zug heute als Touristenattraktion unterwegs und fährt als **Tren del Fin del Mundo** oder Ferrocarril Austral Fueguino *(Tel. 02901/43 16 00, 790–1800 AR$ für eine Rundfahrt, tgl. 8–17 Uhr, www.trendelfindelmundo.com.ar)* von einer Bahnstation acht Kilometer westlich von Ushuaia durch das Tal des Río Pipo bis in den Ostteil des Parks und wieder zurück. ∎

PARQUE NACIONAL TIERRA DEL FUEGO
323 A1/A2
RN 3, 11 km westl. von Ushuaia

Besucherinformation
San Martín 1395, Ushuaia
02901/42 13 15
350 AR$
www.parquesnacionales.gob.ar

DER NORDEN FEUERLANDS

Im Gegensatz zum gebirgigen Süden besteht der Nordteil der feuerländischen Hauptinsel größtenteils aus steppenartigem Grasland mit sanften Hügeln, über das beständig stürmische Winde fegen. Unterbrochen wird die Steppe von Südbuchenwäldchen sowie zahllosen Seen und Forellenflüssen, die Angler aus aller Welt anlocken. An der Atlantikküste liegt Feuerlands größte Stadt Río Grande und im Binnenland am Fuß der Berge der schöne Lago Fagnano.

Die Ortschaft Tolhuin am östlichen Ende des Lago Fagnano

RÍO GRANDE UND UMGEBUNG

Scharfe Winde prägen das Klima an der Atlantikküste bei Río Grande. Die einzige Stadt im Norden von Isla Grande ist ein Verkehrsknotenpunkt. Wer mit dem Bus nach Feuerland kommt, wird hier Station machen und umsteigen müssen, denn sowohl von Río Gallegos oder Punta Arenas (Chile) auf dem Festland als auch von Ushuaia (*212 km im SW, geteerte RN 3*) führt kaum eine Verbindung über Río Grande hinaus. Zur chilenischen Grenze bei San Sebastián im Nordwesten sind es 92 Kilometer. Río Grande wurde 1921 als Dienstleistungszentrum für die umliegenden Schaffarmen

RÍO GRANDE
323 A2
Besucherinformation

Rosales 350 02964/43 05 16
Mo–Fr 9–20 Uhr
www.riogrande.gob.ar/turismo

Der Lago Fagnano auf Feuerland

gegründet, das Stadtmuseum **Museo Municipal de la Ciudad de Río Grande Virginia Choquintel** *(Alberdi 555, Tel. 02964/43 06 47, Mo–Fr 10–19, Sa 15–19 Uhr)* bietet einen Überblick über die ethnologische Entwicklung der Region. Der Name des Museums erinnert an die 1999 verstorbene letzte Angehörige der Selk'nam (oder Ona), die in der **Misión Salesiana Nuestra Señora de la Candelaria** geboren wurde. Die Missionsstation wurde 1893 von den Salesianern elf Kilometer nördlich der Stadt gegründet. Seit 1897 besteht die Mission am heutigen Standort. Zu dem Ensemble regionaltypischer Gebäude (aus Holz mit Wellblechverkleidung) gehört auch die **Capilla Histórica de Nuestra Señora de la Candelaria**, in der die Ureinwohner unter anderem Religionsunterricht erhielten.

Die Bemühungen der Salesianer, die nomadischen Selk'nam sesshaft zu machen und ihnen eine europäische Lebensweise nahezubringen, stießen beim Schrifsteller Lucas Bridges auf harsche Kritik, der die Missionare verdächtigte, mit den Viehzüchtern gemeinsame Sache zu machen. Er wollte die Traditionen der Ureinwohner erhalten. Weder Bridges noch die Salesianer konnten die Selk'nam wirksam vor der brutalen Verfolgung durch die Farmer sowie vor ungewohnten Krankheiten und Alkoholismus schützen und damit ihren Untergang verhindern.

MISIÓN SALESIANA NUESTRA SEÑORA DE LA CANDELARIA

✉ Ruta 3, Km 2835
☎ 02964/44 61 68

Alle Gebäude der Mission gehören zusammen mit dem **Cementerio Aborigen** (Eingeborenenfriedhof) zum **Museo de Historia, Antropología y Ciencias Naturales Monseñor Fagnano**. Auf dem Friedhof, der gegenüber der Capilla Histórica liegt, sind mehr als 150 Selk'nam begraben. Einige von ihnen waren im originalgetreu erhaltenen **Taller de las Hermanas** (Werkstatt der Schwestern) als Weber ausgebildet worden. Die ursprüngliche **Casa de la Misión** wird gegenwärtig restauriert. Hier bewohnte der Gründer der Mission, José Fagnano (1844–1916), das Erdgeschoss, während die ersten getauften Selk'nam im Obergeschoss untergebracht waren. Die Sammlungen des Museums umfassen unter anderem Pferdekarren und landwirtschaftliche Geräte.

Das Vogelschutzgebiet **Reserva Provincial Costa Atlántica de Tierra del Fuego** erstreckt sich vom Cabo Nombre im Norden über 220 Kilometer bis zum Río Ewan im Süden. Der Südatlantik erreicht hier einen gewaltigen Tidenhub, sodass den Vögeln bei Ebbe riesige Flächen für die Nahrungssuche im Gezeitenbereich zur Verfügung stehen.

LAGO FAGNANO (KAMI)

Der drittgrößte Ort der Isla Grande ist **Tolhuin** (*109 km südlich von Río Grande an der RN 3*) und der einzige Hafen am Ufer des Lago Fagnano. Der an einer geologischen Bruchkante gelegene See reicht im Westen bis nach Chile, wo er in den Seno Almirantazgo entwässert. Feuerlands größtes Binnengewässer ist der südlichste eisfreie See der Erde. In Grenznähe gehören beide Ufer zum Parque Nacional Tierra del Fuego. ■

Tipp

Für Vogelkundler: Die kargen, sandigen und windigen Strände nördlich von Río Grande bis zur Bahía San Sebastián bieten im Südsommer Tausenden Watvögeln Quartier, die vor dem kanadischen Winter nach Süden ausweichen.

NATALIE P. GOODALL
NATIONAL GEOGRAPHIC-EXPERTE

Reise-
informationen

337

Reiseplanung	338–339
Reiselektüre	339
Anreise	339–340
Unterwegs	340–342
Praktische Tipps	342–343
Geld	343
Kommunikation	344–346
Im Notfall	346
Gesundheit	347
Hotels und Restaurants	348–381
Einkaufen	382–384
Unterhaltung	385–387
Aktivitäten	388–391

‹ Die ultimative Erfahrung – mit Schlauchbooten unter die Wasserfälle

REISEINFORMATIONEN

REISEPLANUNG

REISEZEIT

In einem Land von der Größe Argentiniens, das sich von den tropischen Breitengraden an der brasilianischen Grenze bis in subantarktische Regionen auf der Insel Tierra del Fuego erstreckt, gibt es naturgemäß keine beste Reisezeit. Bei jeder Planung sollte man allerdings berücksichtigen, dass auf der Südhalbkugel die Jahreszeiten denen in Europa entgegengesetzt sind: Im Januar und Februar herrscht in Argentinien Hochsommer, im Juli und August Winter. In diesen Monaten machen die meisten Argentinier auch selbst Urlaub, entsprechend ausgebucht sind die Haupturlaubsdestinationen.

Buenos Aires ist zu jeder Jahreszeit attraktiv. Die Winter sind hier mild, im Sommer kann es aber heiß und feucht sein. Im Frühjahr und Herbst herrscht meist ideales Wetter, der Kulturkalender ist gefüllt mit attraktiven Events. Auch die Pampa kann das ganze Jahr über besucht werden, die Atlantik-Badeorte schließen hingegen größtenteils im Winter. Wie in Buenos Aires und in der Pampa kann es auch in den Provinzen Mesopotamiens und im Chaco während des Sommers sehr heiß werden. Sehenswürdigkeiten wie die Iguazú-Fälle ziehen aber zu jeder Jahreszeit Besucher an.

In den hoch gelegenen roten Felswüsten im Nordwesten der Anden können die Sommer heiß werden, dank der Höhe kühlt es nachts fast immer ab. Der Sommer ist aber gleichzeitig Regenzeit, weshalb manche der sehenswertesten Destinationen dann wegen Überflutungen nur eingeschränkt oder womöglich gar nicht zu erreichen sind. Der Winter – zugleich Trockenzeit – ist die beste Jahreszeit für einen Besuch, auch wenn dann die Tage kürzer sind und die Nächte an den höchsten Orten schon mal sehr kalt werden können.

Auch Cuyo erlebt heiße Sommer, die in den Wüstengebieten sogar gefährlich werden können, dagegen herrscht auf den Bergen der Provinz Mendoza perfektes Sommerwetter – vor allem für Bergsteiger, die sich die Erklimmung des Aconcagua vorgenommen haben. Mendozas Weinanbaugebiete sind vor allem im März und April, während der herbstlichen Weinlese, ein lohnendes Reiseziel, haben aber auch im Frühling ihre Reize. Im Winter bietet die Region von Las Leñas unweit von Malargüe die besten Skibedingungen des Landes.

Patagonien ist ein besonderer Fall: Viele der Hauptsehenswürdigkeiten wie den Glaciar Moreno sollte man am besten im Sommer besuchen, wenn die langen Tage ideal für Aktivitäten im Freien sind. Wer vor allem Tiere beobachten will, z. B. auf der Península Valdés, trifft im Sommer dort Pinguine an und von Juni bis Dezember Wale.

Tierra del Fuego – das Tor zur Antarktis – ist ebenfalls in erster Linie eine Sommerdestination, es gibt aber auch eine winterliche Skisaison.

NICHT VERGESSEN

Angesichts der Größe des Landes und der ganz unterschiedlichen Landschaften und Klimagegebenheiten ist es nicht ganz einfach, die richtige Kleidung einzupacken. In den höchsten Andengebieten kann es selbst im Sommer empfindlich kalt oder gar frostig werden, entsprechend sollte man einen warmen Pullover, eine warme Jacke und Regenbekleidung mitnehmen. In Buenos Aires darf für den Besuch der Oper oder eines Symphoniekonzerts festliche Kleidung nicht fehlen – viele sehr schicke Restaurants sind dagegen erstaunlich großzügig in ihren Kleidervorschriften.

Generell empfiehlt sich ein kompaktes, leichtes, strapazierfähiges Gepäckstück, da dies in Bussen oder Flugzeugen häufig nicht gerade pfleglich behandelt wird. Auch ein gutes Schloss schadet nicht, wenngleich sich Diebstähle in Grenzen halten. Ein Geldgurt oder eine Geldtasche unter dem Hemd für wichtige Dokumente und Bargeld ist aber in jedem Fall sinnvoll.

VERSICHERUNGEN

Eine Reiseversicherung ist immer eine gute Investition. In Europa bieten viele Versicherer entsprechende Policen an.

EINREISEBESTIMMUNGEN

Für Deutsche, Österreicher und Schweizer genügen ein (bei der Einreise noch drei Monate gültiger) Reisepass und ein Rückflugticket. Touristen dürfen sich 90 Tage ohne Visum im Land aufhalten, eine Touristenkarte wird bei der Ankunft ausgegeben und kann bei der Dirección Nacional de Migraciones *(Avenida Antártida Argentina 1355, Buenos Aires, Tel. 011/43 17 02 34, www.migraciones. gov.ar)* oder bei den Vertretungen der Policía Federal in den Provinzen verlängert werden. Seit Mai 2012 gelten neue Bestimmungen für die Einreise nach Argentinien. Von jedem Reisenden werden am Einreiseflughafen/Seehafen die Fingerabdrücke digital eingescannt und ein digitales Porträtfoto erstellt.

REISELEKTÜRE

Argentina 1516-1987: From Spanish Colonization to Alfonsín (1987) von David Rock. Umfassender Überblick über die historischen Ereignisse von den ersten Tagen über die Zeiten der Diktatur bis zur Rückkehr zur Demokratie.

The Argentina Reader« (2002) von Gabriela Nouzeilles und Graciela Montaldo (Hrsg.). Ein Grundlagenwerk über die argentinische Geschichte, Kultur und Politik – mit Auszügen aus den ersten Chroniken und aus den Werken vieler argentinischer Literaten und Gelehrter.

Buenos Aires: A Cultural and Literary Companion (1999) von Jason Wilson. Literarische Texte und Essays über die argentinische Hauptstadt aus der Feder argentinischer und ausländischer Autoren.

Reiseziel Che Guevara: Mit dem Motorrad durch Lateinamerika (2005) von Patrick Symmes.

Fast ein halbes Jahrhundert später wiederholte Symmes die Reise, die Che Guevara 1952 durch Argentinien, Chile und Peru führte – und erlebte beinahe genauso viele Pannen.

Cowboys of the Americas (1990) von Richard Slatta ist eine opulent illustrierte Beschreibung der Cowboys auf dem amerikanischen Kontinent mit umfangreichem Material über die argentinischen Gauchos.

Das magische Gefühl, unverwundbar zu sein: Das Tagebuch der Lateinamerika-Reise 1953-1956 (Originalausgabe 1995) von Ernesto Che Guevara. Das epische Tagebuch des jungen Medizinstudenten, der zum Helden der kubanischen Revolution wurde. Das Buch war Vorlage für den Kinofilm.

Der General findet keine Ruhe (1999) von Tomás Eloy Martínez. Eine fiktive Biografie, die aber auf den Interviews des Autors mit Perón beruht.

The Return of Eva Perón (1980) von V. S. Naipaul. Boshafte, ehrliche Beschreibung der argentinischen Gesellschaft während der dunkelsten Tage der Militärdiktatur.

Santa Evita (1997) von Tomás Eloy Martínez. Fiktionale Beschreibung von Eva Perón und ihrem Leben nach dem Tod. Dabei reist ihr Körper von Buenos Aires nach Italien und Spanien und wieder zurück.

The Voyage of the Beagle, 1839, von Charles Darwin ist in vielen Ausgaben erhältlich und vielleicht einer der eindrucksvollsten Reiseberichte, die je geschrieben wurden. Darwin beschreibt dabei seine Beobachtungen über Bewohner, Pflanzen und Tiere und sogar Politik in Buenos Aires, der Pampa, Patagonien und Feuerland.

ANREISE

MIT DEM FLUGZEUG

Die meisten Flugzeuge landen auf dem Aeropuerto Internacional Ministro Pistarini *(Tel. 011/54 80 61 11),* besser bekannt als »Ezeiza«. Er liegt 30 km südwestlich der

Hauptstadt. Die meisten Flüge aus Uruguay landen am Aeroparque Jorge Newbery *(Tel. 011/54 80 61 11)* im Viertel Palermo.
Die Webseite für alle argentinischen Flughäfen ist www.aa2000.com.ar
Aerolíneas Argentinas *(Tel. 0800/096 97 47, www.aerolineas.com.ar)* fliegt einige europäische Ziele an, meist in Spanien und Italien. **LATAM** *(Tel. 0800/627 09 76, www.latam.com)* fliegt 115 Ziele in ganz Lateinamerika an. Von Europa aus werden Buenos Aires von London, Madrid, Paris, Rom, Amsterdam, Frankfurt und Zürich direkt angeflogen.

AUF DEM SEEWEG
Von November bis April haben viele Kreuzfahrtanbieter Argentinien in ihrem Programm, oft umrundet die Fahrt Kap Hoorn mit Start entweder in Brasilien oder Buenos Aires zur Weiterfahrt nach Chile.

GRUPPENREISEN
Die meisten Gruppenreisen führen zu den drei großen Highlights des Landes – Buenos Aires, Iguazú-Fälle und Glaciar Moreno – oder bieten Outdoor-Aktivitäten in Patagonien an. Es gibt aber auch Reisen mit thematischem Schwerpunkt, z. B. Tango oder Wein. Die Bandbreite an Anbietern ist groß.

UNTERWEGS

IN BUENOS AIRES
Ein vorbildliches System ist das der Tarjeta *(Sube, Tel. 0800/777 78 23, www.sube.gob.ar)*, die man in vielen Kiosken und an den U-Bahn-Stationen kaufen kann. Die aufladbare Karte ermöglicht die Fahrt mit dem gesamten öffentlichen Nahverkehr.
Mit dem Bus: *Colectivos* – Stadtbusse – fahren Tag und Nacht durch die Stadt und ihre Vororte. Die Tarife variieren nur geringfügig, meist kostet eine Fahrt um die 6–7 AR$ (ca. 0,30 €). An Zeitungskiosken wird der *Guía T* verkauft, ein Büchlein, in dem sämtliche Buslinien verzeichnet sind. Eine bessere Hilfe im Großstadtdschungel ist aber die App »Como llego«, die auf allen gängigen Handymodellen läuft.
Die Flughafenbusse nach Ezeiza kosten 220 AR$ (ca. 11 €) und werden von der Firma Manuel Tienda León *(Tel. 011/43 14 36 36, www.tiendaleon.com.ar)* betrieben.
Mit der U-Bahn: Buenos Aires ist dabei, sein nun fast 100 Jahre altes U-Bahn-Netz zu erweitern. Betreiber ist Metrovías *(www.buenosaires.gob.ar/subte)*. Die Tarife liegen auf dem Niveau der Bustickets, dafür fahren die Züge Mo–Sa nur 5–22.30 und So 8–22 Uhr. Die Subte ist auch Ort für viele künstlerische Darbietungen.
Mit dem Taxi: Die schwarz-gelben Taxis leisten einen wichtigen Beitrag im Verkehrssystem. Aus Sicherheitsgründen sollte man ein Funktaxi bestellen. Überfälle kommen vor – wenn auch eher selten. Viele Hotels und Restaurants rufen ein Taxi für ihre Gäste. Der Grundtarif liegt bei 27,70 AR$ (ca. 1,35 €) plus 2,77 AR$ für alle weiteren 200 m. Taxis ohne Taxameter werden als *remises* bezeichnet und können ebenfalls telefonisch angefordert werden. Sie arbeiten mit Festpreisen, die vorab vereinbart werden müssen. Sowohl Funktaxis als auch *remises* verlangen für die Fahrt vom Zentrum zum Flughafen Ezeiza 720 AR$ (35 €), in der Gegenrichtung werden 620 AR$ (30 €) verlangt.

IN ARGENTIEN
Mit dem Flugzeug: Die meisten Inlandsflüge starten am Aeroparque Jorge Newbery *(Tel. 0810/22 28 652)*. Die nationale Fluglinie **Aerolíneas Argentinas** *(Tel. 0800/096 97 47, www.aerolineas.com.ar)* bietet zwar viele Flugverbindungen an, hat aber nicht den besten Ruf, was die Zuverlässigkeit des Services angeht. **LATAM** *(Tel. 0800/627 09 76, www.latam.com)* bietet mehr Flüge an und ist zuverlässiger. **Andes Líneas Aéreas** *(Tel. 0810/777 26 33, www.andesonline.com)* bedient vor allem den Nordwesten, Bariloche und Puerto Madryn.

Mit dem Bus: Busse mit Zielen im ganzen Land starten in Retiro vom Busbahnhof Estación Terminal de Ómnibus *(Avenida Ramos Mejía 1680, Tel. 011/43 10 07 00, www.tebasa.com.ar)*. Viele private Busgesellschaften liefern sich auf den Hauptrouten einen harten Wettbewerb. Sie bieten Pullman-Busse, *semicama* (Schlafsitze) oder *coche cama* (Schlafwagen), die meist nur unwesentlich teurer sind. Alle Sitze sind verstellbar, aber die *Coche-cama*-Sitze lassen sich fast in die Horizontale verstellen und sind natürlich auf Langstrecken sehr komfortabel. Reservierungen sind nur in der Hauptferienzeit notwendig.

Mit dem Auto: Wer ein Auto mieten will, muss 21 Jahre alt sein und beim Anmieten seinen Reisepass und seinen Führerschein vorzeigen. Der Führerschein muss seit mindestens einem Jahr gültig sein. Fahrer unter 25 müssen zudem mit einer Jungfahrer-Gebühr rechnen. Offiziell ist ein Internationaler Führerschein notwendig, in der Praxis verlangen aber die wenigsten Mietwagenfirmen und Polizisten den Internationalen Schein. Notwendig sind außerdem eine Kreditkarte und eine Kaskoversicherung, meist muss man aber im Schadensfall trotzdem ein paar hundert Dollar selbst bezahlen. Die für Offroad-Fahrten gern gemieteten Allradwagen *(doble tracción* oder *cuatro por cuatro)* sind eigentlich nur selten wirklich notwendig. Mietwagen dürfen unter bestimmten Bedingungen auch nach Chile überführt werden, aber nur mit ausdrücklicher, notariell beglaubigter Genehmigung der Mietwagenfirma – und zusätzlichen Gebühren.

Ein Mietwagen ist in Buenos Aires eigentlich überflüssig: Der öffentliche Nahverkehr ist hervorragend ausgebaut, der Verkehr auf den Straßen ist abenteuerlich, die Parkmöglichkeiten sind begrenzt. Wer aber in die Provinzen reist und gern abseits der Hauptstraßen unterwegs ist, für den kann ein Mietwagen durchaus interessant sein. Die Hauptstraßen sind meist in gutem Zustand, aber Nebenstraßen sind häufig ungeteert. Vor allem in Patagonien muss man mit Vieh und Wildtieren auf den Straßen rechnen. Viele Argentinier sind rücksichtslose Autofahrer – die Zahl der Verkehrstoten ist eine der höchsten auf dem südamerikanischen Kontinent.

Argentiniens Schnellstraßen heißen entweder Rutas Nacionales (abgekürzt RN) oder Rutas Provinciales (RP). Die Geschwindigkeitsbegrenzungen liegen bei 110 km/h auf den meisten Schnellstraßen und bei 130 km/h auf vierspurigen Schnellstraßen. Doch diese Beschränkungen werden genauso gern ignoriert wie die Helmpflicht für Motorradfahrer.

Das Anmieten von Camping- und Wohnwagen ist über **Motor Home Time** *(Tel. 011/42 57 77 09, Mo–Fr 9–18, Sa 9–13 Uhr, www.motorhometime.com)* möglich.

Mit dem Zug: Von Buenos Aires (Bahnhof Retiro) fahren jeweils zweimal wöchentlich Züge von Satelite Ferroviario *(www.sateliteferroviario.com.ar)* über Rosario nach Córdoba und nach Tucumán. Eine schöne Alternative, um ins Tigre-Delta oder von dort zurück nach Buenos Aires zu fahren, sind die Vorortzüge des **Tren de la Costa** *(www.trendelacosta.com.ar)*.

Ferrobaires *(www.ferrobaires.gba.gov.ar)* fährt sehr langsam und eher unkomfortabel mehrmals wöchentlich ab dem Bahnhof Constitución in Buenos Aires nach Mar del Plata sowie nach Bahía Blanca und Carmen de Partagonés, allerdings ist der Zugverkehr seit Ende 2017 vorübergehend eingestellt. Recht komfortabel ist der **Tren Patagónico** *(www.trenpatagonico-sa.com.ar)*, der von Viedma an der Atlantikküste quer durch Patagonien bis nach San Carlos de Bariloche fährt. Ein Highlight für Eisenbahnfans sind der spektakuläre **Tren a las Nubes** *(www.trenalasnubes.com.ar)* von Salta hinauf in die Wolken sowie der von Paul Theroux als »Alter Patagonienexpress« berühmt gewordene Dampfzug **La Trochita** *(www.latrochita.patagoniaexpress.com)*. Die Schmalspurbahn befährt noch eine kleine Strecke zwischen Esquel und Ingeniero Jacobacci für Touristen. Am Ende der Welt fährt die touristische Schmalspur-Bimmelbahn **Tren del Fin del Mundo** *(www.trendelfindelmundo.com.ar)* von Ushuaia in den Nationalpark Tierra del Fuego.

REISEBÜROS FÜR ABENTEUERTOUREN

Argentinien hat etliche Reiseagenturen mit gutem Ruf, einige haben sich auf Outdoor-Aktivitäten spezialisiert, dazu zählen:
Aymara Travel *(España 735, Mendoza, Tel. 0261/420 20 64, www.aymaramendoza.com.ar)*. Bekannt für seine Touren zum Aconcagua, aber auch für Fahrten zu den Weingütern von Cuyo.
Meridies *(Tel. 02944/51 20 73, www.xplorebariloche.com)*. Einfache und anspruchsvolle Abenteuertouren in und um Bariloche, aber auch in andere Teile des Landes.
Sendero Sur *(Tel. 0297/15/458 76 21, www.senderosur.com.ar)*. Spezialisiert auf Radtouren und Wanderungen sowie Aufenthalte auf Ranches in Patagonien.

PRAKTISCHE TIPPS

ALKOHOLGESETZE

Das Trinken von Alkohol ist ab 18 Jahren in vielen Provinzen erlaubt, das Fahren mit Alkohol im Blut ist verboten.

BESUCHERINFORMATIONEN

Das staatliche Fremdenverkehrsamt ist das Secretaría de Turismo de la Nación *(www.turismo.gov.ar)*.

Tourismusinformationen Buenos Aires
www.turismo.buenosaires.gob.ar

Botschaft der Republik Argentinien
Kleiststraße 23–26, 10787 Berlin
Tel. 030/22 66 89 20, Mo–Fr 9–15 Uhr
www.ealem.mrecic.gov.ar

Ministerio de Turismo
Av. Santa Fe 883
011/43 12 22 32
oder gratis 0800/555 00 16
Mo–Fr 9–17 Uhr

Die Administración de Parques Nacionales *(Avenida Santa Fe 690, Buenos Aires, Tel. 011/43 11 03 03, www.parquesnacionales.gov.ar)* verwaltet die argentinischen Nationalparks und verteilt Informationen. Private Parkverwaltungen in den Provinzen bieten sehr gut aufbereitete und aktuelle Informationen über ihre eigenen Schutzgebiete.

EINRICHTUNGEN FÜR BEHINDERTE

Mit seinen engen, kaputten Bürgersteigen und den aggressiven Autofahrern ist Buenos Aires für Rollstuhlfahrer ein Alptraum – in den Provinzstädten geht es nicht viel besser zu. Trotzdem wurden inzwischen viele Straßenecken abgesenkt, damit Rollstuhlfahrer leichter die Straße überqueren können – vorausgesetzt, die Autofahrer halten an.
Einige wenige Busse sind auf Rollstuhlfahrer eingestellt, einige U-Bahn-Stationen verfügen über Aufzüge, sie sind aber eher die Ausnahme. Viele gehobene Hotels haben explizit für Behinderte eingerichtete Gästezimmer oder Suiten.
Die folgenden Agenturen können behinderte Reisende auf Anfrage mit Informationen unterstützen:
Gimp on the Go *(www.gimponthego.com)*. Ein übers Internet verbreiteter Newsletter und ein Forum für behinderte Reisende.

ELEKTRIZITÄT

In Argentinien beträgt die Stromspannung überall 220 Volt (50 Hertz). Die alten Steckdosen sind für Stecker mit zwei runden Stiften ausgerüstet, neuere Steckdosen für Stecker mit drei flachen Stiften in Form eines Dreiecks. Manche Steckdosen funktionieren mit beiden Systemen. Zur Sicherheit sollte man international verwendbare Adapter mitnehmen oder solche in der Hauptstadt kaufen. Auf dem Land sind Adapter schwieriger zu bekommen. Für manche Geräte braucht man einen Transformator.

FEIERTAGE
Neben Weihnachten, Neujahr und Ostern werden im Land noch die folgenden nationalen Feiertage begangen:
1. Mai – Tag der Arbeit
Feb./März – Rosenmontag/Faschingsdienstag
24. März – Nationaler Tag der Erinnerung an Recht und Gerechtigkeit
2. April – Tag der Veteranen und Gefallenen des Falklandkrieges
25. Mai – Jahrestag der Revolution von 1810
20. Juni (oder 3. Montag) – Nationaler Tag der Flagge
9. Juli – Unabhängigkeitstag
17. August (oder 3. Montag) – Todestag von General José de Martín
12. Oktober (oder nächster Montag) – Kolumbustag
8. Dezember – Tag der unbefleckten Empfängnis
Viele touristische Sehenswürdigkeiten und Servicestellen haben an diesen Tagen geöffnet, Banken und die Verwaltung bleiben geschlossen.

GEBETSSTÄTTEN/RELIGION
Viele Orte besitzen zumindest eine katholische Kirche, die protestantischen Kirchen sind allerdings – mit Ausnahme von Buenos Aires und anderen Großstädten – meist Kirchen fundamentalistischer Evangelikaler. In Buenos Aires gibt es u. a. eine Moschee, eine Synagoge und eine russisch-orthodoxe Kirche. Touristeninformationen und die führenden Hotels können auf Anfrage einen nahe gelegenen Ort zum Beten benennen.

GELD

WÄHRUNG
Argentiniens offizielle Währung ist der Peso (AR$). 1 Peso entspricht 100 Centavos. In Buenos Aires und vielen anderen Touristenregionen werden US$ (nur Scheine) fast immer als Zahlungsmittel akzeptiert, meist auch der Euro.
In Buenos Aires und einigen weiteren Großstädten gibt es *casas de cambio* (Wechselstuben), Banken wechseln i. d. R. nur, wenn man bei ihnen Kunde ist. Nicht völlig risikolos sind die semi-legalen Geldwechsler in den Fußgängerzonen, die dort seit Jahren ihre Dienste anbieten. Es bleibt dort nicht ausgeschlossen, dass einmal eine gefälschte Banknote in den Stapel gerät.
Wer in abgelegene Gebiete wie Patagonien oder Teile der Nordwestlichen Anden reist, sollte ausreichend Bargeld mitnehmen, da es dort weniger Geldautomaten gibt und es mitunter auch vorkommen kann, dass sie leer sind.

GELDAUTOMATEN
Viele Banken haben 24 Stunden zugängliche Geldautomaten. Wer sie während der regulären Banköffnungszeiten nutzt, kann bei Problemen gleich auf Hilfe hoffen (z. B. beim Einziehen der Karte). In armen Vierteln und in dunklen Ecken sollte man Geldautomaten wegen der Gefahr der Kleinkriminalität nicht nutzen.

KREDITKARTEN
Kreditkarten *(tarjetas de crédito)* sind weit verbreitet. Visa und MasterCard sowie American Express sind die am häufigsten akzeptierten Karten. In abgelegenen Gegenden ist Bargeld aber das einzige Zahlungsmittel.

KOMMUNIKATION

POSTÄMTER

Ein Brief nach Europa kostet um die 17 Pesos. Grundsätzlich sollte man nichts Wertvolles verschicken, da Diebstahl weit verbreitet ist. Nach Europa muss man mit einer Zustellzeit von zwei Wochen rechnen. Express-Briefe haben sich nicht bewährt, wer eine Eilzustellung braucht oder wichtige Dokumente verschicken muss, sollte auf FedEx oder vergleichbare internationale Kurierdienste zurückgreifen.

TELEFON UND TELEFONIEREN

Wie in Europa gibt es nicht mehr viele öffentliche Telefone, aber noch einige *locutorios* und Kioske, die neben Internetplätzen auch Telefonkabinen haben. Günstiger ist natürlich Online-Telefonie über einen Anbieter wie Skype. Für mobiles Telefonieren und Surfen kann man sich für wenige Pesos eine Chipkarte an einem Kiosk kaufen.

Hotels verlangen oft sehr hohe Gebühren für Telefongespräche vom Apparat im Zimmer aus.

Für Direktgespräche nach Europa wählt man zunächst den jeweiligen Ländercode (0049 für D, 0043 für A und 0041 für CH) und dann die Vorwahlnummer (ohne 0) sowie den Teilnehmeranschluss.

Von Europa aus ist die Ländervorwahl für Argentinien die 0054. Wer innerhalb des Landes von einer Region in die andere anruft, muss die 0 und den Regionscode wählen (z. B. 011 für Buenos Aires), vom Ausland entfällt die 0 des Regionscodes.

Alle Handynummern in Argentinien beginnen mit der Vorwahl 15. In Buenos Aires sind die Handynummern achtstellig, in den Provinzstädten auch kürzer. Wer von einer Region in die andere anruft, muss den Regionscode, die Handyvorwahl und die Teilnehmernummer wählen. Wer aus dem Ausland anruft, wählt die 0054 + 9 + Regionscode (ohne 0) + Teilnehmernummer (ohne Vorwahl 15).

INTERNET: WLAN (WIFI)

Freies WLAN, in Südamerika WiFi genannt, ist verbreiteter als in Europa. Teilweise verfügen sogar ganze Städte wie San Luis über öffentliches Netz.

In Buenos Aires funktioniert es übrigens am Obelisken einwandfrei.

MEDIEN

Zeitungen und Magazine: Anders als in Deutschland ist die meistverkaufte Tageszeitung kein Boulevardblatt, sondern mit *El Clarín* eine Zeitung mit Format.

La Nación liegt etwas rechts von der Mitte, die politische Ausrichtung betrifft aber nicht die Reportagen und vor allem nicht den hervorragenden Kulturteil. Bei der Boulevardzeitung *Página 12* (links von der Mitte) spielen Berichte eine untergeordnete Rolle. *Crónica*, eine reißerische Boulevardzeitung, gelingt problemlos politische Neutralität. Dafür gibt es umso mehr Blut zu sehen. *Noticias* ist eine Art Pendant zu *Time* oder *Newsweek*.

Fernsehen: Das Fernsehen erreicht auch den letzten Winkel des Landes – kein Hotelzimmer ohne Kabelfernsehen. Internationale Nachrichten sind gut vertreten, CNN und BBC für englischsprachige Kanäle, aber auch Deutsche Welle TV ist dabei.

ÖFFNUNGSZEITEN

In Buenos Aires haben Behörden Mo–Fr nachmittags geöffnet. Viele Einzelhandelsgeschäfte öffnen um 9 oder 10 Uhr und schließen gegen 20 Uhr. Banken haben von 10 bis 15 Uhr geöffnet, Einkaufszentren (Malls), Supermärkte und Souvenirshops bleiben abends länger geöffnet. In den Provinzen schließen viele Geschäfte über Mittag für einige Stunden und sind dann aber bis 20 oder 21 Uhr offen.

RAUCHEN

Viele Argentinier sind starke Raucher. 2006 erließ die Stadtverwaltung von Buenos Aires eine Antiraucher-Verordnung, die in Restaurants, Bars und öffentlichen Gebäuden gut angenommen wurde. Die Regeln erlauben das Rauchen in Patios und auf Sitzgelegenheiten auf Bürgersteigen. In Innenräumen ist die Luftqualität seither spürbar besser geworden. Die Provinzen sind diesem Gesetz gefolgt.

SITTEN UND GEBRÄUCHE

Argentiniens Gesellschaft gilt als sehr europäisch beeinflusst. Wie die USA ist Argentinien ein Einwanderungsland mit einer sehr heterogenen Zusammensetzung von Zuwanderern aus aller Welt. Eine indigene Bevölkerung findet man noch in den nordwestlichen Anden, in Mesopotamien, im Chaco und in Patagonien – zwischen ihrem und dem Lebensstil der Städter liegen allerdings Welten.

Argentinier sind in der Regel sehr höflich gegenüber Ausländern und sprechen sie mit dem formellen *usted* (Sie) an, sind aber auch sehr gesellig und verfallen schon nach kürzester Zeit in die familiäre Form des Du (*vos*). Darin unterscheiden sie sich vom restlichen Lateinamerika, wo man *tú* sagt. Unter den Lateinamerikanern gelten sie oft als arrogant, besonders die *porteños*, die Hauptstädter, stehen in diesem Ruf.

Bei der Begrüßung sagt man *buenos días* (Guten Morgen, Guten Tag), *buenas tardes* (Guten Tag) und *buenas noches* (Guten Abend). *Hola* (Hallo) ist eigentlich nur am Telefon üblich. Unbekannte Erwachsene werden als *Señor* (Herr), *Señora* (Frau) oder *Señorita* (Fräulein) angesprochen. Das verehrende *Don* (bei Männern) und *Doña* (bei Frauen) ist in Buenos Aires unüblich, wird aber in den Provinzhauptstädten und in ländlichen Gebieten immer noch häufig als eine Form der Respekterweisung verwendet. Argentinier sind gegenüber Familien mit Kindern sehr offen.

Argentinien war wie alle südamerikanischen Länder eine Macho-Gesellschaft, doch in den letzten Jahren haben auch Frauen ihren Weg in die Politik und ins Berufsleben gefunden – die ehemalige Präsidentin Cristina Fernández de Kirchner ist das beste Beispiel dafür. Doch noch immer müssen Frauen mit unangebrachtem Verhalten seitens der Männer rechnen – meist in Form von verbalen, leicht sexistischen Äußerungen (*piropos*).

Auf der anderen Seite sind die Argentinier mehr und mehr bereit, homosexuelle Lebensformen zu akzeptieren; Buenos Aires zählt zu den schwulenfreundlichsten Städten weltweit.

Viele Argentinier haben keine Probleme, sich fotografieren zu lassen, doch bei den Kolla im Nordwesten, den Mapuche in Patagonien und bei anderen indigenen Stämmen sollte man auf jeden Fall auf das ungefragte Fotografieren einer Person verzichten. Ebenso solle man nie fotografieren, wenn etwas nach einem politischen Protest aussieht: Viele Demonstranten vermuten hinter Leuten mit Kameras die Polizei, die auf diese Weise an Personendaten kommen will. Im Zweifelsfall lieber auf einen Schnappschuss verzichten.

Außerhalb der Haupttourismusgebiete und Geschäftszentren kann es problematisch werden, mit Englisch weiterzukommen, deshalb empfiehlt es sich, ein paar Vokabeln Spanisch zu üben.

In der Geschäftswelt geht es etwas formeller zu, doch hier sind neben den fachlichen Qualitäten auch soziale Kompetenzen gefragt. Themen wie die Familie sind wichtige Gesprächsthemen beim Kennenlernen eines potenziellen Geschäftspartners.

Die Sommermonate Januar und Februar sind ungünstig für Geschäftsreisen, da die Argentinier zu dieser Zeit ihren Sommerurlaub nehmen.

TOILETTEN

Es gibt nur wenige öffentliche *baños* (Toiletten), aber Restaurants, Bars und Busbahnhöfe verfügen über Toiletten, wenn auch in unterschiedlichem hygienischen Zustand. Toilettenpapier fehlt häufig, jeder sollte sich ausreichend Papier für seinen eigenen Bedarf mitnehmen.

TRINKGELD
In der Regel werden 10 Prozent Trinkgeld in Restaurants erwartet. Wenn der Service schlecht ist, darf man auch weniger geben. In kleinen Lokalen und Imbissbuden ist ein Trinkgeld nicht nötig. Taxifahrer erwarten kein Trinkgeld und runden oft sogar den Fahrpreis ab, um kein Wechselgeld rausgeben zu müssen. Reiseführer/Guides erwarten ein Trinkgeld, weil sie davon leben, denn oft bekommen sie nur ein sehr schmales Basishonorar.

ZEITZONEN
Argentinien liegt vier Stunden hinter der Mitteleuropäischen Zeit (MEZ).

IM NOTFALL

SICHERHEIT
Leider sind die Krisen der vergangenen Jahre nicht spurlos an der Gesellschaft vorbeigegangen. Kleinere Diebstähle passieren rund um die Uhr. Das Einzige, das wirksam dagegen hilft, ist Aufmerksamkeit. Vorbeugend sollte man wie überall auf der Welt darauf verzichten, Wertsachen offen zu zeigen. In Städten sollte man vor allem in Menschenansammlungen auf Taschendiebe und Handtaschenräuber achten und Rucksack oder Tasche nach vorne nehmen.
Am besten lässt man Wertsachen im abgeschlossenen Hotelsafe. In Autos sollte generell kein Gepäck zurückgelassen werden. Große Geldsummen sollte man gar nicht mit sich herumtragen (oder wenn, dann nicht öffentlich zeigen) und Reisepass und Kreditkarten verdeckt am Körper tragen. Bei einem Diebstahl diesen sofort der Polizei oder dem Hotel melden, die Versicherung verlangt für die Erstattung ein polizeiliches Protokoll. Buenos Aires unterhält eine Polizeiwache, die für alle Touristen betreffende Fälle zuständig ist: das Comisaria del Turista *(Avenida Corrientes 436, Tel. 011/43 46 57 48 oder 0800/999 50 00, E-Mail: turista@policiafederal.gov.ar).*

BOTSCHAFTEN UND KONSULAT IN BUENOS AIRES
Deutschland *Calle Villanueva 1055, 1426 Buenos Aires; Mo–Fr 8.30–11 Uhr Tel. 011/47 78 25 00; www.buenos-aires.diplo.de; www.auswaertiges-amt.de*
Österreich *Calle French 3671, 1425 Buenos Aires; Tel. 011/48 09 58 00, www.bmeia.gv.at*
Schweiz *Av. Santa Fe 846, 12. Stock, Mo–Fr 9–12 Uhr, 1059 Buenos Aires; Tel. 011/43 11 64 91, www.eda.admin.ch/buenosaires*

NOTFALLNUMMERN
Die meisten (aber nicht alle) Städte und Gemeinden haben die folgenden Notfallnummern:
Feuerwehr (bomberos): Tel. 100
Polizei (policía): Tel. 101 und 911
Krankenwagen (ambulancia): Tel. 107
In Buenos Aires wird der Krankentransport vom Servicio de Atención Médica de Emergencia oder SAME *(Tel. 107)* durchgeführt, entsprechende Dienstleister finden sich auch in den Provinzstädten. Eine Erstversorgung ist in den öffentlichen Krankenhäusern gratis oder sehr günstig, aber alles geht sehr langsam vonstatten.

IM FALL EINES AUTOUNFALLS
Bei einem Autounfall sollte man das eigene Auto nicht bewegen und auch den Unfallgegner davon überzeugen, sein Fahrzeug stehen zu lassen.
Unbedingt sollte man das Kennzeichen und die Nummer der *cédula* (offizieller Personalausweis) aller Beteiligten aufschreiben. Anschließend die Polizei rufen und ihre Ankunft abwarten und dann auf jeden Fall auf einem Polizeibericht bestehen. Wenn jemand ernsthaft verletzt wurde, sollte man unbedingt die Botschaft verständigen.

GESUNDHEIT

Viele Städte besitzen Krankenhäuser und Kliniken, diejenigen in Buenos Aires und den Großstädten arbeiten meist nach internationalem Standard. Spezialkliniken sind eher selten zu finden; wenn, dann haben sie in der Regel auch englischsprachiges Personal. Das **Instituto Fleni** *(Montañeses 2325, Belgrano, Tel. 011/57 77 32 00, www.fleni.org.ar)* hat sich z. B. auf Neurologie, Orthopädie und Kinderheilkunde spezialisiert. Die **Fundación Favaloro** *(Avenida Belgrano 1746, Tel. 011/43 78 12 00, www.fundacionfavaloro.org)* ist spezialisiert auf Kardiologie. Das **Hospital Alemán** in Recoleta *(Pueyrredón 1640, Tel. 011/48 27 70 00)* ist ein deutsches Privatkrankenhaus, das als eines der besten in Buenos Aires gilt. Eine Reisekrankenversicherung deckt alle Notfälle ab und übernimmt Krankenhauskosten. Auch ein Rücktransport im medizinischen Notfall sollte in der Police enthalten sein.

Leitungswasser sollte nicht bedenkenlos getrunken werden. Salate und frische Früchte sollten vor dem Verzehr immer gut gewaschen werden.

Denken Sie unbedingt an ausreichenden Sonnenschutz: Im Norden des Landes ist die subtropische Sonne höchst intensiv. In Patagonien wirkt sie besonders gefährlich.

Gegen Dehydrierung hilft viel zu trinken; das ist vor allem in den nördlichen Wüsten- und Hochlandgebieten und in den feuchten Gegenden notwendig.

In nur wenigen Gebieten im Norden besteht die Gefahr von Malaria, ebenso von Gelbfieber und Denguefieber. Besucher der Iguazú-Fälle und der nördlichen Tieflandregion sollten sich gegen Gelbfieber impfen lassen. Mückenschutzmittel sind hilfreich, wenn die Plagegeister überhand nehmen. Verschiedene Arten der Grubenviper *yarará* haben sich von den Subtropen bis in die nördlichen Regionen Patagoniens ausgebreitet. Auf sie sollte man beim Wandern in subtropischen Wäldern und Savannen achten. Bei einem Schlangenbiss müssen in jedem Fall unbedingt sofort medizinische Gegenmaßnahmen ergriffen werden.

HOTELS UND RESTAURANTS

Unterkünfte gibt es in Argentinien in einer erstaunlichen Bandbreite in allen Preisklassen. Viele Regionen des Landes sind allerdings sehr abgelegen, entsprechend gering ist dort das Angebot. Die schöneren Zimmer sind in der Hauptsaison schnell ausgebucht, Gleiches gilt für besondere Events wie das Buenos Aires Tango Festival. Essen zu gehen ist vor allem in der Hauptstadt ein großes Vergnügen; hier findet man einige Restaurants internationaler Spitzenklasse. Doch selbst in Provinzhauptstädten und Urlaubsorten hat sich eine ganz annehmbare Restaurantszene etabliert, die auch die hervorragenden argentinischen Weine führt. In einfachen ländlichen Gebieten beschränkt sich das Angebot meist auf Grillteller, Pizza und Pastagerichte.

ÜBERNACHTUNGEN

Das Land bietet alle Arten an Unterkünften. In der Weltstadt Buenos Aires findet man reihenweise Weltklassehotels mit internationalem Standard. Mal sind es kleine, von Familien geführte Boutique-Hotels, die Intimität und Atmosphäre besitzen, mal sind es internationale Luxushotelketten, die alle gewünschten Annehmlichkeiten bieten. Einige Ketten sind gleich mit mehreren Häusern in Buenos Aires vertreten.

Intercontinental Hotels & Resorts
(Tel. 0800/181 60 68, www.ihg.com)
Marriott International
(Tel. 0800/444 98 46, www.marriott.com)
NH Hotels *(www.nh-hotels.com)*
Sheraton Hotels & Resorts *(Tel. 0800/777 75 55, www.starwoodhotels.com)*
Sofitel Luxury Hotels *(www.sofitel.com)*

Weitaus empfehlenswerter sind allerdings die kleinen Boutique-Hotels, die in Buenos Aires vor Schönheit und Kreativität nur so strotzen. Eine Übersicht gibt es hier: *www.boutiquehotels-buenos-aires.com*. In den Regionen Cuyo, Salta, Bariloche, El Calafate und Ushuaia findet man einige der landesweit besten Unterkünfte, darunter auch kleine B&Bs, Boutique-Weinhotels und Landhotels in modernem Design. Große Küstenorte wie Mar del Plata richten sich mit ihrem Angebot vor allem an das heimische Publikum.

Mittelklassehotels gibt es viele, der Standard ist allerdings ziemlich unterschiedlich. Überall im Land gibt es *estancias* (Ranches, die Gäste aufnehmen) – auch hier mit sehr unterschiedlichem Angebot: Mal handelt es sich um ganz einfache Landgasthöfe, mal um luxuriöse Lodges mit Gourmetküche. Einige haben sich auf Angler oder Reiter spezialisiert. Zelten ist an vielen Stränden und in vielen Nationalparks möglich, einige Großstädte bieten Plätze für Camper. Ferienwohnungen und längerfristige Vermietungen (von Apartments in Buenos Aires bis hin zu Häusern an Seen in Patagonien) sind eine weitere Übernachtungsmöglichkeit. Zwei Anbieter sind **B y T Argentina** *(Tel. 011/45 51 18 91 www.bytargentina.com)* und **Bariloche Vacation Rental** *(www.barilochevacationrental.com)*.

In Budgethotels wird das Thema Sauberkeit sehr unterschiedlich ernst genommen – dort muss man schon mal mit schlechten Matratzen, abblätternder Farbe und kaputten Sanitäreinrichtungen rechnen. Grundsätzlich sollte man sich persönlich davon überzeugen, dass Fenster und Türen zuverlässig schließen. Nicht zu empfehlen sind *hoteles alojamiento*, die auch schon mal unter dem Namen *albergues transitorios* oder *telos* firmieren: Sie werden vor allem für erotische Treffen gemietet.

Wenn nicht anders angeben, haben die vorgestellten Hotels Zimmer mit eigenem Bad und sind das ganze Jahr über geöffnet. Mit

Ausnahme von Buenos Aires, wo die Zimmertarife im Januar und Februar leicht fallen, steigen die Preise im Sommer, teilweise sogar beträchtlich. In Mittelklasse- und Budgethotels sollte man sich mehrere Zimmer zeigen lassen, oft gilt für ganz unterschiedlich ausgestattete Zimmer der gleiche Preis. **Wichtig:** Seit 2017 gilt für ausländische Gäste die Mehrwertsteuer-Erstattung bei Hotelübernachtungen und Frühstückskosten. Als Bedingung gilt die Zahlung mit einer ausländischen Kreditkarte oder eine internationale Banküberweisung – so spart man 21 Prozent Mehrwertsteuer.

ZIMMERRESERVIERUNG

Die Angabe einer Kreditkartennummer ist oft die einzige Möglichkeit, ein Zimmer in einem gehobenen Hotel zu mieten. Einige Unterkünfte erheben ein *recargo* (Aufschlag) von bis zu 10 Prozent für das Bezahlen mit Kreditkarte, andere bieten eine Ermäßigung bei Barzahlung in Dollar oder Euro.

Auch wenn die Autoren versuchen, möglichst umfassend zu informieren, sollte man sich doch persönlich vor der Buchung wegen der Details absichern. Das betrifft vor allem Fragen wie Angebote für Behinderte, die Möglichkeit der Kreditkartenzahlung und die aktuellen Zimmerpreise. Es kann auch nicht schaden, die Buchungsbestätigung ausgedruckt oder auf dem Handy dabei zu haben.

RESTAURANTS

Rindfleisch ist ein Grundnahrungsmittel der Argentinier. Meist taucht es in Form einer *parrillada* (Grillplatte) auf. Pastagerichte sind ebenfalls weitverbreitet, was auf die vielen Argentinier mit italienischen Wurzeln zurückzuführen ist. Für viele Argentinier zählen *cordero* (Lamm), *pollo* (Huhn) und *cerdo* (Schwein) nicht als *carne* (Fleisch). Fisch und Meeresfrüchte sind weniger verbreitet, werden aber entlang des Río Paraná und der patagonischen Küste hervorragend zubereitet.

Restaurants öffnen in der Regel von 12 bis 15/16 Uhr und dann abends von 19/20 Uhr bis Mitternacht. Die meisten Argentinier würden nie auf die Idee kommen, vor 21 Uhr zum Abendessen zu gehen, viele essen noch später, sodass man überhaupt keine Probleme hat, in Buenos Aires bis morgens um 2 Uhr ein, geöffnetes Restaurant zu finden. Bei sehr guten Restaurants mit begrenztem Sitzplatzangebot sollte man rechtzeitig reservieren.

Lokale Gerichte bekommt man schon für 5 US$, ein gutes *menú ejecutivo* (Geschäftsmittagessen) in einem Top-Restaurant kostet um die 15 US$. Zu einem solchen Menü gehören eine Vorspeise, ein Hauptgericht mit einer Beilage, oft sogar ein Softdrink, ein Bier oder ein Glas Wein. Die Top-Restaurants sind mindestens so teuer wie in anderen Weltstädten.

Buenos Aires hat eine traumhafte Gastronomieszene – das gilt vor allem für Palermo und einige andere Viertel. Selbst in den Provinzen findet man qualitativ gute internationale Gerichte, in Cuyo haben viele Weingüter eigene Restaurants eröffnet.

Eine Auswahl der besten Restaurants wird im Folgenden vorgestellt, man sollte aber ruhig selbst auf Entdeckungsreise gehen und einmal ein einladendes Lokal ausprobieren. Und eines gilt in Argentinien wie überall in der Welt: Gut besuchte Lokale sind in der Regel immer gut.

SORTIERUNG

Die Hotels und Restaurants sind zunächst nach Regionen (Kapiteln), innerhalb des Kapitels nach Preiskategorien und innerhalb dieser alphabetisch sortiert.

M = Mittagessen, mittags
A = Abendessen, abends

KREDITKARTEN

Verwendete Abkürzungen: AE (American Express), DC (Diner's Club), MC (MasterCard), V (Visa).

PREISE

HOTELS
Preise für ein Doppelzimmer ohne Frühstück in der Hauptsaison werden durch fette $-Zeichen symbolisiert.

$$$$$	über 300 €
$$$$	200–300 €
$$$	130–200 €
$$	100–130 €
$	unter 100 €

RESTAURANTS
Preiskategorien für ein Drei-Gänge-Menü ohne Getränke werden durch einfache $-Zeichen symbolisiert.

$$$$$	über 80 €
$$$$	50–80 €
$$$	35–50 €
$$	20–35 €
$	unter 20 €

BUENOS AIRES UND DAS DELTA

BELGRANO

CONTIGO PERÚ $$–$$$
Echeverría 1627
Tel. 011/47 80 39 60
www.contigoperu.com.ar

Das Contigo Perú hat eine unspektakuläre Atmosphäre, wird aber immer gern besucht von Peruanern, die hier ihre landestypischen Gerichte wie *lomo saltado* (gebratenes Rind mit Gemüse) und *arroz chaufa* (gebratenen Reis) bestellen können. Die großzügig bemessene *ceviche* ist mittags völlig ausreichend.
120 Mo–Sa 12–16, 20–24 Uhr
Nur Barzahlung

CENTRO/SAN NICOLÁS

EL CONQUISTADOR HOTEL $–$$
Suipacha 948
Tel. 011/43 28 30 12
www.elconquistador.com.ar

Das in der Nähe der Calle Florida und vieler Geschäfte, Bars und Nachtlokale gelegene Hotel ist sauber und eine gute Wahl für alle, die zentral wohnen möchten. Sehr freundliches Personal.
110 + 23 Suiten Alle gängigen Karten

SABOT $$$–$$$$
25 de Mayo 756
Tel. 011/43 13 65 87

Das in einer unspektakulären Lage gleich bei der Avenida Córdoba gelegene Sabot ist bei Politikern und Börsianern beliebt. Aber auch alle anderen sind hier willkommen und genießen die italienisch-argentinischen Gerichte wie Huhn mit Kürbisravioli und patagonisches Lamm.
70 Mo–Fr 12–16 Uhr
Alle gängigen Karten

LA ESTANCIA $$$
Lavalle 941
Tel. 011/43 26 03 30
www.asadorlaestancia.com.ar

Unzählige Touristen strömen in das höhlenartige Restaurant, um hier zum ersten Mal ein saftiges Stück argentinisches Rindfleisch zu probieren.
400 Alle gängigen Karten

PIZZERÍA GÜERRÍN $$
Avenida Corrientes 1368
Tel. 011/43 71 81 41

Angesichts der vielen Restaurantketten ist das Güerrín angenehmerweise ein unabhängiges Lokal, das Pizzastücke für den sofortigen Verzehr im Straßenimbiss verkauft. Es hat auch einen großen, aber immer vollen Speisesaal. Seine Spezialitäten sind die *fugazza* (ohne Käse) mit süßen Zwiebeln und *fugazzeta* (mit Käse und teilweise Schinken).
150 Tgl. 10–2 Uhr
Alle gängigen Karten

Klimaanlage   Pool im Haus   Pool im Freien   Fitnessclub   Kreditkarten   Hotel

LA BOCA

🍴 HOTEL INTERCONTINENTAL
$$–$$$
Moreno 809
Tel. 011/43 40 71 00

Das 17-stöckige Hochhaus in einem der ältesten Viertel ist bei Geschäftsleuten sehr beliebt. Es wurde 2008 renoviert und präsentiert sich mit seinen geräumigen Zimmern in einer zeitgemäßen Eleganz.
🛏 305 🅿 🔄 📶 🛗 📺
🆗 Alle gängigen Karten

🏨 CASTELAR HOTEL & SPA **$–$$**
Avenida de Mayo 1152
Tel. 011/43 83 50 00
www.castelarhotel.com.ar

Das Haus ist seit 1929 eines der Wahrzeichen im Herzen der historischen Altstadt von Buenos Aires. Mit seiner eleganten Fassade, den Fluren mit Carrara-Marmor, einem Spa im Untergeschoss und modern eingerichteten Räumen hat es seine Position festigen können.
🛏 151 🔄 📶 📺 🆗 Alle gängigen Karten

🍴 EL OBRERO **$$$**
Agustín Caffarena 64
Tel. 011/43 62 99 12

Trotz seiner Lage in einem heruntergekommenen Industrieviertel zieht das El Obrero eine illustre Gästeschar von Fußballstars und Showbiz-Größen an. Das wichtigste Gericht ist Rindfleisch, sehr empfehlenswert sind aber auch die spanischen Fischgerichte. Angesichts der Nachbarschaft kommen die Gäste lieber mit dem Taxi.
➕ 90 🕐 Mo–Sa 12–16, 20–24 Uhr
🆗 Nur Barzahlung

🍴 CAFÉ TORTONI **$$–$$$**
Avenida de Mayo 825
Tel. 011/43 42 43 28
www.cafetortoni.com.ar

Tortonis historisches Ambiente lockt die Gäste in Scharen an. Der Kaffee, die Sandwiches und Tabletts voller Räucherfleisch und Käse laden zu einem ausgedehnten Frühstück, Mittagessen oder einer Teestunde ein.
➕ 400 🔄 🆗 Alle gängigen Karten

🍴 STATUS **$$**
Virrey Cevallos 178
Tel. 011/43 82 85 31

Das südlich der Plaza del Congreso gelegene Status zieht unzählige hungrige Gäste an, die hier peruanische Klassiker wie *ají de gallina* (Huhn in Walnusssoße) und *lomo saltado* (kurz angebratenes Rindfleisch mit Gemüse) verspeisen.
➕ 100 🔄 🆗 Alle gängigen Karten

PALERMO

🏨 LEGADO MÍTICO BUENOS AIRES **$$$$$**
Gurruchaga 1848
Tel. 011/48 33 13 00
www.legadomitico.com

Das seit Ende 2007 bestehende Legado Mítico in Palermo Soho ist ein Boutique-Hotel und würdigt argentinische Prominente wie den Tangosänger Carlos Gardel, ohne ins Kitschige abzurutschen.
🛏 11 🔄 🆗 Alle gängigen Karten

🏨 VAIN BOUTIQUE HOTEL
$$$–$$$$
Thames 2226
Tel. 011/47 76 82 46
www.vainuniverse.com

Palermo Sohos Vain Boutique Hotel verbirgt eine neu designte Inneneinrichtung hinter einer traditionellen Fassade.
🛏 15 🔄 🆗 Alle gängigen Karten

🍴 NEMO **$$$–$$$$**
Cabello 3672
Tel. 011/48 03 58 78
www.nemoresto.com.ar

Das Restaurant Nemo ist wahrscheinlich das beste Meeresfrüchterestaurant der Hauptstadt. Der *tapeo mare* als Vorspeise in verschiedenen Größen bietet die Möglichkeit, Schalentiere zu probieren, die oft zur Ver-

zierung von Pastagerichten verwendet werden.
40 Alle gängigen Karten

SUDESTADA $$$
Guatemala 5602
Tel. 011/47 76 37 77

Das Sudestada serviert vor allem vietnamesische Gerichte – Currys, Frühlingsrollen etc. –, aber auch Thainudeln und Ähnliches. Unter der Woche gibt es ein *menú ejecutivo* zu einem Superpreis.
30 Mo–Sa 12–15.30, Mo–Do 20–24, Fr–Sa 20–1 Uhr AE, V

SA GIARA $$–$$$
Gurruchaga 1806
Tel. 011/48 32 50 62

Das Sa Giara hat sich auf sardische Küche spezialisiert und bietet Vorspeisen wie das flache Brot *pane carasau, curligionis* (ein Gericht irgendwo zwischen Ravioli und asiatischem Fingerfood), Platten mit Snacks aus Käse und geräuchertem Fleisch.
50 Mo geschl. und So A
Nur Barzahlung

BELLA ITALIA CAFÉ $$
Republica Arabe de Siria 3285
Tel. 011/48 07 51 20

Das Bella Italia Café ist der günstige Café-Ableger des in der Nähe liegenden gleichnamigen Restaurants – und besser. Serviert werden leichte, aber gut zubereitete Variationen der klassischen *panini*, Pastagerichte und Salate. Weitere Filiale in Buenos Aires: Cuba 1935, Tel. 011/47 88 53 77.
50 Nur Barzahlung

PUERTO MADERO

FAENA HOTEL & UNIVERSE
$$$$$
Marta Salotti 445
Tel. 011/40 10 90 00
www.faena.com

Das Faena befindet sich in einem instandgesetzten Getreidespeicher in Puerto Madero und wurde von Stararchitekt Philippe Starck eingerichtet. Hier fühlen sich die Prominenten zu Hause.
105
Alle gängigen Karten

HILTON BUENOS AIRES
$$$$–$$$$$
Avenida Macacha Güemes 351
Tel. 011/48 91 00 00
www.buenos.hilton.com

Ein glänzendes siebenstöckiges Atrium bildet das Entrée zu einem schimmernden modernen Hotel in den Docklands. Die Gäste der oberen Stockwerke schauen auf die Hafenbecken mit den Jachten.
414
Alle gängigen Karten

HOTEL HOME BUENOS AIRES
$$$$–$$$$$
Honduras 5860
Tel. 011/47 79 10 06
www.homebuenosaires.com

Das seit 2005 bestehende Home Buenos Aires hat zwar viele berühmte Gäste, behandelt aber alle Gäste auf unkomplizierte Art und Weise gleich. Exzellente Geschäfte und Restaurants in Fußnähe.
18
Alle gängigen Karten

CABAÑA LAS LILAS $$$$$
Avenida Alicia Moreau de Justo 516
Tel. 011/43 13 13 36
www.laslilas.com/restaurant

In einem Land, das für sein Rindfleisch bekannt ist, ist das Cabaña Las Lilas eines der wenigen Restaurants, in denen die Qualität dem verlangten Preis entspricht. Reservierungen werden ab 19 Uhr empfohlen.
130 AE, MC, V

RECOLETA

ALVEAR PALACE HOTEL
$$$$$
Avenida Alvear 1891

Klimaanlage Pool im Haus Pool im Freien Fitnessclub Kreditkarten Hotel

Tel. 011/48 04 77 77
www.alvearpalace.com
Der Alvear Palace ist der unangefochtene Doyen der hauptstädtischen Hotels – und das seit seiner Eröffnung 1928. Das Management hat es geschafft, die Atmosphäre der Belle Époque in dem vornehmsten Viertel der Stadt zu erhalten und gleichzeitig alles mit jedem erdenklichen Komfort auszustatten. Das ist die Messlatte für alle anderen Hotels der Hauptstadt.
195
Alle gängigen Karten

PALACIO DUHAU-PARK HYATT BUENOS AIRES $$$$$
Avenida Alvear 1661
Tel. 011/51 71 12 34
www.buenosaires.park.hyatt.com
Das Hyatt hat alte und neue Gebäude hervorragend kombiniert – die terrassierten Gärten sind eher verbindend als trennend. Tolle, hauseigene Kunstgalerie mit wechselnden Ausstellungen. Ein ernsthafter Konkurrent für das Alvear Palace.
165
Alle gängigen Karten

BULLER BREWING COMPANY $$-$$$
Junin 1747
Tel. 011/48 06 05 56
www.bullerpub.com
Brauerei-Pubs gibt es nur wenige in Buenos Aires: Buller bietet gleich ein halbes Dutzend Biere vom Fass und dazu eine Karte mit Pub-Gerichten. An warmen Tagen ist es im Patio angenehm schattig.
300 Alle gängigen Karten

LA BIELA $$-$$$
Avenida Quintana 596/600
Tel. 011/48 04 04 49
www.labiela.com
La Biela ist eine der besten Adressen der Stadt für alle, die gern Leute beobachten. Auch wenn man draußen mehr bezahlt als drinnen: Das Lokal ist ideal für eine Pause beim Gräberbesichtigen auf dem Prominentenfriedhof gegenüber.
400 Tgl. 7–2 Uhr   V

RETIRO
FOUR SEASONS HOTEL BUENOS AIRES $$$$$
Posadas 1086
Tel. 011/43 21 12 00
www.fourseasons.com/buenosaires
Das Hochhaus des Four Seasons wurde 1990 errichtet und ist eine elegante Ergänzung zum französisch angehauchten, herrschaftlichen Haus, in dem sich die Suiten befinden. Ähnlich wie das Caesar Park befindet es sich in der Nähe, aber nicht im Viertel Recoleta.
146
Alle gängigen Karten

MARRIOTT PLAZA HOTEL $$$$$
Florida 1005
Tel. 011/43 18 30 00
www.marriott.com
Das über hundert Jahre alte Plaza Hotel im barocken Stil ist inzwischen eine Sehenswürdigkeit für sich an der berühmten Plaza San Martín. Hinsichtlich der ehrwürdigen Eleganz spielt nur noch das Alvear Palace in der gleichen Liga.
318   Alle gängigen Karten

NH HOTEL LANCASTER $$$$-$$$$$
Avenida Córdoba 405
www.nh-hotels.com
Das im Kinofilm *Der Honorarkonsul* zu sehende georgianische Gebäude wurde renoviert und präsentiert sich nun in einem eleganten, modernen Design. Es ist eines von insgesamt neun Häusern der NH-Kette in Buenos Aires.
115
Alle gängigen Karten

Restaurant   Zimmer   Sitzplätze   Parkplätze   Metro   Geschlossen   Aufzug   WLAN

SHERATON BUENOS AIRES HOTEL $$$$–$$$$$
San Martín 1225
Tel. 011/43 18 90 00
www.starwoodhotels.com

Das die Torre de los Ingleses überragende Sheraton ist eine Institution unter den Luxushotels der Hauptstadt, kann aber nicht den persönlichen Service einiger Boutique-Hotels bieten.
740
Alle gängigen Karten

THE BRICK HOTEL $$$–$$$$
Posadas 1232
Tel. 011/48 19 11 00

Eines der Top-Geschäfts- und Luxushotels mit großen und geräumigen Zimmern, die den Gästen alles Gewünschte bieten.
175
Alle gängigen Karten

SOFITEL BUENOS AIRES
$$$–$$$$
Arroyo 841
Tel. 011/41 31 00 00
www.sofitel.com

Das Sofitel liegt in einem der elegantesten Straßenzüge von Retiro. Seine frankophile Atmosphäre spürt man sowohl in der Einrichtung der Räume als auch in der Lobby mit ihren Marmorböden. Das Restaurant Le Sud kocht französisch-mediterran.
140
Alle gängigen Karten

GRAN BAR DANZÓN $$$–$$$$
Libertad 1161
Tel. 011/48 11 11 08
www.granbardanzon.com.ar

Möglicherweise die hippste Weinbar der Stadt, mit mehr als 200 Sorten. Hier werden traditionelle Gerichte gekonnt abgewandelt; ein Beispiel sind die Ravioli, die mit Mais und Pilzen gefüllt sind.
60 Alle gängigen Karten

FILO $$$
San Martín 975
Tel. 011/43 11 18 71
www.filo-ristorante.com

Eine hippe Pizzeria in einem gehobenen Retiro-Wohnviertel. Die Pizzen sind mal mit Meeresfrüchten und Schalentieren, mal mit den klassischen mediterranen Zutaten belegt.
170 So–Mi 12–2, Do–Sa 12–3 Uhr
Alle gängigen Karten

MILIÓN $$$
Paraná 1048
Tel. 011/48 15 99 25
www.milion.com.ar

Das Milión serviert Tapas, frittiertes Gemüse, Risotto und leichte Rindfleischgerichte, ist aber in erster Linie eine Bar, die sich über insgesamt drei Stockwerke eines Gebäudes erstreckt. Besonders schön sind die Plätze im Garten.
200 Mo–Mi 12–20, Do, 12–3, Fr–Sa 12–4, So 20–2 Uhr.
Alle gängigen Karten

SAN TELMO

HOTEL MANSIÓN DANDI ROYAL $–$$
Piedras 922
Tel. 011/43 61 35 37
www.hotelmansiondandiroyal.com

Im Herzen von San Telmo liegt dieses Boutique-Hotel, das sich thematisch dem Tango verschrieben hat. Hier findet man eine Originaleinrichtung aus den 1920er- und 1930er-Jahren. Das Personal des Hotels ist zweisprachig und kennt jede *milonga* in der Stadt – eine liegt gleich nebenan.
30
Alle gängigen Karten

1880 $$$
Defensa 1665
Tel. 011/43 07 27 46

Gegenüber des Historischen Museums im Parque Lezama bereitet das Lokal gute Rind-

---

Klimaanlage Pool im Haus Pool im Freien Fitnessclub Kreditkarten Hotel

und Schweinefleischgerichte zu. Vegetarier finden aber auch Pastagerichte auf der Karte. 🍴 80 🕐 Mo–Sa 12–15.30, 20–24, So 12–24 Uhr 💳 Alle gängigen Karten

🍴 TANCAT $$$
Paraguay 645
Tel. 011/43 12 54 42
Die spanische Tapas-Bar ist eines der beliebtesten Restaurants im Zentrum. Serviert werden Meeresfrüchte und Vorspeisen wie *jamón serrano*. Das Tancat ist vor allem zur Mittagszeit gut besucht, denn dann gibt es ein *menú ejecutivo*.
🍴 80 🕐 Mo–Sa 12–24 Uhr
💳 Alle gängigen Karten

🍴 DESNIVEL $$-$$$
Defensa 855
Tel. 011/43 00 90 81
Wer sich die Cabaña las Lilas nicht leisten kann, für den ist das Desnivel eine preisgünstige Alternative mit etwas einfacheren Grillgerichten. Dank seiner Lage in der Nähe zum Flohmarkt an der Plaza Dorrego ist es vor allem an den Sonntagen gut besucht.
🍴 300 🕐 Di–So 12–1, Mo 17–1 Uhr
💳 Nur Barzahlung

🍴 BAR EL FEDERAL $-$$
Carlos Calvo 599
Tel. 011/43 00 43 13
www.barelfederal.com.ar
Die klassische Eckbar lohnt sich wegen des Fassbiers und des Cidre, aber auch wegen der köstlichen und trotzdem günstigen Pastagerichte und Snacks.
🍴 90 🕐 Tgl. 8–2 Uhr
💳 Alle gängigen Karten

TIGRE

🏨 CASONA LA RUCHI $$$
Lavalle 557
Tel. 011/47 49 24 99
www.casonalaruchi.com.ar
Das B&B im Tudor-Stil hat einen grünen Garten und ist ideal gelegen für die Besichtigung der historischen Altstadt von Tigre und des Deltas. Die vier Doppelzimmer und das Dreibettzimmer teilen sich drei Bäder.
🛏 5 💳 Nur Barzahlung

🍴 IL NOVO MARIA DEL LUJÁN
$$$-$$$$
Paseo Victorica 611
Tel. 011/47 31 96 13
www.ilnovomariadellujan.com
María del Luján ist ein attraktives Restaurant am Fluss, das an manchen Tagen unglaublich viele Besucher anlockt und dennoch seine hohe Qualität halten kann. Hier kann man sich auf selbst gemachte Pasta, Fisch und Meeresfrüchte in spanischer Zubereitungsart oder auf eine *milanesa* (paniertes Schnitzel) freuen. An sonnigen Tagen ist die von Platanen beschattete Terrasse ideal für ein Mittagessen.
🍴 300 🕐 So–Mo 8.30–24, Fr–Sa 8.30–1 Uhr 💳 Alle gängigen Karten

DIE PAMPA

ALTA GRACIA

🏨 SIERRAS HOTEL CASINO
$$-$$$
Vélez Sarsfield 198
Tel. 0810/122 46 56
www.hojoar.com
In der Jugendzeit von Ernesto Guevara war das Sierras Hotel das gesellschaftliche Zentrum von Alta Gracia, danach ging es mit dem Hotel bergab. Erst vor ein paar Jahren wurde es nach einer eindrucksvollen Renovierung von der Hotelkette Howard Johnson übernommen.
🛏 28 🅿 💳 Alle gängigen Karten

🍴 Restaurant 🛏 Zimmer 🪑 Sitzplätze 🅿 Parkplätze Ⓜ Metro 🕐 Geschlossen 🛗 Aufzug 📶 WLAN

BAHÍA BLANCA

HOTEL LAND PLAZA BAHÍA BLANCA $$$
Saavedra 41
Tel. 0291/459 9000
www.landplaza.com.ar

Nur zwei Blocks von der zentralen Plaza entfernt, bieten einige der 108 Zimmer in dem 4-Sterne-Haus Blicke über die Stadt.
Es gibt eine Sonnenterrasse und einen Fitnessbereich. Alle Zimmer haben zudem eine Mikrowelle. Überdachte Parkplätze.
108
Alle gängigen Karten

GAMBRINUS $$
Arribeños 174
Tel. 0291/456 27 50
www.gambrinus1890.com

Das 1890 errichte Gambrinus ist ein Bahía-Blanca-Klassiker: eine europäische Bierhalle, die das polyglotte ethnische Erbe der Stadt widerspiegelt. Das in einem Durchgang versteckte Lokal ist bekannt für seine lockere Atmosphäre, das Pub-Essen und die deutschen Lagerbiere.
150 Tgl. 12–15, 20–1 Uhr
Nur Barzahlung

CÓRDOBA

INTERPLAZA HOTEL $–$$
San Jerónimo 137
Tel. 03 51/426 89 00
www.interplazahotel.com.ar

Das Interplaza ist ein modernes Hochhaushotel in zentraler Lage mit großzügig bemessenen Zimmern und Suiten. Die Geschäftsleute können sich nach einem Arbeitstag im Fitnesszentrum verausgaben, das sogar einen Boxring bietet.
107
Alle gängigen Karten

NH PANORAMA HOTEL $
Marcelo de Alvear 251
Tel. 0351/410 39 00
www.nh-hotels.com

Das Panorama ist ein modernes Designhotel, das sowohl für Geschäftsleute als auch für Touristen konzipiert wurde. Im baumreichen Areal um La Cañada gelegen, bieten die Zimmer zur Straße hin schöne Ausblicke.
140
Alle gängigen Karten

SAN HONORATO $$–$$$
25 de Mayo 1208
Tel. 0351/453 52 52
www.sanhonorato.com.ar

Das San Honorato liegt östlich des Flusses im immer schöner werdenden Viertel Barrio General Paz und ist ein elegantes Restaurant mit Weinbar, spezialisiert auf Tapas.
80 Di–Sa 12–15.30, 20.30–0.30, Mo 20.30–0.30 Uhr
Alle gängigen Karten

LA PLATA

HOTEL BENEVENTO $$$
Calle 2 No. 645
Tel. 0221/423 77 21
www.hotelbenevento.com.ar

Einige der hohen Räume sind schmal, haben aber alle schöne Holzfußböden, kleine Balkone, moderne Bäder und viel persönliches Flair.
29 Alle gängigen Karten

HOTEL HOXÓN $–$$
9 de Julio 760
Tel. 0810/333 10 70
www.hotelhoxon.com.ar

Das dreistöckige, motelartige Gebäude ist die beste Adresse in Luján. Es ist modern eingerichtet, liegt zentral und alles ist sehr sauber. Außerdem ist es Lujáns einziges Hotel mit einem Swimmingpool.
51 MC, V

CERVECERÍA EL MODELO $$–$$$
Calle 5 und Calle 54
Tel. 0221/421 13 21
www.cerveceriamodelo.com.ar

Klimaanlage   Pool im Haus   Pool im Freien   Fitnessclub   Kreditkarten   Hotel

Das El Modelo besteht schon seit 1892. Hierher kommt man, um Sandwiches, ein kaltes Bier oder Cidre und selbst gebackenes Brot zu genießen.
🪑 215 🕒 So–Do 8–1, Fr–Sa 8–3 Uhr
Nur Barzahlung

🍴 1800 RESTAURANT $$
Rivadavia 705
Tel. 02323/43 30 80
www.restaurant1800.com

Die traditionellste Einrichtung und die abwechslungsreichste Karte der Stadt. Zur Auswahl stehen u. a. Tintenfischringe und Knoblauchgarnelen zu fairen Preisen, dazu gute offene Weine.
🪑 120 🕒 Mo–Sa mittags und abends, So nur mittags   Alle gängigen Karten

MAR DEL PLATA

🏨 HERMITAGE HOTEL $–$$$
Avenida Colón 1643, Boulevard Maritimo P. P. Ramos 2657
Tel. 0223/451 90 81
www.hermitagehotel.com.ar

Am Wasser gelegen, präsentiert sich das Hermitage mit einer gut erhaltenen klassischen Fassade. Innen ist die klassische Einrichtung modernisiert worden. Die Zimmer mit Blick aufs Wasser sind am teuersten.
🛏 330
Alle gängigen Karten

🏨 HOTEL IMPERIO $–$$
Avenida Colón 1186
Tel. 0223/486 39 93
www.imperiohotel.com.ar

Das Hotel, zwei Blocks vom Strand und einen Block von den Restaurants an der Calle Güemes, hat eine Premiumlage. Das Haus selbst ist ein klassisches Hotel mit großzügig bemessenen Zimmern, teilw. mit Balkon.
🛏 30   AE, DC, MC, V

🍴 EL ANTICUARIO $$$
Bernardo de Irigoyen 3819
Tel. 0223/451 63 09

Der Name lässt Althergebrachtes vermuten, stattdessen haben die meisten Gerichte aber eine sehr kreative Note. Die Weinkarte ist abwechslungsreich und der Service professionell.
🪑 90 🕒 M und So geschl.
Alle gängigen Karten

🍴 ZOE $$–$$$
BERNARDO DE IRIGOYEN 3947
Tel. 0223/486 53 55

Nur einen Block vom El Anticuario entfernt, liegt das jüngere und hippere Zoe. Auf der Karte finden sich leckere, aber einfache Pastagerichte und anspruchsvollere Speisen mit Rindfleisch und Fisch.
🪑 70 🕒 Di–Sa 18–24, So 11.30–17 Uhr
AE, V

PINAMAR

🏨 PLAYAS HOTEL $$$
Av. Bunge
Tel. 02254/48 22 36
www.playashotel.com.ar

Pinamars ältestes Hotel aus dem Jahr 1942 ist bis heute ein stilvoller Klassiker, der, ganz in Weiß gehalten, sofort ins Auge sticht. Im Treppenhaus wird die Geschichte Pinamars bebildert. Ganzjährig geöffnet.
🛏 45 gegen Gebühr
Alle gängigen Karten

🍴 ESTILO CRIOLLO $$–$$$
Avenida Bunge 768
Tel. 02254/49 52 46

Das Lokal liegt sechs Blocks vom Strand entfernt und bietet neben den Standardgerichten mit Rind, Schwein und Huhn die Spezialität des Hauses: *chivito* (Ziege).
🪑 300 🕒 Tgl. 11–1 Uhr
Alle gängigen Karten

ROSARIO

🏨 HOTEL PLAZA REAL $–$$$
Santa Fe 1632
Tel. 0341/440 88 00
www.plazarealhotel.com

Das 13-stöckige Plaza Real strahlt moderne Eleganz aus. Die Zimmer gibt es in vier Kategorien mit entsprechender Ausstattung: Standard, Executive, Spezial und Luxus.
🛈 139 🅿 ❄ ≋ 💪
💳 Alle gängigen Karten

🍴 **MUELLE 1** $$$
 Avenida de los Inmigrantes 410
 Tel. 0341/426 35 09
Das neben der Estación Fluvial gelegene schicke Restaurant bietet schöne Ausblicke auf den Fluss. Auf der französisch angehauchten Karte finden sich regionale Fischgerichte wie *surubí* – der Fisch wird z. B. mariniert und mit Knoblauch gegrillt serviert.
🍽 150 ❄ 💳 Alle gängigen Karten

SAN ANTONIO DE ARECO
🏨 **ESTANCIA LA BAMBA** $$$$$
 RP 41 und RP 31,
 2760 San Antonio de Areco
 Tel. 02326/45 48 95
 www.labambadeareco.com
Vom ehemaligen Stopp auf dem kolonialzeitlichen Camino Real hat sich das La Bamba heute zu einer der schönsten Gäste-*estancias* in den Pampas mit einem legeren, ländlichen Ambiente entwickelt. Zu den möglichen Aktivitäten vor Ort zählen Ausritte, Vogelbeobachtung und Angeln.
🛈 11 🅿 ❄ ≋ 💳 AE, MC

🏨 **PARADORES DRAGHI** $
 Matheu 380
 Tel. 02326/45 55 83
 www.paradoresdraghi.com.ar
Das B&B hinter dem Silberschmiedmuseum Draghi steckt voller Antiquitäten und sieht aus wie ein traditionelles Pampa-Haus. Die Gäste haben freien Zutritt zum Museum und können ihr Frühstück auf dem Zimmer genießen.
🛈 9 🅿 ❄ ≋ 💳 Alle gängigen Karten

🍴 **ALMACÉN DE RAMOS GENERALES** $$–$$$
 Zapiola 143
 Tel. 02326/45 63 76
 www.ramosgeneralesareco.com.ar
Gemütliches Restaurant in einem Gebäude aus der Mitte des 19. Jh. voller rustikaler Erinnerungsstücke. Serviert werden selbst gemachte Pastagerichte – Spaghetti, Gnocchi, Ravioli. Ente, Kaninchen, Forelle und Meeresfrüchte runden die Karte ab.
🍽 100 🕒 Geöffnet tgl. mittags und abends
❄ 💳 Alle gängigen Karten

SANTA FE
🏨 **CASTELAR HOTEL** $$$
 25 de Mayo 2349
 Tel. 0342/456 09 99
 www.castelarsantafe.com.ar
Ein Hotel mit Geschichte – was man auch an der klassischen Art-déco-Fassade und der Lobby sieht. Die Zimmer selbst sind allerdings recht klein und gesichtslos.
🛈 108 🅿 💪 💳 Alle gängigen Karten

🍴 **EL QUINCHO DE CHIQUITO**
 $$–$$$
 Avenida Almirante
 Brown 7100
 Tel. 0342/460 26 08
In den nördlichen Außenbezirken von Santa Fe liegt – mit Blick über den Fluss – das Chiquito. Im riesigen Speisesaal unter einem Reetdach werden große Portionen von gegrilltem Fisch (*boga, pacú* und *surubí*) serviert. Auch wenn die Gerichte unspektakulär wirken: Hier zu essen gehört bei einem Santa-Fe-Besuch einfach dazu.
🍽 180 💳 Nur Barzahlung

SANTA ROSA UND UMGEBUNG
🏨 **LA CAMPIÑA CLUB HOTEL** $–$$
 RN 5, Km 604
 Tel. 02954/45 68 00
 www.lacampina.com
Das in den östlichen Außenbezirken von Santa Rosa gelegene Resort-Hotel ist im

spanischen Kolonialstil gehalten. Es bietet seinen Gästen einen guten Rundumservice.
🛈 41 🅿 ⛱ 🏊 🍴 ♿ Alle gängigen Karten

🍴 CANTINA RUMI $$–$$$
Pueyrredón 9
Tel. 02954/41 16 66
www.cantina-rumi.com.ar

Sowohl hinsichtlich der Einrichtung als auch des Essens kann vermutlich kein anderes Restaurant der Stadt mit dem Rumi konkurrieren: Hier bekommt man in einem weitläufigen Ambiente eine große Auswahl an Pasta- und Fleischgerichten.
🪑 120 🕒 Di–So 11–14.30, 20–24 Uhr
⛱ ♿ Nur Barzahlung

SIERRA DE LA VENTANA UND UMGEBUNG
🏨 PILLAHUINCÓ PARQUE HOTEL $$$
Avenida Raíces 161
Tel. 0291/491 54 23
www.hotelpillahuinco.com

Im Wohnviertel Villa Arcadia vermietet das Pillahuincó einfache Zimmer in einem Landgasthof im Normandiestil. Das Haus steht in einem bewaldeten Grundstück; die Zimmerpreise schließen eine Halbpension mit ein.
🛈 24 🅿 🏊 ♿ Nur Barzahlung

🍴 LA ANGELITA $$
Avenida Pillahuincó 383
Tel. 0291/491 53 96

Das im Wohnviertel Villa Arcadia gelegene Angelita ist ein niedliches Teehaus, das selbst gebackene Brote, *scones* und Gebäck serviert. Mittags und abends bekommt man Crêpes, geräuchertes Fleisch und Käse und die Spezialität des Hauses, ein Fondue.
🪑 50 🕒 Fr–So 17–23 Uhr
⛱ ♿ Nur Barzahlung

TANDIL
🏨 HOSTERÍA AVE MARÍA $$$–$$$$
Paraje la Porteña
Tel. 02293/42 28 43
www.avemariatandil.com.ar

In den Außenbezirken von Tandil liegt die Estancia Ave María auf einem über 40 ha großen Waldgelände. Das im Normandiestil errichtete Farmhaus hat einen schönen Garten. Alle Zimmer besitzen Kamine und begehbare Kleiderschränke, die Preise schließen eine Halbpension mit ein.
🛈 11 🅿 🏊 ♿ AE, V

VILLA CARLOS PAZ
🏨 HOTEL PORTAL DEL LAGO $$$$
Gobernador Álvarez und Avenida J. L. de Cabrera
Tel. 03541/42 49 31
www.portaldelago.com.ar

Am Ufer des Lago San Roque steht das Resort-Hotel in einem weitläufigen Grundstück und bietet schöne Gärten, einige Swimmingpools, Tennisplätze und eine Terrasse. Die Standardzimmer sind klein und relativ dunkel.
🛈 94 🅿 ⛱ 🏊 ♿ Alle gängigen Karten

🍴 VILLAPAZ $$–$$$
General Paz 152
Tel. 03541/43 32 30

Leckere Vorspeisen, Rindfleisch- und Pastagerichte sowie Desserts.
🪑 400 ⛱ ♿ Alle gängigen Karten

VILLA GESELL
🏨 HOTEL BAHÍA $$$$
Avenida 1 No. 855
Tel. 02255/46 28 38
www.hotelbahiavg.com

Das nur wenige Minuten vom Strand entfernt liegende Bahía ist ein Hochhaus, dessen Zimmer zum Meer hin Balkone haben. Auf dem Dach befindet sich eine *confitería* (Teesalon, der Gebäck serviert). Ein Spa ist ebenfalls vorhanden.
🛈 32 🅿 ⛱ 🏊 🍴 ♿ AE, V

🍴 **LA JIRAFA AZUL Y DA VINCI** $$
Avenida 3 Nr. 186
Tel. 02255/46 89 68

Seit nunmehr 40 Jahren ist die Blaue Giraffe für argentinische Klassiker mit Rind- und Pastagerichten, Geflügel, Fisch und Meeresfrüchten bekannt – Familien strömen aus dem ganzen Land hierher. Zuverlässig gut, aber nicht spektakulär.
🪑 150 🕐 Tgl. 12–15, 20–0.30 Uhr
❄️ 💳 Alle gängigen Karten

MESOPOTAMIEN UND DER CHACO

CORRIENTES

🏨 **CORRIENTES PLAZA HOTEL** $–$$
Junín 1549
Tel. 0379/446 65 00
www.hotel-corrientes.com.ar

Gegenüber der Plaza Cabral präsentiert sich das Corrientes Plaza als ein lang gestrecktes, modernes Hotel mit einem ruhig gelegenen Pool und Fitnessraum. Die gut ausgeleuchteten Zimmer mit Teppichboden haben hochmoderne Bäder.
🛏 95 🅿 ❄️ 🏊 💪 💳 AE, MC, V

ESTEROS DEL IBERÁ

🏨 **HOSTERÍA RINCÓN DEL SOCORRO** $$$$$
RP 40, Km 83
Tel. 011/5272 03 43
www.rincondelsocorro.com.ar

Neben einem halben Dutzend mit regionalen Kunstwerken eingerichteten Gästezimmern und drei separaten Bungalows gibt es noch ein Restaurant, das auch Nicht-Hotelgäste *(nur nach Voranmeldung)* willkommen heißt. Die Gäste können ausreiten, fliegenfischen und an Exkursionen in die tierreichen Sumpfgebiete teilnehmen. Die Preise schließen Vollpension und einen Tagesausflug für zwei Personen mit ein.
🛏 9 🅿 🏊 💳 V

🏨 **POSADA AGUAPÉ** $$$$$
RP 40, Colonia Carlos Pellegrini
Tel. 03773/49 94 12
www.iberaesteros.com.ar

Die rustikale Posada Aguapé gleicht einer typischen *estancia* in Mesopotamien: weite Rasenflächen, dazwischen einige Palmen und schattige Kolonnaden. Die Preise *(mind. 2 Nächte)* schließen Vollpension und einen Tagesausflug mit ein.
🛏 12 🅿 🏊 💳 MC, V

🏨 **POSADA YPA SAPUKAI** $$$$
RP 40, Colonia Carlos Pellegrini
Tel. 011/15 37 04 22 88
www.posadadelibera.com

Die Posada hat ihre eigene Anlegestelle an der Laguna Iberá und bietet Ausflüge zu den schwimmenden Inseln in den Sümpfen an. Die Zimmerpreise sind angesichts der guten, wenn auch einfachen Unterkünfte sehr günstig.
🛏 5 🅿 🏊
💳 Bar oder per Banküberweisung

GUALEGUAYCHÚ

🏨 **HOTEL AGUAY** $–$$
Costanera Morrogh Bernard 130
Tel. 03446/42 20 99
www.hotelaguay.com.ar

Die Zimmer zum Fluss hin sind schön; wer keines erwischt, hat den gleichen schönen Blick vom Dach mit Pool. Die Zimmer selbst fallen überraschend klein aus.
🛏 30 🅿 ❄️ 🏊 💪
💳 Alle gängigen Karten

🏨 **HOTEL PUERTO SOL** $
San Lorenzo 477
Tel. 03446/43 40 17
www.hotelpuertosol.com.ar

Nur wenige Schritte vom Wasser entfernt, bietet das moderne Hotel mittelgroße Zimmer, Preise im mittleren Segment und einen sehr gewissenhaften Service. Die Zimmer zum Garten hin sind ruhiger.
🛏 20 ❄️ 💳 Alle gängigen Karten

❄️ Klimaanlage 🏊 Pool im Haus 🏊 Pool im Freien 💪 Fitnessclub 💳 Kreditkarten 🏨 Hotel

REISEINFORMATIONEN 361

🍴 **DACAL** $$–$$$
Avenida Costanera und Andrade
Tel. 03446/42 76 02
Das traditionelle Restaurant am Wasser zieht Tag und Nacht viele Gäste an. Sie genießen die Grillgerichte und vor allem den frisch gefangenen Fisch aus dem Río Uruguay.
🪑 150 🕐 Mi–Mo 11–14, 20–2 Uhr
💳 Alle gängigen Karten

MERCEDES

🍴 **SABORES DEL IBERÁ** $$
San Martín 518
Tel. 03773/422710
Wohl das beste Restaurant in der kleinen Stadt, das in einem alten, großen Haus untergebracht ist. Man kann auch im hübschen Patio speisen. Guter Service und oft traditionelle Live-Musik.
🪑 29 🕐 Tgl. 10.30–14.30, 19.30–0.30 Uhr
💳 Visa, MC, AE

🏨 **MANATIALES HOTEL** $
Sarmiento Ecke Pujol
Tel. 03773/421700
www.mercedes.manantiales hoteles.com
Das erste Haus im Ort mit 29 Zimmern, direkt an der Plaza und sechs Blocks vom Busbahnhof entfernt gelegen. Zur Ausstattung gehören ein Restaurant, ein Casino und ein Wellnessbereich mit Whirlpool.
🛏 29 🅿 💳 🏊 🛗 Visa, MC

PARANÁ UND UMGEBUNG

🏨 **HOTEL SAN JORGE** $
Belgrano 368
Tel. 0343/422 16 85
www.sanjorgeparana.com
Hier bekommt man viel für sein Geld! Das Hotel in einem jahrhundertealten Gebäude bietet moderne Annehmlichkeiten. Die modernisierten Räume liegen rund um einen grünen Patio.
🛏 30 🅿 💳 MC, V

🍴 **LA FOURCHETTE** $$$
Urquiza 976
Tel. 0343/422 39 00
Das im Gran Hotel Paraná gelegene La Fourchette ist ein förmliches Restaurant im mediterranen Stil. Hier werden frische lokale Produkte angeboten; auch die Desserts sind stadtbekannt. Da es klein ist, sollte man reservieren.
🪑 30 💳 Alle gängigen Karten

POSADAS UND UMGEBUNG

🏨 **HOTEL JULIO CÉSAR** $
Entre Ríos 1951
Tel. 03752/42 79 30
www.juliocesarhotel.com
Posadas' Top-Hotel, ein Hochhaus, besitzt helle, aber nur spärlich möblierte Zimmer und bietet Annehmlichkeiten wie einen Außenpool in einem üppig grünen tropischen Garten. Hier steigen argentinische Geschäftsleute ab.
🛏 105 🅿 💳 🏊 🛗
💳 Alle gängigen Karten

🍴 **CAVAS** $$$
Bolívar 1729
Tel. 03752/443 55 14
Das Cavas ist ein elegantes, förmliches Lokal mit Ziegelwänden, gedämpfter Beleuchtung und einer Bar aus dunklem Holz. Die Speisekarte bietet Gerichte wie *pacu bolívar* (Fisch mit Zwiebeln, Knoblauch, Prosciutto und etwas Sahne) mit dem passenden Wein.
🪑 90 🕐 Sa M geschl. 💳
💳 Alle gängigen Karten

PRESIDENCIA ROQUE SÁENZ PEÑA

🏨 **HOTEL GUALOK** $
San Martín 1198
Tel. 0364/442 05 00
www.atriumgualok.com.ar
Das Hotel verströmt 1970er-Jahre-Stimmung – viel Glas und Stahl, allerdings wenig Stil, dafür aber guten Komfort und moderate Preise. Der Zugang zu den heißen Quel-

---

🍴 Restaurant 🛏 Zimmer 🪑 Sitzplätze 🅿 Parkplätze 🚇 Metro 🕐 Geschlossen 🛗 Aufzug 📶 WLAN

len und Bädern ist sein größter Pluspunkt.
🛈 106 🅿 ❄ 🏊 🏋 💳 AE, MC, V

PUERTO IGUAZÚ UND UMGEBUNG

🏨 **IGUAZÚ GRAND HOTEL RESORT & CASINO** $$$–$$$$$
Ruta 12, Km 1640
Tel. 03757/49 80 50
www.iguazugrandhotel.com

An der Straße zu den Wasserfällen bietet das Iguazú Grand Hotel eine elegante Lobby und schön gestaltete Suiten. In den Landschaftsgärten verstecken sich drei Swimmingpools.
🛈 134 🅿 ❄ 🏊 🏋
💳 Alle gängigen Karten

🏨 **SHERATON IGUAZÚ RESORT & SPA** $$$$$
Parque Nacional Iguazú
Tel. 03757/49 18 00
www.sheraton.com/iguazu

Nahe genug am Wasser und in hörbarer Entfernung zu den Wasserfällen liegt mitten in einem subtropischen Waldareal der dreistöckige Hotelgigant. Die Zimmer und der Service entsprechen den höchsten Standards. Wer hier übernachtet, kann frühmorgens schon zu den Wanderwegen und Wasserfällen aufbrechen.
🛈 176 🅿 ❄ 🏊 🏋
💳 Alle gängigen Karten

🏨 **SECRET GARDEN IGUAZÚ** $$
Los Lapachos 623
Tel. 03757/42 30 99
www.secretgardeniguazu.com

In einem Wohnareal südlich der Avenida Aguirre vermietet Secret Garden mit einer schönen Gartenanlage nur drei gemütliche Zimmer. Die Besitzer servieren ihren Gästen auf der Terrasse bei Sonnenuntergang Caipirinhas.
🛈 3 🅿 ❄ 🏋 💳 Nur Barzahlung

🍴 **AQVA** $$–$$$
Avenida Córdoba und Carlos Thays
Tel. 03757/42 20 64
www.aqvarestaurant.com

Das Lokal in einem Holzhaus hat sich auf Fisch spezialisiert, kocht aber auch interessante Variationen aus der italienisch-argentinischen Küche. Hier geht es formeller zu als in den meisten anderen Restaurants von Iguazú.
🍽 120 ❄ 💳 Alle gängigen Karten

🍴 **DOÑA MARÍA** $$–$$$
Avenida Córdoba 148
Tel. 03757/42 57 78
www.donamariarestaurante.com

Das zum Hotel St. George gehörende Doña-María-Restaurant bietet mit seiner Terrasse, auf der man über die Córdoba Avenue blicken kann, eine entspannte und herzliche Atmosphäre. Es hat sowohl regionale Küche, Pasta, als auch internationale Gerichte zu bieten.
🍽 234 🕐 Tgl. 6.30–10 Uhr, Mi–Mo 12–15, tgl. 19–24 Uhr

RESISTENCIA

🏨 **AMÉRIAN HOTEL CASINO GALA** $$
J. D. Perón 330
Tel. 0362/445 24 00
www.hotelcasinogala.com.ar

Recht günstige Möglichkeit, in einem Fünfsternehotel zu nächtigen. Acht Stockwerke mit eigenem Casino, verschiedenen Salons und das Restaurant Valentino. Dazu gibt es einen Pool und einen Fitnessraum.
🛈 117 🅿 ❄ 🏊 🏋
💳 Alle gängigen Karten

ANDINER NORDWESTEN

BELÉN UND UMGEBUNG

🏨 **HOTEL BELÉN** $
Belgrano und Cubas
Tel. 03835/46 15 01
www.belencat.com.ar

Umgeben von Gärten, erinnert das im Zen-

❄ Klimaanlage 🏊 Pool im Haus 🏊 Pool im Freien 🏋 Fitnessclub 💳 Kreditkarten 🏨 Hotel

trum der Stadt gelegene Hotel Belén an ein Andenfort. Es wird gerade renoviert und ist eine gute Wahl in einer reizvollen Region.
[i] 27 [P] [S] [&] Alle gängigen Karten

CACHI
EL CORTIJO HOTEL BOUTIQUE $–$$
Automóvil Club Argentino S/N
Tel. 03868/49 10 34
www.elcortijohotel.com

Hinter der Adobe-Fassade sind alle Zimmer elegant renoviert. Das U-förmige, zweistöckige Farmhaus öffnet sich zu einem Patio. Die Zimmer wurden in einer Kombination aus modernen Annehmlichkeiten und Kolonialstil gestaltet.
[i] 12 [P] [&] AE, MC, V

CAFAYATE
PATIOS DE CAFAYATE HOTEL & SPA $$$–$$$$
RP 68 und RN 40
Tel. 03868/42 22 29
www.patiosdecafayate.com

Gleich nördlich der Stadt sind die Patios de Cafayate eine luxuriöse Unterkunft am Rand des Weinguts El Esteco. Fünf der Räume liegen in einem renovierten Gebäude aus dem 19. Jh., alle anderen Zimmer sind jüngeren Baudatums.
[i] 32 [P] [S] [≈] [&] Alle gängigen Karten

HOTEL KILLA $–$$$$
Colón 47
Tel. 03868/42 22 54
www.killacafayate.com.ar

Im Hotel Killa öffnet sich ein enges Vestibül zu einem zentralen Patio mit einer Handvoll Zimmern im traditionellen Adobe-Stil. Daneben gibt es einige neuere Gebäude mit Blick über den Garten mit Pool.
[i] 16 [P] [S] [≈] [&] AE, MC, V

VILLA VICUÑA $–$$$
Belgrano 76
Tel. 03868/42 21 45
www.villavicuna.com.ar

Das Villa Vicuña ist ein Boutique-Hotel in einem zweistöckigen Kolonialgebäude, die Zimmer sind mit regionaltypischen Möbeln eingerichtet.
[i] 12 [P] [S] [&] Alle gängigen Karten

MACACHA $$–$$$
Avenida Güemes Norte 28
Tel. 03868/42 23 19

Das Macacha serviert seine regionalen Gerichte mit viel Stil in einem eleganten Umfeld. In der offenen Küche werden Lamasteaks, Quinoa-Salat, *locro*, *tablas* mit geräuchertem Fleisch und Käse, *empanadas*, *humitas* und *tamales* zubereitet.
[≡] 70 [⊖] Mo–Fr 11–15, 19–23 Uhr
[S] [&] Alle gängigen Karten

HUMAHUACA
HOSTAL AZUL $
Barrio Medalla Milagrosa
Tel. 03887/42 15 96

Östlich des Flusses fällt das Hostal Azul durch seine helle blaue Farbe auf, innen ist es zurückhaltender gestaltet – mit traditionellem Rattanrohr und Möbeln aus Cardón-Kaktusholz.
[i] 8 [P] [&] nur Barzahlung

IRUYA
HOTEL DE IRUYA $–$$
San Martin 641
Tel. 0387/15 509 44 58
www.hoteliruya.com

Die landschaftlich schön über der Stadt gelegene Hostería de Iruya vermietet großzügig geschnittene und lichtdurchflutete Zimmer – vor allem die mit Blick auf die Stadt bieten spektakuläre Ausblicke. Im Restaurant werden regionale Gerichte serviert.
[i] 15 [P] [&] MC, V

MOLINOS

ESTANCIA COLOMÉ $$$$
RP 53, Km 20
Tel. 03868/49 42 00
www.bodegacolome.com
Auf dem Gelände des Weinguts bietet die Estancia Colomé großräumige luxuriöse Spa-Unterkünfte an einem abgelegenen Ort. Hier können die Gäste direkt von ihrer Tür aus zum Wandern, Mountainbiken oder Reiten aufbrechen.
9 Alle gängigen Karten

HACIENDA DE MOLINOS $–$$
RN 40, Molinos
Tel. 03868/49 40 94
www.haciendademolinos.com.ar
Die Zimmer in dem Adobe-Haus aus dem 18. Jh. umrahmen einen von Pfefferbäumen gesäumten Patio. Die größeren Superior-Zimmer sind besonders schön.
18 AE, MC, V

PURMAMARCA

HOTEL EL MANANTIAL DEL SILENCIO $$$–$$$$$
RN 52, Km 3,5
Tel. 0388/490 80 80
www.hotelmanantialdelsilencio.com
An der Nordseite der Straße zum Altiplano trifft man auf das Hotel El Manantial del Silencio, das in einem Gebäude im Kolonialstil untergebracht ist. Die Bäder sind allesamt modern gehalten, die subtropischen Gärten – mit Pool – schön gestaltet.
21 Alle gängigen Karten

HOSTAL POSTA DE PURMAMARCA $$$
Santa Rosa s/n
Tel. 0388/490 80 29
www.postadepurmamarca.com.ar
Hübsche Zimmer im Neokolonialstil – und sie kosten sogar nur einen Bruchteil dessen, was man anderswo dafür bezahlen würde.
9 Alle gängigen Karten

SALTA

HOTEL SOLAR DE LA PLAZA $$$–$$$$
J. M. Leguizamón 669
Tel. 0387/431 51 11
www.solardelaplaza.com.ar
Gegenüber der Plaza Güemes präsentiert sich das Hotel Solar de la Plaza als ein architektonischer Hybrid, der ein lang gezogenes, im Kolonialstil erbautes Haus mit einem kleinen neuen Turm verbindet.
30
Alle gängigen Karten

HOTEL ALMERÍA $$–$$$$
Vicente López 146
Tel. 0387/431 48 48
www.hotelalmeria.com.ar
In dem charmanten Hotel in einer ruhigen Straße unweit des Stadtzentrums fällt die spanisch-andalusische Dekoration ins Auge. Das Frühstücksbüfett ist hervorragend.
67
Alle gängigen Karten

SHERATON SALTA HOTEL $$–$$$$
Avenida Ejército del Norte 330
Tel. 0387/432 30 00
www.sheratonsaltahotel.com
Das Sheraton Salta wurde 2005 eröffnet und liegt versteckt in den Bergen, aber dennoch in fußläufiger Entfernung zu den Sehenswürdigkeiten der Stadt.
145
Alle gängigen Karten

HOTEL DEL ANTIGUO CONVENTO $$$
Caseros 113
Tel. 0387/422 72 67
www.hoteldelconvento.com.ar
Die Preise des im Kolonialstil errichteten Hotels sind gestiegen, aber die hellen Räume mit schmiedeeisernen Möbeln sind immer noch die besten der Stadt zu diesem Preis. Trotz der Lage sind die Räume er-

Klimaanlage Pool im Haus Pool im Freien Fitnessclub Kreditkarten Hotel

staunlich ruhig.
[i] 15 [P] [S] [≡] [S] Alle gängigen Karten

🏨 HOTEL DEL VIRREY $$$
20 de Febrero 420
Tel. 0387/422 80 00
www.hoteldelvirrey.com.ar

Einige Blocks nördlich des kolonialen Altstadtkerns präsentiert sich das Hotel del Virrey als ein einladendes Boutique-Hotel mit polierten Holzböden und geschmackvoll modernisierten Bädern. Das ruhige Hotel liegt unweit des Restaurantviertels und des städtischen Nachtlebens.

[i] 8 [P] [S] [≡] [S] Alle gängigen Karten

🍴 FIAMBRERÍA LA CORDOBESA $$
J. M. Leguizamón 1502
Tel. 0387/421 72 81

Das Lokal liegt gleich hinter dem Restaurantviertel Balcarce und ist ein unaufgeräumter Deli, in dem Weinliebhaber die wenigen Tische mit *tablas* voller Käse und Wurst besetzen.

[S] 16 [C] Mo–Sa 10–13, 17–22 Uhr
[S] [S] Alle gängigen Karten

🍴 LA VIEJA ESTACIÓN $$
Balcarce 877
Tel. 0387/421 77 27
www.laviejaestacion.com.ar

Im Herzen des Unterhaltungsviertels Balcarce bietet La Vieja Estación regionale Spezialitäten wie *empanadas, humitas, locro* und Zicklein. Nach dem Essen mutiert das Lokal zur lebendigen Bühne für Folkmusik und -tanz.

[S] 200 [C] Mo–So 20–5 Uhr
[S] [S] Alle gängigen Kreditkarten

SAN FERNANDO DEL VALLE DE CATAMARCA

🏨 AMERIAN CATAMARCA
🍴 PARK HOTEL $$$
República 347
www.amerian.com

Der elegante Hotelturm öffnete vor Kurzem im verschlafenen Catamarca und spricht vor allem Geschäftsleute an. Das Restaurant orientiert sich in der Einrichtung an britischen Pubs, auf der Karte findet sich eine große Auswahl an Gerichten.

[i] 60 [P] [S] [S] [≡] [W]
[S] Alle gängigen Karten

SAN MIGUEL DE TUCUMÁN

🏨 SWISS HOTEL METROPOL
$$$–$$$$
24 de Setiembre 524
Tel. 0381/431 11 80
www.swisshotelmetropol.com.ar

Nur einen halben Block von der Plaza Independencia entfernt, verströmt das Hochhaus eine europäisch-strenge Atmosphäre, von der offenbar nur der Pool auf dem Dach ausgenommen ist.

[i] 75 [P] [S] [S] [≡]
[S] Alle gängigen Karten

🏨 HOTEL PREMIER $
Crisóstomo Alvarez 510
Tel. 0381/431 03 81
www.hotelpremier.com.ar

Nach der Krise 2002 wurden die öffentlichen Bereiche und die Gästezimmer einer gründlichen Überholung unterzogen. Jetzt sind die Zimmer nicht luxuriös, aber hübsch, komfortabel und preislich moderat.

[i] 97 [P] [S] [S] [S] Alle gängigen Karten

🍴 LA CORZUELA $$–$$$
Laprida 866
Tel. 0381/421 64 02

In einem in die Jahre gekommenen, aber gut erhaltenen Gebäude mit vielen *gaucho*-Accessoires serviert das La Corzuela die üblichen Grillgerichte, aber auch Salate, Fisch und Meeresfrüchte und natürlich die regionalen Spezialitäten.

[S] 120 [C] Tgl. 11–15, Mo–Fr 19–1,
Sa 19–3 Uhr [S] [S] Alle gängigen Karten

🍴 Restaurant [i] Zimmer [S] Sitzplätze [P] Parkplätze [≡] Metro [C] Geschlossen [S] Aufzug [W] WLAN

🍴 **SETIMIO** $$–$$$
Santa Fe 512
Tel. 0381/431 27 92
In Tucumáns Barrio Norte wird aus der Weinhandlung nach 18 Uhr eine elegante Weinbar mit Restaurant. Hier verkosten die Gäste Rot- und Weißweine und probieren später am Abend das Knoblauchlamm.
🪑 70 🕐 Mo–Sa 10–15, 18–1.30,
So 10–14 Uhr ❄ 💳 Alle gängigen Karten

SAN SALVADOR DE JUJUY
🏨 **HOWARD JOHNSON PLAZA HOTEL** $$–$$$$$
Güemes 864
Tel. 0388/424 98 00
www.hjjujuy.com.ar
Der Backsteinturm des Hojo eröffnete 2006, im Hotel findet man ein Fitnessstudio und Spa-Einrichtungen. Es liegt mitten im Geschäftsviertel. Die Räume sind großzügig geschnitten und die öffentlichen Bereiche attraktiv gestaltet.
🛏 65 🅿 ❄ 🏊 🏋
💳 Alle gängigen Karten

🏨 **HOSTERÍA MUNAY** $$
Alvear 1230
Tel. 0388/422 84 35
www.jujuy.munayhotel.com.ar
Das Munay erinnerte einst eher an ein B&B, heute ist es ein Hotel.
🛏 60 💳 Alle gängigen Karten

🍴 **MANOS JUJEÑAS** $$
Avenida Senador Pérez 379
Tel. 0388/424 32 70
Das Manos Jujeñas serviert Regionalküche auf hohem Niveau. Hier werden die *empanadas* so richtig scharf zubereitet und die *tamales* aus Andenmais gebacken. Das Lamafleisch für die Steaks kommt frisch aus der Puna.
🪑 60 🕐 Tgl. 12–15, 20–23.30 Uhr
💳 Nur Barzahlung

SANTIAGO DEL ESTERO
🏨 **HOTEL CARLOS V** $$$–$$$$$
Independencia 110
Tel. 0385/424 03 03
www.carlosvhotel.com
Modern ausgestattet und zentral gelegen. Vom Angebot her das beste Hotel in Santiago, u.a. wegen seines Spas. Auch ein Casino ist vorhanden und rückt das Hotel in den Mittelpunkt des städtischen Nachtlebens.
🛏 100 🅿 ❄ 🏊 🏋
💳 Alle gängigen Karten

🍴 **LA CASA DEL FOLCLORISTA** $$
Pozo de Vargas 140 – Parque Aguirre
Tel. 03854/21 85 58
Einige Blocks nordöstlich der Plaza Libertad bietet das höhlenartige Restaurant von Parque Aguirre Rindfleisch-*empanadas*, gegrilltes Rind und ab und zu Ziege oder Spanferkel. Das Essen wird von Folkloremusik und -tanz begleitet.
🪑 200 🕐 Di–So 7–24 Uhr
❄ 💳 AE, MC, V

TAFÍ DEL VALLE
🏨 **LAS TACANAS** $
Avenida Perón 372
Tel. 03867/42 18 21
www.estancialastacanas.com
Die Stadt hat sich um Las Tacanas herum entwickelt, aber die Jesuiten-*estancia* verströmt immer noch eine ländlich-koloniale Atmosphäre. Die Räume sind sehr unterschiedlich.
🛏 11 🅿 💳 Nur Barzahlung

🍴 **EL PORTAL DE LA VILLA** $$
Avenida Perón 221
Tel. 03867/42 10 65
Auf den Höhen des Tafí del Valle ist der traditionelle Eintopf *locro* das Gericht schlechthin – und El Portal de la Villa ist der Platz, wo man den Eintopf probieren sollte. Die üblichen *empanadas*, *humitas* und Zicklein (*cabrito*) finden sich ebenfalls auf der Karte
🪑 80 🕐 Tgl. 8–1 Uhr 💳 Nur Barzahlung

❄ Klimaanlage 🏊 Pool im Haus 🏊 Pool im Freien 🏋 Fitnessclub 💳 Kreditkarten 🏨 Hotel

TERMAS DE RIO HONDO

HOTEL LOS PINOS $$$–$$$$
Maipú 201
Tel. 03858/42 10 43
www.lospinoshotel.com.ar
Richtig schöne Spa-Unterkünfte wie diese findet man nur wenige in der Stadt. Die Zimmer des All-inclusive-Hotels liegen entweder im traditionellen »Kolonial-Trakt« oder im neueren »Amerikanischen Trakt«. Von beiden hat man Zugang zur Gartenanlage und zu den Pools.
① 136 P 🛋 🛋 🛋
Alle gängigen Karten

SAN CAYETANO $$
Caseros 204
Tel. 03858/42 18 72
Das Lokal ist vor allem ein Grillrestaurant, das sich auf Zicklein spezialisiert hat. Für Vegetarier gibt es Pastagerichte und argentinische *tamales*, für Fischliebhaber z. B. Dorade.
🍴 110 🛋 MC, V

TILCARA

HOSTEL MALKA $–$$$
San Martín 129
Tel. 0388/495 51 97
www.malkahostel.com.ar
Auf einem von Pfefferbäumen beschatteten Hügel liegt das Hostel Malka mit Schlafsälen und einer Handvoll schön gestalteter privater Zimmer. Durch die Gartenanlage schlängeln sich nette Wege.
① 4 P Nur Barzahlung

QUINTA LA PACEÑA $–$$$
Padilla 660
Tel. 0388/495 50 98
www.quintalapacena.com.ar
Allein schon wegen ihres Charmes ist die im Santa-Fe-Stil gebaute Quinta La Paceña eine Klasse für sich. In einer gepflasterten Straße liegt das Haus aus dem 19. Jh. in einem grünen Garten. Die Zimmer sind nicht groß, doch das machen die Himmelbetten, die Wolldecken aus der Region und die schön geschnitzten Möbel wett. Für das, was es bietet, ist das La Paceña extrem günstig.
① 6 P 🛋 🛋 MC, V

POSADA DE LUZ $–$$
Ambrosetti 661
Tel. 0388/495 50 17
www.posadadeluz.com.ar
Alle Zimmer der Posada de Luz haben einen privaten Patio und Ausblick auf die Quebrada de Humahuaca.
① 6 P 🛋 🛋 AE, MC, V

LOS PUESTOS $$
Belgrano und Padilla
Tel. 0388/495 51 00
www.lospuestostilcara.com.ar
Das im Andenstil gehaltene *pirca* ist ein Grill – aber anders als andere: Neben den üblichen Rindfleischgerichten und gebackenen *empanadas* werden hier auch Lama- und Ziegengerichte gekocht.
🍴 70 Mo–Fr 10–24, Sa–So 11–4 Uhr
Nur Barzahlung

LA CHACANA $–$$
Belgrano 470
Tel. 0388/154 14 08 33
La Chacanas Karte mit ausgefallenen »Andengerichten« bietet u. a. Nudeln, die mit Spinat und Kaninchen gefüllt sind, und argentinische Klassiker, die durch Quinoa und Ziegenkäse eine besondere Geschmacksnote bekommen.
🍴 30 Tgl. 9–23 Uhr MC

CUYO

CHACRAS DE CORIA UND UMGEBUNG

CAVAS WINE LODGE $$$$$
Costa Flores s/n, Alto Agrelo
Tel. 0261/410 69 27
www.cavaswinelodge.com
Cavas hat sich dem Wein verschrieben: Die in den eigenen Weinbergen liegenden ro-

🍴 Restaurant ① Zimmer 🍴 Sitzplätze P Parkplätze 🚇 Metro Geschlossen Aufzug 📶 WLAN

mantischen »Vignette«-Unterkünfte haben einen eigenen Tauchpool. Im Haupthaus findet man eine Kunstsammlung, ein Restaurant und ein Spa.
17 Alle gängigen Karten

FINCA ADALGISA $$$$$
Pueyrredon 2222, Chacras de Coria,
Lujan de Cuyo
Tel. 0261/496 07 13
www.fincaadalgisa.com

Die Finca inmitten eines 2 ha großen Weinguts bietet einen Blick auf die schneebedeckten Andengipfel. Die großen Zimmer des Hotels sind ihr Geld mehr als wert.
11 Alle gängigen Karten

CLUB TAPIZ $$$
Pedro Molina S/N
RP 60, Km 2,5, Russell
Tel. 0261/496 34 33
www.tapiz.com

Einst ein Weingut, ist der Club Tapiz heute ein Boutique-Hotel, dessen Zimmer mit schön gearbeiteten Holzmöbeln ausgestattet wurden. Das traumhafte Restaurant bietet herrliche Ausblicke in die Anden, im Weinkeller finden jeden Nachmittag Verkostungen statt.
7
Alle gängigen Karten

BODEGA RUCA MALÉN $$$$
Ruta Nacional 7, Agrelo,
Luján de Cuyo
Tel. 0261/553 71 64
www.bodegarucamalen.com

An der Straße nach Chile liegt das moderne Boutique-Weingut. Viele Besucher kommen hierher zum Mittagessen. Reservierung empfehlenswert.
45 A geschl.
Alle gängigen Karten

CHILECITO

HOSTERÍA A. C. A. CHILECITO $
Gdor. Gordillo 101, Ecke A. Ocampo
Tel. 03825/42 22 02
www.hotelchilecitoaca.com

Das einfach gehaltene Hotel gehört dem Automóvil Club, ist ruhig in einem Waldareal gelegen, besitzt einen Pool und bietet viel fürs Geld.
28 V

LA RIOJA (STADT)

NAINDO PARK HOTEL $$–$$$$
San Nicolás de Bari 475
Tel. 0380/473 93 00
www.naindoparkhotel.com

Nur einen halben Block von der Plaza 25 de Mayo entfernt, hat sich das Hochhaus auf Geschäftsleute spezialisiert. Das helle, freundliche, kühle und modernste Hotel der Stadt ist aber auch für Touristen eine gute Unterkunft.
102
Alle gängigen Karten

L'STANZA $$–$$$
Dorrego 164
Tel. 0380/443 08 09
www.lastanzaresto.com.ar

Wie der Name vermuten lässt, hat sich L'Stanza auf Pasta spezialisiert, aber auch Fisch (Lachs, Seezunge und Forelle) und andere Meeresfrüchte werden gut zubereitet. Auf der umfangreichen Weinkarte finden sich Weine aus der Provinz. Die Einrichtung ist einfach, aber einladend gehalten.
70 Di–So 12.30–15, Di–Do 20.30–24, Fr–Sa 20.30–2 Uhr
Alle gängigen Karten

LAS LEÑAS (SKIGEBIET)

HOTEL PISCIS $$–$$$$$
Las Leñas
Tel. 011/52 63 35 89
www.hotelpiscis.onlinetravel.com.ar

Das raffinierteste der Skihotels von Las Leñas mit einem Restaurant, mehreren Bars und einer Bibliothek.
98
Alle gängigen Karten

MALARGÜE UND UMGEBUNG

🍴 EL BODEGÓN DE MARÍA $$
Rufino Ortega 502 und Villegas
Tel. 0260/448 36 60

El Bodegón de María kocht regionale Spezialitäten wie Ziege. Die gebackenen *empanadas* und Tomaten mit Mozzarella und Basilikum ziehen viele Gäste an, die auch die schöne Einrichtung genießen.
🪑 40   💰 Nur Barzahlung

MENDOZA (STADT)

🏨 PARK HYATT MENDOZA
🍴 $$–$$$$$
Chile 1124
Tel. 0261/441 12 34
www.mendoza.park.hyatt.com

Hinter der Fassade aus dem 19. Jh. befindet sich ein mehrstöckiges Hotel mit Spa und Casino. Wein bekommt man im Restaurant und in den Bars.
🛏 186 P 🛗 ❄ 📶
💳 Alle gängigen Karten

🏨 HOTEL HUENTALA $$–$$$
🍴 Primitivo de la Reta 1007
Tel. 0261/420 07 66
www.huentala.com

Das Huentala ist ein Hochhaus, das etwas zu groß für ein Boutique-Hotel ist. Der Hotelservice ist luxuriös, die Weinbar ebenfalls gut.
🛏 81 P 🛗 ❄ 📶
💳 Alle gängigen Karten

🏨 B&B PLAZA ITALIA $$
Montevideo 685
Tel. 0261/423 42 19
www.plazaitalia.net

Es gibt nur wenige Orte im Land, an denen man sich so zu Hause fühlt wie hier! Im Erdgeschoss befinden sich die Gemeinschaftsbereiche, die französische Atmosphäre verströmen. Eine Ausnahme ist allerdings der im spanischen Stil gestaltete Patio. Darüber liegen die Gästezimmer. Von hier ist man gleich in der Innenstadt von Mendoza.
🛏 5 🛗 💰 Nur Barzahlung

🍴 1884 $$$–$$$$
Belgrano 1188, Godoy Cruz
Tel. 0261/424 26 98
www.1884restaurante.com.ar

Viele halten es für eines der Top-Restaurants des Landes. Innen spielt man thematisch auf den lokalen Weinanbau an. Die umfangreiche Weinkarte verzeichnet die edlen Tropfen der umliegenden Weinproduzenten.
🪑 80 🕐 Tgl. ab 20.30 Uhr
🛗 💳 Alle gängigen Karten

🍴 LA MARCHIGIANA $$–$$$
Avenida Patricias
Mendocinas 1550
Tel. 0261/423 07 51
www.marchigiana.com.ar

La Marchigiana ist eine italo-argentinische Institution in Mendoza. Die Pastagerichte sind hervorragend, sämtliche Gerichte auf der Karte sind überraschend erschwinglich.
🪑 195 🕐 Tgl. 12–15, 20–24 Uhr
🛗 💳 Alle gängigen Karten

SAN AGUSTÍN DE VALLE FÉRTIL

🏨 HOSTERÍA VALLE FÉRTIL $–$$
Valle Fértil. San Juan
Tel. 02646/42 00 15
www.hosteriavallefertil.com

Auf einem Felsvorsprung mit Blick über den Río Embalse San Agustín ist die Hostería Valle Fértil die beste Unterkunft der Stadt. Sie ist sehr gepflegt, doch vor allem wegen der traumhaften Umgebung besuchenswert.
🛏 38 P 🛗 ❄ 💳 Alle gängigen Karten

SAN JUAN

🏨 HOTEL ALKÁZAR $$$$–$$$$$
Laprida 82 Este
Tel. 0264/421 49 65
www.alkazarhotel.com.ar

Ungefähr einen Block vom Hauptplatz entfernt, bietet das Hochhaus relativ kleine Zimmer – mit Ausnahme von acht Suiten –, dafür aber sehr viele Annehmlichkeiten. Vor allem Geschäftsleute mieten sich hier ein.

🍴 Restaurant   🛏 Zimmer   🪑 Sitzplätze   P Parkplätze   Ⓜ Metro   🕐 Geschlossen   🛗 Aufzug   📶 WLAN

🛈 104 🅿 🛎 ❄ 🏊 🏋
💳 Alle gängigen Karten

🍴 PALITO CLUB SIRIO LIBANÉS
$$–$$$
Av. de Circunvalación 261 Sur
Tel. 0264/423 01 05
www.hostaldepalito.com.ar
Auf der Karte finden sich *dolmas* (gefüllte Weinblätter), *kebbe* (Lammhack) und *taboulé*: Palito gehört zum Club Sirio Libanés und verköstigt schon seit Jahren die syrisch-libanesische Gemeinde der Stadt.
🪑 300 🕒 Hostal de Palito 20.30–24, Sirio Libanés 12.30–15.30 und 20.30–24 Uhr
❄ 💳 Alle gängigen Karten

SAN LUIS
🏨 HOTEL QUINTANA $$$–$$$$
Avenida Illia 546
Tel. 0266/443 84 00
www.hotelquintana.com.ar
Das siebenstöckige Hotel hält seine etwas veralteten Zimmer und die öffentlichen Bereiche perfekt in Ordnung. Der Service ist tadellos.
🛈 95 🅿 🛎 ❄ 🏊 💳 Alle gängigen Karten

🍴 LA PORTEÑA $$
Junín y General Paz
Tel. 0266/442 64 96
La Porteña ist eines der traditionsreichsten Restaurants der Stadt – mit einfacher Einrichtung und professionellen Mitarbeitern. Die Karte enthält Pizzen, Pastagerichte, Gegrilltes und *empanadas*.
🪑 110 🕒 Tgl. 12–15, 20–0.30 Uhr
❄ 💳 MC, V

SAN RAFAEL
🏨 TOWER INN & SUITES $$$$
Av. H. Yrigoyen 760
Tel. 0260/442 71 90
www.towersanrafael.com
Im flach gebauten San Rafael bietet das zehnstöckige Tower Inn die meisten Unterkünfte der Stadt. Das moderne Gebäude verfügt über einen Spa und ein Casino.
🛈 111 🅿 🛎 ❄ 🏊 🏋 💳
💳 Alle gängigen Karten

USPALLATA
🏨 HOTEL USPALLATA $–$$$
RN 7, K 1149
Tel. 02624/42 00 03
www.granhoteluspallata.com.ar
Das Uspallata ist eine Berg-Lodge, die als Unterkunft für Perónisten gebaut wurde. Dank einem nun privaten Management erstrahlen die Zimmer, die Parkettböden und der Pool in einem supergepflegten Garten in neuem Glanz.
🛈 74 🅿 🛎 ❄ 🏊 🏋
💳 Alle gängigen Karten

🍴 CAFÉ TIBET $–$$
RN 7 und Las Heras
Seit die Anden als Kulisse für die Kinoverfilmung *Sieben Jahre in Tibet* die Himalaya-Gipfel ersetzten, hat Uspallata ein gemütliches Straßencafé, in dem die Reisenden Pizzen, Sandwiches, Kaffee und auch einmal »härtere« Getränke bestellen.
🪑 50 💳 Nur Barzahlung

VALLE DE UCO
🏨 POSADA SALENTEIN $$$–$$$$
🍴 RP 89, Los Árboles, Tunuyán
Tel. 011/41 31 11 00
www.salenteinposada.com
Das abseits in den Weinbergen von Salentein gelegene Hotel besteht aus zwei Häusern mit insgesamt acht Doppelzimmern, die jeweils einen eigenen Forellenteich haben. Die Gäste können sich Räder und Pferde ausleihen und die Einrichtungen des Weinguts nutzen.
🛈 8 🅿 🏊 💳 Alle gängigen Karten

🍴 URBAN
$$$$
Calle Los Indios s/n, La Consulta
Tel. 02622/45 15 79
www.ofournier.com

❄ Klimaanlage 🏊 Pool im Haus 🏊 Pool im Freien 🏋 Fitnessclub 💳 Kreditkarten 🏨 Hotel

Auf dem Gelände des Weinguts O. Fournier's Uco Valley gelegen, wirkt das Urban betont ländlich – allein schon durch seine Lage mit Blick auf die Anden. Die Gerichte des Fünf-Gänge-Mittagsmenüs stammen von der raffinierten Speisekarte. Als Vorspeisen gibt es beispielsweise eine kalte Auberginensuppe, als Hauptgericht ein zartes Lendenstück oder ein Gemüserisotto. Zu allen Gängen wird der passende Wein vom Gut gereicht. Tisch nur nach Reservierung.

60 Tgl. 10.30–18 Uhr
Alle gängigen Karten

VILLA DE MERLO
HOSTERÍA CERRO AZUL $
Saturno und Júpiter
Tel. 02656/47 86 48
www.hosteriacerroazul.com.ar

In einer Wohngegend abseits der Haupteinkaufstraße bietet das Cerro Azul komfortable, wenn auch karge Zimmer. Auf dem Gelände hat man weite Blicke über das Tal, ein großer Swimmingpool ist der Hauptanziehungspunkt des Hotels.

7 Nur Barzahlung

EL ESTABLO $$–$$$
Avenida del Sol 450
Tel. 02656/47 53 52

Die lässige Einrichtung steht in Kontrast zur kreativen Küche. Auch die Weinkarte ist umfangreich.

120 AE, MC, V

PATAGONIEN

ÁREA NATURAL PROTEGIDA PENÍNSULA VALDÉS
ESTANCIA RINCÓN CHICO $$$$$
Punta Delgada
www.rinconchico.com.ar

Unweit des Leuchtturms Punta Delgada führt eine Piste 5 km zu einer traditionellen Schaffarm mit komfortablen Unterkünften im Motelstil. See-Elefanten bevölkern die unberührte Küste.

8 Nur Barzahlung

HOTEL FARO PUNTA DELGADA $$$$$
Punta Delgada
Tel. 0280/445 84 44
www.puntadelgada.com

Das komfortabel renovierte Faro Punta Delgada ist der einzige Ort, an dem Gäste einen einfachen Zugang zu den Tieren haben, denn es ist nur einen kurzen Weg vom Strand entfernt. Das Restaurant ist auch für Auswärtige geöffnet.

27 AE

HOSTERÍA PARADISE $–$$$
Segunda Bajada al Mar,
Puerto Pirámides
Tel. 0280/449 50 30
www.hosteriatheparadise.com.ar

Das einstige Backpacker-Refugium ist inzwischen ein ordentliches B&B am Wasser und befindet sich auf einem schön angelegten Grundstück. Das Restaurant bietet günstige Pizzen und verkauft Sandwiches, es gibt aber auch Festpreismenüs und Abendgerichte.

12
Alle gängigen Karten

BAJO CARACOLES
HOSTERÍA CUEVA DE LAS MANOS $$$$
RN 40, 60 Km südl. von
Perito Moreno
Tel. 02963/43 22 07
www.cuevadelasmanos.net

Auf der Estancia Los Toldos gelegen, ist die Hostería Cueva de las Manos der ideale Standort für die Besichtigung der gleichnamigen Felsmalereien. Es gibt vier einheitliche, aber moderne Zimmer und eine Kabine mit sechs Kojen, in der die Übernachtung preiswerter ist. Mahlzeiten und ein Nachmittagstee im Restaurant.

4 + 1 Kabine Nur Barzahlung

Restaurant Zimmer Sitzplätze Parkplätze Metro Geschlossen Aufzug WLAN

HOTEL BAJO CARACOLES $$
RN 40 und RP 39
Tel. 02963/49 01 00

Autofahrer, die eine Nacht in Bajo Caracoles verbringen müssen, weil die Tankstelle kein Benzin mehr hat, finden ein Bett in diesem »Wahrzeichen aus nacktem Stein«. Einige Zimmer haben nur Gemeinschaftsbäder. Man bekommt hier ganz ordentliche Mahlzeiten, allerdings sind die Besitzer notorisch mürrisch.

8 Nur Barzahlung

COMODORO RIVADAVIA

HOTEL AUSTRAL PLAZA $$$$$
Moreno 725
Tel. 0297/447 22 00
www.australhotel.com.ar

Das Austral Plaza bietet gleich zwei Übernachtungsmöglichkeiten: Das ältere Austral Express Hotel mit kargen, aber annehmbaren Zimmern und das neuere Schwesterhaus, das Austral Plaza. Das Restaurant des Austral Plaza – das Tunet – hat einen sehr guten Ruf.

65 Alle gängigen Karten

PUERTO CANGREJO $$–$$$
Avenida Costanera 1051
Tel. 0297/444 45 90

Das am Wasser gelegene Puerto Cangrejo ist ideal, um Lachs und Fisch aus dem Südatlantik zu probieren. Es ist eines der besten Lokale in Comodoro und bietet viel fürs Geld.

100 Alle gängigen Karten

EL BOLSÓN

LA CASONA DE ODILE HOSTEL $
Barrio Luján
Tel. 02944/49 27 53
www.odile.com.ar

Rund 6 km nördlich der Stadt ist das nur über eine Piste erreichbare Odile ein von Franzosen geleitetes Garten-B&B, das sich sowohl über Übernachtungsgäste als auch Restaurantbesucher (nur nach Voranmeldung) zum ausgedehnten Abendessen freut.

5 Nur Barzahlung

JAUJA $$–$$$
San Martín 2867
Tel. 02944/49 24 48

Das Jauja ist eine der besten *heladerías* (Eisdielen) in Patagonien. Für die 70 verschiedenen Geschmacksrichtungen bilden sich oft lange Schlangen. Auch sonst ist die Speisekarte umfangreich und bietet qualitativ gut zubereitet Hamburger und Pizzen, aber auch Pasta-, Lamm- und Wildgerichte.

52 Tgl. 10–24 Uhr AE, MC, V

EL CALAFATE

EOLO LODGE $$$$$
RP 11, Km 23
Tel. 02902/49 20 42
www.eolo.com.ar

Das 2004 eröffnete Eolo imitiert den Stil einer typischen patagonischen Schaf-*estancia*. Die Zimmer sind allerdings größer und sehr viel bequemer als die originalen Pendants aus dem 19. Jh.

17
Alle gängigen Karten

HOTEL KAU YATÚN $$$$
Estancia 25 de Mayo
Tel. 02902/49 68 72
www.kauyatun.com

7 ha groß ist die Anlage, das Haupt-Gästehaus im Kau Yatún ist das ehemalige Haupthaus der Estancia 25 de Mayo. Die Räume haben alle Vier-Sterne-Niveau, das Hotel bietet eine große Palette an möglichen Aktivitäten und Ausflügen.

44 Alle gängigen Karten

DESIGN SUITES CALAFATE
$$$–$$$$$
Calle 598, Nr. 190,
Playa Lago Argentino
Tel. 02902/49 45 25
www.designsuites.com

Nur wenige Hotels in der Stadt bieten einen

vergleichbaren Blick auf den Lago Argentino, wie ihn die Gäste vom gläsernen Atrium des vierstöckigen Gebäudes genießen. Nur die Suiten haben Seeblick, die Standardzimmer schauen auf die Steppe und die Vorberge der Anden.

🛏 60 🅿 ⛌ ⛁ 🍽 📶
💳 Alle gängigen Karten

🏨 HOSTERÍA KELTA $–$$
Pontoriero 109
Tel. 02902/49 59 66
www.kelta.com.ar

Auf den Höhen über dem Zentrum von El Calafate bietet das Kelta schöne Ausblicke Richtung Lago Argentino. Sowohl das Management des Hotels als auch das Personal arbeiten sehr gut.

🛏 28 🅿 💳 Alle gängigen Karten

🏨 PATAGONIA QUEEN $–$$
Avenida Padre Agostini 49
Tel. 02902/49 67 01
www.patagoniaqueen.com.ar

Das glänzend neue Boutique-Hotel hat eine eigene Weinbar und Annehmlichkeiten wie ein Spielzimmer und ein Fitnessstudio. Alle Zimmer sind mittelgroß.

🛏 20 🅿 📶 💳 Alle gängigen Karten

🍽 CASIMIRO BIGUÁ $$$–$$$$
Avenida Libertador 963
Tel. 02902/49 25 90
www.casimirobigua.com

Als eines von drei gleichnamigen Restaurants bietet die Casimiro Biguá patagonische und internationale Gerichte in einem Gebäude, in dem sich gleichzeitig eine Weinbar befindet. Die Karte verzeichnet italienische und mediterrane Gerichte mit regionalen Zutaten.

🪑 140 🕐 Tgl. 12–24 Uhr
💳 Alle gängigen Karten

🍽 PURA VIDA $$–$$$
Avenida Libertador 1876
Tel. 02902/49 33 56

Einige Blocks westlich des am dichtesten besiedelten Abschnitts der San Martín gelegen, werden in dem legeren Restaurant herzhafte Gerichte wie Aufläufe, Pasta und Eintöpfe zubereitet, die nach einigen Stunden auf dem Gletscher genau das Richtige sind. Vom Zwischengeschoss hat man einen Blick auf die Laguna Nimes und den Lago Argentino.

🪑 40 🕐 Do–Di 19.30–23.30 Uhr
💳 Nur Barzahlung

🍽 PIZZERÍA LA LECHUZA $$
Avenida Libertador 1301
Tel. 02902/49 16 10

Eines der beliebtesten Lokale in El Calafate: Das La Lechuza bietet zu moderaten Preisen eine der umfangreichsten und abwechslungsreichsten Pizza-Karten des Landes. Dort findet man aber auch andere Fastfood-Gerichte, die in ungezwungener Atmosphäre verspeist werden können.

🪑 110 💳 Alle gängigen Karten

🍽 VIVA LA PEPA $$
Emilio Amado 833, Local 1
Tel. 02902/49 18 80

Die Crêpes sind eine angenehme Abwechslung zum üblichen patagonischen Essen. Das nette Lokal liegt gleich bei der Hauptstraße, auf der Karte stehen auch Salate, Sandwiches und Suppen.

🪑 38 🕐 Di geschl. 💳 Nur Barzahlung

EL CHALTÉN

🏨 HOSTERÍA EL PILAR $$$$
🍽 Ruta Provincial 41, Km 17
Tel. 02962/49 30 02
www.hosteriaelpilar.com.ar

Trotz des traditionellen »Magellan-Stils« ist das abgelegene El Pilar kaum ein Jahrzehnt alt und bietet modernen Komfort. Auch Nicht-Hotelgäste sind im Hotelrestaurant willkommen.

🛏 10 🅿 💳 Nur Barzahlung

🍽 Restaurant 🛏 Zimmer 🪑 Sitzplätze 🅿 Parkplätze 🚇 Metro 🕐 Geschlossen ⛌ Aufzug 📶 WLAN

🏨 HOSTERÍA EL PUMA $$$–$$$$
🍽 Lionel Terray 212
Tel. 02962/49 30 95
www.hosteriaelpuma.com.ar

Auf weitläufigen Rasenflächen hinter einem rustikalen Holzzaun empfängt ein solide aus Ziegeln erbautes Gebäude mit großen Fenstern die Gäste. In der Lounge gibt es einen großen Kamin, außerdem ein Restaurant und eine Weinbar. WLAN (sonst unüblich in der Stadt) ist in den größeren Zimmern verfügbar.

🛏 12 🅿 💳 MC, V

🏨 HOSTERÍA POSADA
🍽 LUNAJUIM $$$
Trevisán 45
Tel. 02962/49 30 47
www.lunajuim.com

Seit seinen bescheidenen Anfängen als B&B hat das Lunajuim immer mal wieder Zimmer angebaut und sogar eine Bibliothek und eine eigene Bar mit Restaurant sowie einen Weinkeller hinzugefügt.

🛏 26 🅿 💳 MC, V

🏨 NOTHOFAGUS BED & BREAKFAST $
Hensen und Riquelme
Tel. 02962/49 30 87
www.nothofagusbb.com.ar

Mit unglaublichen Blicken auf den Fitz Roy, weitläufigen und hellen Zimmern, einladenden Gemeinschaftsräumen und günstigen Preisen ist das Nothofagus die Empfehlung unter den B&Bs von El Chaltén. Vier der Zimmer haben Gemeinschaftsbäder.

🛏 9 🅿 💳 MC, V

🍽 RUCA MAHUIDA $$$–$$$$
Lionel Terray 55
Tel. 02962/49 30 18

Das nur im Sommer geöffnete Lokal war El Chalténs erstes gutes Restaurant und ist immer noch eines der besten. Im rustikal-eleganten Speiseraum – die Gäste sitzen an Gemeinschaftstischen – wählt man auf der Karte aus Quinoa-Salat, Hirsch in Beerensoße und Gerichten wie vegetarischer Mousaka.

🍴 30 🕒 Geöffnet tgl. 12–15, 19–23.30 Uhr von Ende Oktober bis März
💳 AE, MC, V

🍽 ESTEPA $$$
Cerro Solo 86
Tel. 02962/49 30 69

Das Spezialgericht des Estepa ist patagonisches Lamm mit einer Calafate-Beerensoße. Es ist eines der besten Restaurants des Ortes, aber auch eines der kleinsten, sodass eine Reservierung unbedingt notwendig ist.

🍴 24 🕒 Mo geschl. 💳 Nur Barzahlung

🍽 FUEGIA $$–$$$
San Martín 342
Tel. 02962/49 32 43

Das von dem nahe gelegenen Hostel Albergue Patagonia geleitete Lokal ist mittags und abends eines der besseren Restaurants der Stadt. Lamm spielt eine große Rolle auf der euro-patagonischen Karte, die auch Forelle, Suppen und vegetarische Gerichte auflistet.

🍴 40 🕒 M geschl. 💳 Nur Barzahlung

🍽 PIZZERÍA PATAGONICUS $$–$$$
Güemes 140
Tel. 02962/49 30 25
www.patagonicusbyb.com.ar/bedandbreakfast

Gegen Abend füllt sich das Patagonicus mit müden Reisenden, die hier die beste Pizza der Stadt und ein Fassbier bestellen können. Die Spezialität ist Lamm. Es kann sehr voll und laut werden, aber der Besuch lohnt sich.

🍴 45 🕒 Mai–Okt. geschl.
💳 Nur Barzahlung

ESQUEL
🏨 HOSTERÍA CANELA $–$$
Los Notros 1440 und Los Radales, Villa Ayelén
Tel. 02945/45 38 90
www.canelaesquel.com

In einer Wohngegend, gleich südlich des Zentrums bietet die Hostería Canela eine Handvoll komfortabler Zimmer mit Blick auf weite Rasenflächen.
🛏 5 🅿 🧺 Nur Barzahlung

🏨 HOSTERÍA CUMBRES BLANCAS
🍽 $–$$
Avenida Ameghino 1683
Tel. 02945/45 51 00
www.cumbresblancas.com.ar

Abgesehen von der Lage an einer viel befahrenen Straße hat das zweistöckige Cumbres Blancas viel zu bieten: helle Zimmer und Suiten mit Holzdecken, ein gutes Restaurant und sogar einen kleinen Golfplatz.
🛏 20 🅿 📶 🧺 Alle gängigen Karten

GAIMAN UND UMGEBUNG
🏨 HOSTERÍA GWESTY
🍽 PLAS Y COED $
Avenida Hipólito Yrigoyen 320
Tel. 0280/469 70 69
www.plasycoed.com.ar

Das Teehaus vermietet nur drei gemütliche Gästezimmer in einem soliden Steinhaus. Drumherum liegen weitläufige Gärten. Das Gebäude wurde 1887 errichtet.
🛏 3 🅿 🧺 Nur Barzahlung

🍽 TY NAIN $$$
Avenida Hipólito Yrigoyen 283
Tel. 0280/449 11 26
www.cpatagonia.com/gaiman/ty-nain

Im Lauf von inzwischen 120 Jahren ist das britisch aussehende Teehaus eine Institution in der Stadt geworden. Es serviert eine kalorienreiche, aber köstliche Auswahl an Kuchen, *scones* und Käse.
🪑 60 ⏱ Ab 16 Uhr geöffnet
🧺 Nur Barzahlung

🍽 TY TE CAERDYDD $$$
Finca 202
Tel. 0280/449 15 10

Das größte Teehaus der Stadt erreicht man über die Brücke beim Parque El Desafío. Es ist in einer weitläufigen, gepflegten Anlage gelegen und bietet Kuchen, Törtchen, Pudding, Brot, Butter und Marmelade.
🪑 180 ⏱ Tgl. 8–22 Uhr 🧺 V

JUNIN DE LOS ANDES
🏨 RÍO DORADO LODGE $$$$
Pedro Illera 378
Tel. 02972/49 24 51
www.riodoradolodge.com

Mit seinen hüttenähnlichen Räumlichkeiten wirkt das Río Dorado sehr rustikal. Es liegt auf einem Waldgrundstück und bietet guten Zugang zum Parque Nacional Lanín sowie große Zimmer mit allen Annehmlichkeiten.
🛏 12 🅿 🧺 Nur Barzahlung

LOS ANTIGUOS
🏨 HOSTERÍA ANTIGUA PATAGONIA $$
RP 43, Acceso Este
Tel. 02963/49 10 38
www.antiguapatagonia.com.ar

Dem am östlichen Zugang zur Stadt direkt am See gelegenen dreistöckigen modernen Hotel fehlt es zwar an Luxus, es ist aber trotzdem die beste Wahl.
🛏 16 🅿 📶 🧺 AE, MC, V

NEUQUÉN (STADT)
🏨 HOTEL ROYAL $
Avenida Argentina 143
Tel. 0299/448 89 02
www.royalhotel.com.ar

Trotz seiner Lage ist das Royal empfehlenswert – wegen seiner hervorragenden Gemeinschaftsräume, der großen Zimmer und der modernen Bäder. Vom Hotel ist es nur ein kurzer Weg zu den Museen und Restaurants der Stadt.
🅿 🛗 📶 🧺 Alle gängigen Karten

PARQUE NACIONAL LOS ALERCES
🏨 HOSTERÍA FUTALAUFQUEN
🍽 $$$–$$$$
Villa Futalaufquen

Tel. 02945/47 10 08
www.hosteriafutalaufquen.com
Schön ist der Kamin der im euro-andinen Stil gebauten Lodge mit nur wenigen Zimmern.
🛈 13 🅿 🔑 Alle gängigen Karten

PARQUE NACIONAL PERITO MORENO
🏨 **ESTANCIA LA ORIENTAL** $$$
RP 37, Km 89
Tel. 02962/15 40 71 97
www.laorientalpatagonia.com.ar

Die *estancia* liegt innerhalb der Grenzen des Parque Nacional Perito Moreno, 89 km nordwestlich der Kreuzung der RN 40. La Oriental ist ein weitläufiges Haus im Ranch-Stil vor einer unglaublichen Kulisse. Die Zimmer selbst sind unspektakulär. Sogar ein Zeltplatz ist vorhanden. Wanderungen und andere Outdoor-Aktivitäten sind hier ein Traum (nur nach vorheriger Reservierung).
🛈 7 🅿 🔑 Alle gängigen Karten

🏨 **ESTANCIA MENELIK** $$–$$$
RP 37, Km 80
Tel. 011/15 32 63 57 17
(in Buenos Aires)
www.cielospatagonicos.com

Das an einem windzerzausten Ort außerhalb der Ostgrenze des Parks stehende Menelik bietet einige schön eingerichtete, große Zimmer und Gemeinschaftsräume, in denen längst vergangene Zeiten wieder lebendig werden. Die Zimmerpreise schließen das Frühstück ein. In zwei nahe gelegenen Schlafbaracken findet man hostelartige Unterkünfte.
🛈 3 🅿
🔑 Bar oder per Banküberweisung

PUERTO DESEADO
🍴 **PUERTO CRISTAL** $$–$$$
España 1695
Tel. 0297/487 03 87
www.restaurantpuertocristal.com

Mit Blick über eine kleine Lagune ist das Puerto Cristal in erster Linie ein Meeresfrüchterestaurant – und zwar ein wirklich gutes. Aber auch die Pasta- und Lammgerichte sind exzellent.
🍴 100 🕒 Di–So 9–15, 19–2 Uhr
🔑 MC, V

SAN CARLOS DE BARILOCHE
🏨 **LLAO LLAO HOTEL & RESORT** $$$$$
Avenida Bustillo, Km 25
Tel. 0294/44 45 70
www.llaollao.com

Das von Alejandro Bustillo errichtete Gebäude aus den 1940er-Jahren ist vielleicht Argentiniens, wenn nicht sogar Lateinamerikas berühmtestes Hotel. Es ist ein nationales Monument, weswegen die kleinen Originalzimmer nicht erweitert werden können. Ein neuer Anbau bietet größere Zimmer mit mehr Luxus für alle, die das wünschen. Der Blick ist unglaublich schön.
🛈 205 🅿 ❄ 🏊 🏊 💪
🔑 Alle gängigen Karten

🏨 **DESIGN SUITES BARILOCHE** $$–$$$$
Avenida Bustillo, Km 2,5
Tel. 02944/45 70 00
www.designsuites.com

Rund 2,5 km westlich des Zentrums bietet das Design Suites spektakuläre Gemeinschaftsbereiche mit einem Hallenbad, das scheinbar in den Baumwipfeln schwebt. Die Zimmer – alle mit Blick auf den See – liegen in separaten Gebäuden.
🛈 78 🅿 ❄ 🏊 🏊 💪
🔑 AE, MC, V

🏨 **HOSTERÍA LAS MARIANAS** $–$$
24 de Septiembre 218
Tel. 02944/43 98 76
www.hosterialasmarianas.com.ar

In den Hügeln des Barrio Belgrano liegt die Anden-Lodge mit Seeblick. Hervorragendes Frühstück.
🛈 16 🅿 🔑 Bar oder per Banküberweisung

❄ Klimaanlage 🏊 Pool im Haus 🏊 Pool im Freien 💪 Fitnessclub 🔑 Kreditkarten 🏨 Hotel

🏨 HOTEL TRES REYES $–$$
Avenida 12 de Octubre 135
Tel. 0294/44 26 12
www.hotel3reyes.com.ar

Das am See errichtete Tres Reyes wurde zwar in den 1950er-Jahren erbaut, erinnert stilistisch aber an den Pionier-Architekten Alejandro Bustillo. Die Preise richten sich nach den Zimmern (Garten- oder Seeblick).
🛏 57 🅿 ⬌ ⬥ Alle gängigen Karten

🍽 EL PATACÓN $$$
Avenida Bustillo, Km 7
Tel. 02944/44 28 98
www.elpatacon.com

Mit einem großen Speisesaal, einem großen Steinkamin, in dem ein Lamm brät, und der geschnitzten hölzernen Bar (mit großer Weinauswahl) steht das El Patacón für Patagonien und seine landestypischen Gerichte.
🪑 250 🕐 Tgl. 12–23.30 Uhr ⬥ D, V

🍽 BAHÍA SERENA $$–$$$
Avenida Bustillo 12275
Tel. 02944/52 46 14

Das an der Llao-Llao-Straße gelegene Bahía Serena hat sich auf Pastagerichte spezialisiert und zählt zu den wenigen Restaurants von Bariloche, die direkt am See liegen und sogar noch einen kleinen Sandstrand haben. Auf der Karte finden sich auch Wildgerichte.
🪑 50 🕐 Mo–Sa 12–15, 20–23,
So 12–15.30 Uhr
⬥ AE, V, MC

🍽 LA VIZCACHA $$–$$$
Eduardo O'Connor 630
Tel. 02944/42 21 09

In der Nähe der Kathedrale und am See liegt das Restaurant, das die besten (und günstigsten) Fleischgerichte der Stadt anbietet.
🪑 80 🕐 Mo–So 12–15.30, Mo–Sa 20–23.30 Uhr ⬥ Alle gängigen Karten

🍽 CERVECERÍA BLEST $$
Alaniz 230
Tel. 02944/46 22 45

Das Blest ist ein Brauerei-Restaurant mit deutschen Spezialitäten wie Klößen, Strudel und Fassbier. Es gibt aber auch Pizzen.
🪑 100 🕐 Tgl. ab 18 Uhr (Happy Hour bis 20 Uhr) ⬥ AE, MC, V

PUERTO MADRYN UND UMGEBUNG

🏨 AUSTRALIS YENE HUE HOTEL & SPA $$–$$$$
Avenida Roca 33
Tel. 011/43 22 38 88 (Reservierung),
0280/447 14 96
www.hotelesaustralis.com.ar

Das am Wasser gelegene Hochhaus ist eines der höchsten Gebäude der Stadt. Die nach Osten ausgerichteten Zimmer bieten einen schönen Panoramablick aufs Meer. Alle anderen schauen auf die in der Ferne liegende Steppe. Saubere Bettwäsche, Tageslicht und schöne Holzmöbel.
🛏 64 🅿 ⬌ 📶 📺
⬥ Alle gängigen Karten

🏨 HOTEL PENÍNSULA VALDÉS $$–$$$
Avenida Roca 151
Tel. 0280/447 12 92
www.hotelpeninsula.com.ar

Das mehrstöckige Península Valdés (mit Spa) ist ein modernes Hotel mit hellen, hübschen Zimmern – die größeren »Panorama«-Zimmer mit Blick auf den Atlantik bieten am meisten fürs Geld.
🛏 76 🅿 ⬌ 📶 📺
⬥ Alle gängigen Karten

🏨 HOTEL BAHÍA NUEVA $$
Avenida Roca 67
Tel. 0280/445 16 77
www.bahianueva.com.ar

Architektonisch spiegelt das Bahía Nueva das walisische Erbe wider. Die Zimmer sind nur mittelgroß, aber wenn auch einige der Nachbarhotels ebenfalls einen leichten Zugang zum Strand haben: Keines hat so einen weitläufigen Garten wie das Bahía Nueva.
🛏 40 🅿 ⬌ ⬥ Alle gängigen Karten

🍽 Restaurant 🛏 Zimmer 🪑 Sitzplätze 🅿 Parkplätze Ⓜ Metro 🕐 Geschlossen ⬌ Aufzug 📶 WLAN

PLÁCIDO $$–$$$
Avenida Roca 506
Tel. 0280/45 59 91
Das Plácido ist das eleganteste Restaurant der Stadt, sein Markenzeichen sind patagonische Lammgerichte, zu denen Süßkartoffelbrei serviert wird – allein deshalb lohnt sich der Besuch. Allerdings sind die Vorspeisen, die Desserts und die Weine übertreuert.
120 AE, MC, V

MARGARITA BAR $–$$
Roque Sáenz Peña 15
Tel. 0280/447 26 59
Die Margarita Bar serviert zur Mittagszeit leckere, günstige Pub-Gerichte. Spät nachts ist es in erster Linie eine Kneipe.
70 AE, MC, V

PUERTO SAN JULIÁN
HOSPEDAJE LA CASONA $
Avenida Hernando
de Magallanes 650
Tel. 02962/45 24 34
www.hosterialacasona.com
Gegenüber vom Strand wurde das La Casona renoviert und zu einem gemütlichen B&B umfunktioniert. Im Haus ist kein Personal (man findet es im Nachbarhaus), die Gäste müssen sich in der Küche ihr eigenes Frühstück zubereiten. Angesichts des Preises nimmt man das allerdings gerne in Kauf.
6 Nur Barzahlung

POSADA DE DRAKE $
Mitre und Rivadavia
Tel. 02962/45 25 23
Das 2006 eröffnete B&B ist gleichzeitig ein Teehaus.
6 AE, MC, V

RESERVA NATURAL PROVINCIAL CABO VÍRGENES
ESTANCIA MONTE DINERO $$$$
Ruta Provincial 1
Tel. 02966/42 89 22
www.montedinero.com.ar
Südwestlich des Río Gallegos befindet sich die Gäste-*estancia* Monte Dinero. Von hier aus haben die Gäste einen leichten Zugang zu der Pinguinkolonie am Cabo Vírgenes. Einige Zimmer haben nur Gemeinschaftsbäder.
6 Bar oder per Banküberweisung

RÍO GALLEGOS
HOTEL SEHUEN $
Rawson 160
Tel. 02966/42 56 83
www.hotelsehuen.com
Das Hotel Sehuen ist die beste Unterkunft in der Stadt. Es bietet zwar nicht gerade Luxus pur, aber alles ist tadellos in Ordnung. Die Zimmer sind eher karg, aber bequem. Reservierung notwendig.
38 AE, MC, V

SAN MARTÍN DE LOS ANDES
HOTEL PATAGONIA PLAZA $$–$$$$
San Martin 502 und Rivadavia
Tel. 02972/42 22 80
www.hotelpatagoniaplaza.com.ar
Das Hotel bietet ein helles Erdgeschoss, ein Atrium im Inneren und unglaublich viele Fenster. Die Zimmer sind unterschiedlich groß. Ein Plus ist die zentrale Lage.
91 Alle gängigen Karten

HOSTERÍA LA POSTA DEL CAZADOR $
Avenida San Martín 175
Tel. 02972/42 75 01
www.lapostadelcazador.com.ar
Auf einem dicht bepflanzten Grundstück unweit des Sees sind die Zimmer im Erdgeschoss etwas dunkel und schmal, es lohnt sich also, nach Zimmern weiter oben zu fragen. Bei Bezahlung mit Kreditkarte wird ein Aufschlag erhoben.
17 MC, V

Klimaanlage Pool im Haus Pool im Freien Fitnessclub Kreditkarten Hotel

TRELEW

HOTEL GALICIA $
9 de Julio 214
Tel. 0280/43 38 02
www.hotelgalicia.com.ar

Das Hotel Galicia hat eine glitzernde Lobby und eine geschwungene Marmortreppe – dafür sind allerdings die Zimmer ziemlich gleichförmig eingerichtet. Es liegt ein paar Blocks vom Paläontologischen Museum entfernt und ist preislich das beste in der Stadt.

33 Alle gängigen Karten

TREVELIN

NAIN MAGGIE $$$
Perito Moreno 179
Tel. 02945/48 02 32
www.nainmaggie.com

Eines der ältesten walisischen Teehäuser der Stadt hält noch die alte Tradition aufrecht und bietet seinen Gästen *scones*, Apfeltorte, Cremeschnitten und vor allem *black cake*.

56 Im Winter Di geschl. MC, V

VIEDMA

HOTEL AUSTRAL $– $$$
Avenida Villarino 292
Tel. 02920/42 26 15
www.hotelesaustral.com.ar

Mit Blick über den Fluss und die Parklandschaft präsentiert sich das moderne Hotel mit etwas mehr als Standardausstattung.

104 Alle gängigen Karten

HOTEL NIJAR $
Mitre 490
Tel. 02920/42 28 33
www.hotelnijar.com

Einige der Zimmer sind schmal, aber das Nijar bietet viel für den geforderten Preis.

39 Alle gängigen Karten

VILLA LA ANGOSTURA

CORRENTOSO LAKE & RIVER HOTEL $$$$–$$$$$
Ruta de los 7 Lagos y Rio Correntoso
Tel. 02944/82 61 03
www.correntoso.com

Das Hotel zählt zu den »Small Luxury Hotels of the World« und nimmt stilistisch Bezug auf Bustillos europäisch-andinen Baustil. Es fehlt aber nicht an modernsten Annehmlichkeiten – und das alles 3 km nördlich von Villa La Angostura.

49 Alle gängigen Karten

HOSTERÍAS LAS BALSAS $$$$$
Las Balsas St.
Tel. 02944/49 43 08
www.lasbalsas.com

Es ist eines von nur fünf Relais & Chateaux-Hotels im Land und der Champion unter den luxuriösen Spa-Hotels. Alle zwölf Zimmer und drei Suiten haben Seeblick.

15 Alle gängigen Karten

HOSTERÍA VERENA'S HAUS $
Los Taiques 268
Tel. 02944/49 44 67
www.verenashaus.com.ar

In einem ruhigen Wohnblock findet man das Verena's. Das B&B mit Garten heißt die Gäste herzlich willkommen und bringt sie in gemütlichen Zimmern unter.

6 Nur Barzahlung

TINTO BISTRÓ $$$–$$$$
Av. Arrayanes 305
Tel. 02944/49 49 24
www.tintobistro.com

Das Lokal verwendet patagonische Produkte wie Lamm und ergänzt diese durch asiatische Zutaten.

50 Tgl. 12–23.30 Uhr AE, MC, V

WALDHAUS $$$–$$$$
Av. Los Arrayanes 6431
Tel. 02944/47 53 23

Am Highway östlich von Villa La Angostura wirkt das Waldhaus wie ein Knusperhäuschen. Hier bekommen die Gäste europäische Gerichte wie Filet Mignon, Fondue,

Würste und Gulasch.
🍴 40 🕐 Di–So 20–23 Uhr
💳 Alle gängigen Karten

🍴 LA ENCANTADA $$
Cerro Belvedere 69
Tel. 02944/82 59 99

Das in einer Seitenstraße gelegene La Encantada gilt als bestes Restaurant der Stadt.
🍴 35 🕐 Do–Di ab 20 Uhr
💳 Nur Barzahlung

FEUERLAND

RÍO GRANDE
🏨 POSADA DE LOS SAUCES $
Elcano 839
Tel. 02964/43 28 95
www.posadadelossauces.com

Mit herrlichem Blick auf den offenen Atlantik ist die Posada eine Top-Wahl. Das Restaurant Cocina de May ist sehr zu empfehlen.
🛏 24 🅿 💳 Alle gängigen Karten

USHUAIA
🏨 ESTANCIA HARBERTON $$$$
Ruta C–J
Tel. 02901/42 27 42 in Ushuaia

Gäste übernachten in einer der ältesten *estancias* der Insel – allerdings ohne großen Luxus. Mahlzeiten gibt es im Teehaus der Farm.
🛏 2 🅿 💳 Nur Barzahlung

🏨 HOSTERÍA TIERRA
🍴 DE LEYENDAS $$$–$$$$
Tierra de Vientos 2448
Tel. 02901/44 65 65
www.tierradeleyendas.com.ar

Der Park war zum Zeitpunkt der Recherche zwar noch nicht vollendet, wenn die Pflanzen aber erst einmal gewachsen sind, wird alles sehr schön zum Boutique-Hotel passen.
🅿 💳 Alle gängigen Karten

🏨 HOTEL POSADA FUEGUINA
$$$–$$$$
Lasserre 438
Tel. 02901/42 34 67
www.posadafueguina.com.ar

Die Gäste der Posada Fueguina genießen einen Traumblick auf den Beagle-Kanal. Die Gemeinschaftsbereiche und die Zimmer sind sehr komfortabel eingerichtet.
🛏 28 🅿 💳 V, MC, AE

🏨 HOTEL Y RESORT
LAS HAYAS $$$–$$$$
Luis Martel 1650
Tel. 02901/44 20 00
www.lashayashotel.com

Las Hayas ist ein mehrstöckiger Bau mit Panoramafenstern zum Beagle-Kanal hin.
🛏 93 🅿 🏊 💪 💳 Alle gängigen Karten

🏨 MARTÍN FIERRO B&B $
9 de Julio 175
Tel. 02901/43 05 25
www.martinfierrobyb.com.ar

Die vier Räume im Obergeschoss des kleinen, aber eleganten B&Bs besitzen komfortable Kojen und teilen sich zwei Bäder. Die Apartments im Erdgeschoss haben eigene Bäder und Küchen.
🛏 6 🅿 💳 Nur Barzahlung

🏨 PATAGONIA VILLA LODGE
$$$–$$$$
Bahía Buen Suceso 563
Tel. 02901/43 59 37
www.patagoniavilla.com

In einer bewaldeten Wohngegend rund 1,5 km östlich des Zentrums werden die Gäste des B&Bs freundlich empfangen.
🛏 5 🅿 💳 AE, V

🍴 KAUPÉ $$$$$
Roca 470
Tel. 02901/42 27 04
www.kaupe.com.ar

Eines von Ushuaias Prestigerestaurants, das sich auf Meeresfrüchte und Fisch spezialisiert hat.

🪑 40 🕐 Mo–Sa 12–14, 18.30– 23 Uhr
💳 Alle gängigen Karten

🍴 CHEZ MANU $$$$
Luis Martial 2135
Tel. 02901/43 22 53
www.chezmanu.com

Auf der Karte des Top-Restaurants findet man Meeresfrüchte, die Aussicht auf den Beagle-Kanal ist großartig.
🪑 60 🕐 Di–So 19–24 Uhr
💳 Alle gängigen Karten

🍴 MARÍA LOLA $$$$
Deloqui 1048
Tel. 02901/42 11 85
www.marialolaresto.com.ar

Top-Restaurant mit einer netten Einrichtung und Panoramafenstern zu Hafen und Beagle-Kanal. Die Karte bietet vor allem Fisch und Meeresfrüchte. Reservieren!
🪑 50 🕐 Mo–Sa 12.30–14.30, 20–23 Uhr
💳 Alle gängigen Karten

🍴 RAMOS GENERALES $$
Maipú 749
Tel. 02901/42 43 17
www.ramosgeneralesush.com.ar

Die neuen Besitzer haben im jahrhundertealten Gebäude ein stimmungsvolles Bar-Restaurant mit Stilmöbeln geschaffen.
🪑 116 🕐 Tgl. 9–24 Uhr
💳 Alle gängigen Karten

🍴 Restaurant 🛏 Zimmer 🪑 Sitzplätze 🅿 Parkplätze Ⓜ Metro 🕐 Geschlossen 🛗 Aufzug 📶 WLAN

EINKAUFEN

Buenos Aires ist die Einkaufs- und Modemetropole des Landes. Doch auch andere Regionen haben ihre Spezialitäten, seien es Leder und Silber aus dem Gaucho-Land oder Webwaren und Kunsthandwerk aus dem andinen Nordwesten. Aus den Nordostprovinzen stammen Tierschnitzereien, die aus dem wohlriechenden *palo santo* gefertigt werden. Größter Exportschlager der Cuyo-Provinzen ist natürlich der Wein. In der Hauptstadt und im ganzen Land findet man wunderschöne *Ferias Artesanales*, bunte Kunsthandwerkermärkte.

In Argentinien ist es – anders als im Andenhochland der Nachbarländer Bolivien und Peru – nicht üblich, zu handeln. In den nordwestlichen Städten wie Humahuaca wird zwar gelegentlich gehandelt, aber auch da ist es nicht so selbstverständlich wie sonst in Lateinamerika.

BUENOS AIRES UND DAS DELTA

In Buenos Aires wurden viele berühmte Gebäude in Einkaufszentren umgewandelt – in einigen Vierteln (vor allem in Palermo) sogar in spektakuläre Design- und Modeläden. Die Stadt bietet eine Vielzahl an Straßenmärkten und eine enorme Menge an Antiquitätengeschäften, Buchhandlungen, Musikläden und Vinotheken.

ACCESSOIRES
Almacén de Belleza *(Nicaragua 4835, Palermo, Tel. 011/47 78 00 50, Mo-Sa 11-20 Uhr)* In Sachen Mode bietet dieses »Warenhaus der Schönheit« für kosmopolitische Frauen ein innovatives, ja sogar kühnes Angebot – man findet aber auch eine ganze Bandbreite an Klassikern. Außerdem werden hier Kunsthandwerk und Haushaltswaren in ebenso unkonventionellem Stil verkauft.
López Taibo *(Avenida Alvear 1902, Recoleta, Tel. 011/48 04 85 85, Mo-Sa 10-20 Uhr, www.lopeztaibo.com.ar)* Eines der bekanntesten Lederwarengeschäfte der Stadt – Schwerpunkt sind Herrenschuhe, ergänzt um Kleidung und sonstige Accessoires.

KUNST UND ANTIQUITÄTEN
Churrinche Antigüedades *(Defensa 1031, San Telmo, Tel. 011/43 62 76 12, Di-So 11-19 Uhr, www.churrincheantiques.com.ar)* In einer Straße, in der ein Antiquitätenhändler neben dem anderen liegt, ist Churrinche die Adresse schlechthin, um sein Wohnhaus in Recoleta mit Porzellan aus Limoges und mit Perserteppichen auszustatten. Zum weiteren Angebot gehören Glaswaren, *Gaucho*-Silberarbeiten und Waffen.

BÜCHER UND KARTEN
El Ateneo Grand Splendid *(Avenida Santa Fe 1860, Recoleta, Tel. 011/48 13 60 52, Mo-Do 9-22, Fr-Sa 9-24, So 12-22 Uhr)* Die Qualität der Bücher – viele von ihnen sind englische und argentinische Bestseller – passt zur eindrucksvollen Umwidmung des einstigen Kinos in eine Buchhandlung: Die Bühne ist heute ein Café, die Leser schlendern an hohen Regalen auf verschiedenen Ebenen entlang.

KUNSTHANDWERK UND SCHMUCK
Arte Étnico Argentino *(El Salvador 4656, Palermo, Tel. 011/48 32 05 16, Mo-Fr 11-19, Sa 11-14 Uhr, www.arteetnicoargentino.com)* Für die meisten Besucher sind die rustikal-eleganten Möbel aus dem Nordwesten des Landes doch zu wuchtig, um als Souvenir in die Heimat mitgenommen zu werden. Als Ersatz könnten aber farbenfrohe Kleidung und Textilwaren (von den Mapuche aus Nordpatagonien) dienen.
El Boyero *(Florida 953, Retiro, Tel. 011/43 12 35 64, Mo-Sa 9-20.30 Uhr, www.elboyero.com)* Von allen Läden der Stadt hat El Boyero

wahrscheinlich die umfangreichste Auswahl an Kunsthandwerk, u. a. findet man hier Kleidung, Lederwaren, Webwaren sowie *Gaucho*-Silber und -Schmuck.

GESCHENKE UND SONSTIGES
Rigoletto Curioso *(Avenida Corrientes 1660, Mo 11–22, Di–Do 11–24, Fr 11–2, Sa 14–0, So 18–22 Uhr, Tel. 011/63 20 53 10)* Wie der Name schon sagt, ist das Rigoletto ein alter Kuriositätenladen, in dem man Kinoplakate, Bücher, Magazine, Grammofonaufzeichnungen, Fotos und Spielzeug findet – sozusagen ein Museum der argentinischen Popkultur in den Vorstädten.

EINKAUFSZENTREN
Buenos Aires Design *(Av. Pueyrredón 2501 neben dem Friedhof, Recoleta, Tel. 011/57 77 60 00, Mo–Sa 10–21, So 12–21 Uhr, www.designrecoleta.com.ar)* Als eines der ersten – und exklusivsten – Einkaufszentren vereinigt das BA Design rund 80 verschiedene Spezialgeschäfte unter seinem Dach. Meist verkaufen sie Design und Wohnaccessoires, aber auch Kunst und Kleidung. Einiges stammt aus den Regionen.
Galerías Pacífico *(Florida und Avenida Córdoba, Centro/San Nicolás, Tel. 011/55 55 51 10, tgl. 10–21 Uhr, www.galeriaspacifico.com.ar)* Das von Anfang an als Einkaufszentrum konzipierte Pacífico wurde über Jahrzehnte vernachlässigt, später nutzten Privatleute und die Regierung (Straßenverkehrsamt) die Läden als Büros. Heute kommen selbst Einkaufsmuffel hierher, um die historische Fassade und die Kuppel zu bewundern.

MÄRKTE
Feria de San Pedro Telmo *(Defensa und Humberto Primo, San Telmo, So 10–19.30 Uhr, www.feriadesantelmo.com)* Jeden Sonntag sind die Straßen um die Plaza Dorrego voller Stände mit Antiquitäten und Kunsthandwerk. Dank dieser Läden und der Straßenkünstler ist der Markt einer der beliebtesten der Stadt.

Feria Plaza Intendente Alvear *(Pueyrredon/Libertador Avenue, Sa–So, Fei. 11–20 Uhr, www.feriaplazafrancia.com)* Mit über 150 Ständen, die sich vom Friedhof Recoleta über die gesamte Plaza Francia ziehen, ist dieser Markt einer der schönsten der Stadt.

DIE PAMPA

Die Pampa ist Gaucho-Land, entsprechend gibt es in der »Gaucho-Kapitale« San Antonio de Areco quasi an jeder Ecke einen Silberschmied, daneben aber auch noch jede Menge anderer Handwerker.

SAN ANTONIO DE ARECO
Cristina Giordano *(Sarmiento 112, San Antonio de Areco, Tel. 02326/45 28 29, www.telarcriolloypampa.com.ar)* Giordano webt *Gaucho*-Kleidung.
Primer Museo y Taller Abierto de Platería Criolla *(Lavalle 387, San Antonio de Areco, Tel. 02326/45 42 19, www.draghiplaterosorfebres.com)* Bei San Antonios berühmtestem Silberschmied können die Besucher den Mitarbeitern beim Anfertigen von Schnallen, Zaumzeug, Messern und Sporen zusehen – auch dann, wenn man nicht Tausende Dollar für die schönsten Arbeiten ausgeben kann oder will.

ANDINER NORDWESTEN

In den nordwestlichen Anden-Provinzen leben einige der indigenen Völker Argentiniens. Sie sind berühmt für ihre Aymara- und Kolla-Kunsthandwerke, vor allem aber für ihre Webarbeiten. *Gaucho*-Zubehör mit einem starken regionalen Einschlag ist ebenfalls sehr beliebt – ganz abgesehen von den regionalen Weinen.

SALTA
Horacio Bertero *(Los Parrales 1002, Tel. 0387/420 02 12, Mo–Sa 9–17 Uhr, Facebook:*

Horacio Bertero Platería) Der Meister-Silberschmied Bertero hat hier sein Atelier und seinen Laden.
Plaza de Almas *(Balcarce 575, Tel. 0387/ 431 78 27, Mi–So 12–2 Uhr)* Das Kulturzentrum mit Kunsthandwerkerladen verkauft regionale Produkte.

AMAICHA DEL VALLE
Museo Pachamama *(RP 307, Km 118, Tel. 03892/42 10 04, Mo–Fr 8.30–18.30, Sa 8.30 –17.30, So 9–12 Uhr)* Héctor Cruz' monumentales Skulpturenmuseum der Anden hat einen großen Kunsthandwerkerladen.

PURMAMARCA
Mercado Artesanal Der hübsche Markt auf der pittoresken Plaza des Städtchens unter dem Berg der sieben Farben findet täglich statt.

TUCUMÁN
Museo Folclórico Manuel Belgrano *(24 de Setiembre 565, Tel. 0381/421 82 50, Di–Fr 9–12, 15.30–19.30, Sa–So 15.30–19.30 Uhr)* Das Museum ist weder ein Museum im klassischen Sinne noch eine Hommage an General Belgrano, sondern ein hochwertiger Kunsthandwerkerladen, der Kunstschnitzereien, Keramik, *Gaucho*-Zubehör und Lederwaren verkauft.

CUYO

Cuyos Spezialität ist natürlich Wein, aber das ist lange nicht alles.

MENDOZA
Las Viñas *(Avenida Las Heras 399, Tel. 0261/ 425 15 20, Mo–Sa 9–13, 16.30–20.30 Uhr, www.lasvinas.com.ar)* Der Name impliziert natürlich Wein (den es hier reichlich gibt), aber die Institution in Mendoza bietet darüber hinaus auch Lederwaren, Silberarbeiten und Sonstiges – alles mit regionalem Touch.

Vines of Mendoza *(Gutierrez 476, Tel. 0261/461 38 00, www.vinesofmendoza.com)* Bevor man sich für einen Tropfen entscheidet, sollte man einige Weine in dieser kleinen Weinbar probieren.

PATAGONIEN

Das Seengebiet ist berühmt für seine Schokolade und einen der unterhaltsamsten Straßenmärkte des Landes in El Bolsón. Man muss allerdings wissen, dass vieles, was in Orten wie El Calafate und Ushuaia verkauft wird, ursprünglich aus Buenos Aires stammt. Die schönsten Kunsthandwerksstücke sind Arbeiten der Mapuche.

EL BOLSÓN
Feria Regional Plaza Pagano *(Av. San Martín/Plaza Pagano)* Viermal wöchentlich findet hier eine der schönsten *ferias* von ganz Patagonien statt.

SAN MARTÍN DE LOS ANDES
Artesanías Neuquinas *(Antártida Argentina 1260, Gebäude 2, 4. Stock, Tel. 0299/449 48 49, Mo–Fr 9–20.30, Sa 9.30–13.30 Uhr, www.artesaniasneuquinas.com)* In der Kooperative unter Leitung der Provinzregierung sind über 700 Kunsthandwerker zusammengeschlossen. Die meisten sind Frauen der Mapuche, die Wollwaren, Holzschnitzereien, Musikinstrumente und Töpferwaren herstellen.

FEUERLAND

USHUAIA
Tierra de Humos *(San Martín 861, Tel. 02901/43 30 50, www.tierradehumos.com)* Viele kitschige Souvenirs, aber auch regionaltypische Woll- und Lederwaren.

UNTERHALTUNG

Buenos Aires ist das Zentrum des Nachtlebens. In einem Land, in dem kaum einer vor 21 Uhr zum Essen geht, gibt es allerdings quasi in jeder Klein- und Großstadt irgendein Lokal, das bis in die frühen Morgenstunden geöffnet hat. In den Provinzhauptstädten finden oft große Festivals statt.

BUENOS AIRES UND DAS DELTA

Buenos Aires bietet eine der besten und abwechslungsreichsten Kunst- und Unterhaltungsszenen des Landes – wenn nicht der Welt.

KUNST

Centro Cultural Borges *(Viamonte und San Martín, Centro/San Nicolás, Tel. 011/55 55 54 49, Mo–Sa 10–21, So 12–21 Uhr, www.ccborges.org.ar)* Das nach dem argentinischen Schriftsteller benannte Kulturzentrum veranstaltet Kunstevents, Kunstausstellungen und Seminare.

Centro Cultural Ciudad de Buenos Aires *(Junín 1930, Recoleta, Tel. 011/48 03 10 40, www.centroculturalrecoleta.org)* Das Kulturzentrum ist ein Labyrinth aus Galerien, Museen, Kinos und Theaterbühnen.

Teatro Avenida *(Avenida de Mayo 1222, Monserrat, Tel. 011/43 81 06 62, Di–Fr 13.30–22, Sa–So 11.30–22 Uhr)* Das nach einem Brand in den 1990er-Jahren restaurierte Theater beherbergt die Oper und das Symphonieorchester des Teatro Colón, solange es renoviert wird.

Teatro Catalinas Sur *(Benito Pérez Galdós 93, La Boca, Tel. 011/43 07 10 97, www.catalinasur.com.ar)* Die Theatergruppe ist bekannt für ihre linke Einstellung und die wilden, fantasievollen Bühnenbilder.

Teatro Colón *(Cerrito 628, Tel. 011/43 78 71 00, www.teatrocolon.org.ar)* Eines der besten Konzerthäuser der Welt – sowohl in Stil als auch Akustik, da sind sich die Experten der Musikwelt einig. Eine Führung ist dringend zu empfehlen. Hier haben auch das wichtigste Opernensemble und Symphonieorchester des Landes ihre Heimatbühne.

Teatro General San Martín *(Avenida Corrientes 1530, Centro/San Nicolás, Tel. 0800/333 52 54, www.teatrosanmartin.com.ar)* Das architektonisch langweilige Theater kompensiert seine fehlende Ausstrahlung durch ein umfangreiches Kulturprogramm.

FESTIVALS

Campeonato Abierto Argentino de Polo *(Campo Argentino de Polo, Avenida del Libertador und Dorrego, Palermo, Tel. 011/47 77 64 44, www.aapolo.com)* Der jährlich stattfindende Polo-Wettbewerb ist ein Sportereignis von Weltformat, das zum ersten Mal 1893 ausgetragen wurde. Er wird jährlich im Nov./Dez. veranstaltet.

Exposición Internacional de Ganadería, Agricultura e Industria Nacional Predio Ferial de la Sociedad Rural Argentina *(Avenida Sarmiento 2704, Palermo, Tel. 011/47 77 55 00, www.exposicionrural.com.ar)* Die Farmer des Landes veranstalten ihre jährliche große Messe während der Winterferien im Juli.

Feria de Galerías Arte BA Predio Ferial de la Sociedad Rural Argentina *(Avenida Sarmiento 2704, Palermo, Tel. 011/48 16 87 04, www.arteba.org)* Mitte/Ende Mai laden die Galerien zeitgenössischer Kunst ihre Kunden zu einer einwöchigen Messe nach Palermo ein.

Feria del Libro Predio Ferial de la Sociedad Rural Argentina, *(Av. Santa Fe 4201, Palermo, Tel. 011/43 70 06 00, www.el-libro.org.ar)* Auf dem städtischen Messegelände zieht die größte Buchmesse Lateinamerikas von Mitte April bis Mitte Mai internationale literarische Größen nach Palermo.

Festival Buenos Aires Tango *(festivales.buenosaires.gob.ar)* In nur wenigen Jahren ist das Tango-Festival das Vorzeige-Event von

Buenos Aires geworden. Zehn Tage (meist Mitte August) dreht sich mit Musik-, Lieder- und Tanzveranstaltungen auf verschiedenen Bühnen der Stadt alles um den Tango.

NACHTLEBEN

In vielen Tanzclubs passiert nichts vor Mitternacht.

Alsina Buenos Aires (Alsina 940, Monserrat, Tel. 011/43 31 32 31, www.palacioalsina.net) Der riesige Ballsaal ist einer der wichtigen Schwulentreffs der Stadt.

Clásica y Moderna (Avenida Callao 892, Recoleta, Tel. 011/48 12 87 07, www.clasicaymoderna.com) Die hauptstädtische Institution für Live-Jazz! Unter demselben Dach befinden sich ein Laden und ein Café – ein netter Ort zum Frühstücken und zum Mittagessen.

Niceto Club (Niceto Vega 5510, Palermo, www.nicetoclub.com) Von Donnerstag bis Samstag legen in Palermos Clublegende bekannte DJs aus aller Welt und vor allem hoch talentierter lokaler Nachwuchs auf. Es gibt auch interessante *Liveacts*.

Notorious (Avenida Callao 966, Recoleta, Tel. 011/48 13 68 88, Facebook: notorious) Ein Jazz-Café mit Gespür für angesagte Musik.

The Roxy (Niceto Vega 5542, Tel. 011/40 85 52 74, www.theroxybar.com.ar) Hier spielen an den Wochenenden die großen argentinischen Rockkünstler – buchstäblich unter den Eisenbahnschienen.

La Trastienda (Balcarce 460, Monserrat, Tel. 011/434 51 62, www.latrastienda.com) Vor allem Rock und Electronica werden hier gespielt, aber auch die auf dem Akkordeon basierende *chamamé* aus Mesopotamien kann man in diesem mittelgroßen Club hören.

ZUSCHAUERSPORT

Argentinier sind Sportfanatiker – vor allem Fußball, aber auch Reitveranstaltungen fesseln die Massen.

Boca Juniors (Brandsen 805, Tel. 011/57 77 12 00, La Boca, www.bocajuniors.com.ar) Der berühmte Club residiert im alten Hafenviertel, wenige Blocks vom Caminito entfernt. Auf den von Touristen bevölkerten Straßen sollte man in der Gegend auch bleiben.

Pferderennen (Hipódromo Argentino, Avenida del Libertador 4101, Palermo, Tel. 011/47 78 28 00, www.palermo.com.ar) Das Hipódromo ist die größte Galopprennbahn des Landes.

River Plate (Estadio Monumental, Avenida Presidente Figueroa Alcorta 7597, Núñez, Tel. 011/47 89 12 00, www.cariverplate.com.ar) Der Fußballclub spielt in einem wohlhabenden Viertel im Norden der Hauptstadt.

TANGO

Confitería Ideal (Suipacha 384; Tel. 011/43 28 77 50) Mitten im hektischen Microcentro befindet sich diese Institution des klassischen Tangos. Nach Restaurierungen des historischen Ambientes in den Jahren 2016/17 sollte die Ideal bald wieder öffnen.

El Arranque Nuevo Salón La Argentina (Bartolomé Mitre 1759, Centro/San Nicolás, Tel. 011/43 71 67 67) Günstige Nachmittags-*milongas* finden jeden Montag, Dienstag, Donnerstag und Samstag in einem extra dafür konzipierten Saal statt.

El Querandí (Perú 302, Monserrat, Tel. 011/51 99 17 70, www.querandi.com.ar) Das Querandí ist kleiner und intimer als das Carlos Gardel, allerdings nicht schlechter und hat obendrein noch ein feines Restaurant.

Esquina Carlos Gardel (Carlos Gardel 3200, Balvanera, Tel. 011/48 67 63 63, www.esquinacarlosgardel.com.ar) In Abasto, dem traditionsreichen Viertel des Sängers, gelegen, zählt diese Tango-Bühne zu einer der besten der Stadt. Nebenan kann man das gigantische Gebäude des ehemaligen Großmarktes bewundern, der heute ein Shopping-Center ist.

Parakultural Salón Canning (Scalabrini Ortiz 1331, Palermo, Tel. 011/48 33 32 24, www.parakultural.com.ar) Weniger konventionelle *milonga* mit Super-Live-Musik an einigen Abenden der Woche.

Torquato Tasso (Defensa 1575, San Telmo, Tel. 011/43 07 65 06, www.torquatotasso.

com.ar) Eine gute Adresse für live gespielte Tangomusik – mit hervorragenden Interpreten und das alles zu vernünftigen Preisen.

DIE PAMPA

Festival Nacional del Folklore *(Sarmiento 589, 1. Stock, Cosquin, Córdoba, Tel. 03541/45 45 59)* Argentiniens überragendes Folklorefestival findet in der letzten Januarwoche statt.
Fiesta de la Tradición *(San Antonio de Areco, Tel. 02326/45 46 34)* Das Top-*Gaucho*-Fest zieht sich über zwei Wochenenden Mitte November.
Teatro Argentino *(Avenida 51 zw. Calles 9 und 10, La Plata, Tel. 0800/666 51 51, www.teatroargentino.gba.gov.ar)* Trotz seiner brutalen Architektur ist das Teatro außerhalb von Buenos Aires eine der angesehensten Bühnen des ganzen Landes.
Teatro del Libertador San Martín *(Avenida Vélez Sarsfield 365, Córdoba, Tel. 0351/433 23 23, Facebook: Teatro del Libertador San Martín)* Córdobas Pendant zu Rosarios Teatro El Círculo.
Teatro El Círculo *(Laprida 1223, Rosario, Tel. 0341/424 53 49, www.teatro-elcirculo.com.ar)* Das Haus für klassische Musik, Ballett und Oper in der Hafenmetropole am Río Paraná.

MESOPOTAMIEN UND DER CHACO

Carnaval del País *(Gualeguaychú, Entre Ríos, www.carnavaldelpais.com.ar)* Von Januar bis März findet hier der landesweit lebendigste Karneval statt.

ANDINER NORDWESTEN

CCarnaval Norteño *(Humahuaca, Provinz Jujuy)* Auch wenn der Karneval an vielen Orten in der Quebrada de Humahuaca stattfindet, ist der Carnaval Norteño die am leichtesten erreichbare Veranstaltung.
El Boliche de Balderrama *(San Martín 1126, Salta, Tel. 0387/421 15 42, www.bolichebalderrama.com)* Folk-Musik in Saltas ältester *peña*.
Enero Tilcareño *(Tilcara, Provinz Jujuy)* Der Januar ist in der hübschesten Stadt der Quebrada de Humahuaca der Monat, in dem sich alles um Musik, Tanz, Kunst und Künstler dreht.
La Casona del Molino *(Luis Burela 1, Salta, Tel. 0387/434 28 35, Facebook: La Casona del Molino)* Traditionelle Folkloremusik, dargeboten in einem kolonialzeitlichen Haus, das auch für seine hervorragende regionale Küche bekannt ist.

CUYO

Degustación Anual Bodega Familia Zuccardi *(RP 33, Km 7,5, Mendoza, Tel. 0261/441 00 00, www.familiazuccardi.com)* Immer Mitte November veranstaltet das Weingut Zuccardi östlich von Mendoza ein Fest, auf dem die neuen Weine mit Live-Musik und Unterhaltung vorgestellt werden.
El Retortuño *(Dorrego 173, Mendoza, Tel. 0261/431 63 00, Facebook: El Retortuño-Oficial)* Große Namen der argentinischen Musikszene spielen in diesem Vorstadtrestaurant.
Fiesta Nacional de la Vendimia *(Mendoza City)* Das viertägige Weinfestival im Parque San Martín Anfang März.

PATAGONIEN

Fiesta Nacional de la Nieve *(San Carlos de Bariloche, Provinz Río Negro)* Der einwöchige Markt findet Mitte Juni statt und markiert den Beginn der Skisaison in Bariloche.
Fiesta Nacional del Lúpulo *(El Bolsón, Provinz Río Negro)* Mitte Februar stehen bei diesem Fest die Brauer von El Bolsón im Mittelpunkt.

AKTIVITÄTEN

Angesichts seiner vielen grandiosen Landschaften ist Argentinien ein Paradies für Outdoor-Sportler. Bergsteiger und Wanderer finden attraktive Routen im ganzen Land, vor allem in der Provinz Mendoza, in der auch der Cerro Aconcagua liegt. Die Pampa eignet sich hervorragend für Ausritte, und auch die südlichen patagonischen Eisfelder sorgen für großartige Naturerlebnisse.

ABENTEUERTRIPS

Aventura Andina *(Av. Libertador 761, Local 4, El Calafate, Tel. 02902/49 21 12, www.aventura-andina.com.ar)* Der Veranstalter hat Regionalbüros in Salta und El Calafate; von dort werden auch die Touren um Ushuaia und in die chilenischen Torres del Paine geplant.

Camino Abierto *(Av. Corrientes 1455, 1. Stock, Tel. 011/43 42 41 32, www.caminoabierto.com)* Die Firma arbeitet von dem kleinen patagonischen Ort El Chaltén aus, hat aber auch ein Büro in Buenos Aires und bietet Touren in alle Teile des Landes an.

Explorador Expediciones *(Casilla de Correo N° 24, Tel. 03757/49 14 69, www.rainforestevt.com.ar)* Dreitägige Pauschaltouren mit verschiedenen Aktivitäten in den Parque Nacional Iguazú und nach Iberá, außerdem Exkursionen nach Puerto Iguazú (mit Aktivitäten).

NYCA Adventure *(El Chaltén, Patagonien, Tel. 02962/49 31 85, www.nyca-adventure.com.ar)* Die Firma bietet ziemlich schwierige Abenteuertouren auf die südlichen patagonischen Eisfelder an, außerdem Trekkingtouren, Bergtouren und mehrtägige Kajaktouren auf dem Río Santa Cruz.

Rolling Travel *(Cuyo, www.rollingtravel.com)* Die Firma besitzt die Konzession für Touren im Parque Nacional Talampaya, organisiert aber auch Ausflüge im ganzen Land.

VOGELBEOBACHTUNG

In einem Land von der Größe Argentiniens und angesichts seiner ökologischen Vielfalt finden Hobbyornithologen – vor allem jene, die zum ersten Mal die Südhalbkugel besuchen – eine unglaubliche Zahl an Vögeln, die sie ihrer persönlichen Artenliste hinzufügen können. Zu den besten Plätzen zählen die subtropischen Feuchtgebiete von Iberá in der Provinz Corrientes, die nordwestlichen Nebelwaldgebiete, das Anden-Tiefland, die patagonische Küste und das nördliche patagonische Seengebiet. Abgesehen von der patagonischen Küste, wo es unzählige Vögel gibt, ist in den anderen genannten Gebieten ein speziell ausgebildeter Führer empfehlenswert.

Clark Expediciones *(Mariano Moreno 1950, Salta, Tel. 0387/15/489 01 18, www.clarkexpediciones.com)* Ein anerkannter Experte hinsichtlich Vogelbeobachtung, vor allem für die Nebelwälder der Yungas und der andinen Puna. Bietet mehrtägige Safaris an.

Estancia Monte Dinero *(RP 1, Patagonien, Tel. 02966/42 89 22, www.montedinero.com.ar)* Die beste Adresse für alle, die die riesigen Pinguinkolonien am Cabo Vírgenes in der Provinz Santa Cruz sehen wollen. Außer Pinguinen lassen sich dort viele See- und Küstenvögel beobachten.

Rincón del Socorro *(RP 40, Colonia Carlos Pellegrini, Corrientes, Reservierungen: Tel. 011/52 72 03 43 (in Buenos Aires), www.rincondelsocorro.com.ar)* Das Sumpfgebiet Iberá ist ein Traum für alle Hobbyvogelkundler – mit Hunderten von Vogelarten sowie Säugetieren und Reptilien. Zusätzlich runden Ausritte und Wanderungen die Touren ab.

ANGELN

Argentinien bietet zwei Angelmöglichkeiten an: In den Provinzen Mesopotamiens können große Fische wie *boga* oder *dorado* geangelt werden. Vor allem in den nördlichen patagonischen Provinzen von Neuquén und Río Negro ist das Forellenangeln angesagt, nicht ganz so leidenschaftlich auch in Chubut, Santa Cruz und Feuerland.

Patagonia Adventures *(Pablo Hube 418, El Bolsón, Patagonien, Tel. 02944/49 25 13, www.argentinachileflyfishing.com)* Der patagonische Fliegenfischerspezialist arbeitet sowohl in Argentinien als auch in Chile.

Posada Paso de la Patria *(Avenida Costanera y Avenida Dorado, Posada Paso de la Patria – Corrientes; Tel. 0379/154 68 67 89, www.posadapasopatria.com.ar)* Die Lodge liegt nur eine halbe Stunde von der Provinzhauptstadt entfernt und hat sich auf die großen Fische des Paraná wie etwa den *dorado* spezialisiert.

Rincón Andino *(Miguens 40, Esquel, Provinz Chubut, Tel. 02945/45 43 03, www.rinconandino.com.ar)* Bietet Fliegenfischen in einem halben Dutzend Flüssen in und um den Parque Nacional Los Alerces an.

GOLF

Argentinien hat ein Dutzend 18-Loch-Golfplätze, die meisten findet man in oder rund um die Hauptstadt, den Rest über das ganze Land verteilt. Wer Genaueres wissen will, sollte die **Asociación Argentina de Golf** *(Avenida Corrientes 538, 11. Stock, Buenos Aires, Tel. 011/43 25 11 13, www.aag.com.ar)* kontaktieren.

REITEN

Argentinien war über Jahrhunderte ein Land der Reiter, vor allem ein Land des *Gaucho*-Reitstils. Der englische Reitstil wurde vor allem von der Oberklasse gepflegt, z. B. in Form von Polospielen. Reiter finden auf den *estancias* der Provinz Buenos Aires viele Möglichkeiten, über die endlosen Weiden zu galoppieren.

Club Alemán de Equitación *(Avenida Dorrego 4045, Palermo, Buenos Aires, Tel. 011/47 72 62 89, www.clubalemandeequitacion.com)* Der deutsche Reitclub ist der beste Club innerhalb der Stadtgrenzen.

Estancia El Ombú de Areco *(RP 31, Cuartel VI, Villa Lía, San Antonio de Areco, Provinz Buenos Aires, Tel. 02326/49 20 80, www.estanciaelombu.com)* Reiter können hier mit *gauchos* ausreiten und – wenn sie gut genug sind – auch beim Setzen der Brandzeichen bei den Kälbern helfen.

Estancia Huechahue *(RN 234, Junín de los Andes, Neuquén, www.huechahue.com)* Jane Williams stammt aus London und ist dank Hochzeit und jahrzehntelangem Aufenthalt im Land schon eine halbe Argentinierin. Sie hat aus Huechahue die Top-Adresse für alle Reiter gemacht, die im harten *Gaucho*-Reitstil mehrtägige Ausflüge in die Anden unternehmen wollen.

Estancia La Bamba *(RP 31, San Antonio de Areco, Provinz Buenos Aires, 02326/45 48 95, www.labambadeareco.com)* La Bamba diente wegen seiner Schönheit als Kulisse für das historische Epos *Camila* der Filmregisseurin María Luis Bemberg.

Estancia y Polo Club La Candelaria *(Ruta Nac. 205, Km 114,5 Lobos; Provinz Buenos Aires, Tel. 022 27/49 41 32)* Ein Schloss im normannischen Stil als Kulisse für Polo-Urlaube.

MOUNTAINBIKEN

Argentinien ist das Land der unbegrenzten Möglichkeiten für Mountainbiker. Vor allem in den Anden, aber auch im Hinterland von Córdoba und in und rund um Tandil (Provinz Buenos Aires) gibt es traumhafte Routen. Die besten Regionen liegen im Nordwesten des Landes: in der Provinz Mendoza, im Seengebiet in und rund um San Carlos de Bariloche und in den südlichen patagonischen Provinzen Chubut und Santa Cruz. Auch die Möglichkeit, das Land mit dem Rad zu »erfahren«, ist attraktiv. Straßenräder sind wegen der vielen Schotterstraßen allerdings meistens ungeeignet – es gibt aber auch Regionen mit relativ vielen Teerstraßen.

MTB Tours *(Tel. 011/47 88 15 49, www.mtbtours.com)* MTB bietet Touren von Malargüe (Mendoza) über die Anden nach Chile an, außerdem Fahrten durch die Valles Calchaquíes im Nordwesten und auf den Altiplano der Provinzen Salta und Jujuy.

WANDERN UND BERGSTEIGEN

Das Land bietet einige der weltweit höchsten und landschaftlich schönsten Gipfel der Welt und ist auch deshalb bei Bergsteigern und Bergwanderern äußerst beliebt. Einige der meistbesuchten Ziele liegen im patagonischen Seengebiet und in den südlichsten Anden. Das berühmteste Ziel ist natürlich der Cerro Aconcagua, das »Dach des amerikanischen Kontinents« in der Provinz Mendoza. Nationalparks im nördlichen patagonischen Seengebiet wie Lanín und Nahuel Huapi bieten ein tolles Wegenetz, während El Chaltén das Tor zu den schönsten Wanderrouten und den markantesten Gipfeln des Landes wie Fitz Roy und Cerro Torre ist.

Fernando Grajales Expediciones *(Ruta Nacional 7, Las Heras, Mendoza, Tel. 0800/516 69 62, www.grajales.net)* Die letzten vier Ziffern der Gratistelefonnummer stehen für die Höhe des Aconcagua. Grajales organisiert auch Touren auf weniger bekannte Andengipfel.

FitzRoy Expediciones *(San Martín 56, El Chaltén, Patagonien, Tel. 0249/462 68 52, www.fitzroyexpediciones.com.ar)* Spezialisiert auf Trekkingtouren in den südlichen patagonischen Eisfeldern, bietet aber auch Bergtouren und Kajakfahrten an.

RAFTEN UND KAJAKFAHREN

Bei Wildwasserraftern und Kanuten kommt Argentinien gleich an zweiter Stelle hinter dem Nachbarland Chile. Besonders viel zu bieten hat Patagonien. Weitere Raftingmöglichkeiten findet man in Salta und Mendoza.

Aguas Blancas *(Morales 564, San Carlos de Bariloche, Patagonien, Tel. 02944/43 27 99, www.aguasblancas.com.ar)* Rafting- und Kajaktouren auf dem Río Manso, etwa eine Stunde südlich von Bariloche.

Extremo Sur *(Morales 765, San Carlos de Bariloche, Patagonien, Tel. 02944/42 73 01, www.extremosur.com)* Rafting- und Kajakfahrten auf dem Río Manso.

SEGELN UND KREUZFAHRTEN

Cruce Andino *(Mitre 150/219, Bariloche, www.cruceandino.com).* Berühmt sind die einzigartigen kombinierten Bus- und Bahn-Shuttlefahrten von Bariloche über die Anden nach Chile, die schon so Prominente wie Theodore Roosevelt und Ernesto (Che) Guevara unternommen haben.

Cruceros Australis *(Tel. 011/59 83 94 02 (Buenos Aires), www.australis.com)* Die chilenische Firma lässt kleine Kreuzfahrtschiffe (rund 100 Passagiere) zwischen Ushuaia (Argentinien) und dem chilenischen Hafen Punta Arenas fahren; unterwegs werden Kap Hoorn und die Fjorde von Feuerland besichtigt.

Tres Marías Excursiones *(Tel. 02901/58 20 60, Ushuaia, Tierra del Fuego, www.tresmariasweb.com)* Kleine Boote schippern durch den Beagle-Kanal und ermöglichen einen näheren Zugang und teilweise auch Anlandungen an Stellen, bei denen die viel zu großen Touristen-Katamarane passen müssen oder weniger manövrierfähig sind. Bietet auch Tauchgänge an.

TAUCHEN

Weder Argentinien noch Patagonien würden Tauchern als wichtiges Tauchrevier einfallen, trotzdem gibt es in der Küstenstadt Puerto Madryn viele Anbieter von Tauchgängen, denn hier findet man klares Wasser, natürliche und künstliche Riffe. Mit etwas Glück kann man sogar mit Pinguinen unter Wasser schwimmen.

Lobo Larsen *(Avenida Roca 885, Puerto Madryn, Patagonien, Tel. 0280/447 02 77, www.lobolarsen.com)* Tauchgänge zwischen natürlichen und künstlichen Riffen und zu Schiffswracks veranstaltet diese Tauchbasis in Argentiniens südlichstem Badeort.

SKIFAHREN

Argentiniens beste Skigebiete liegen in der Provinz Mendoza und im nördlichen Seengebiet zwischen San Martín de los Andes und San Carlos de Bariloche weiter südlich.

Chapelco Aventura *(Cerro Chapelco, M. Moreno 859 und General Roca, San Martín de los Andes, Neuquén, Tel. 02972/42 78 45 oder 011/48 98 89 00, in Buenos Aires)* Eines der wichtigsten Skigebiete im nördlichen patagonischen Seengebiet.
Las Leñas *(Tel. 0260/447 06 83, www.laslenas.com)* Hier findet man Ski-Pauschalangebote in einem Selbstversorger-Resort. Las Leñas in der Provinz Mendoza gilt als das beste Pulverschneegebiet des Landes.

SURFEN
Argentinien ist nicht gerade für Riesenwellen bekannt, aber Mar del Plata und die Nachbarorte an der Südküste der Provinz Buenos Aires bieten Surfern genügend Wind und Wogen.

TANGO
Tango ist ein Markenzeichen von Buenos Aires – und es gibt genügend Leute, die ausschließlich wegen des Tangos in die Stadt reisen. Andere ziehen gleich komplett hierher, um den Tango täglich, wöchentlich, jährlich – also eigentlich immer – ausleben und richtig auskosten zu können.
Mansión Dandi Royal *(Piedras 922, Buenos Aires, Tel. 011/43 61 35 37, www.mansiondandiroyal.com)* Wer nicht die Möglichkeit hat, gleich ganz nach Buenos Aires zu ziehen, dem bietet das Tango-Hotel zumindest für eine bestimmte Zeit Tango, so viel man will.

BESONDERE TOUREN
Buenos Aires Insider Meik Unterkötter, der Bearbeiter dieser Ausgabe des National Geographic Traveler und diverser Reiseführer über Argentinien und Buenos Aires, bietet private Stadtführungen an. Infos unter *www.buenosaires-insider.org*
Cicerones de Buenos Aires *(www.cicerones.org.ar)* Nonprofit-Organisationen können erfahrene Privatpersonen vermitteln, die Besucher während ihres Aufenthaltes in der Stadt begleiten.
Eternautas *(Avenida Presidente Julio Roca 584, 7. Stock, Monserrat, Buenos Aires, Tel. 011/50 31 99 16, www.eternautas.com)* Historiker begleiten Gäste auf Ausflügen in der Region Buenos Aires und vermitteln ihnen eine intellektuell anspruchsvolle Sichtweise zu gehobenen Preisen.
La Bicicleta Naranja *(Pasaje Giuffra 308, San Telmo, Tel. 011/43 62 11 04, www.labicicletanaranja.com.ar)* Geführte Fahrradtouren in Buenos Aires.
Tangol *(Florida 971, Local 31, Retiro, Buenos Aires, Tel. 011/43 63 60 00, www.tangol.com)* Ein Reisebüro, das sich auf die zwei größten Passionen der Argentinier – Tango und Fußball – spezialisiert hat.

ANDERE
MoviTrack *(Caseros 468, Tel. 0387/431 12 23, Salta, www.movitrack.com.ar)* Truck-Safaris durch das hochgelegene Hinterland der Provinzen Salta und Jujuy.
Yacutinga Lodge *(www.yacutinga.com)* Mehrtägige Besuche eines privaten Naturschutzgebietes in einer abgelegenen Ecke der Provinz Misiones mit komfortablen Unterkünften. Der Erstkontakt erfolgt über das Internet.

REGISTER

Gefettete Angaben verweisen auf Abbildungen, Angaben in **Großbuchstaben** auf übergeordnete Kategorien.

A
Aconcagua 24, 38, 235ff
Aktivitäten 388ff
Alta Gracia 137, 140f
Andiner Nordwesten 179ff
 Aktivitäten 389
 Autoausflug 194f
 Einkaufen 383f
 Hotels & Restaurants 362ff
 Karten 181, 195
 Küche 201
 Kunst & Architektur **204**, 204f, **205**
 Landschaft 37f
 Quebrada de Humahuaca **198**, 198ff, 206
 Salta 182ff, 190ff
 Tucumán 207ff, 211ff
 Unterhaltung 387
 Weine 188f
Angeln 152, 163, 269, 388f
Anillaco 257
Antarktis 328f
Área Natural Protegida Península Valdés 12, 295ff, 338
Área Natural Protegida Punta Tombo 299f
Autofahren & Autoausflüge
 Autounfall 346
 Mietwagen 341
 Patagonien 280f
 Ruta 40 312ff, **318**
 Salta-Cafayate-Cachi-Runde 194f
 Sierras de Córdoba 138f
 Straßensperren 20
 Weingüter im Uco-Tal 238f
Ausritte 388

B
Bahía Blanca 148f, 356
Bajo Caracoles 314f, 371f
Balcarce 146
Bariloche 264ff
Behinderung, Reisen mit 342
Belén 213f, 362f
Bootstouren 108f, 162, 266, 270, 274, 282, 390
Borges, Jorge Luis 57, 73
Botschaften & Konsulate 346
Buenos Aires 66ff
 Abasto 106, **106**
 Abasto Shopping Centre **106**
 Aktivitäten 391
 Arrabales 106
 Avenida de Mayo **68**, 86f
 Bankenviertel 83f
 Barrio Parque 100, 102
 Belgrano 104ff
 Botschaften und Konsulate 346
 Calle Florida 82, 84f
 Caminito **9**, 80f 66, **66**
 Catedral Metropolitana 116, 130
 Chinatown 99
 Einkaufen 382f
 El Zanjón de Granados 80
 Facultad de Ingeniería 77
 Feria de Mataderos **23**, **96**, 101
 Feria de San Pedro Telmo 383
 Friedhöfe 90, 94ff, **95**
 Fundación Proa 82
 Galerías Pacífico 84f, **85**
 Geschichte 66ff
 Hotels 350ff
 Karten 67, 87
 La Boca **59**, 66, 80ff, **81**
 Microcentro 66, 82ff
 Mietwohnung 97
 Monserrat 71f
 Mural Escenográfico 80
 Museo Argentino de Ciencias Naturales Bernardino Rivadavia 107
 Museo Casa de Ricardo Rojas 98f
 Museo de Arte Español Enrique Larreta 105
 Museo de Arte Hispanoamericano Isaac Fernández Blanco 93
 Museo de Arte Latinoamericano de Buenos Aires 92, 103f
 Museo de Arte Popular José Hernández 102f
 Museo de Bellas Artes de La Boca Benito Quinquela Martín 81
 Museo de la Casa Rosada 69f
 Museo del Holocausto 94
 Museo Etnográfico Juan B. Ambrosetti 73
 Museo Evita **51**, 104
 Museo Histórico Nacional 75
 Museo Judío de Buenos Aires Dr. Salvador Kibrick 88
 Museo Libero Badií 105f
 Museo Nacional de Arte Decorativo 102f
 Museo Nacional de Bellas Artes 98
 Museo Xul Solar 99f
 Obelisco **24**, 85
 Palermo 100ff, **100**
 Parque Tres de Febrero 100ff
 Pilgern nach Luján 122
 Plaza de Mayo 20, 68f, **71**
 Puerto Madero 86f, **89**, 89ff, 92, **92**
 Recoleta 90, 94ff, 97ff
 Reserva Ecológica Costanera Sur 82, 91
 Restaurants **33**, 350ff
 Retiro 91, 93f
 San Telmo 74ff
 Spaziergänge 86f
 Taxis 70, 340
 Teatro Colón 88
 Theater 63, 77
 Transport 340ff
 Unterhaltung 85f, 385ff
Busfahren 340f
Bustillo, Alejandro 267

C
Cachi 194f, 196f, 363
Cafayate 191ff, 363
Calilegua (NP) 191
Candonga 139
Cavas Wine Lodge, Luján de Cuyo 228
Central Hidroeléctrica Yacyretá 165f
Cerro de la Ventana 131ff
Chaco 151ff, **174**, 174ff
 Chaco (NP) 175f
 Gran Chaco 174
 Hotels & Restaurants 303ff
 Karte 152f
 Resistencia 362f
 Río Pilcomayo (NP) 177
 Sáenz Peña 176f
 Unterhaltung 387
Chacras de Coria 230ff, 367f
Chamamé (Musik) 170
Chile
 Bootsfahrten nach Chile 266, 270
 Grenzstreitigkeiten mit Chile 311
Chilecito 259, 368
Cholila 277
Chubut, Provinz **38**, 262, **278**, **292**
Comodoro Rivadavia 300f, 372
Córdoba, Provinz 135ff
 Alta Gracia 137, 140
 Altas Cumbres, Fernstraße **112f**
 Autofahrt 138f

REGISTER

Córdoba (Stadt) 135, 356
Karte 139
La Falda 139
Quebrada del Condorito (NP) 138, **138**, 140, 142
Villa Carlos Paz 140
Corrientes, Provinz 37, 152, 154ff, 160ff
Corrientes (Stadt) 163, 360
Esteros del Iberá 158ff, **160**
Mercedes 161
Yapeyú 160f
Cristo Redentor 240f
Cueva de las Manos **45**, 314f, 319
Cuyo 219ff
Aktivitäten 327f
Chilecito **258**, 259,
Difunta Correa, Schrein der **252**, 254f
Einkaufen 384
Fossilien **250**, 250f
Hotels & Restaurants 367ff
Ischigualasto (PP) 250f, **254**, 255f
Karten 221, 239
La Rioja (Stadt) 258f
Landschaft 38
Mendoza, Provinz 233ff
Mendoza (Stadt) 222ff, **225**
Merlo 247
Nördliche Provinzen 246ff, 252ff
San Agustín de Valle Fértil 255
San Juan 249, 252ff
San Luis 246f
Sierra de las Quijadas (NP) 247ff
Talampaya (NP) **218f, 246**, 251, 256ff
Unterhaltung 387

D
Darwin, Charles 32, 131, 316, 323
Delta, das **108**, 108ff
Difunta Correa, Schrein der **252**, 254
Dinosaurier
Cuyo 220, 250f, 252
Patagonien 288ff, **291**, 296
Draghi, Juan José 124f

E
Einkaufen 382ff
Erdbeben 222f, 225, 248f, 258
El Bolsón 272ff, 372
El Calafate 308ff, **308**, 372f
El Chaltén 310f, 373f
El Maitén 275f

El Ombú de Areco 127
El Palmar (NP) **154**, 155f
El Rey (NP) 190f
Elektrizität 342f
Entre Ríos, Provinz **154**, 154ff
ERLEBNIS
Abstecher ins ewige Eis 328
Angeln von Dorados 163
Auf die Gipfel der Pampas 131
Bootsfahrten nach Chile 266
Buenos Aires im Sattel 96
Cavas Wine Lodge 228
Ewiges Eis 328
Fußball mit Kick 80
Gästefarmen in den Pampas 127, **127**
Iguazú-Fälle 169
Karneval in Gualeguaychú 155
Kreuzfahrt an der chilenischen Grenze 274
Mate-Ritual 35
Mietwohnung 97
Paddeln im Delta 109
Pilgerreise nach Luján 122
Plazas von Mendoza 223
Radfahren in der Costanera 82
Raften auf dem Río Mendoza 235
Ruta 40 312ff, **318**
Silberschmiede in San Antonio 125
Skifahren in Patagonien 270
Sprachunterricht 31
Tango 79
Teatime in Patagonien 297
Teatro Catalinas Sur, Buenos Aires 77
Tren a las Nubes 196
Umgebung von Iruya 202
Vergnügungspark República de los Niños 119
Wanderung zur Laguna Azul 275
Weingüter in den Anden 189
Esquel 262, 276, 278, 374f
Esquiú, Fray Mamerto de la Ascensión 214
Essen und Trinken 32ff, **33f**
Alkoholgesetze 342
Andine Küche 201
Empanadas 236
Grillen 289
Mate **34**, 35, 125, **125**
Pehuén 285
Tee 297
siehe auch Restaurants

ESTANCIAS 21, 122, 127, 348
El Ombú de Areco 127
Estancia Alice 310
Estancia Colomé 189
Estancia El Rosario de Areco 127
Estancia Harberton **327**, 330f, 380
Estancia Huechahue 285
Estancia La Bamba 127
Estancia La Cinacina 127
Estancia Leleque 276
Estancia Monte Dinero 302, 378
Estancia Sol de Mayo **36**, **314**
Esteros del Iberá 37, 152, 158ff, **159**, **160**, 161f
Etikette 345

F
Feiertage 343
Fernsehen 344
Fischen 163, **284**, 388f
Fitz Roy (Gebirgszug) **4f, 304f**
Flora 40f
Flughäfen 339f
Fossilien
Cuyo 220, 250f, 252
Patagonien 288ff, **291**, 296
Fotografieren, Verhaltensregeln 345
Fußball **28**, 80, 82

G
Gaiman 297, 299, 375
Gauchos **22f**, 25, **36**, 56, 96, **96**, 114, **123**
Geld 343
Geldautomaten 343
Geschichte 44ff
Gesundheit 347
Glacier Moreno **13, 304**, 305
Gletscher 304f
Golf 389
Gran Chaco 37, 153, 174f
Gualeguaychú 154f
Guanakos 295, **316**, 316f
Guevara, Che 136

H
Handys 344
Hotels & Restaurants 348ff
Andiner Nordwesten 362ff
Buenos Aires 350ff
Cuyo 367ff
Mesopotamien & der Chaco 360ff

Pampas 355ff
Patagonien 371ff
Tierra del Fuego 380f
Humahuaca 180, **198**, 202f

I
Iguazú (NP 37) 153, **168**, 168ff, **170**, **172f**
Internet 344
Iruya 180, 202, **203**, 206
Ischigualasto (PP) 220, 250f, **251**, **254**, 255f
Isla Martín García 110f

J
Junín de los Andes 285f

K
Kino 62f, **63**
Karten
  Andiner Nordwesten 181, 195
  Argentinien (1870er-Jahre) 48
  Buenos Aires 67, 87
  Cuyo 221, 239
  Mesopotamien & der Chaco 152f
  Pampas 115, 139
  Patagonien 263, 281
  Sierra de Córdoba 139
  Tierra del Fuego 323
KIRCHEN
  Basílica de San Francisco, Buenos Aires 73
  Basílica del Santísimo Rosario y Convento de Santo Domingo, Buenos Aires 73
  Basílica Nacional Nuestra Señora de Luján 122
  Catedral Basílica y Santuario de Nuestra Señora del Valle, San Fernando del Valle de Catamarca 217
  Catedral de la Inmaculada Concepción, La Plata 116f
  Catedral Metropolitana, Buenos Aires 69f
  Iglesia Catedral, San Miguel de Tucumán **207**, 209
  Iglesia Catedral de Nuestra Señora de la Candelaria y San Antonio, Humahuaca 203, **204**
  Iglesia de la Compañía de Jesús, Córdoba 137
  Iglesia de San Francisco, Salta 186

Iglesia y Convento de San Francisco, Santa Fe 130
Messen 343
Klima 31
Kondor **138**, 142
Kreditkarten 343
Kunst 54ff

L
La Falda 139
Lago Cardiel 312f
Lago Fagnano 322, **333**, 335
Lago Puelo (NP) **272**, 274f, **275**
Lago Roca 306
Laguna Blanca (NP) 177, 286
Laguna de Los Pozuelos (NM) 206
Laguna del Desierto 311
La Hoya 270, 278, **279**
Lamas **19**, 42
La Olla (Grotte), Monte León 302
La Plata **116**, 116ff, 356f
La Quiaca 206
La Rioja (Stadt) 220, 258f
La Trochita **276**, 278
Landschaften 36f
Lanín (NP) 262, 283f
Las Leñas, Skigebiet 220, **244**, 245, 368
Lihué Calel (NP) 134
Literatur 56ff
Llullaillaco (Mumien) 183
Los Alerces (NP) 272, 279, 282, 375f
Los Antiguos 319, 375
Los Arrayanes (NP) 283f
Los Glaciares (NP) **13**, **304**, 304ff, **312**
Los Penitentes 235
Luján 122f
Luján de Cuyo **226**, 230ff, **231**

M
Maimará **198**, 200
Maipú 227ff
Malargüe 242f, 369
Mar del Plata **143**, 143ff, **144**
  Ausflüge 144, **146**, 146ff
  Hotels & Restaurants 357
Mendoza (Provinz) 233ff
  Aconcagua (PP) **233**, 235f
  Cristo Redentor 240f
  Karte 239
  Las Leñas, Skigebiet 220, **244**, 245, 368

Los Penitentes 235
Malargüe 242f, 369
Potrerillos 233f
San Rafael 241f
Uco-Tal, Weingüter 238f
Uspallata **233**, 234f
Rafting 235
Mendoza (Stadt) 222ff, **225**
  Chacras de Coria 230f
  Einkaufen 384
  Festivals **30**, **222**, 228
  Hotels & Restaurants 369
  Luján de Cuyo, Weingüter 231f, **231**
  Maipú, Weingüter 227ff
  Museo del Área Fundacional 225
  Parque General San Martín 226f
  Plazas 223
Mercedes 161
Merino, Hernán 310
Mesopotamien 18, 152ff
  Aktivitäten 388
  Entre Ríos & Corrientes 154ff
  Hotels & Restaurants 360ff
  Karte 152f
  Landschaften 37
  Misiones 164f
  Unterhaltung 387
Mietwagen 341
Misiones, Provinz 164ff
  Central Hidroeléctrica Yacyretá 165f
  Iguazú (NP) **170**, 170ff, **172f**
  Posadas 164ff
  Puerto Iguazú 168ff
  San Ignacio Miní **164**, 165ff
Missionen **164**, 165ff
Molinos 364
Monte León (NP) 302f, **303**
Moreno, Francisco P. 264, 266ff
Moreno-Gletscher **13**, **304**, 305
Mountainbiken **287**, 389
MUSEEN
  Centro Cultural y Tecnológico Museo del Automovilismo Juan Manuel Fangio, Balcarce 146
  Complejo Museográfico Provincial Enrique Udaondo, Luján 123
  Fundación Proa, Buenos Aires 82f
  Museo Argentino de Ciencias Naturales Bernardino Rivadavia, Buenos Aires 107

Museo Arqueológico Doctor Eduardo Casanova, Tilcara 200f
Museo Atelier del Pintor Osvaldo Gasparini, Luján 128
Museo Casa de Ernesto Che Guevara, Alta Gracia 140f
Museo Casa de Ricardo Rojas, Buenos Aires 98f
Museo Casa Histórica de la Independencia, San Miguel de Tucumán 210
Museo de Arqueología de Alta Montaña, Salta 184
Museo de Arte Español Enrique Larreta, Buenos Aires 105
Museo de Arte Hispanoamericano Isaac Fernández Blanco, Buenos Aires 93
Museo de Arte Latinoamericano de Buenos Aires 92, 103
Museo de Arte Popular José Hernández, Buenos Aires 102f
Museo de Arte Tigre 110
Museo de Bellas Artes de La Boca Benito Quinquela Martín, Buenos Aires 81
Museo de Ciencias Naturales y Antropológicas Juan Cornelio Moyano, Mendoza 227
Museo de la Casa Rosada, Buenos Aires 69f
Museo de la Ciudad, Buenos Aires 72f
Museo de la Pasión Boquense, Buenos Aires 82f
Museo de la Patagonia Francisco P. Moreno, San Carlos de Bariloche 266f
Museo de La Plata **116**, 120f
Museo del Área Fundacional, Mendoza 224f
Museo del Fin del Mundo, Ushuaia 325
Museo del Holocausto, Buenos Aires 94
Museo del Mar, Mar del Plata 144
Museo Etnográfico Juan B. Ambrosetti, Buenos Aires 73
Museo Evita, Buenos Aires **51**, 104
Museo Histórico del Norte, Salta 183
Museo Histórico Nacional, Buenos Aires 75
Museo Histórico Nacional del Cabildo y de la Revolución de Mayo, Buenos Aires 70
Museo Judío de Buenos Aires Dr. Salvador Kilbrick, Buenos Aires 88
Museo Leleque 276f
Museo Líbero Badíí, Buenos Aires 105f
Museo Marítimo de Ushuaia 325f
Museo Nacional de Arte Decorativo, Buenos Aires 102f
Museo Nacional de Bellas Artes, Buenos Aires 98
Museo Naval de la Nación, Tigre 110f
Museo Pachamama, Amaicha del Valle 213
Museo Paleontológico Egidio Feruglio, Trelew 296
Museo Paleontológico Municipal Ernesto Bachmann, Villa El Chocón 289, **291**
Museo Provincial de Bellas Artes, Salta 184f
Museo Provincial de Bellas Artes Emiliano Guiñazú – Casa de Fader, Chacras de Coria 230f
Museo Xul Solar, Buenos Aires 99f
Parque Criollo y Museo Gauchesco Ricardo Güiraldes, Luján 126
Musik 58ff, **60**, 170

N
Nahuel Huapi (NP) 268ff
Necochea 147f
Neuquén, Provinz **283**, 283ff
Junín de los Andes 285f
Laguna Blanca (NP) 286f
Lanín (NP) 286
Neuquén (Stadt) 287f, 375
San Martín de los Andes 284f
Villa La Angostura 283f, 379
Neuquén (Stadt) 287f, 375
Notfälle 346

P
Pauschalangebote 328, 342, 388, 391
Packtipps 338
Pampas 112ff
Aktivitäten 388
Autofahrt 138f

Cerro de la Ventana 131ff
Córdoba, Provinz 135ff
Einkaufen 383
Gästefarmen 127, **127**
Hotels & Restaurants 355ff
Karten 115, 139
Landschaft 36f
Lihué Calel (NP) 134
Luján 122f
Mar del Plata **143**, 143ff, **144**
Mar del Plata, Ausflüge 144, **146**, 146ff
Rosario 128f
San Antonio de Areco 126f, 358, 383
Santa Fe 129f
Santa Rosa 133f
Sierra de Córdoba **123**, 138f
Sierra de la Ventana **132**, 132f
Tandil **128**, 131f
Unterhaltung 387
Paraná (Delta) **108**, 108ff
Paraná (Fluss) 157, 165
Paraná (Stadt) 156f, 361
PARKS
Aconcagua (PP) 235ff
Área Natural Protegida Bosque Petrificado Sarmiento 300f
Área Natural Protegida Península Valdés 12, 295ff, 338
Área Natural Protegida Punta Tombo 299f
Calilegua (NP) 191
Chaco (NP) 175f
Complejo Ecológico Municipal, Sáenz Peña 177
Ecocentro Puerto Madryn 295
El Palmar (NP) **154**, 155f
El Rey (NP) 190f
Huapi (NP) 262, 268ff
Iguazú (NP) **170**, 170ff, **172f**
Ischigualasto (PP) 220, 250f, **251**, **254**, 255f
Lago Puelo (NP) **272**, 274f, **275**
Laguna Blanca (NP) 177, 286
Lanín (NP) 262, 283f
Lihué Calel (NP) 134
Los Alerces (NP) 272, 279, 282, 375f
Los Arrayanes (NP) 283f
Los Cardones (NP) 195
Los Glaciares (NP) **13**, **304**, 304ff, **312**
Monte León (NP) 302f, **303**

Parque El Desafío, Gaiman 299
Parque General San Martín, Mendoza 226
Parque Municipal Llao Llao 270
Parque Tres de Febrero, Buenos Aires 101f
Paseo del Bosque, La Plata 119ff
Perito Moreno (NP) 313f
Pre Delta (NP) 157, 160
Quebrada del Condorito (NP) 140, 142
Reserva Ecológica Costanera Sur, Buenos Aires 82, 91
Reserva Natural Iberá 161f
Reserva Natural Parque Luro, Santa Rosa 133f
Reserva Natural Provincial Ría Deseado 302
Reserva Provincial Costa Atlántica de Tierra del Fuego 335
Reserva Provincial La Payunia 245
Río Pilcomayo (NP) 153, 177
Sierra de las Quijadas (NP) 247ff
Talampaya (NP) **218f**, 220, **246**, 251, 256ff
Tierra Del Fuego (NP) 331f
Pass 339
Patagonien 260ff
 Abgrenzung 265
 Aktivitäten 388ff
 Architektur 267
 Autofahrt 280f
 Bariloche 264ff
 Einkaufen 384
 Fossilien 288ff, **291**, 296
 Hotels & Restaurants 371ff
 Karten 263, 281
 Küstenregion 292ff
 Landschaften 38f
 Neuquén, Provinz **283**, 283ff
 Ruta 40 312ff
 Seengebiet 262
 Skifahren 270, **271**
 Steppe 316f
 Südliche Anden 304ff
 Südliche Seen **272**, 272ff, 282
 Teehäuser 297
 Unterhaltung 387
 Tierleben **316**, 316f, **317**
 Weine 288
Pinguine 298, 300, 302f, **303**
Península Valdés 294ff, **295**, **299**, 371
Perito Moreno (NP) 313f, 376

Perón, Eva (Evita)
 Grab **95**, 97
 Juan Perón 248
 Museen **51**
 Peronismus 50f
 Vergnügungspark 119
Perón, Juan Domingo 50ff, **51**, 90, 248
Pferderennen 96
Pinamar **146**, 147
Politik 29f
Polizei 346
Posadas 164ff, 361
Postämter 344
Potrerillos 233f
Presidencia Roque Sáenz Peña 176f, 361f
Puente del Inca, Los Penitentes 235
Puerto Deseado 301, 376
Puerto Iguazú 168ff
Puerto Madryn 294f, 377f
Puerto San Julián 302f, 378
Purmamarca 199f, 364, 384

Q
Quebrada de Humahuaca **198**, 198ff, 204
Quebrada de las Conchas **190**, 194, **194**
Quebrada del Condorito (NP) 138, **138**, 140, 142
Quilmes 212f
Quiroga, Horacio 166

R
Radtouren 82, **287**, 389
Rafting 228, **235**, 390
Rauchen 344f
Regierung und Politik 29f
Religion 25ff, 343
Reserva Natural Provincial Cabo Vírgenes 303, 378
Resistencia 174f, 362
Restaurants 349ff
 Andiner Nordwesten 362ff
 Buenos Aires 350ff
 Cuyo 367ff
 Mesopotamien & der Chaco 360ff
 Pampas 355ff
 Patagonien 371ff
 Tierra del Fuego 380f
Río Calchaquí, Tal des **178f**
Río Gallegos 303, 378
Río Grande 333ff, 380

Río Pilcomayo (NP) 177
Rosario 128f, 357f
Ruta 40 312ff, 318f, **318**

S
Sáenz Peña 176f
Salinas Grandes **201,** 296
Salta 182ff
 Autofahrt 194f
 Ausflüge 190ff
 Einkaufen 383f
 Folkloremusik **60**
 Hotels & Restaurants 364f
 Plaza 9 de Julio 182f
San Agustín de Valle Fértil 255, 369
San Antonio de Areco 126ff, 358, 383
San Antonio de Los Cobres 197
San Carlos de Bariloche **264**, 264ff, 270
San Fernando del Valle de Catamarca 216f, 365
San Ignacio Miní **164**, 165ff
San Juan 249, 252f, 369f
San Luis 246f, 370
San Martín, José de **46**, 47
San Martín de los Andes **27**, **260f**, 284f, 378, 384
San Miguel de Tucumán **207**, 207ff, 365f
San Rafael 240ff, 370
San Salvador de Jujuy 198f, 366
Santa Fe 129ff, 358
Santa Rosa 133f, 358f
Santiago del Estero 115f, 366
Sarmiento, Domingo F. 48f, 56, 252
Schmutziger Krieg 51ff, 74
Seengebiet, Patagonien 272ff, 282
 Cholila 277f
 El Bolsón **272**, 272ff
 El Maitén 275f
 Esquel 278, **279**
 Lago Puelo (NP) **272**, **275**, 274f
 Los Alerces (NP) 282
 Museo Leleque 276f
 Südliche Seen 272ff, 282
 Trevelin 279
Sicherheit 346
Sierras de Córdoba **123**, 138f
Sierra de la Ventana **132**, 132f, 359
Sierra de las Quijadas (NP) 247ff
Silberschmiede **124**, 124f
Skifahren
 Las Leñas **244**, 245, 368, 391
 Patagonien **260f**, 270, **271**, 278, **279,** 285

REGISTER

Spanisch 31, 345
Sport 386, 388ff
Sprache 31, 345
Spaziergang, Buenos Aires 86f
Südliche Anden 304ff
 El Calafate **308,** 308ff
 El Chaltén 310f
 Laguna del Desierto 311
 Los Glaciares (NP) **13, 304,** 304ff
 Wandern 390

T

Tafí del Valle 211f, 366
Talampaya (NP) **218f, 246,** 251, 256ff
Tandil **128,** 131f, 359
Tango 58f, **59,** 76ff, **78,** 107, 385ff, 391
Tanz **22f,** 58ff
Tauchen 390
Taxis 70, 340
Teehäuser 297
Telefon 21, 344
Termas de Río Hondo 214f, 367
Theater 63, 77, 385
Tierra de Fuego 322ff
 Aktivitäten 390
 Autofahrt von Alaska nach Tierra del Fuego 331
 Einkaufen 384
 Hotels & Restaurants 380f
 Karte 323
 Landschaft 39
 Nördlicher Teil 333ff
 Ushuaia **324,** 324ff
 Ushuaia, Ausflüge 327ff
Tierra Del Fuego (NP) 327, 331f
Tierwelt
 Cuyo 250f
 Einführung 41ff
 Patagonien 290ff, 294ff, **295, 299,** 302f, **303, 315, 316f,** 316f
Tigre 108ff, **108**
Tilcara 200ff, 367
Toiletten 345f
Tolhuin **333,** 335
Tompkins, Doug **158,** 158f

Trelew 297ff, 379
Trevelin 279, 379
Trinkgeld 70, 346
Tucumán, Provinz 180f, 207ff, 365f, 384
 Ausflüge 211ff

U

Uco-Tal 238f, 370
Unterhaltung 385f
Ushuaia **320f, 324f,** 324ff, **278**
 Ausflüge 327ff
 Einkaufen 384
 Hotels & Restaurants 348, 380f
Uspallata **233,** 234f, 370

V

Versicherung 339
Viedma 293
Villa Carlos Paz 140f, 359
Villa de Merlo 247, 371
Villa Gesell 146f, 359f
Villa La Angostura 283f
Vogelbeobachtung 42, 388

W

Währung 19, 343
Walbeobachtung 293, 396f, **299**
Wandern 390
WEINGÜTER
 Antigua Bodega, San Juan 253
 Antigua Bodega Giol, Maipú 227f
 Bodega Catena Zapata, Luján de Cuyo 232
 Bodega Dolium, Luján de Cuyo 232
 Bodega Domingo Hermanos, Cafayate 193
 Bodega Escorihuela, Mendoza 224
 Bodegas Etchart, Cafayate 193
 Bodega Familia Zuccardi 229f
 Bodega Humberto Canale, Río Negro 288
 Bodega José L. Mounier – Finca Las Nubes, Cafayate 193, 196
 Bodega Lagarde, Luján de Cuyo 231

 Bodega La Rural, Maipú 228
 Bodega López, Maipú 227
 Bodega Luigi Bosca, Luján de Cuyo 231
 Bodega Ruca Malén, Luján de Cuyo 231f
 Bodega San Pedro de Yacochuya 196
 Bodega San Polo 238
 Bodega Séptima, Luján de Cuyo 232
 Bodegas Salentein 239
 Bodega Séptima 232
 Bodegas y Viñedos Fabril Alto Verde, San Juan 253
 Bodega Viña El Cerno, Maipú 229
 Bodega y Cavas de Weinert, Luján de Cuyo 231, **231**
 Bodega y Viñedos Familia Giaquinta 238
 Bodega y Viñedos Jean Rivier e Hijos, San Rafael 241f
 Bodega y Viñedos O. Fournier 238f
 Casa Bianchi, San Rafael 242
 Cavas del Conde, Maipú 228
 Cavas Wine Lodge 228
 Familia Schroeder, Neuquén 288
 Finca y Bodega La Abeja, San Rafael 241
 Koch Weingut, Tupungato, Mendoza 238, **238, 243**
 Vasija Secreta – Antigua Bodega La Banda, Cafayate 196
Wirtschaft 27ff

Y

Yapeyú 160f
Yavi 206

Z

Zeitungen 344
Zeitunterschied 346
Züge 341f
 La Trochita 272, **276,** 276, 278, 341f
 Tren a las Nubes 187, 196, 341

BILDNACHWEIS

Alle Bilder von Eliseo Miciu, wenn nicht anders angegeben:

Umschlagvorderseite Rettungsschwimmerhäuschen in South Beach, Miami Beach (fotolia/marchello74)

2/3, Dmitry Pichugin/Shutterstock; 4, Olga Danylenko/Shutterstock; 6, Denis Kabanov/Shutterstock; 7, guillermo_celano/Shutterstock; 9, Milosz Maslanka/Shutterstock; 10 u.l., Nessa Gnatoush/Shutterstock; 10 u.r., Anibal Trejo/Shuterstock; 11 o.l., saiko3p/Shutterstock; 11 o.r., D'July/Shutterstock; 11 u., Christoph Herbold/Shutterstock; 12 o.l., martinffff/Shutterstock; 12 o.r., Olaf Speier/Shutterstock; 12 u., Eduardo Rivero/Shutterstock; 13 o., Galyna Andrushko/Shutterstock; 13 u., Durk Talsma/Shutterstock; 14, Haim Rozenfeld, National Geographic Your Shot; 15 o., Kevin High, National Geographic Your Shot; 15 u., Raymond Cannon, National Geographic Your Shot; 16, Inge Johnsson, National Geographic Your Shot; 17, Juan Manuel Moreno, National Geographic Your Shot; 19, VikaValter/iStockphoto.com; 24, Jops-Stock/Shutterstock; 30, 3Fotografia/Getty Images; 34, wiedzma/Shutterstock; 45, James P. Blair; 48, Steven Wright/Shutterstock; 52, Gaby Campo/Shutterstock; 63, Photofest; 64, Javarman/Shutterstock; 68, blickwinkel/Alamy; 72, saiko3p/Shutterstock; 81, milosk50/Sutterstock; 85, guillermo_celano/Shutterstock; 95, guillermo_celano/Shutterstock; 100, SC Image/Shutterstock; 103, shu2260/Shutterstock; 105, David R. Frazier Photolibrary, Inc./Alamy; 106, Anibal Trejo./Shuterstock; 108, Alexandr Vorobev/Shutterstock; 118, DFLC Prints/Shutterstock; 121, Camila Paez/Shutterstock; 127, Estancia El Rocio; 128, AP Photo/Pablo Aneli; 132, kastianz./Shutterstock; 141, Taesik Park/Shutterstock; 148/149, Luis CŽsar Tejo/Shutterstock; 156, Jorge Luis DOnofrio/Shutterstock; 158, Jorge Uzon/CORBIS; 160, Aleksandra H. Kossowska/Shutterstock; 168, Winfield Parks/National Geographic/Getty Images; 173, Hugo Brizard – YouGoPhoto/Shutterstock; 182, Mego studio/Shutterstock; 185, Anibal Trejo/Shutterstock; 186, Anibal Trejo/Shutterstock; 192, sunsinger/Shutterstock; 194, Taesik Park/Shutterstock; 197, sunsinger/Shutterstock; 198, sunsinger/Shutterstock; 205, Brooklyn Museum/CORBIS; 207, Matyas Rehak/Shutterstock; 212, Leo La Valle/epa/CORBIS; 215, Adwo/Shutterstock; 216, Simon Mayer/Shutterstock; 222, 3Fotografia/Getty Images; 225, Cristian Lazzari/iStockphoto.com; 229, Milosz Maslanka/Shuterstock; 234, saiko3p/Shutterstock; 237, George F. Mobley; 241, Alfredo Cerra/Shutterstock; 244, SambaPhoto/Sergio De Devittis/Getty Images; 246, Guillermo Caffarini/Shutterstock; 250, Louie Psihoyos/Science Faction/CORBIS; 264, Sebastien Cote/iStockphoto.com; 268, RFR/Alamy; 271, Ericsmandes/Shutterstock; 272, Edaccor/Shutterstock; 276, Eduardo Rivero/Shutterstock; 280, sunsinger/Shutterstock; 288/289, Jops-Stock/Shutterstock; 299, elnavegante/Shutterstock; 300, LMspencer/Shutterstock; 307, Joshua Raif/Shutterstock; 312, Allen.G/Shutterstock; 320, Adrian 507/Shutterstock; 329, Dan Kite/iStockphoto.com. 330, Allen.G/Shutterstock; 334, Matyas Rehak/Shutterstock; 336, Clemence Behier/Shutterstock

IMPRESSUM

Verantwortlich: Alexandra Carsten
Deutsche Übersetzung: Dr. Horst Leisering, Raphaela Moczynski, Dr. Thomas Pago, Jutta Ressel M.A., Cristoforo Schweeger, Karin Weidlich
Lektorat: Birgit Günther
Aktualisierung 2018: Meik Unterkötter
Grafisches Konzept (Innenteil): Alexandra Rusitscka
Grafisches Konzept (Umschlag): Helene Avtuschko
Herstellung: Alexander Knoll
Printed in Italy by Printer Trento

Sind Sie mit diesem Titel zufrieden? Dann würden wir uns über Ihre Weiterempfehlung freuen. Erzählen Sie es im Freundeskreis, berichten Sie Ihrem Buchhändler, oder bewerten Sie bei Onlinekauf. Und wenn Sie Kritik, Korrekturen, Aktualisierungen haben, freuen wir uns über Ihre Nachricht an NG Buchverlag, Postfach 40 02 09, D-80702 München oder per E-Mail an info@nationalgeographic-buch.de. Unser komplettes Buchprogramm finden Sie unter: nationalgeographic-buch.de

Unser komplettes Buchprogramm finden Sie unter: www.nationalgeographic-buch.de

Titel der Originalausgabe:
NATIONAL GEOGRAPHIC TRAVELER Argentina
© 2010 National Geographic Partners, LLC.
© 2018 National Geographic Partners, LLC.

Die Deutsche Nationalbibliothek verzeichnet diese Publikation in der Deutschen Nationalbibliografie; detaillierte bibliografische Daten sind im Internet über http://dnb.d-nb.de abrufbar.

Deutsche Ausgabe veröffentlicht von: NG Buchverlag GmbH, München 2018
Lizenznehmer von: National Geographic Partners, LLC.

NATIONAL GEOGRAPHIC und das Markenzeichen (Yellow Border) sind Marken der National Geographic Society und werden mit Genehmigung genutzt.

Reproduktionen, Speicherungen in Datenverarbeitungsanlagen oder Netzwerken, Wiedergabe auf elektronischen, fotomechanischen oder ähnlichen Wegen, Funk oder Vortrag, auch auszugsweise, nur mit ausdrücklicher Genehmigung des Copyrightinhabers.

Alle Rechte vorbehalten.
ISBN 978-3-95559-185-4

Seit ihrer Gründung 1888 hat sich die National Geographic Society weltweit an mehr als 12 000 Expeditionen, Forschungs- und Schutzprojekten beteiligt. Die Gesellschaft erhält Fördermittel von National Geographic Partners LLC, unterstützt unter anderem durch Ihren Kauf. Ein Teil der Einnahmen dieses Buches hilft uns bei der lebenswichtigen Arbeit zur Bewahrung unserer Welt. Das legendäre NATIONAL GEOGRAPHIC-Magazin erscheint monatlich. Darin veröffentlichen namhafte Fotografen ihre Bilder und renommierte Autoren berichten aus nahezu allen Wissensgebieten der Welt. National Geographic im TV ist ein Premium Dokumentations-Sender, der ein informatives und unterhaltsames Programm rund um die Themen Wissenschaft, Technik, Geschichte und Weltkulturen bereithält. Falls Sie mehr über National Geographic wissen wollen, besuchen Sie unsere Website unter *www.nationalgeographic.de*.